21世纪普通高等院校系列规划教材

企业战略管理案例
——面向不同行业的比较

Qiye Zhanlüe Guanli Anli
Mianxiang Butong Hangye
de Bijiao

主　编　王相平　牟绍波
副主编　宋宝莉　徐武明　余传英

西南财经大学出版社

图书在版编目(CIP)数据

企业战略管理案例——面向不同行业的比较/王相平,牟绍波主编.—成都:西南财经大学出版社,2014.4
ISBN 978 - 7 - 5504 - 1306 - 1

Ⅰ.①企… Ⅱ.①王… Ⅲ.①企业管理—案例 Ⅳ.①F270

中国版本图书馆 CIP 数据核字(2013)第 304072 号

企业战略管理案例——面向不同行业的比较

主 编:王相平 牟绍波
副主编:宋宝莉 徐武明 余传英

责任编辑:李特军
封面设计:杨红鹰
责任印制:封俊川

出版发行	西南财经大学出版社(四川省成都市光华村街55号)
网 址	http://www.bookcj.com
电子邮件	bookcj@foxmail.com
邮政编码	610074
电 话	028 - 87353785 87352368
印 刷	四川森林印务有限责任公司
成品尺寸	185mm×260mm
印 张	17.5
字 数	410 千字
版 次	2014 年 4 月第 1 版
印 次	2014 年 4 月第 1 次印刷
印 数	1—2000 册
书 号	ISBN 978 - 7 - 5504 - 1306 - 1
定 价	35.00 元

前　言

　　企业战略管理是工商管理专业的一门重要的核心课程，具有较强的综合性和实践性，纯粹的理论教学很难吸引学生。因此，对教学方法的改革一直受到教师们的高度关注和重视。教师们一致认为案例教学是企业战略管理课程教学改革的趋势。目前，尽管各高校的授课教师在积极探索企业战略管理案例教学的过程中积累了很多重要的宝贵经验，但总体来说，教学效果不理想是大家感到很困惑的地方。其中一个主要的原因就是与理论教学配套的案例教材比较少，从而在一定程度上影响了企业战略管理案例教学的开展。

　　本书基于十二个不同行业，收集和选取了大量的典型案例，以期对企业战略管理案例教学提供参考。本书作为企业战略管理理论教学的配套教材，具有较强的适用性和可读性，适合高等院校工商管理类各专业本科学生学习使用，也可以作为 MBA 教材以及供企业管理人员培训与自学者使用。

　　本书由西华大学王相平担任主编。全书共分十二章，第一、二、三章由宋宝莉、欧坚强和徐明编写，第四章由徐武明、寇耀丹和李青青编写，第五、六、七章由王相平、牟绍波和张俊编写，第八章由徐武明、欧坚强和寇耀丹编写，第九、十、十一章由余传英、王相平和徐明编写，第十二章由徐武明、张俊和李青青编写。

　　本书是西华大学"工商管理特色专业"建设阶段性成果。在编写过程中参阅了大量的中外参考书籍和文献资料，在此对这些作者、译者表示衷心感谢！由于编者水平有限，书中不妥之处，恳请广大读者批评指正。

编　者

2013 年 11 月于成都

目 录

第一章 汽车行业

案例 1 奥克斯退出汽车业

曾经信誓旦旦发起民营企业造车运动的家电企业奥克斯，2005 年 3 月批准了旗下沈阳奥克斯汽车有限公司全面停产的申请。至此，奥克斯终于全面退出了汽车制造行业，以后公司将以电力、家电、通信三大业务作为主业。

"奥克斯就当做了一场汽车梦"，"我们退出汽车行业这个事情是真实的，但我们不想再就这个事情发表太多评论"，奥克斯新闻发言人黄江伟说，奥克斯要低调对待这个消息。

奥克斯的顾虑不难理解。业内人士分析，车市低迷、车价狂降、原材料价格上扬、宏观调控带来的银根紧缩以及 2004 年 7 月起抬高的汽车业进入门槛，都是导致民营企业"造车运动"紧急刹车的原因。

除奥克斯外，此前悄悄涉足汽车业的宁波波导也已低调退出。另外有消息称，曾宣布斥资 1.75 亿元与南汽合资成立南京君达汽车的夏新电子，已于 2005 年年初决定撤出投资。

奥克斯突如其来的举动——退出汽车业，让尚在汽车行业中混战的许多同行吃了一惊。在奥克斯集团的网页上，由于来不及更改，介绍中还在标榜集团业务涉足五大制造业（电力、家电、通信、能源、汽车）和三大投资领域（房地产、物流、医疗）。但是无可否认的是，这家以多元化著称的浙江民营集团今后将至少舍去一元，并将收缩战线，不再贪大求全，而是集中精力发展其优势项目。

一、奥克斯多元化反思

自从 1999 年吉利汽车首开民营企业造车先河以来，"造车梦想"紧紧抓住了波导、美的、新飞、奥克斯、比亚迪、万向这些知名民营企业的心。三年以来，进入汽车整车制造业的民营资本高达 117 亿元人民币。在地方政府主导的"造车热"退潮之后，短时间内大笔民资的进入，一度使业内惊呼：民营资本将成为中国汽车行业中除国资、外资之外的"第三股势力"。奥克斯的造车梦想也随之开始了。

2003 年 7 月，奥克斯集团宣布收购沈阳双马汽车公司 95% 的股权，从而急匆匆地一脚迈入汽车制造行业。2004 年 2 月，随着两款新车——"原动力"和"瑞途"冲上市场，奥克斯又正式公布了其规模宏大的汽车产业计划，宣布 5 年之内将投入 80 亿元人民币。

但是紧随而来的就是车市的紧缩，这向以奥克斯为首的多家进入汽车市场的家电巨头迎头浇了盆冷水。来自汽车工业协会的数据显示，2004 年，汽车业累计产销 507.05 万辆和 507.11 万辆，同比分别增长 14.11% 和 15.50%，与 2003 年产销量

35.20%和34.21%的增长幅度相比，下跌了近20个百分点。

同时，整个汽车行业中汽车价格不断下跌，原材料价格普遍上涨。2004年，我国汽车行业共实现利润总额719.85亿元，同比下降5.95%，下降额为45.52亿元；利润率仅6.6%，较2003年8.6%的利润率下调了2个百分点。汽车行业的亏损也进一步加大。据国家商务部公告，2004年汽车业亏损企业为1 020家（总企业个数为5 857家），比上年同期亏损面加大0.46个百分点，亏损额为64.72亿元，新增亏损额为12.94亿元。严峻的局面显示出像奥克斯这样对汽车制造并无经验的企业上马汽车行业的盲目性。但是，另外一个不容忽视的因素就是政策的限制。

"相比之下，我们决定退出汽车领域受政策掣肘的影响更多一些。"奥克斯新闻发言人黄江伟对记者承认。黄江伟指的是国家出台的《汽车产业发展政策》。该政策规定："新建汽车生产企业的投资项目，项目投资总额不得低于20亿元，其中自有资金不得低于8亿元，要建立产品研究开发机构，且投资不得低于5亿元。"但黄江伟的说辞遭到外界的质疑，因为奥克斯无论从规模或者研发方面都已经达到了造轿车的国家要求。国家发改委工业司汽车处副处长李刚也向外界透露："奥克斯从来就没有向发改委正式申请过，怎么能说主要原因是国家不批呢?"而就在不久前，国家发改委还批准了江淮和力帆两家民企的造车申请。

中国汽车工业咨询发展总公司首席分析师贾新光认为，奥克斯如果选择继续造车，在资金、硬件和外部环境等各方面都不存在太大问题，其毅然退出的主要原因是坚守了这么久、投入了这么多，却看不到明显收益。

汽车业资深分析师钟老师也指出："奥克斯的退出是一种迟来的明智，如果一头栽下去，只能是一条不归路，会十分危险。"

而一位家电业资深人士则告诉记者，奥克斯进入汽车业，其实另有所图。奥克斯集团在2003年提出了三大战略，其中的资本运作战略是，计划未来3年内，争取拥有3家上市公司——国内上市一家、境外上市一家、兼并收购一家。奥克斯进入汽车业，是为了融资和炒作自己。2003年正是造车热潮高涨的时候，奥克斯借着这股热潮杀入汽车业，希望借助造车的噱头大量融资。奥克斯也宣称"计划投入80亿资金"，这么多资金肯定只有靠融资得来。然而到了2004年下半年，车市一落千丈，奥克斯的融资梦想也化为泡影，知难而退也是顺理成章的。该人士还强调，奥克斯为何在进入和退出汽车业的决定上显得冲动而轻率，其根本原因是奥克斯并非真正想造车，借助造车进行资本运作才是奥克斯的初衷。

二、多元化仰赖相关性

中国汽车工业咨询发展总公司首席分析师贾新光认为，奥克斯遇到的问题，也是大多数造车民企遇到的问题。"既然无法取得牌照，在激烈的市场环境中继续下去前途难测，奥克斯在一年多之后选择退出，应该说是果断和可取的。"

贾新光举比亚迪造汽车的例子：比亚迪已经获得了轿车生产牌照，经营已经走上正轨，像这样的企业多元化就是成功的。

清华大学经济管理学院教授吴维库认为，企业要想多元化成功，应该满足四个条件。首先是进入领域和自己的主业有相关性，企业资源能够支持其进入这一领域；其次，进入之后有可能站住脚，也就是这一领域还有市场空隙，否则"虎口夺食"，就非常危险；再次，企业在这一领域中有比较竞争优势，比如在成本、形象方面具有优势；最后一条是多元化竞争不能破坏主业，不能让主业的核心竞争能力遭到稀释。

总结国内企业多元化失败的原因，吴维库认为主要归结于三点：一是盲目扩张，对进入的领域并不熟悉，只看到机会，没有看到威胁；二是资源不足，难以支撑其发展；三是因为多元化而忽视了主业的发展，导致来自主业的现金流出现问题。相对于进入的新领域来说，主业是根，如果根营养不足，失败是难以避免的。

奥克斯拥有 55 亿元的资产，分散在 5 个制造业方向和 3 个投资领域上，这是不是多元化过度呢？吴维库认为，首先对于大企业来说，必须要走多元化的路子，但是是否选择一个领域进行投资，还要看这个领域的对手是谁，不是说在每一个领域都要 10 亿元以上的投入才能站住脚。如果在这个领域你的对手都是投入 10 个亿以上的"重量级"人物，你拿出几个亿的资金来过招显然不足。具体对于奥克斯来说，无论是手机领域，还是汽车领域，对手中投资十几亿乃至几十亿的巨人比比皆是，以奥克斯的实力，还是集中力量做好一个领域为好。形象地说，在进入的领域，"不是看你有多差，而是看对手是否比你差；不是看你有多强，而是看你是否比对手强"。

在多元化失败的案例中，春都就是一个比较著名的例子。春都原来是以杀猪起家的，但是在上市后，领导层认为"杀猪"这行不雅，遂将主业改为猪肉加工，并盲目拓展到化工、建材，甚至连挂猪肉的铁丝都要投资，而原来自己积累的管理经验在新的领域里不能传递，导致其最终失败。

"三九也是如此，它在所投资的相关领域赢利，但是在所投资的非相关领域大面积亏损，导致最后将非相关领域出售、分拆。这也证明投资相关的领域易于成功，而投资不相关的领域难以成功。"吴维库说。

这样的例子还有海尔，这家著名的家电巨头在它所投资的家电各个领域都取得了很大成功，但是它执意要进入的电脑、制药乃至金融领域，由于离它的主业太远，鲜有成功的报道。

相比之下，华北制药在投资矿泉水领域却取得了成功。这家公司因为制药的需求而关注高档水的生产，后来投资建立水厂，最终使生产矿泉水成为自己的一个重要业务，由于品牌和资源可以很好地传递过去，所以取得了成功。

资料来源：

1. 刘腾. 汽车之痛让奥克斯反思多元化. 财经时报：http://finance.sina.com.cn［2005-04-03］

2. 奥克斯退出汽车业背后：都怪国家的调控政策. http://news.xinhuanet.com/auto/2005-05/07/content_2926297_1.htm

3. 奥克斯退出汽车业，民营企业造车热潮渐退. http://info.homea.hc360.com/2005/04/041549254038.shtml

4. 奥克斯忍痛退出汽车业. http://biz.zjol.com.cn/05biz/system/2005/03/24/004448503.shtml

思考题：

1. 结合奥克斯集团的做法，谈谈企业进行多元化经营的驱动因素是什么。

2. 分析奥克斯退出汽车产业的正确性。

3. 企业多元化发展成功的关键是什么？

案例 2 福特公司的战略选择

福特汽车公司有力地证明了一个大公司可以向多个战略方向出击。

一、集中生产单一产品的早期发展战略

在早期，福特公司的发展是通过不断改进它的单一产品——轿车而取得的。在 1908 年制造的 T 型轿车比以前所有的车型有相当大的改进。在它生产的第一年，就销售了 10 000 多辆。1927 年，T 型轿车开始将市场丢给它的竞争对手。福特公司又推出了 A 型轿车，该轿车集中了流行的车体款式和富于变化的颜色。当 A 型轿车开始失去市场，输给它的竞争对手的时候，在 1932 年，福特公司又推出了 V-8 型汽车。6 年后，在 1938 年，Mercury 型车成为福特公司发展中档汽车的突破口。

福特汽车公司也能通过扩大地区范围进行发展。在 1904 年，它进入加拿大市场的举动就证明了这一点。也是在它的发展早期，福特公司采用了同心多样化战略，在 1917 年开始生产卡车和拖拉机，并且在 1922 年收购了林肯汽车公司。

二、纵向一体化战略

福特汽车公司的多样化生产集团是后向一体化战略的杰出实例。下面介绍福特公司这一集团中几个部门的作用。

(1) 塑料生产部门——供应福特公司 30% 的塑料需求量和 50% 的乙烯需求量。

(2) 玻璃生产部门——供给福特北美公司的轿车和卡车所需的全部玻璃，同时也向其他汽车制造商供应玻璃。这个部门也是建筑业、特种玻璃、制镜业和汽车售后市场的主要供应商。

(3) 电工和燃油处理部门——为福特汽车供应点火器、交流发电机、小型电机、燃油输送器和其他部件。

三、福特新荷兰有限公司——同心多样化战略

在 1917 年，福特公司通过生产拖拉机开始了同心多样化战略。福特新荷兰有限公司现在是世界上最大的拖拉机和农用设备制造商之一，它于 1978 年 1 月成立。福特新荷兰有限公司是由福特公司的拖拉机业务和新荷兰有限公司联合组成的，后者是从 Sperry 公司收购来的农用设备制造商。

福特新荷兰有限公司随后兼并了万能设备有限公司，它是北美最大的四轮驱动拖拉机制造商。这两项交易是福特公司通过收购实行它同心多样化战略的最好例证。

四、金融服务集团——跨行业的复合多样化战略

福特汽车信贷公司的成立，是向经销商和零售汽车顾客提供汽车贷款。这可以说是实行同心多样化战略。

不过，在 20 世纪 80 年代，福特公司利用这个部门积极从事复合多样化经营。在

1985 年，它收购了国家第一金融有限公司，后者是北美第二储蓄和贷款组织。在 1987 年后期，它收购了美国租赁公司，这个公司涉及企业和商业设备融资、杠杆租赁融资、商业车队租赁、设备运输、公司融资和不动产融资。

五、在其他行业的复合多样化战略

福特汽车土地开发有限公司是一个经营多样化产品的部门，也是跨行业多种经营的典型实例。到 1920 年，这个部门围绕着密歇根福特世界总部建立了 59 个商用建筑。由这个部门所拥有和它管理的设施及土地的市场价值估计有十多亿美元。

福特太空有限公司和赫兹有限公司也是复合多样化战略的良好典范。

六、调整战略

在福特公司的发展史上，曾经被迫实行了几次调整战略。在第二次世界大战后，福特公司以每月几百万美元的速度亏损。亨利·福特二世重组了公司并实行分权制，这使公司迅速恢复了元气。

也许被众多美国公司采用的最富戏剧性的调整战略是福特公司在 20 世纪 80 年代早期所完成的。从 1979 年到 1982 年，福特公司的利润亏损额达 5.11 亿美元。销售额由 1978 年的 420 亿美元下降到 1981 年的 380 亿美元。不必说，福特公司陷入了严重的危机。

亏损的原因之一是激烈的国际竞争。也许更重要的亏损原因是福特公司运营的方式：新车的款式看起来像许多年以前一样；在部门之间（如设计与工程）很少沟通；管理层中从事管理的员工对工作很不满意，很少向上级部门传达情况。

福特公司的管理层做了些什么来转变这种情况呢？首先，他们显著地减少了运营成本。在 1979 年到 1983 年期间，从运营支出中就节省了 4.5 亿美元。其次，质量成为头等大事。管理层也改变了福特公司设计小汽车的程序。以前，每一个工作单位都是独立工作的。现在，设计、工程、装配等部门都在这个过程中一起协同工作。

不过，福特公司实行的最重要的改变是开始一种新的企业文化。从首席执行官 Philio Caldwell 和总裁 Donald Petersen 开始，改变了公司的优先次序，一种新兴管理风格建立起来了，该种管理风格强调联合行动和所有雇员向着共同的目标的参与。在福特公司，人们建立起更加密切的关系，并且更加强调雇员、经销商、供应商之间的关系，呈现了一种新的集体工作精神。

七、放弃战略

多年来，福特公司不得不不情愿地放弃它的某些经营单位。例如，在 1989 年 10 月，福特公司和一伙投资商签署了卖掉它 Rouge 钢铁公司的谅解备忘录。福特之所以卖掉这家公司，是因为它不想担负实现其现代化的成本。据估计，在其实现现代化的几年中，每年实现现代化的费用为 3 亿美元。福特公司做出的其他放弃决策包括：在 1987 年和 1986 年，分别把化工业务和漆料业务卖给了杜邦公司。

八、收购和合资经营战略

1989 年 11 月 2 日，福特公司以 25 亿美元收购了美洲豹私人有限公司，以作为消除它在汽车市场上的一个弱点即产品在豪华轿车市场上缺乏竞争力的手段。豪华类别的一些竞争轿车有丰田公司的凌志 LS400，本田阿库拉·传奇和宝马三个系列。在1989 年，豪华轿车的需求是 250 亿美元，预测到 1994 年能增长到 400 亿美元，这个增长速度比整个汽车市场的增长速度要大得多。福特公司把美洲豹轿车看作是进入美国和欧洲豪华轿车市场的机会。

福特公司也采用了合资经营的战略——具有较重大意义的两项合资经营是和马自达及日产公司实现的。福特公司和马自达公司一起合作生产五种汽车。例如，在马自达生产车间生产的 Probe 汽车，外部和内部的设计由福特公司进行，细节性的工程技术由马自达公司完成。

日产公司和福特公司正在合作开发前轮驱动的微型汽车，福特公司将在俄亥俄州的卡车厂制造该汽车，并将由两个公司销售。在澳大利亚，福特公司的 Maverick 汽车是日产四轮驱动车 Partrol 的一种车款，它由福特公司的经销商销售，而日产公司经销商销售福特公司的 Falcon 客货两用车和运货车。

资料来源：http://www.docin.com/p-253018147.html

思考题：

1. 福特汽车公司做出的各种战略选择分别处于何种经济环境下？

2. 为什么在不同时期，福特汽车公司要进行战略调整？

3. 你认为福特汽车公司的战略选择是否最优？如果不是，你认为何种战略更加合适？

案例 3 克莱斯勒公司的战略联盟

一、案例简介

克莱斯勒集团（以下简称"克莱斯勒"）是全球第五大汽车生产商戴姆勒克莱斯勒股份公司的一个组成部分。其总部位于美国密歇根州奥本山，主要生产克莱斯勒、Jeep、道奇品牌汽车和 Mopar 产品。它是全球首屈一指的轿车和商用汽车的生产厂商，旗下拥有一系列享誉全球的著名汽车品牌，如克莱斯勒 300C、Jeep Commander 以及道奇 Charger。2006 年，公司在全球销售汽车 270 万辆。

起于 20 世纪 70 年代初的世界石油危机给向来盛行生产大型豪华轿车的美国汽车工业带来巨大打击，能耗低、个头小的日本汽车纷纷撞开美国国门，大肆在美国国内汽车市场上横行，不断蚕食通用汽车、福特汽车和克莱斯勒汽车这美国三大汽车巨头的市场份额。

为了学习日本汽车公司在质量管理及生产设计上的经验，1986 年，克莱斯勒与日本三菱公司（以下简称"三菱"）合资组建钻石星汽车公司，通过这次横向联盟，克莱斯勒深入学习了日本汽车企业先进的管理理念，并成功运用到其在美国的多家工厂中，获得了巨大的成功。随后，在 1990 年，克莱斯勒为实现与零部件供应商的紧密合作，发起了旨在降低供应成本的 SCORE 项目，颠覆了多年来美国汽车工业中生产商与供应商之间水火不容的敌对关系，与供应商结成纵向联盟关系，实现利润共享。通过集合供应商的智慧，不断削减成本，克莱斯勒一举成为美国最具盈利能力的汽车制造公司。

二、行业背景

（一）石油危机导致世界汽车工业格局发生重大转变

20世纪70年代初期，日本汽车主要是以经济、节能、小型的形象出现在美国市场上的。1973年10月，第四次中东战争的爆发让阿拉伯石油输出国组织（OPEC）发出了把原油生产削减25%的通告，石油价格上涨将近3倍，每桶涨到8.4美元，同时视各国对以色列的态度，执行区别对待的价格歧视政策。受石油危机的冲击，世界汽车市场的需求发生急剧变化，各国市场对经济节能的小型车需求迅速上升。而美国本土汽车企业却显然低估了市场变革的力量，它们依旧念念不忘过去依靠生产大型豪华轿车所获得的荣耀，不顾世界市场行情的变化，一味地陶醉于高档车辆的生产，这恰恰给了日本汽车在美国开拓市场的机会。

1979年的第二次石油危机携上一次石油危机的余威更加猛烈地攻击着全球汽车工业，石油价格再一次大幅上涨。石油危机对全球汽车工业的打击给日本汽车企业提供了一个迅速与国际接轨的好机会。借助自身产品卓越的能耗优势，日本汽车企业集中力量向美国出口汽车。以丰田公司为首的日本汽车企业在美国市场上展开了一场大规模的针对能耗低、小巧等日本汽车特色的广告宣传战。这种深得人心的广告宣传极大地促进了日本汽车在美国市场上的销量。

事实上，当时的日本小轿车在美国市场的销售利润并不高，照美国的成本核算简直无利可图，这使美国车商深感困惑。其实这正是日本车商的高明之处，因为日本厂商的首要目标就是要提高在美国汽车市场的占有率，其次才是赚到大把的钞票。日本厂商看到了这两者关系的易位。

到20世纪80年代，世界汽车市场日趋成熟，企业竞争日趋激烈，以低价格为标志的低成本战略受到世界各国汽车企业的模仿，低价格手段的边际效用急剧下降，以产品质量为代表的竞争优势开始发挥关键作用。在这个时候，日本汽车企业一方面通过一轮又一轮无休止的成本削减，创造强于其他各国汽车企业的价格优势，同时通过东方式的质量管理风格，严格把握着产品的质量形象，使日本汽车成为集价格与质量为一身的"物美价廉"的产品，不断蚕食着美国汽车企业的市场份额。到了20世纪80年代中后期，经过激烈的汽车终端产品市场的较量，美国三大汽车公司虽然在各个档次的汽车市场份额中仍然高于日本，但不足以将日本同行淘汰出局，相反，日本汽车厂商有后来居上的势头。

（二）巨幅亏损促使美国汽车企业谋求对外联盟发展

在日本汽车的冲击之下，美国厂商被逼得走投无路。一些小厂损失惨重，不得不关门歇业。曾经在美国市场上尽显辉煌的克莱斯勒公司也处于破产的边缘，再也没有往日的盛况，1977年年底，其在美国的6家工厂就已经被迫关闭了4家，公司亏损也是连年增加。1978年，克莱斯勒的亏损就高达2亿美元。1979年12月，美国议会通过拯救"克莱斯勒"法案，政府提供给克莱斯勒15亿美元的联邦贷款保证，然而一切均无济于事，克莱斯勒的财政赤字如同丢了魂一样一泻千里。1979 年，其赤字数为 11 亿美元，到了 1980 年则高达 17 亿美元，创了美国企业赤字历史的最高纪录，一个曾经风靡全球的汽车大亨地位岌岌可危。

与克莱斯勒一样，美国汽车业的另外两大巨头的日子也并没好到哪去。1980 年，福特汽车公司赤字达到 15.4 亿美元，仅次于克莱斯勒；同年，通用汽车公司的亏损也高达 7 亿多美元。伴随数目惊人的公司赤字的是美国本土汽车企业产销量的大幅度缩水，1979 年，美国国产小轿车的销售量比上一年骤减了 10.5%，仅为 833 万辆，1980 年更是减少到 658 万辆。而世界另一头的日本汽车企业却个个赚得盆满钵溢，有数据显示，1979 年，日本汽车在美国市场的占有率约为 17%，1980 年则上升为 24%，并以 1 100 余万辆的年产量，压倒美国成为世界第一汽车制造大国。

俗话说"穷则变、变则通"，这种市场力量的对比，促使美国企业管理理论和实业界反思美日汽车厂商之间新的竞争关系。其中一个结果，就是发现日本汽车厂商并不是只在产品终端市场和对手竞争，而是在更深的如何更有效配置企业范围内资源的层次上和对手竞争。日本企业利用富含知识价值的核心竞争能力抢占市场，而不是基于生产能力的过剩展开企业的多角化战略。于是，美国三大汽车公司从 20 世纪 80 年代起，纷纷和日本汽车同行结盟，企图通过这种联盟偷师日本企业的管理战略，创造新的利润空间。

三、横向合作

（一）以通用为榜样

在美国三大汽车巨头中，通用汽车公司是最早发现这种市场格局的对比，并及时顺应市场变化的。占据美国汽车市场头把交椅的通用汽车公司一直很注重观察全球市场的变化，在 20 世纪 70 年代初期，为了提高对世界情况变化做出反应的效率，通用汽车公司还修改了长期以来所采用的拥有百分之百股权的政策，通过相互参股、拥有部分股权等方式与世界范围内的大型汽车生产企业展开合作。

早在 20 世纪 70 年代初，通用汽车公司展开了与日本汽车企业的合作，自 1971 年以来，它先后与日本五十铃汽车公司和铃木汽车公司结成联盟，共同开发世界汽车市场。20 世纪 80 年代初，通用汽车公司与丰田汽车公司建立了一家新联合汽车制造公司（New United Motor Manufacturing Inc.，MUMMI）。

这场以相互学习为战略价值的联盟，一方面让丰田汽车公司学会如何在美国与供应商和工人打交道，另一方面让通用汽车公司学会丰田的及时供应制生产方法。此外，更重要的是，通过这场战略联盟，通用汽车公司得到了丰田高效率制造系统的第一手资料，并把这些经验实施到自己的其他工厂中。例如，双方共同筹建的这家 NUMMI 汽车制造公司原本位于加利福尼亚佛雷蒙德的一家通用汽车厂里，但很快，在这家汽车工厂里成功运用的多种日本先进管理方法就被通用汽车公司移植到位于田纳西的生产工厂里了。

通用公司联盟的成功让公司成功阻止了自身与日本生产企业间生产效率差距的加大，它们甚至还创造了一个名词"新联合汽车制造化"（NUMMInization）来描述自己向丰田汽车公司学习的成功。

　　通用汽车公司的成功给克莱斯勒指明了一条重获新生的道路，为了挽救公司，克莱斯勒的高层开始想方设法与外国大汽车公司结成联盟，同谋发展。它们一方面直接与国外汽车生产企业对话，寻找横向联盟合作的可能，另一方面则不断加强与原材料供应商的合作，纵向寻求突破。

　　（二）拜三菱为师

　　1985年，克莱斯勒公司与日本三菱公司合资组建钻石星汽车公司（Diamond-star），合作在美国伊力诺斯州生产小型汽车。与通用汽车公司一样，克莱斯勒此番的主要目标也是获得关于日本企业经营管理和制造技术的第一手资料，这场横向联盟合作在一定程度上实现了克莱斯勒的起死回生。

　　为了全方位近距离地观看三菱公司的"本色演出"，在这场横向联盟中，克莱斯勒公司有意退出了对联盟的日常管理，全部经营活动都交由三菱公司负责。它希望通过观察学习日本公司在开发和制造新型汽车时，如何处理可能遇到的设计、操作上的困难。在向三菱公司学习的过程中，为了进一步拓宽知识来源和基础，克莱斯勒公司采取了这样五种战略：①领导阶层积极支持；②鼓励员工参观联盟；③提前设计培训计划；④选拔有潜力的管理者；⑤挑选求知欲强的员工进行培训。

　　可以发现，克莱斯勒公司的五种战略几乎都是围绕着"学习"这个目标展开的。为了保证学习的有效性，克莱斯勒强调领导人员的积极参与，尤其强调领导阶层必须向公司员工明确说明为什么学习以及怎样才能获得有益的信息。

　　为了最大程度地发挥钻石星汽车公司的示范作用，克莱斯勒公司高层管理部门一直鼓励各个级别、各个部门的员工通过参观钻石星汽车公司学习必要的技术知识。此外，克莱斯勒还与三菱公司就员工培训事宜达成协议：由克莱斯勒负责培训期间的一切费用和员工的食宿接待等问题，并尽量避免扰乱钻石星汽车公司的正常工作。

　　通过采取目标明确的学习战略，利用与钻石星汽车公司独特的联系学习崭新的管理方法和组织技巧，克莱斯勒在公司业务和收益上很快得以重振雄风。1993年克莱斯勒共售出汽车250万辆，平均每辆获利848美元；而相比之下，通用汽车公司每辆车的平均利润仅为26美元，福特汽车公司每辆车的平均利润也只有158美元。1994年第一季度公司净利润高达9.38亿美元，比上年同期增长77%。每辆车的平均利润也大大超过了公司在底特律的竞争对手——通用汽车公司和福特汽车公司。

　　此外，随着通过钻石星公司学到的新技术和新思维在克莱斯勒内部的贯彻施行，钻石星汽车公司的技术和管理模式很快被克莱斯勒复制到公司其他项目中。在后来的LH计划和Viper计划中，克莱斯勒把其轿车和卡车的生产操作组织成一个统一的生产团队，由灵活、机动、职能交叉的专家掌管——这些专家很多都来自于在钻石星公司培训过的员工——并把汽车工程中的设计和制造这两个原本是截然分开的部门结合在一起。这种交叉职能的团队组织模式一方面大大节省了人力开支，另一方面也减少了试验成本的支出。例如在LH项目中，由于与Viper项目实现了协同，其总共只用了44辆试验车，而传统的操作要用去100辆，这种进步节省了大量成本。试验车的平均成本是40万美元，这个数字还不包括维修保养费，所以仅此一项就节约了2 200万美元。另外，试验车一次性通过碰撞测试，这是克莱斯勒公司发展史上的一个重大里程碑。

　　钻石星汽车公司在汽车零部件安装上的经验，也为克莱斯勒的生产革新增添了更多先进的方案。过去，汽车的各个部分，两侧、顶篷、后座、底盘等部件的安装都是在不同的工作车间里分开进行的。由于每个车间是分开的，不能很好协调，从而增加了出错的机会，经常需要重新安装。但是在钻石星汽车公司的车间里，这些步骤都是在同一个车间进行，这不仅提高了汽车质量，而且大幅度缩短了安装时间。

四、纵向发展

（一）急需变革的供销关系

从横向的联盟伙伴那里学习知识和技术仅仅是个克莱斯勒新生的开始，为克莱斯勒带来更大成功的是克莱斯勒开始寻找向纵向发展，并与零部件供应商达成联盟合作关系的途径。

传统上，美国汽车制造商和其他零部件供应商的关系是敌对的。制造商担心，如果其零部件供应商的实力加强，自身讨价还价的能力便会被削弱，从而在采购汽车零部件时，失去对价格的控制。为了防止供应商的发展壮大，汽车生产商常常煞费苦心地设计出各种防范措施限制供应商的发展。这些措施包括信息保密、压低对方价格、盗用对方机密、拖延付款日期、挖走人才等。总的来说，制造商和零部件供应商之间是一种典型的信息不对称博弈过程。

为了防止自家后院失火，美国汽车制造商往往通过各种手段实现对零部件供应商的控制。以美国通用汽车公司为例，它们就制定了这样一系列措施来防范零部件生产商给自己造成的潜在威胁：①汽车的关键部分，如发动机体、传动装置等，从不交给外面公司生产。②将各个系统分拆，承包给多家供应商，永远不分包一个完整的系统。单是汽车座椅，通用汽车公司就让25家不同的供应商去生产，每一家只生产一两个部件，然后自己组装。③对于分包出去的各部分，在最低有效规模许可的情况下，尽可能多找供应商。④任何合同，很少超过2年的期限。⑤以公开招标的方式选拔供应商。

很显然，这些措施在遏制潜在竞争对手方面是非常有效的，美国的汽车零部件供应商没有哪一家能向汽车厂商提出挑战，或生产出独特的差异产品向汽车厂家索要高价。但这种做法也为公司带来很高的成本，例如公司的工程师需要设计好汽车的每一个部件和细节，才能使分拆承包得以实现，此外这种拆包的方式还造成了兼容与二次组装的问题，进一步提高了汽车的生产成本。

此外，由于采取分散承包方式，各零部件分包商之间根本没有相互沟通与交流的机会，严重影响了生产工艺的革新与新技术诞生。同时，由于采用小量委托的分散采购方式，不但使零部件生产厂商规模效应无法得到有效的体现，还极大地增加了采购成本，为了采购到所有需要的零部件，一家汽车生产企业往往需要同数以千计的零部件供应商打交道，而且，汽车生产企业甚至需要定期储存大量制成品，以保证零部件的稳定供应。

美国市场上整车生产商与零部件生产商之间的这种供求关系一方面造成了整条汽车产业供应链上存在着过多的安全库存，另一方面也造成了供应商与制造商之间极不稳定的供求关系，导致了过多的交易成本损失。在没有外来竞争的情况下，这种关系还是能够得以维系。但是，随着大量的日本汽车打入美国市场，以及国际汽车市场竞争加剧，美国汽车生产公司长期以来与零部件供应商之间的敌对关系自然为其自身的竞争力带来了诸多不便,供应链的市场反应能力、自我调整能力等均出现了严重的缺陷,带来的便是美国汽车厂商在汽车市场上的节节败退。为了改变这种状况,美国汽车公司在20世纪80年代末重新审视了它们同供应商的关系,并决定"化干戈为玉帛",通过同供应商建立长期合作关系来同对手竞争。

（二）克莱斯勒的SCORE项目

兴起于20世纪80年代末的美国汽车公司与零部件供应商之间关系的大变革,是紧随20世纪80年代初美国汽车公司对外横向合作运动之后的一场纵向联盟运动,其中最成功之一便是克莱斯勒汽车公司的SCORE项目。

SCORE项目即"供应商成本削减方法"（Supplier Cost Reduction Effort）。该项目是克莱斯勒在1990年同其最大的150家供应商的一次会议上正式颁布的,其核心内容就是:减少供应商的数量、稳定供应商的利益关系、鼓励供应商更多地参与汽车生产的全过程、奖励供应商的创新活动与建议。

克莱斯勒的SCORE所依据的原则是,要在汽车制造商和供应商之间建立信任和更好的关系,一个关键的因素在于成本分担。这一做法的目的在于,同供应商之间形成伙伴关系,产生共同的思维方式。这种联盟关系是建立在共担的成本和共享的技术信息基础上的。最大的区别在于,在SCORE计划下,由供应商来决定,在其每年所节省的成本中,供应商自己希望保留多少,又打算以降低价格的形式分配给克莱斯勒多少。

为了让供应商接受SCORE项目,克莱斯勒公司采取了3个步骤:首先是改善克莱斯勒自身做得差的事;其次是让供应商对更低层次的供应商提供的原料和部件提出改革建议,这些改革不会涉及关键零部件;第三步则是让关键的供应商主动改善他们自己做得差的事。用克莱斯勒的总裁卢茨的话说就是:克莱斯勒需要的是供应商们的主意而不是他们的利润。并且,克莱斯勒承诺,由供应商的建议带来的成本节约由双方分享。这与通用汽车公司和福特公司要求他们的供应商将所节省的成本完全上交给自己的做法大相径庭。

1992年,克莱斯勒正式把SCORE项目纳入对供应商的评级程序。经过1990年与1991年两年的积累,克莱斯勒对零部件供应商提的建议数量、建议带来的成本节约都有详细的记录,并用这些数字以及供应商在价格、质量、交货时间和技术方面的表现来给供应商定级。从1994年2月开始,克莱斯勒为供应商制订了从SCORE建议中节约成本的具体年度目标。尽管对于没有达到目标的供应商没有惩罚,但供应商的表现最终决定其能从克莱斯勒公司得到的业务量。克莱斯勒要求供应商为把他们销给克莱斯勒的产品价格降低5%而提出建议,让供应商帮助公司减少汽车的重量、事故率和复杂性。供应商每帮助减少系统中的一个零部件,就可得到2万美元的奖励。

这种发挥零部件供应商的集体智慧以实现共赢的项目获得了惊人的成功。在实施开始的头两年即1991年到1992年间,供应商提出了375条建议,可为克莱斯勒节约1.7亿美元。1994年,供应商提出了3786条建议,为克莱斯勒节约成本5.04亿美元。到1995年12月止,克莱斯勒共采纳了5300条建议,节省了17亿美元的开支。

五、收效显著

钻石星汽车公司的成立为克莱斯勒学习日本汽车企业先进的质量管理经验和生产

技术提供了有利条件。在这场横向战略联盟的学习中，克莱斯勒组建了交叉职能的工作团队，培养了一大批极富学习能力的员工，为后来的 SCORE 项目成功实施提供了条件。在 SCORE 项目中，克莱斯勒颠覆了多年来美国汽车工业中生产商与供应商之间水火不容的敌对关系，与供应商结成利润共享的纵向联盟关系，通过集合供应商的智慧，不断削减成本，极大地提高了产品的市场竞争力。从钻石星到 SCORE，克莱斯勒这种合纵连横的联盟战略所带来的收效也是显著的。这种纵向联盟的管理思路与目前极为盛行的供应链管理思想也不谋而合。

（一）产品开发周期缩短

在 20 世纪 80 年代，克莱斯勒开发一种新汽车的时间平均为 234 周，到了 1996 年则仅需 160 周，开发新汽车的时间减少了 40% 以上。此外，在交叉职能的工作团队的作用下，克莱斯勒采用敏捷制造等管理方式使自身的生产率在 20 世纪 90 年代得到大大提高。在整个 20 世纪 80 年代间，克莱斯勒总共只开发出 4 种汽车，在工程人员总数没有增加的条件下，在 1990 年到 1996 年间，就开发和生产了 6 种汽车。

钻石星汽车公司为克莱斯勒培养的交叉职能工作团队是加快产品开发的保障因素，同供应商的联盟合作则是关键。过去，由于与供应商关系的脱节，每一款新车的开发周期中，有 12 到 18 个月是用来招标、报价、谈判，选择并确定供应商的。而且，供应商不参与任何零部件的设计工作，一切均要等到公司的工程师设计好每一个细节，真正的生产工作才能展开。而在 SCORE 项目中，由于选择了减少供应商数量，提高供应商质量，深化供应商合作等方式，使得供应商在产品概念阶段就能参与汽车的设计工作，这可以让供应商有更多的时间来解决生产过程可能出现的问题，设计出来的产品也充分考虑到整个生产过程的需要，同时也更符合市场的需求，生产商与供应商之间的合作关系也更加紧密。

（二）产品开发成本降低

在汽车工业中，开发和投产一种新型汽车的成本主要来自四个方面：一是工程、研究和开发成本，主要包括设计和制造原型等工作所消耗的成本；二是由各种模具等导致的工具类成本；三是生产中所必需的如传送带、压缩机、焊接生产线等的生产设施成本；四是出于生产和投资的需要，对员工进行培训、生产前所需要的各种准备所带来的成本。

一般来说，克莱斯勒的项目总成本分配标准是这样的：15%~20% 用于第一类成本，40%~45% 用于第二类工具成本，25%~30% 用于设施类成本，5%~10% 用于第四类成本。由于让供应商在产品开发阶段早期就参与，让他们在设计和制造中承担更大的责任，采用集成设计等供应链管理的思路，克莱斯勒大大加快了产品开发过程，每款车的开发时间大幅度减少，成本也得到了有效控制。而且，克莱斯勒的这种大幅度成本降低，并不意味着全部的利润都由克莱斯勒所获取，而是可以通过提高整条供应链的利润率，使得供应链的各个成员企业均能获取更大的利润。所以说，成本降低不仅仅为克莱斯勒带来了更强的市场竞争能力，而且也为其供应商带来了极为可观的利润。

（三）零部件采购成本降低

实施了 SCORE 项目后，因为减少了供应商的数量，废除了传统的那种利用多头竞争寻找最低采购价格的竞争性的投标制度，取而代之的是通过与少量优质的供应商达成战略合作伙伴，在更深层次的范围展开合作，克莱斯勒的采购人员减少了30%，每个采购人员采购的产品价值大大增加。在供应商一方，由于取得了与克莱斯勒长期合作的机会，供应商可以减少销售代表的人数，而增加工程开发人员的人数，这使得其产品质量和设计得到优化，为整条供应链的效率提升带来更多机会。

在更稳定的供应商合作关系下，克莱斯勒可以比竞争对手更快地开发出新型号的汽车，供应链的柔性和市场相应能力大幅提升，其市场份额也明显增大，轿车和卡车在美国市场的占有率也大幅度上升。

由于对各类成本的严格控制，改革前后克莱斯勒公司一辆车的平均利润大幅提升，由原来的200多美元提高到超过2 000美元，改革前克莱斯勒的资产利润率平均低于福特与通用汽车2个百分点，改革后资产利润率平均高于上两个公司4个百分点。克莱斯勒从此一跃成为美国最具盈利性的汽车制造公司。

资料来源：http://www.docin.com/p-92793509.html

思考题：

1. 克莱斯勒公司组建战略联盟的动机是什么？
2. 结合克莱斯勒的纵向与横向联盟，谈谈你对战略联盟的认识。
3. SCORE项目展开所带来的好处是显而易见的，但这并不意味着该项目可以轻松展开。你认为克莱斯勒开展SCORE项目可能面临哪些困难？

案例4 上海大众成功的"体育营销"战略

上海大众汽车有限公司成立于1985年3月，是中国改革开放后最早的轿车合资企业，中德双方投资比例各为50%。上海大众总部位于上海安亭国际汽车城，已形成了上海安亭和南京两大生产基地，包括四个整车生产厂、一个发动机厂、一个技术开发中心和一个模具中心的布局，是国内规模最大的现代化轿车生产商之一。

上海大众致力于提供适应中国顾客需求并符合国际标准的汽车，以安全、优质、节能、环保的产品和卓越的服务，提高消费者的生活品质，本着回报社会、造福社会的理念，广泛地参与社会公共事务，科学、教育、文化、卫生及各种社会公益事业。基于大众、斯柯达两大品牌，公司目前拥有十大系列产品，覆盖A0级、A级、B级、SUV等不同细分市场。2009年，上海大众实现全年零售72.9万辆、批售72.8万辆的业绩，成为2009年度中国轿车销量冠军。

上海大众拥有功能完善、具备国际领先水平的技术开发中心及国内第一家为轿车的开发试验而建造的专业试验场，随着PASSAT新领驭和LAVIDA朗逸等车型的推出，上海大众的自主开发水平正逐步显现，相关开发工作正逐步纳入大众汽车集团全球开发体系。

随着人们生活水平的不断提高，体育等休闲娱乐活动日渐成为人们生活不可或缺的组成部分，因此，将体育活动中所体现的文化融入企业的产品和品牌，实现体育文化、品牌文化和营销文化三者之间的融合，以引起消费者共鸣，越来越成为企业获取竞争优势的一大法宝。2010年6月的南非无疑是全世界的焦点。对于世界杯这样的体育盛事，热血沸腾的不但有媒体和球迷，更有无数规模与实力不一的企业。它们怀揣同样的梦想，希望能搭上世界杯的顺风车。相关统计资料显示，一个企业想在世界范围内提高自己的品牌认知度，每提高1%，就需要2 000万美元的广告费，但借助大型的体育比赛，同样额度的广告费可使这种认知度提高10%。然而，真正借一场大型赛事而一举扬名的企业却为数不多，其成功概率可以参考奥运会。据悉，赞助亚特兰大奥运会的企业中，大约只有25%的企业得到回报，有些企业只得到一些短期效益，有些企业甚至败走麦城，成功的汽车企业更是屈指可数。作为2008年北京奥运合作伙伴之一的上海大众汽车有限公司则是一个经典案例。

一、借奥运华丽转身

不知是巧合，还是共识，上海大众汽车"追求卓越，永争第一"的企业文化理念，从一开始就与"更高、更快、更强"的奥运精神不谋而合。当"共享奥运情，一路卓越心"的主题有机地把奥运精神、企业理念和消费者愿景三者整合在一起以后，一个"为大众提供卓越品质与服务"的汽车企业形象肃然而立。北京奥运会让上海大众汽车完成了从"产品生产型"企业到"营销服务型"企业的华丽转身，从而加强了与顾客的关系，增加了顾客对企业的信任。奥运结束后，权威网络统计数据显示，大众汽车口碑加权指数是73.99，在众多合作企业中排在了第六位，由此可以看出，大众汽车通过奥运营销赢得了口碑。

二、领跑者+集大成者+长跑者

事实上，若细探上海大众汽车的体育营销历程，不难发现"奥运权益"只是上海大众汽车多年来实施体育营销战略的一部分。像多数汽车企业一样，上海大众最关注的赛事主要有三大类：一是竞技性体育大赛，比如全运会、洲际杯、世界杯、奥运会等，以全面提升企业品牌的社会地位；二是汽车竞技类赛事，如F1大赛、拉力赛、房车赛等，以展示品牌的技术实力；三是高档休闲运动赛事，如高尔夫、网球等，以体现品牌的文化内涵。

早在20世纪90年代，上海大众汽车就开启了中国企业体育营销的先河，它斥资聘请了德国人施拉普纳担任中国足球队的首位洋教练，向国人灌输"豹子精神"的拼搏理念，并在此后多年始终支持中国国家足球队的建设。

营销专家李锦魁表示，体育营销活动一定要有先见之明，必须连续做、长期做，才能成为品牌的有效资产，一次两次的赞助或者冠名无法取得预期效果。而如何契合品牌特质进行体育营销活动，这是厂家在赞助、参与体育赛事前需要解决的一大问题。当赛车运动在中国还处于摇篮期时，上海大众就冠名成立了中国最早的厂商车队——上海大众333车队，利用赛车运动这一平台，将活力四射、积极向上的品牌内涵传递给更多消费者。以POLO和Fabia晶锐为例，通过在房车赛、拉力赛上赢得的不凡成绩，其积极进取、勇往直前、性能卓越的品牌形象很快深入人心。

三、演绎体育文化和品牌理念

如果企业能够寻找到品牌与体育文化的结合点，将体育所蕴含的文化因素与品牌核心理念联系在一起，从品牌内涵中寻找与体育运动相通的地方，那么，就可以说是找到了操作体育营销的关键。"点对点"的营销活动，可以达到事半功倍的品牌推广效果。如帕萨特高尔夫精英赛，就是通过高尔夫运动高雅、浓郁的文化气息和富有挑战性的特点，来诠释帕萨特"成就明天"的品牌内涵，让每一位用户马上就能联想到与众不同的尊贵感受。

上海大众斯柯达品牌进入中国，秉承了品牌与自行车的百年渊源，在 2007 年成为了"中国国家自行车队主赞助商"和"中国自行车运动协会战略合作伙伴"，并连续多年为亚洲顶级的"环青海湖国际公路自行车赛"提供赞助。通过自行车运动这个平台，自然地把科技、人文、环保、速度与斯柯达"睿智、魅力、奉献"的品牌理念融为一体，迅速扩大了品牌的知名度和美誉度。

只有当体育活动中体现的文化融入企业的产品和品牌，实现体育文化、品牌文化与营销文化三者的融合，才能引起消费者的共鸣，在公众心目中形成偏好，才能成为企业的一种长期的竞争优势。因此，促进相关的品牌文化和内涵的结合，已成为厂商赞助体育赛事的基础，更是企业品牌成功推广的一大关键。

资料来源：http://auto.sina.com.cn/news/2010-06-11/1647612803.shtml

思考题：

1. 结合材料，你认为上海大众为什么要采用"体育营销"战略？
2. "体育营销"战略成功的关键是什么？

案例 5 比亚迪的战略变革

比亚迪股份有限公司创立于 1995 年，是一家拥有 IT 和汽车两大产业群的高新技术民营企业，业务遍及美国、欧洲、日本、韩国、印度等地，公司总资产约 328.91 亿元。2002 年 7 月 31 日，比亚迪在中国香港主板发行上市（股票代码：1211.HK）。

2003 年，比亚迪从电池产业开始投身汽车产业，并以连续 5 年超 100%的速度快速成长为新锐民族自主汽车品牌，在整车制造、模具研发、车型开发等方面达到国际领先水平。2010 年，美国《商业周刊》评选出全球"最具创新力企业 50 强"，比亚迪名列世界第八位、中国第一位；全球"科技 100 强"中比亚迪名列第一位。它还被评为国家高新技术企业，获得专利授权 2 362 件。这一系列的数字都代表着比亚迪在短短十年间取得的成就，而这些都源自比亚迪老总王传福的变革理念。

一、从"电池大亨"进军汽车产业

比亚迪创立之初是一个做电池的厂家，专门制造锂离子电池和镍电池，主要客户为诺基亚、摩托罗拉、三星等国际通信业顶端客户群体。王传福表示："当时锂离子电池市场是供不应求的，我们仅靠锂离子电池一项创新，每年就能给公司带来近 10 亿元的纯利润。"他一直奉行"技术是比亚迪迅速发展壮大的根本"这条准则。比亚迪认识到技术的获得不仅靠自己的研发，还要站在巨人的肩膀上，在不侵犯别人知识产权的前提下奉行拿来主义——吸收、改良、创新。到 1997 年，比亚迪已经从一个名不见经传的小企业，成长为一个年销售近亿元的中型企业。3 年间，比亚迪每年都能达到 100% 的增长率。

1997 年，金融风暴席卷了东南亚，全球电池产品价格暴跌 20%~40%，日系厂商处于亏损边缘，但比亚迪的低成本优势越发地凸显。飞利浦、松下、索尼甚至通用也先后向比亚迪发出了大额订单。在镍镉电池市场，比亚迪只用了 3 年时间，便抢占了全球近 40% 的市场份额，当之无愧地成为镍镉电池领头羊。2003 年，比亚迪的镍镉电池产量达到世界第一。

就在同年，全无汽车生产经验的比亚迪以 2.96 亿元收购秦川汽车 77% 的股权，成立了比亚迪汽车有限公司，随后又在西安高新技术产业开发区征地 100 万平方米，修建新厂房，建造西安生产基地。比亚迪正式宣布从"电池大王"进军汽车产业。可以说，比亚迪已经有能力在电池行业立足了，但是为什么还要选择进入汽车产业？这就是因为王传福具有冒险精神和变革精神。随后的事实证明，他的这一决定和当初做镍镉电池一样，是完全正确的。

二、金融危机中的产品创新和扩张战略

2008 年金融海啸席卷全球，美国三大汽车巨头深陷危机泥潭，车市面临结构调整、产业升级。然而比亚迪 2009 年上半年的统计数据显示，比亚迪完成汽车销售量 176 795 辆，同比增长 176%。这些成绩都得益于比亚迪多年的经营积累、研发积累和逆市的扩张战略。

在技术和产品方面，比亚迪一直坚持"技术为王、创新为本"的理念，对研发大力投入。2008 年 9 月，在三年没有新产品上市的微型轿车市场，比亚迪率先打破沉默，推出了比亚迪 F0，这对于受到金融危机摧残的汽车产业来讲实属冒险。F0 以时尚、精品、低价著称。从月度销量要突破 8 000 辆到一年内不降价；从制定比 QQ 还低的最低价格到公开宣称单车利润只有 1 000 元，比亚迪 F0 高调出场，让微型轿车的领头羊奇瑞 QQ、长安奔奔、长城精灵等措手不及，都大幅度降价来抢占市场。同时 F0 的上市也预示着自主品牌结构裂变、与合资品牌再次决斗的起点。面对两三年没有微型轿车新品上市的尴尬局面，比亚迪成为"急先锋"，拉开了自助品牌结构性变革的序幕。

在战略方面，比亚迪在 2008—2009 年采取了扩展战略，进行了连续的收购。2008 年 10 月，比亚迪以将近 2 亿元收购了宁波中纬 6 英寸半导体公司，成立"比亚迪半导体有限公司"，其目的就是为了打造电子产业平台。2009 年 7 月，斥资 6 000 万元收购了湖南美的三湘客车，而且在西安建设了一个新工厂，用以生产汽车和相关零部件。通过这两个动作，比亚迪产能达到 120 万辆每年。

三、汽车产业变革的先驱

比亚迪董事长王传福在 2008 年中国汽车产业发展国际论坛上发言表示：汽车产业将迎来新的革命，新能源汽车特别是电动车是一个变革，新能源汽车的变革应该体现在以下几个方面：能量转换系统的变革、传统动力系统的变革，电动汽车辅助零部件的变革，还有电动汽车加速变革、汽车智能化的变革。

2008 年 12 月，首款不依赖专业充电站的新能源汽车——比亚迪 F0DM 双模电动车正式上市。该车的上市，将是对传统燃油汽车的根本颠覆。F3MD 双模电动车搭载了全球首创的 DM 双模混合动力系统，其用电成本约为使用燃油的 1/4。比亚迪 F0DM 双模电动车的上市，是中国力量第一次在世界汽车技术领域扮演领跑角色，这也意味着比亚迪正大力发展新能源汽车，争做汽车产业变革的先驱。

2009 年 6 月，比亚迪又推出了一款纯电动车——E6，这款电动车使用了很多智能手段，包括刹车系统、车载电话以及各种智能控制。E6 的推出又让比亚迪走在了汽车产业变革的前列。业内人士普遍认为，未来 10～20 年是全球节能和新能源汽车产业格局形成的关键时期，而比亚迪的上述动作使得中国汽车产业逐渐缩小了与汽车发达国家的差距，并最终在新能源汽车的研发与产业化上走在了世界的前列。

资料来源：黄旭. 战略管理——思维与要径［M］. 北京：机械工业出版社，2012.

思考题：

1. 驱动比亚迪进行战略变革的原因是什么？
2. 比亚迪的战略变革将会遇到怎样的阻力？应该怎样应对才能使变革成功？

案例 6　上海汽车工业集团：迈向全球化

上海企业汽车工业集团（以下简称"上汽集团"）是中国历史最悠久、规模最大的汽车生产厂商之一。该集团在中国共有 50 家工厂，生产小轿车、拖拉机、摩托车、卡车、巴士以及汽车零件等（批发与零售），其业务还涉及汽车租赁与融资租赁。上汽集团曾与通用汽车、德国大众公司成功合作，为不断成长的中国汽车市场生产通用汽车和大众汽车；其在 20 世纪 90 年代与 21 世纪初的销售主要来自这些合资企业。事实上，在中国任何大城市都可以发现通用汽车（如通用别克车）以及大众汽车很受欢迎，然而，有些分析认为通用与大众可能太多依赖上汽集团。

上汽集团还持有韩国汽车制造商双龙公司约 51% 的股份，并拥有 Rover25 和 Rover75 车型 K 系列引擎的知识产权。上汽集团从 2007 年开始生产 Rover7（根据中国市场重新设计）。

上汽集团从合作经历中收获颇丰，并拥有许可转让的技术，因而决定生产和促销自有品牌的汽车。中国政府也在强调中国公司发展部分自有品牌的重要性，因为外国品牌占据了大部分中国市场。另外，企业要成为能成功地在全球市场竞争的公司，需要拥有自有品牌。在这方面，中国企业的高层管理者喜欢用"自主品牌"这个词来表示自己拥有的品牌。"自主"的意思实际上就是做自己的主人。2007 年，上汽集团开始在中国市场上出售自有品牌的汽车荣威（Roewe）。

上汽集团目前是中国排名第三位的汽车公司，它的目标是进入汽车行业的全球前十。为此它树立的目标是在美国汽车市场上进行有效竞争，因为美国市场是世界上最大的汽车市场。上汽集团聘用了通用中国公司前任主席菲利普·墨菲来领导它的上海分公司。

这个目标对上汽集团来说是一个巨大的挑战，因为所有知名汽车制造商都在美国市场展开竞争。现代集团试图加强其在美国市场竞争力的时候也面临这样的挑战，尽管与竞争对手相比现代在相应款型汽车上具有更好的质量和更低的价格，但它并没有在美国夺取到其所期望的市场份额。虽然现在在美国市场的相对排名比 2005 年略有提高，它的市场份额仍只维持在不到 3%。

中国的汽车制造商总体上极少出口，出口到美国的就更是寥寥无几。虽然美国汽车制造商所占的市场份额在过去几年中有所降低，但市场份额大多数被日本汽车制造商夺取，特别是丰田汽车公司。中国汽车出口量在 2007 年预期达到 500 000 辆，但主要目标是南美、东南亚和东欧市场。当然，分析师预测中国汽车制造商将会在包括美国在内的国际市场上获得成功，上汽集团很可能是其中的先驱之一。

资料来源：王方华，吕巍. 战略管理［M］. 2 版. 北京：机械工业出版社，2012.

思考题：

1. 企业全球化发展将面临何种挑战？
2. 上汽集团进行全球化发展的基础是什么？你认为其全球化发展应更加关注什么问题？

案例 7 丰田的本土化战略

一、中长期战略出炉，丰田中国推进本土化经营

2012 年 3 月，丰田中国发布了"云动计划"，这是丰田中国首次根据中国市场特点自主制定的中长期发展规划。根据这一计划，丰田中国将围绕"环保技术、福祉车、商品、服务、事业、社会贡献活动"等六个关键点，加速在中国的事业步伐。同时，其还发布了代表油电混合动力技术潮流的"双引擎"概念，这是丰田在丰田章男"中国最重要"的战略决策上，迈出本土化的重要一步，其本土化经营的决心可见一斑。

1. 三步走战略 节能新能源车上位

当前，节能减排是我国汽车工业目前最为迫切的需求，而混合动力是目前最具备量产条件的新能源技术，节能减排效果明显。丰田不仅是首个在中国市场推出混合动力量产车型的企业，也是中国市场混合动力车型最为丰富的企业之一。

"云动计划"在公布中长期事业发展规划时，明确将新能源车发展列为重点。目标是在 2012 年实现年销量超过 100 万的同时，为节能新能源车的普及打下基础，并计划在 2015 年实现搭载国产混合动力总成的混合动力车在一汽丰田、广汽丰田批量化国产。并最终确定以节能新能源车为主体的事业发展战略，实现节能新能源车型在丰田整体销售中占据 20% 的份额，与之相辅相成的是，丰田旗下将有更多的节能汽车进入中国。

2. 力推混合动力车 核心技术本土化

混合动力虽然是一项对环境有益的技术，但由于成本过高，汽车企业对此积极性普遍不高。一直以来，丰田始终是中国混合动力市场的主要推动者。2 月 22 日第三代

普锐斯在中国市场亲民上市，就被市场看做是丰田中国力图拉动混合动力消费的努力。此次赋予混合动力以"双引擎"这一极具中国特色的名字，表明丰田中国将加大引导消费者的宣传工作。在丰田中国的规划中，未来节能新能源车型将达到其总销量的20%，这将极大地减少对环境的污染，而这一针对中国市场的类似战略在其他跨国车企那里还未看到。

除了积极推动混合动力发展外，混合动力技术的本土化也被丰田中国提到了非常重要的位置。2011 年 10 月落户江苏常熟的丰田汽车研发中心（中国）有限公司（TMEC），是丰田全球研发体系中最大规模的研发基地，它就承担着此项任务。

3．多元化新车　重视中国用户需求

在新车型的推出方面，丰田中国也一改以往的稳健低调，表现出更加重视中国用户多元化需求的特点。无论是之前上市的第七代凯美瑞、雷克萨斯 CT200h、第三代普锐斯，还是即将上市的 86 跑车，都体现出丰田重视中国消费者、从中国消费者需求出发的本土化改变。另外，针对中国即将进入老龄化社会的发展趋势以及残障人士等行动不便的消费群体，丰田中国还将积极认真地推动福祉车在中国的发展。

二、"朗世"亮相：一汽丰田本土化新战略

经历过 2012 年持续的"本土化"表态后，丰田对中国市场的新姿态首先在合资公司一汽丰田的 2013 年规划中体现。

3 月 12 日，一汽丰田在上海发布了合资自主品牌战略，宣布合资自主品牌命名为"朗世"，并在 4 月的上海车展亮相首款车型——EV 纯电动概念车型。

与此同时，丰田 2013 年的战略车型，也是其在华首款跑车丰田 86 也在当日宣布由一汽丰田正式引入上市。

酝酿多年的一汽丰田合资自主品牌的发布，只是丰田拟定的加深本土化战略的一部分。作为一汽丰田车型本土化改造的开发平台，一汽丰田再次强调，由一汽和丰田合资的一汽丰田技术开发有限公司已在去年年底成立。

此外，作为三大日系车企中最后在华发布合资自主品牌的成员，丰田在华的另一家合资公司广汽丰田也将今年年内发布合资自主品牌。

跑车 86 的引入也被认为是丰田实践在华"年轻化"的重要努力。在丰田的本土化战略中，"年轻化"被列为首要关键词。同时，由丰田汽车公司社长丰田章男一手推进的这款"秋明山战车"在 29 年后的重生，也与其两年来不断强调的重塑品牌形象的"Re BORN"（重生）口号相符。

以丰田章男刚宣布的涉及中国管理层在内的大规模人事洗牌为背景，一汽丰田新车型和新品牌的发布，也使得丰田在华本土化战略的主观诚意和客观效果正式进入开考状态。

——入乡随俗的"朗世"

"经过多年的合作，一汽丰田发展合资自主品牌的时机已经成熟，"一汽丰田常务副总经理田聪明称，合资自主品牌"朗世"的英文为"RANZ"，寓意"开启明朗乐观的人生旅程及创造人性化的汽车世界"。

对于"横置菱形，内为镂空 N 字形"的 LOGO，一汽丰田的官方解释则充满了协

作意味："N 代表了 New 和 Natural，预示着一汽集团与丰田公司全新的合作领域、满载希望的未来，以及绿色、环保的研发方向。"

一汽丰田强调，一汽丰田技术研发中心已在去年 11 月升级为一汽丰田技术开发有限公司，由一汽集团与丰田公司合资成立。成立于 2008 年 8 月的技术研发中心最大的成绩是在 2010 年对花冠进行了本土化改进，使其月销量从 4 000 辆跃升为 10 000 辆。

新合资公司将迁出一汽丰田的天津厂区，坐落在天津经济技术开发区，建成后将初步形成产品设计开发、普通汽车试验、新能源汽车试验的能力。其目标被定位为三个层面，首先是满足中国消费者的多元化需求；其次，培育在中国本土研发整车及零部件的能力；同时，推动合资自主品牌的研发水平最终目标是形成整车开发能力。

不过一汽丰田公关总监马春平表示，该公司目前仍将主要承担一汽丰田引入车型的本土化改造工作。

三、丰田应将在华本土化策略推向纵深

2013 年 3 月 6 日，丰田汽车总部高层经历了一轮大的人事变动，3 名执行副董事和现任董事长张富士夫退休，内山田竹志被任命为新董事长。丰田总部的人事变动也波及中国市场。次日，丰田中国宣布从 4 月 1 日起对在华高管进行调整，其中丰田中国本部长大西弘致将接替北田真治，出任丰田中国总经理；广汽丰田总经理一职将由丰田常务小林一弘接替小椋邦彦；一汽丰田总经理柴川早人升任常务。

除了一汽丰田总经理"升职加薪"外，另两位总经理被撤换。这个新的人事任命到底要向外界传递什么？丰田章男在接受日本媒体采访时说，过去 4 年充满了各种挑战，"对于丰田来说，现在已经是时候该将目光投向未来"。

这个"未来"的关键正是中国市场。虽然章男先生宣称"中国市场最重要"，且诚意十足，但就目前的态势看，丰田在中国市场所要做出的调整还远远没有到位。

业内的评价是，除了日产之外，其他几家日系车企在中国市场发展的真正阻力，不是不确定的政治因素，也不是简单的产品力和销售力，而是本土化策略依然停留在表面。

通用和大众在华的"全价值链"本土化已经收获了成功。日产和现代起亚在经过多年的磨合后，一切以合资公司利益最大化成为企业发展的最高标准，从而形成了强大的合力，助推企业快速成长。

这其中，东风日产被业界公认是中外双方融合度最高的车企，企业制定的"基本法"实现了最大的开放度，对外呈现出源源不竭的活力，对内真正激发出了每一个员工的潜力。尽管丰田也开始在中国设立研发中心，并在丰田中国高管中出现了中方面孔，但就在华合资板块的运营机制看，还是相对封闭和保守的。

无论是广汽丰田还是一汽丰田，每一个重要岗位都设置中外双重管理制度，在中方更擅长的人才使用、渠道拓展，甚至销售政策上都必须经日方管理人员同意方能实施。近些年，由于丰田在华业绩不佳，日方管理人员加速收权，双方的不信任感开始恶化，甚至一度有剑拔弩张的逸闻在业界流转。由此，给企业带来严重的资源能耗，决策力和执行力都大打折扣。

所谓的本土化，不仅仅是在产品设计上迎合中国消费者的审美偏好，也不仅仅是

加强中国市场的资源供给，更重要的是实现更多管理人员的本地化，在开放与融合中学会在什么地方收权，在什么地方授权，最大程度地尊重中方合作伙伴的意愿，实现合资公司的利益最大化。唯有此，丰田在中国市场才能真正展示出应有的实力。

早几年，在大众尚处于弱势，丰田车型供不应求的时候，丰田中国一位资深高管在饭桌上戏言，他退休后准备写一本书，题目是丰田是如何倒掉的。他说，丰田的大企业病已经到了非常严重的程度，沉疴难起。今天，在丰田频繁的人事调整背后，到底是人尽其用，还是新一轮派系斗争，我们不得而知。笔者所获悉的是，在丰田合资企业内部的日方管理人员中，谁是谁线上的人已经成为公开的秘密，日方管理人员尚且不能形成合力，企业的决策力真要画一个大大的问号。

值得注意的是，丰田此次高层人事调整还将首次聘任前美国通用汽车副总裁马克·赫根等3人担任独立外部董事。有消息称，这是丰田76年来首次向外部董事敞开大门。丰田章男说："我们坚信从外界汲取更多意见至关重要。"

对于中国市场而言，丰田章男真正要做的工作是，将本土化策略向纵深推进，而不是仅仅停留在表面上。

资料来源：

1. 中长期战略出炉丰田中国推进本土化经营. http://auto.sohu.com/20120322/n338503479.shtml

2. "朗世"亮相 一汽丰田本土化新战略（1）. http://auto.china.com/dongtai/yejie/11012724/20130318/17732015.html

3. 丰田汽车高层人事大变动 波及中国市场. http://news.xinhuanet.com/fortune/2013-03/14/c_124455993.htm

思考题：

1. 结合案例，谈谈本土化战略的优缺点。
2. 丰田在中国实行的本土化战略具体表现在哪方面？
3. "朗世"这一本土化新战略有什么积极的意义？
4. 简要评价丰田的本土化战略。

案例8　通用汽车公司改进全球结构

像其他大型美国汽车公司一样，通用汽车公司过去的做法是将海外公司的运营授权给当地的经埋，例如英国、澳大利亚和瑞典。这些海外公司的经理们负责设计符合当地需要的汽车，每家公司都拥有自己的设计、部件生产和销售队伍。今天，通用汽车公司不得不重新考虑它的全球运营结构。从销售量上看，它是全球最大的汽车公司，但它同时也是利润最少的一个。通用汽车公司在美国的利润率只有1%，而他的海外销售则是亏损的。通用汽车面临的问题是如何提高全球运营的效率，更有效地实施全球商业模式。

通用汽车公司的利润之所以低是由于成本太高，而这在很大程度上又是分权制度下海外公司各行其是造成的。经过长时间的运行，这一体制导致各个分公司为了保护自己的利益追求高度的独立性，这种独立性意味着大量的职能重复。例如，总公司曾经要求瑞典分公司 Saab 在德国分公司开发的 Vectra 汽车平台上开发一款小型轿车以实现资源分享，Saab 的经理们为新款车安装了全新的电子系统，还做了其他许多昂贵的修改，从而令资源分享的好处消失殆尽。

为了降低全球成本结构，通用汽车公司决定将重要车型的开发和制造决策全部收归美国总部。现在，由总部的经理们向海外分公司发出降低成本的指令，例如制定全球性的部件供应商。过去，通用汽车公司的全球各分公司从供应商处采购 270 种不同款式的收音机，如果到 2006 年将这一数字减少为 50 种，将能够降低 40%的收音机采购成本。

通用汽车公司制定收权决策的另一个原因是为了更好地协调全球工程和设计小组的活动，从而加快新轿车车型的开发。通用汽车公司总部要求全球分公司共同协作，分享设计专业知识，生产面向全球的汽车产品。通用汽车公司现在需要 5 年时间才能设计出一款新车，而丰田公司只要 3 年——这是一个巨大的优势。通用汽车公司在美国底特律设立了一个全球委员会负责制定关键车型的开发决策。尽管每年要投入 70 亿美元用于新车设计，但这样做至少可以阻止各分公司追求各自的目标。事实上，那次 Saab 事件后，总公司收回了 Saab 公司工程部门的权利，现在它必须接受美国总部的规定。与此相似的另一个例子发生在韩国，通用汽车韩国分公司大宇公司拒绝使用现有的通用汽车公司的多功能运动车的平台，它们打算另起炉灶。通用汽车公司迅速克服了这种抵制，要求其分公司不折不扣地执行总公司的决定。尽管通用汽车公司希望轿车具备本地化的特征，但 CEO 瓦格纳支出，他希望"所有的改变属于'即插即用型'"，也就是不允许昂贵的可能耗费数百万美元的重新设计。

尽管存在着严重的成本问题，通用汽车公司在产品品质方面正在迅速追赶上日本公司并且已大大缩小了双方的距离。为了发挥差异化的效力，它必须改进全球分公司的沟通，充分发掘全球各地的员工的智慧。如果它能够利用新的更加集权化的全球产品群组结构加快设计速度，更快地响应客户需求，未来它将有可能做到更有效地同丰田和本田公司竞争。

资料来源：希尔，琼斯，周长辉. 战略管理［M］. 7 版. 北京：中国市场出版社，2007.

思考题：

1. 通用汽车公司当初的分权为了达到什么目标？结果这种决策产生了什么问题？对其他企业有哪些启示？

2. 这个案例表明战略和组织结构之间是什么关系？

第二章　白酒行业

案例 1　"金六福"公司"以实售虚"

四年销售了近二十个亿，进入中国白酒行业前五强，至今运行平稳。这是"金六福"继"小糊涂仙"之后，在竞争残酷的中国白酒市场上，在众目睽睽之下，堂而皇之演出的一幕令各路白酒门派和商家们目瞪口呆、大跌眼镜的精彩大剧。研究"金六福"的运作，其实也会发现，类似这样以幸福美好、吉祥如意为品牌立意的白酒产品其实并不少，但没有哪一个品牌像"金六福"这样做得透彻、做得风光，取得如此引人艳羡的成功。消费者之所以能热烈地接受"金六福"出售的美好祝福和预期，关键在于"金六福"品牌的运作者在"福文化"的发掘、丰富和"以实售虚"方式上的独特性和不可竞争性。由此，使"金六福"与其他立意相似的品牌产品有了高下之分。

一、充分发掘和丰富产品的"福文化"内涵

以"福文化"将产品定位于市场，并进行深入的发掘和丰富，是"金六福"与其他相类似的白酒品牌的不同之处。在中国源远流长的伦理文化中，有"五福临门"的传统说法和讲究。所谓"五福"者，即：寿、富、康、德、和之谓也。金六福公司还加上了一个"孝"字，故称"六福"，且以"金"字来包装，曰"金六福"。如此发掘演绎，把一个"福"字竟然打理得异常的丰满立体，金碧辉煌。加之媒体广告营造了浓郁的欢乐喜庆氛围，不能不让人受到感染而心动，达到预期效果。

二、抢抓机遇，借势造势，在高层面的体育营销上放手一搏

出道不久的金六福公司，以独到的眼光、少有的魄力、精到的谋划，用"福文化"把"金六福"白酒品牌与中国最高层面的体育事件紧紧联结在一起。金六福公司先后取得了"2001—2004 年中国奥委会合作伙伴和 2004 年雅典奥运会中国代表团庆功酒、21 届世界大学生运动会、2002 年韩国亚运会中国代表团庆功酒"、"中国国家男子足球队打入第十七届世界杯决赛阶段专用庆功酒"等称号，并被中国足协授权发行 9 999 瓶出线庆功珍藏酒。"江山代有才人出"，有了这些引人注目的高端"平台"支撑，"金六福"在竞争激烈、强手如林的中国白酒市场脱颖而出，在耀眼的、引人瞩目的高端展示平台上吸引了亿万眼球。如果说，以五粮液集团出品为产品质量支撑点，发掘和丰富中国传统的"福文化"，并以之作为新产品文化附加值定位，只为"金六福"奠定了一个参与市场竞争的较好基础的话，而高攀上中国申奥和中国足球经过几十年的苦苦奋斗，首次在世界杯上出线这两大顶尖的体育盛事等，则是"金六福"取得市

场成功的至关重要的关键因素。介入中国这两大非同寻常、举世瞩目的顶尖体育盛事，使"金六福"在知名度上获得了强大的支撑力和影响力。

借力借势，鱼跃龙门，提升了品牌形象高度。如果"金六福"不介入中国申奥和中国国家足球队出线等重量级的体育盛事，其品牌形象也不过就与五粮液集团旗下鱼龙混杂的诸多白酒品牌一样，形象平平，不会引起特别关注。而介入了这两大顶尖的体育盛事，便收到"一登龙门，则身价百倍"的效果。既惊人地迅速扩大了品牌的知名度，而且使品牌的形象档次也得到大幅度提升。其紧锣密鼓操作的，由中国足协授权，五粮液酒厂生产，北京金六福公司面向全球限量发行 9 999 瓶国足世界杯出线珍藏酒（每瓶 20 000 元）的成功运作，其意义并不仅仅在于经济效益，更重要的是品牌档次的提升。"金六福"的收藏酒，或者说礼品酒能达到 20 000 元这个高价位水平，与"茅台"、"五粮液"高档名酒企业同类型的收藏酒差不多已经在一个档次了。这种高价位的收藏酒能让市场接受，说明"金六福"在品牌运作、产品附加值的积累、体育营销大手笔的运作上取得了成功。真是"好风凭借力，送我上青云"！"金六福"品牌形象不仅由此而提升到了一个较高的层面，也由此强有力地支撑起"金六福"中档价位的大路产品有了稳定和较大的市场占有率。

三、福文化和重大体育事件大胆而且巧妙的契合

需要指出的是，作为 2001 年~2004 年中国奥委会赞助企业和特许企业，作为中国国家足球队世界杯首次出线唯一庆功酒和赞助商等，金六福公司必须要先期投入大额的赞助资金。这些投入，只能靠金六福公司在以后的市场销售中收回。能否收回，亏损还是赚钱？都存在着不确定性。特别是在中国白酒市场竞争异常残酷态势下，敢于如此投入，尽管金六福公司有通盘的研究和策划，但巨大风险的不确定性，仍然需要企业决策者的胆略和魄力。从操作效果看，金六福公司这一把"豪赌"显然是成功了，这是一个方面。另外，除开赞助外，研究金六福公司参与中国申奥和中国国家足球队出线等重大赛事的合作，能取得成功的另一个重要因素，则是其能巧妙地将"福文化"与这些重大体育盛事微妙地契合。而且，还由此高起点地延伸开去，自然地介入了中国人的生活，从而大规模地发掘、启动了消费市场。从中国奥申委和中国足协的角度来看，选中金六福公司作为赞助企业，应该还不仅仅是因为金六福公司能够提供额度不小的赞助资金，是否还有"金六福"品牌喜庆吉祥的内涵和浓郁氛围的张扬，给予他们的情感影响的因素呢？中国申奥成功，中国足球首次出线，是经历了那么多的磨难和挫折后才方使梦圆。特别是中国足球几十年来首次跌跌撞撞的出线，国人惊喜之中却也有说法。不少人士认为运气的成分也很大（比如韩国和日本国家足球队都没有参加预选赛等因素）。对主教练米卢，虽然也承认他有水平，但认为他运气好的人也不在少数。国人希望中国能成功举办好奥运会，特别是希望中国足球队能够再走好运，杀入十六强。应该说，"金六福"的掌门很智慧地洞悉和把握了这种微妙的、企求运气的心理，除赞助了大量资金外，同样重要的是，让"金六福"扮演了一个"吉祥物"角色。在铺天盖地的广告中，极力突出"福气"、"运气"概念。前后的广告："金六福——中国人的福酒"；米卢做的广告说"喝了金六福，运气就是这么好"等。"金六福"俨然已经演变成吉祥和运气的象征了。金六福公司玩体育营销玩到这个份上，作

为实体的酒品，似乎已经不是关键的要素了。由于申奥和中国足球首次出线都是举国瞩目的焦点新闻，金六福公司将很通俗的"福文化"与其进行巧妙的组合嫁接，特别是与中国足球的"救世主"，当时红得发紫的米卢搭上桥，也就把"金六福"白酒品牌推上了市场最为耀眼的聚光点上，从而把握了大规模启动市场的杠杆，获得丰厚回报，使企业迅速做大。

四、整合资源，强力运作，超速发展

短短四年时间，"金六福"的销售近 20 个亿，进入中国白酒五强，不能不说其发展的速度是很惊人的。而且，这个发展速度还是在白酒市场竞争十分残酷，白酒总体销量呈大幅度下滑的态势下获得的，就更属不易。有的研究者将其与当年的"孔府家"、"孔府宴"、"秦池"等企业在短时间内迅速膨胀的状况相比拟，对"金六福"的前景也不看好，虽然也不无道理，但认为，"金六福"的发展与"孔府家"等企业虽然有相似之处，但在关键环节上却有很大超越，不可同日而语。"孔府家"、"秦池"等企业当年的成功，主要取决于两个条件：

一是抢文化营销发端的先机之利，以新颖取胜；

二是在消费者尚不成熟，市场对广告的反应还十分敏感热烈之时，以高强度的广告"轰炸"，对市场采取粗放的、掠夺式的开发。

对这两个条件的充分运用，使"孔府家"和"秦池"等企业在很短的时间内超速发展，迅速膨胀。但如果分析"金六福""暴发"所处的市场环境，其实与前者已经迥然不同。固然也是做文化营销，但现在已经不是什么新鲜玩意；固然也采取了高密度的广告"轰炸"，但时下消费者对广告的反应已经近乎麻木，"抗药性"大为增强。如此状况，"金六福"竟然可以大获成功，秘诀是什么呢？前面已经从一些角度作了分析。如果综合的来看，就是整合资源，强力运作。即"金六福"的掌门以开阔的视野，将自己具备的资金、品牌策划和市场营销运作能力，与外部强势企业的品牌资产及生产能力、重大体育事件等资源进行大手笔的有机整合，从而形成了强大的超速发展能力，从而使"金六福"得以在较短时间内跨越式发展，积聚了大量财富。换个角度看，如通常所形容的，企业竞争的综合能力是一个木桶，构成这个木桶的每一块木板就是单项能力。这些能力包括资本能力、人力资源能力、机制能力、管理能力、创新能力、市场运作能力等。

资料来源：黄天舜. 透视"金六福". 中国营销传播网，2003-01-10. http://www.emkt.com.cn/article/92/9236.html

思考题：

1. 金六福"以实售虚"战略体现在哪些方面？对同类企业有何启示？

2. 结合上述材料，运用所学知识，你觉得应该怎样用文化营销战略来运作一个新产品？

案例2 东圣酒业以质取胜

质量是市场竞争的通行证,企业要想在市场竞争中胜出,必须加强质量管理,生产符合规定要求、满足消费者期望的产品。在我国白酒业竞争惨烈的市场上,"好四川东圣酒"便是凭借其坚如磐石的产品质量赢得了消费者的青睐,开拓了一片蓝天。

一、公司概况

四川东圣酒业(集团)有限公司(以下简称"东圣酒业")位于成都平原北部素有"中华酒乡"之称的绵竹市。公司始建于1982年,是从事酒类、乳制品和饮料等生产销售的地方大型民营企业,下有三个分厂(绵竹东圣酒厂、川竹酒厂和川酒王酒厂)、两个子公司,现有员工500余人,其中各类中高级职称管理人员、专业技术人才100余人。

东圣酒业在发展过程中始终坚持"以质量求生存"的宗旨,视质量为企业生命,以现代高科技与传统工艺相结合,选用优质高粱、大米、糯米、玉米和小麦为原料,汲取天然矿泉,精心酿制的有浓郁古蜀汉酒风格和性能的"东圣"、"蜀汉王"等5个品牌30余种系列酒,均严格执行(国标)GB/T10781.1-89、GB/T118591.1-89及Q/20526912-8.1-2003标准。东圣酒业以强大的质量保证赢得了消费者的信任,产品畅销全国21个省市自治区。1999年,"东圣"牌圣粮液被四川省人民政府授予"金奖产品"称号;2000年"东圣酒业"被省政府确定为"四川省非公有制经济200强重点发展企业",通过了ISO9001:2000国际质量体系认证;2001年,"东圣"商标被四川省人民政府授予"四川省名牌产品"称号;2002年,被四川省质量技术监督局授予"四川省质量免检产品"称号;2006年,被四川省质量技术监督局授予"质量信誉等级AAA级企业"。

东圣酒业的成功理念:

"四大追求"的成功使命:追求社会繁荣昌盛;追求顾客最大满意;追求员工价值实现;追求事业兴旺发达。

"四至"的成功价值观:至精、至美、至善、至诚。

"四百"的成功精神:百炼成钢的育人精神;百事不苟的过硬精神;百折不挠的奋斗精神;百战必胜的成功精神。

"四维"的成功哲学:理性维——以科技为本;人性维——以人为本;运动维——以创新为本;时空维——以市场为本。

"四诚"的成功道德:忠诚待人;忠诚做事;忠诚理念;忠诚事业。

东圣酒业的企业使命:

酿千年美酒 助人人成功

用智慧酿酒 用酒酿智慧

用酒助成功 用成功创业

二、案例聚焦

我国的白酒市场品牌林立、竞争激烈，尤其是酒乡绵竹，大大小小的酒厂之间的竞争尤为惨烈，东圣酒业之所以能历经二十多年的风雨而更加旺盛，原因就在于，东圣酒业二十多年的经营运作过程中始终坚持"以质取胜"。

1. 推进中度酒

东圣酒业在 1998 年前主要生产原酒，1998 年后开始生产瓶装酒。当时，董事长钟坤明先生以成功企业家特有的敏锐眼光，觉察到随着人民生活水平的日渐提高，消费者的饮酒习惯正在发生微妙的变化。于是，在他的带领下，东圣人开始了为期三个月的市场调研，了解消费者的需求偏好。详尽的调研之后，东圣酒业将自己的产品定位于 42 度、45 度中度酒。在今天看来，这一举措也许毫无新奇之感，但在当时，作出这一决定却冒了很大风险，因为那时我国大多数白酒生产厂家的产品定位是 52 度以上的高度酒。东圣中度酒的推出，受到了消费者的青睐，更是挖掘并引导了消费者的需求，对我国中度酒的全面推广起到了很大的推进作用。

东圣中度酒之所以畅销，董事长钟坤明先生给出了秘诀：关键在于东圣酒质量的稳定性。经过多年的经营，东圣酒形成了酒体丰满、开瓶生香、入口醇和、回甜甘滑、余尾爽净以及喝了不上头、不口渴等酒体风格，这是东圣酒的核心竞争力所在。尽管酒的度数有所下降，但酒体指标本身的协调性并未因此而被破坏。酒体质量的稳定性使东圣人开拓出了一片新的广阔市场。

2. 加强质量管理

酒的质量是否合格关乎我国千万人民的健康，钟坤明先生深刻明白其中的道理。东圣酒业从当初作坊式的为其他厂家提供基酒的小厂发展到现今的集团公司，始终坚持的是视质量为生命的理念。创业之初，东圣酒业就确立了自己的质量方针和目标。到了 20 世纪 90 年代初，公司管理层又制定了"创名牌、增效益"的总体目标，并迅速在公司上下推广，设置质量部，总揽从原辅材料进厂到产品出库的每一个环节的质量管理工作，在关键工序上建立质量控制点，严格规范生产工艺，并重视研发成果的推广。同时，公司还不断购进、更新技术设备，添置气相色谱仪、分光光度计和烘箱等半成品化验设备，将传统的人工酿造逐渐转化为机械化、自动化，进一步提高了东圣酒的质量稳定性与可靠性。此外，公司还注重技术研发，将年销售收入的 2% 作为技术研发专项资金，同时，公司还与大专院校联合，提升自身的研发水平。

2000 年，东圣酒业顺利通过了 ISO9001 国际质量体系认证。谈到认证工作的整个过程，钟坤明先生的一句话令人感触颇深：做企业就是解决困难。在整个认证的过程中，确实出现了许多困难，认证工作的繁琐性也许正是今天许多公司将其拒之于门外的原因之一。当时，东圣酒业成立了"贯标办"，负责整个公司的认证工作。为了转变全体员工的意识，钟坤明董事长亲自为员工讲解质量认证的好处及相关知识。正是这种知难而进的精神，使东圣酒业拥有了辉煌的今天。钟董事长谈到，认证过程虽然曾经出现了许多困难，但是通过解决这些问题和困难，东圣酒业日渐成熟起来，认证前后公司在多个方面发生了很大的变化，管理水平上升到一个新台阶，产品的质量更加稳定可靠。

3. 创建学习型企业

高质量的产品要有高素质的员工作保证，东圣酒业在发展进程中始终将提高员工的素质作为重中之重，而提高员工素质的方法唯有学习。在东圣酒业的"成功手册"中列有十一条与学习有关的内容，其中有一条写道"东圣是一所大学，在这里学思维、学知识、学能力、学方法、学研究环境、学做人。你在这里最大的受益是学习"。的确，东圣酒业这样说了，也这样做了。多年来，东圣酒业摸索出了一套行之有效的学习方法。首先，公司选送有潜力的中高层员工到科研院所进修学习。这里的学习不仅是"为学习而学习"，每位员工学习的过程中要不断将自己的学习心得、所学到的知识传达回公司，让大家看到自己的进步。通过这种方法，加大了进修员工的学习压力，同时也提高了他们的学习积极性和效率。其次，每周五上午都是中高层员工例行的学习时间，各个部门选派人员轮流上台，为大家讲解本部门工作的相关知识。公司还隔三差五地聘请厂外知名专家学者为员工"充电"。再次，创建学习帮扶小组。由于公司员工的文化水平存在差异，同样的知识，理解与接受能力往往不同。针对这种情况，东圣创建了"学习帮扶小组"形式，由已经理解并接受了新知识的员工负责帮扶未能理解的员工。这样，提高了学习效果和效率，营造了良好的学习氛围。通过以上方法，公司还可以发现有能力有潜力的人才作为培养对象进行培养。

4. 培养品牌文化

白酒与中国文化血肉相连，是中华文化最有特色的部分，是中华文化的载体。东圣酒品牌文化的培养正是参透了其中的道理。

绵竹位于美丽富饶的成都平原北部，这里山重水复、田畴千里、土地肥沃、人文兴盛，被唐人赞为天下七十二福地之一，自古有"小成都"之美誉。绵竹气候湿润，冬无严寒夏无酷暑，极利于酿酒微生物群生长。土地为黄酸性土，矿物质异常丰富，境内多泉水群，水质清澈甘美……得天独厚的自然条件造就了绵竹源远流长的酿酒历史。先秦时期绵竹酿酒已成规模，蜀汉三国时绵竹酒已负盛名。东圣酒业正是抓住了中国历史上"三国"这一特定的时期，长期坚持对蜀汉文化的诉求，收集、整理并撰写了"东圣蜀汉酒文化传说"十二篇文章，推出了"蜀汉王"、"宴桃园"和"借东风"等高档特色的蜀汉酒，形成了独特的品牌文化。此外，东圣古蜀汉酒无论在包装还是广告宣传等方面一贯贯彻古蜀汉酒文化风格，以诸葛亮鞠躬尽瘁的精神为企业酒魂，追求质量个性，精工操作，深受消费者认同，并且留下了深刻难忘的印象，许多品牌甚至成为白酒收藏爱好者的收藏对象。东圣酒蜀文化内涵已深入人心。

5. 营销战略与策略

优质的产品还需好的营销方法的支撑，东圣酒业创造了独特的市场营销战略与策略。

（1）两个名牌并举，"三个名牌"齐步走的营销战略。"东圣"系列酒为四川省政府命名的省级名牌，"散仙"、"散大王"是原酒著名品牌，利用这两个名牌，加上"四川大酒乡，绵竹小酒乡"等美誉，大力宣传东圣酒的地理优势、蜀汉酒的文化优势。充分利用东圣酒业是四川省八大原酒基地之一的美称大力宣传"散仙"、"散大王"两个原酒名牌。

在两个原酒名牌并举的基础上，东圣酒业实施名牌、形象和企业文化三个名牌齐步走的战略。蜀汉酒文化的古朴加上时代精神，凝结成既反映时代潮流又融合古人智慧的品牌文化，"智慧与成功"成为东圣酒的象征。

（2）独具特色的营销策略。东圣酒业在"三个名牌齐步走"的营销战略指导下，形成了独具特色的营销策略。

第一，长期文化诉求策略。东圣酒业始终注重品牌文化的培养，而长期文化的诉求对品牌文化的形成具有重要作用。东圣酒业经过多年的发展，已经将蜀汉文化与之紧密联系在一起。

第二，兔子先吃窝边草策略。俗话说，"兔子不吃窝边草"，但是，东圣人却认为，兔子要吃窝边草。因为：第一，吃窝边草相对来说更省时省力；第二，吃掉窝边草也是一种领地占有行为；第三，在窝边树立标杆市场，也是品质与实力的象征；第四，有利于市场操作手法的研讨、复制和推广。绵竹是酒的故乡，这里也盛产名满天下的国家名酒。可以想象绵竹酒市场竞争的激烈程度。东圣酒业过去长期为名酒厂供应基酒，其酒品质卓越，加上东圣人在酒的生产过程中更加注重质量、文化的个性诉求，推行全过程服务，注重宣传自己，最终，东圣不仅在绵竹站稳了脚，而且在四川市场的占有率也得到了很大提升。

三、案例评析

著名的战略专家迈克尔·波特指出，企业的竞争优势（Competitive Advantages）是指一个企业能够以比别的企业更低的成本提供同样的价值或以同样的成本提供更高的价值。波特还提出了三种基本的竞争战略：低成本战略、差异化战略和集中化战略。虽然波特的竞争战略理论由于其时代的局限性而受到学者们的批评，但是，我们却无法掩盖这个理论的熠熠光辉。从波特对竞争优势的定义中，可以看出，一个企业的竞争优势具有如下特点：第一，体现用户看中的核心价值，企业只有能够为用户提供超过竞争对手的价值，才能赢得用户的青睐；第二，独特性，企业的竞争优势必须是企业所独有的，竞争对手难以模仿或超越；第三，系统性，企业的竞争优势必须能够充分发动企业内部的所有资源，使之成为一个紧密联系的整体，只有这样，企业的力量才能发挥到极致；第四，动态性，企业的竞争优势必须随企业所面临的内外环境的变化而具有一定的动态性。竞争优势需要时刻的学习与创新来维持和提高。

随着科学技术的不断发展，低成本与差异化已不能保证企业能够获得竞争优势，企业间竞争的中心发生了变化，质量已成为企业间竞争的重心。质量管理也从过去的生产过程管理转变为今天的以客户满意为导向的全过程管理。现代企业管理的实践让明，质量管理是企业竞争力的核心。在我国中小企业普遍寿命较短的今天，东圣酒业能从一个作坊式的小厂成长为我国白酒市场上具有重要影响力的酒业集团公司，其竞争优势的获得、骄人业绩的取得，与其始终坚持质量是企业的生命这一观点分不开。

1. 质量管理的消费者导向

企业竞争优势的获得体现在消费者的"货币投票"，而消费者的满意度又是企业能够获得更多"货币投票"的基础。因此，迎合客户需求、提高客户满意度是企业行动的基础和根本所在，也是企业质量管理的基础。东圣酒业的成功就是从满足消费者的需求开始的。东圣酒业是中度酒的推进者，在绝大多数白酒生产商都将产品定位于高度酒的情况下，东圣酒业却"冒天下之大不韪"，大胆地将酒的度数降低，如图1所示。

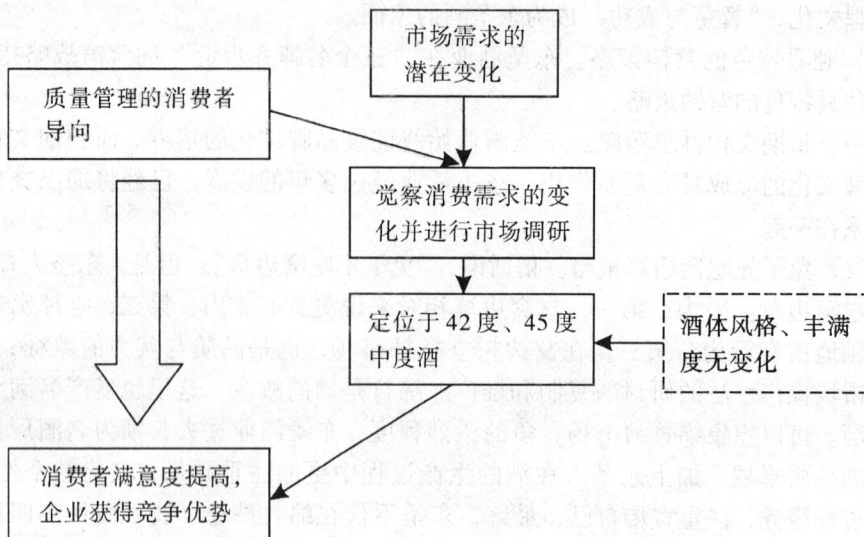

图1　东圣酒业质量管理消费者导向理念

东圣酒业这一举措的成功得益于两个方面：第一，迎合了消费者的需求，随着人们生活水平的提高，人们的饮酒习惯也在发生微妙的变化，饮酒变得越来越"文明"了，高度酒充斥的市场急需中低度酒的出现来挖掘并满足消费者的需求，东圣酒业公司正是觉察到了这种变化并作出了正确的决策；第二，酒的质量始终如一。

东圣酒多年来以酒体丰满、清澈透明、开瓶生香、入口醇化著称，这也是东圣酒受广大消费者喜爱的特点之一。东圣酒业在降低酒的度数的同时，保证了自己核心竞争力的稳定性。

2. 质量管理的学习导向

质量管理不是个人行为，而是全员、全过程、全企业的行为，全员参与是保证质量管理成功的基础，而全员参与要依靠员工观念的转变、素质的提高以及员工的积极性，然而这些都要靠学习型企业的创建。

学习型企业是指那些能够敏锐地觉察到环境的变化，通过制度化的机制或有组织的形式捕获信息，管理和使用知识，从而增强群体能力，对各种变化进行及时的调整，使企业作为一个整体系统能够不断地适应环境变化而获得生存和发展的一种新型组织形式。学习型组织具有的基本特征：第一，将学习放在战略地位；第二，浓烈的学习氛围；第三，企业内部系统的有机整合。

东圣酒业堪称学习型企业的典范。创建二十多年来，一直将组织学习作为自己的奋斗目标。"四百"的成功精神之一便是"百炼成钢的育人精神"，他们认为，企业即人，企业与人是一个不可分割的整体，有了成功的人才会有成功的企业，企业先"生产"人，才生产产品。东圣酒业以人为本，重视全员的培训、参与和激励。

正是在这种精神和理念的指引下，东圣酒业员工的素质日渐提高。当初，钟坤明先生率领大家参与ISO9001：2000国际质量体系认证时，有些职工很难理解，因为这是一项费时、费力又花钱的"苦差"，如今，全体员工的观念发生了重大的转变，他们积极参与质量管理的持续改进，遵循 P（计划）—D（实施）—C（检查）—A（改进）的 PDCA 循环工作程序，在生产与管理的每一道工序、每一个环节，都坚持 100% 的产品合格率。

3. 质量管理的技术研发与创新

质量证书的获得并不能保证企业具有较强的竞争力，在技术进步迅速的今天尤为如此。若企业在产品结构、技术性能等方面坚持几十年一贯制，不能满足消费者的需求，竞争优势从何而来？获得质量认证，无法取代企业通过技术研发与创新而带来的竞争力的提高。竞争力源自创新。根据熊彼特（J. A. Schumpeter）的创新理论，创新是对新产品、新过程的商业化及新组织结构等进行的搜寻、发现、开发、改善和采用的一系列活动的总称。提高质量与技术创新相辅相成，质量是科技物化的结果和表现，没有一定的科学知识就无法设计出满足人们生产和生活需要的产品，没有一定的技术就不能保证产品具有所需的特性，企业的竞争力就不能提高。技术创新是产品质量提高的前提条件，技术创新必然带来产品质量的提高，提高产品质量要求技术创新。只有将质量管理建立在技术创新能力的基础之上，并使质量管理和技术创新相互协调，企业才能在激烈的市场竞争中立于不败之地。

资料来源：揭筱纹. 战略管理——概论、案例与分析［M］. 北京：清华大学出版社，2009.

思考题：

1. 东圣酒业的成功关键在哪些方面？你认为还有哪些需要改进的地方？

2. 你认为企业质量管理成功的关键在哪些地方？质量管理与低成本、差异化等其他获取竞争优势的方法的关系是什么？

案例 3　秦池模式透析

以大手笔的广告投入为特征的秦池模式在经历了短暂的辉煌后迅速被市场套牢，随后进入动荡的盘整期，进而在市场经济的大海中了无声息。想当初，首夺标王的壮举，曾使名不见经传的秦池酒厂声名鹊起，而二夺标王却将秦池陷入"身死人手为天下笑"的尴尬境地。

秦池模式毫无疑问存在着许多问题，但这些问题并不仅仅属于秦池。中国改革开放 30 年来许多市场现象与明星企业的浮沉表明，秦池的问题在成千上万或大或小的企业中也不同程度地存在着。因此，对秦池模式需要的是理性地思考、深刻地总结。任何冷嘲热讽、落井下石都无异于以五十步笑百步。

温故可知新。对于同样处于顺境或逆境中的中小企业来说，通过秦池模式的成败来反省自身的经营行为尤为重要。

一、秦池集团简史

秦池酒厂的前身是 1940 年成立的山东临朐县酒厂，地处沂蒙山区。至 20 世纪 80 年代，秦池酒厂一直为年产量万吨左右的县级小型国有企业。1992 年，秦池酒厂亏损额已达几百万元，濒临倒闭。

当年年底，王卓胜临危受命，入主秦池。

1993 年秦池酒厂采取避实击虚战略，在白酒品牌竞争尚存空隙的东北，运用广告战成功地打开沈阳市场。

1994 年，进入整个东北市场。

1995 年，进入西安、兰州、长沙等重点市场，销售额连续 3 年翻番。

1995 年年底，组建以秦池酒厂为核心的秦池集团，注册资金 1.4 亿元，员工 5 600 多人。

二、首夺标王

1995 年，中国已有酿酒企业 37 000 家，年产白酒约 700 万吨。随着买方市场的形成，白酒行业的一场空前惨烈的品牌大战即将来临，结果必将是形成名酒大厂垄断的格局。在与历史悠久，品牌牢固的大型酿酒企业的竞争中，实力弱小的秦池酒厂很可能被市场吞噬。为了生存和发展，秦池必须在大战来临前找到一条能使品牌知名度迅速提高、企业规模迅速扩大的途径。在反复权衡之后，秦池人选择了一条令人望而生畏却充满希望的险道：争夺 1996 年中央电视台广告标王。

根据测算，1996 年标王的额度在 6 500 万元左右，相当于秦池集团 1995 年全部利税的两倍。这意味着秦池如果达不到预期目的，将遭受灭顶之灾。

1995 年 11 月 8 日，秦池以 6 666 万元的天价击败众多竞争对手，以黑马的惊人之举夺取标王。

勇夺标王，是秦池迈出的决定性一步。这一步，给秦池带来难以估量的影响：夺标，使秦池的产品知名度、企业知名度大大增强；使秦池在白酒如林的中国战场上一夜之间鹤立鸡群，进而，在原有市场基础之上，秦池迅速形成了全国市场的宏观格局。

大风险为秦池带来大发展，秦池人形象地将广告支出与销售收入比喻为："每天开出一辆桑塔纳，赚回一辆奥迪"。1996 年，秦池销售额增长 500%，利税增长 600%。秦池从一个默默无闻的小酒厂一跃成为全国闻名的大企业，如表 1。

表 1　　　　　　　秦池酒厂销售额及利税变化（1995—1998）　　　　　单位：千万元

年份	销售额	利税
1995	18	3
1996	95	22
1997	65	16
1998（1-4 月）	-5（同期）	—

目前，营销界有一种观点，即批判秦池所走的是数量营销而非质量营销之路，将秦池的高强度广告策略比作空有激情却缺乏科学性的"农民起义"。

秦池作为一个小酒厂，面临的首要问题是如何在激烈的竞争中生存。知名度、技术本不如老牌名酒，如果再把有限的资金用于技术改造，结构调整，那么秦池连生存也将无法保证。目前，有数千家采用传统"固态发酵"工艺的小酒厂正在破产的边缘苦苦挣扎，这正是它们没有有效地解决基本生存与企业发展的整合问题的关键所在。

白酒是一种最终消费品，它的使用效果在很大程度上取决于消费者的心理感受，因而无法明确界定。白酒经常在公关场合消费，酒的名气越大，公关效果越好。因此，通过广告来提高白酒的知名度不仅是必要的，而且是科学的。

三、二夺标王

在经历了 1996 年的辉煌之后，秦池人面临着两种选择：

一是继续争夺标王。据测算，1997 年的 CCTV 标王额为 3 亿元左右。这意味着秦池将又一次置身于更大的风险中。

二是将精力主要用于调整产品结构，进行技术改造。但由于秦池是靠广告在群众心中打出的品牌，如果不以连续不断的广告来支持，一段时间后，消费者心目中的品牌形象就会为竞争对手所取代。

首夺标王带来的巨大的品牌效应与经济效益，使秦池人放松了对经营风险的防范心理，出于对市场形势过于乐观的估计以及对不夺标王会引起市场萎缩的担心，秦池人终于决定二度争夺标王。王卓胜带领着秦池人走上了一条不成功便成仁的不归路。

1996 年 11 月 8 日，秦池集团以 3.2 亿元的天价卫冕标王。秦池人将此举解释为：秦池每天给中央电视台送去一辆奔驰，秦池则每天往企业里开进一辆加长林肯。但很快秦池人就发现，奔驰开出去了，但林肯却没有开进来，甚至连奥迪也不常开进来了。

二夺标王后，舆论界对秦池更多的是质疑：秦池准备如何消化巨额广告成本？秦池到底有多大的生产能力？广告费会不会转嫁到消费者身上？

敢上九天揽月的秦池显然轻视了新闻媒体的作用，而这恰恰是秦池兵败九七的主要原因之一。

为了消化 3.2 亿元的广告开支，秦池 1997 年至少要实现 15 亿元的销售收入，这大约需要生产 6.5 万吨秦池酒，而这些酒需要 4 万多吨原酒来勾兑。但秦池每年的固态发酵生产能力仅为 3 000 吨。因此，秦池采取了大量收购四川散酒，再加上本厂的原酒、酒精进行勾兑的做法。

和传统的固态发酵相比，勾兑法是一种较为先进的工艺，它不仅不影响酒的质量，而且具有出酒快、产量大、粮耗低、产品工艺指标易于控制等优点。

早在 20 世纪 80 年代，为了解决白酒生产耗粮过大的问题，白酒行业就已经开始推广"液体发酵"，即用少量经传统酿造法酿制的"固态酒"加入食用酒精勾兑。几个著名的鲁酒品牌，如孔府家酒、孔府宴酒等也都普遍采用了勾兑的工艺。

但遗憾的是，秦池人到今大都没有向消费者解释清楚什么是勾兑，以至于报端时常有"秦池把别人的酒拉回家包装包装就往外卖"等对秦池不利的文字。

1997 年年初，某报编发了一组三篇通讯，披露了秦池的实际生产能力以及收购川酒进行勾兑的事实。这组报道被广为转载，引起了舆论界与消费者的极大关注。由于秦池没有采取及时的公关措施，过分依赖于广告效应，因此，在新闻媒体的一片批评声中，消费者迅速表现出对秦池的不信任。秦池的市场形势开始全面恶化。

1997 年，尽管秦池的广告仍旧铺天盖地，但销售收入比上年锐减了 3 亿元，实现利税下降了 6 000 万元。

1998 年 1 月至 4 月，秦池酒厂的销售收入比去年同期减少了 5 000 万元。1996 年底和1997年初加大马力生产的白酒积压了200车皮，1997年全年只卖出一半，全厂20多条生产线现在也只开了四五条，全年亏损已成定局，如表2。

表2　　　　　　　　　　　　秦池两夺标王的经济效益比较　　　　　　　　　单位：千万元

	投入广告费	销售收入	利税
首夺标王	6.66	95	22
二夺标王	32	65	16

曾经辉煌一时的秦池模式成为转瞬即逝的泡沫。

资料来源：http://www.docin.com/p-98154275.html.

思考题：

1. 秦池发展过程中采取了什么竞争战略？失败的原因是什么？
2. 秦池的发展模式给我们哪些启示？

案例4　洋河走向蓝海

上篇　蓝海战略空间

如果脱离整个产业背景，仅仅从技术层面、操作层面、技巧层面上获得成功，那只是一个小成功、一个短暂的成功。只有站在宏观的高度，从促进产业发展的层面上获取成功，才是大成功，才是可以持续的成功。"洋河"作为名酒企业，我们希望站在行业未来走向的战略层面上去思考自身的发展问题，这也是我们经常提到"蓝海战略"的原因。

——洋河集团董事长　杨廷栋

《东方酒业》2007年6月曾刊发对杨廷栋的独家专访《思考，是一种责任》，文中杨廷栋站在产业发展的高度上畅谈现代白酒面临的问题。该文在行业内引起强烈反响，以致在当年7月召开的首届白酒东方论坛上，他的观点更成为会议讨论的热点，受到与会企业领袖的高度赞誉。

"蓝色经典"：淡雅型浓香的"绵柔"发力

自1979年被评为老八大名酒以来，"洋河"一直与"泸州老窖"共同被誉为浓香型白酒的典型代表。但是，"泸州老窖"代表的是川派浓郁型浓香，以"香"为主；"洋河"则代表了黄淮板块的淡雅型浓香，以"味"为主。二者展示的是不同流派风格。

由于诸多历史原因，以往很长一段时间，以"洋河"为代表的淡雅浓香型白酒一直在市场上身处弱势。而以"泸州老窖"为代表的川派浓郁型浓香白酒则一直"称霸"酒业，这一流派缔造出了"泸州老窖"、"五粮液"，"剑南春"、"水井坊"、"国窖·1573"等一大批优秀白酒品牌。前些年，无论消费者还是业界同仁，在提到浓香型白酒时，关注更多的往往是"泸州老窖"、"五粮液"，而不是"洋河"。

新世纪的到来，似乎一切都在改变。伴随生活和消费水平的提升，白酒消费逐渐向"淡雅"倾斜，由"吃香"转向"吃味"。在这种消费大背景下，由杨廷栋主持，经过数年市场摸底和悉心研发，"洋河蓝色经典"于 2003 年横空出世。她在继承"洋河大曲"传统"淡雅"风格基础上，对生产工艺、口感风味进行了大幅度创新调整，形成了"低而不淡、高而不烈、绵长而尾净、丰满而协调、饮后特别舒适"的典型个性风格特征，确立了"绵柔型"的独特风格流派。

著名白酒权威沈怡方先生给"洋河蓝色经典"以极高评价：其品质是在准确把握白酒消费需求变化的前提下，在继承民族传统优秀工艺基础上的一次划时代创新和提升，实现了专家口味与消费者口味的完美统一，最大限度满足了当今消费者的全新需求，是企业"生产导向型"向"消费导向型"的根本转变。

借助自身丰厚的工艺、技术、产品和品牌资源，"洋河"构建起区隔于竞争对手、极具差异化的巨大竞争优势，并确立了"中国绵柔型白酒领袖品牌"的重要战略地位。五年来的发展证明，其战略定位是成功且极富深谋远虑的。2007 年，诞生五年的"洋河蓝色经典"销售业绩突破 14 个亿。这不能不说是白酒营销史上的又一奇迹。

第三极　中国白酒的东部崛起？

2007 年 9 月在中国白酒协会组织的一次产业政策研讨会上，一位行业领导面对与会众多行业巨头不无幽默地说：前几年没有人看重"洋河"，近几年是没有人敢小觑"洋河"。2007 年，"洋河"在前一年的高增幅基础上又增长 70%，销售突破 24 亿元；税收同比增长 82%，达 6.18 亿元；主营业务全行业排名第五，发展速度全行业第一。

在白酒行业，"国酒茅台"和"五粮液"不仅分别代表了黔酒和川酒，而且也分别代表着中国白酒的重要两极。随着"水井坊"和"国窖·1573"的横空出世，高端白酒市场开始呈现更为复杂的竞争格局。但就目前而言，白酒行业仍未出现让人信服的第三极力量。

"第三极"不仅仅是一个单一品牌的崛起，还必须是一个产业板块的崛起。洋河酒厂的傲然崛起及其主导品牌"洋河蓝色经典"的出色表现，让我们感到白酒行业第三极的争夺将异常精彩。由此业界人士认为，"洋河"的崛起，充分展现了白酒产业的东部崛起之势。"洋河"不仅已经成为黄淮名酒带的重要代表企业，而且还是"苏鲁豫皖四省联动"的核心推动者。

2004 年，首届"苏鲁豫皖四省峰会"恰恰在"洋河"召开。加快浓香分流步伐，发展淡雅浓香型风格，顺应白酒消费需求变化，四省协同合作，谋求黄淮白酒板块崛起，改变中国白酒东弱西强的竞争格局，这正是"四省峰会"的深谋远虑。目前这一目标已初步达成，而"洋河"正是以其异常骄人的发展业绩，成为东部白酒崛起的成功典范

蓝海战略：传统白酒业的现代化启蒙

有评论认为："洋河"既是传统白酒的继承者，更是现代白酒的开拓者。作为老八大名酒之一，"洋河大曲"已有 500 余年生产历史，隆盛于明清，为清皇室贡品。1915年和 1923 年，"洋河大曲"连获巴拿马和南洋博览会金奖，闻名海内外，曾与"茅台"、"泸州老窖"等老名酒拥有同样辉煌的历史。

但当众多名酒企业不惜笔墨、纷纷讲述历史和传统的时候，"洋河"却"放弃"500 年酿酒史不谈，反其道而行之，打起了现代白酒大旗。杨廷栋董事长在不同场合多

次强调："随着白酒消费的升级，传统白酒与现代生活方式和消费理念之间存在矛盾，它们之间至今没有找到很好的结合点"。事实上，现代化正是传统白酒走向国际市场不可回避的关键问题。也许正因为有了这样一个思考，2007年"洋河"成了"首届白酒东方论坛"最坚定的支持者和白酒新文化论坛的首倡单位之一。

在首届中国白酒东方论坛上，杨廷栋发言认为：白酒不是没有与现代生活的结合点，而是缺少发现。可以通过重树中华酒风让白酒喝得文明、高雅起来，把白酒独特的功能因子带来的健康概念在全行业、全社会中树立起来，赋予白酒全新的文化理念和产品价值观，使之与现代人的生活方式、消费理念顺利接轨。他强调这是现代白酒产业的使命与责任。

"洋河"正用行动诠释杨廷栋这一理念，用"洋河蓝色经典"演绎着白酒与现代生活的融合之道，从而启蒙了这样一场中国白酒新文化。近年来，伴随生活质量和消费水平的提高，人们消费白酒，特别是中高价位白酒，已成为一种新的情感寄托与交流方式，他们对白酒的物质与精神需求都在发生变化。"洋河蓝色经典"的成功，恰恰是围绕这两大"需求"寻找到与"现代生活"的结合点。

一方面，绵柔型的产品特色，从物理层面上满足了白酒消费从"吃香"到"吃味"的全新需求；另一方面，"洋河蓝色经典"更从精神层面上找到了与"现代生活"的最佳结合点：那就是"蓝色的博大"与"男人的情怀"。海之深为蓝，天之高为蓝，梦之遥为蓝。"蓝色"既是"洋河"的传统符号特征，又是这个时代的符号，是开放的象征，是时尚的标志，是未来的亮丽。"洋河蓝色经典"用"蓝色"演绎了现代人对宽广、博大胸怀的追求和人生恒久不变情怀。

下篇　关于"蓝海战略"的访谈

"绵柔型"崛起是白酒品质发展的必然趋势——中国著名白酒权威 沈怡方

"洋河蓝色经典"是淡雅浓香型白酒的典型代表，是淡雅浓香型白酒的"绵柔"发力，其崛起有其必然性。

淡雅型浓香白酒的发展，是黄淮白酒板块不断探索的产物，是黄淮板块的气候环境、酿酒原料，酿造工艺发展的必然结果，也是白酒产业多元化发展的必然趋势。早在1992年，《酿酒》杂志上发表了题为《四论浓香型白酒的流派》专业论文，明确提出了浓香型白酒存在黄淮派的"淡雅型"和川派的"浓郁型"两大流派的观点。"浓郁型"以"香"为主，"淡雅型"以"味"为主。

但是，与川派的浓香型白酒的平稳发展不同，淡雅型浓香白酒的发展历尽坎坷。在计划经济向市场经济转轨过程中，苏鲁豫皖四省很多企业大量购买四川原酒，然后进行勾兑。这种急功近利的经营模式最终造成黄淮板块本身风格的流失，培养了消费者对浓郁型浓香产品的消费嗜好，打击了黄淮白酒的发展。

2000年后，黄淮白酒板块逐渐觉醒，各省主流企业纷纷恢复自家发酵、自家生产原酒，淡雅型浓香白酒才慢慢抬头，除了"洋河蓝色经典"之外，"双沟珍宝坊"、"今世缘国缘"、"淡雅美酒古井贡"、"泰山特曲"等都是淡雅型白酒的典型代表。

除了工艺层面的必然性，白酒消费趋势变化也给淡雅浓香型白酒崛起提供了市场基础。随着生活水平的提高和饮食结构的变化，国内消费者口味逐渐清淡化，白酒消费逐渐从"吃香"向"吃味"转变。"洋河"研制出"绵柔"型口感的白酒,实现了专家口味与消费者口味的完美统一。它是在准确把握消费者消费习惯变化的前提下、在继承民族传统优秀工艺基础上的一次划时代创新和提升,最大限度地满足了当今消费者的最新需求,是企业"生产导向型"向"市场导向型"的根本转变。

"蓝色风暴"影响不可估量——北京盛初营销咨询有限公司董事长 王朝成

自2003年年底"洋河蓝色经典"上市以来,在白酒行业掀起了一场蓝色风暴。对白酒行业来说,这场风暴已经超出了"蓝色经典"案例本身,她的创新精神已经对中国白酒营销史产生了不可估量的影响:

第一,"洋河蓝色经典"成功速度影响深远。截至2007年,"洋河蓝色经典"这一单一品牌累计销售额已经超过24亿元人民币。仅2007年就突破14亿元,其成长速度连续超过70%,甚至是100%,这是中国白酒营销史上绝无仅有的。

第二,"洋河蓝色经典"的成功,对老名酒复兴参照意义重大。虽然"茅五剑泸"已经成为行业成长的标杆,但是它们的基础是一般酒厂无法比拟的,对行业参照意义不大。"洋河蓝色经典"却演绎了一个二线名酒奇迹复兴的经典案例,并且是通过一系列可以复制的操作创新实现的。这对全国广泛存在的地方名酒企业具有极高的参照意义。

第三,"洋河蓝色经典"进行的营销系统创新,在中国白酒营销史上堪称经典。从产品看,她一举打破了大红、大黄的白酒产品风格,让蓝色成为一种独特的风景线。从价格方面看,她拉动了江苏白酒市场中高档价位的档次,使得150元以上的终端表现成为二线品牌的可能,并顺利解决了顺价销售、刚性价格体系控制的难题;从渠道看,她大幅度采用了"终端盘中盘"和"消费者盘中盘"的创新渠道运作理念和方法,启动市场效率首屈一指;从品牌和促销看,她重塑了"绵柔"的消费者物理价值和"男人的情怀"的消费者精神价值,并一举打破了价格促销的俗套,消费者忠诚得以建立、维持和不断强化。她不是某一项要素的成功,她是4P营销组合的系统成功,她直接将白酒营销竞争推到系统优势的新阶段!

三比三看考量"洋河"发展——洋河集团总经理 张雨柏

"洋河"发展之快,可用"三比三看"来考量。第一个是比上年看速度,"洋河"2007年销售同比增长超70%,在持续增高的情况下仍然保持高速增长;第二个是比同行看排名,"洋河"排名越来越高,"洋河"曾几何时排名在20名左右,被远远甩在了八大名酒之外。到2006年,"洋河"重新回到八大名酒行列,排名第七,2007年行业主营业务排名第五;第三个是比区域看贡献,贡献越来越大,2007年"洋河"上缴税收达6.18亿元,比上年增长82%,2006年缴税是3.39亿元,占宿迁财政的十分之一。所以看贡献,"洋河"越来越大。

考量2007年"洋河"发展得好,表现在"三同步":第一个是经济增长与产品结构调优同步,"洋河"的经济增长与产品结构调优,与区域市场结构调优实现了同步增长。"洋河"的经济增长大部分来自于板块市场、样板市场和战略市场的增长,大部分来自于主导产品"洋河蓝色经典"的增长,所以这个增长带来"洋河"可持续增长;第二个同步是经济增长与转变发展方式同步,国家提出来要转变整个发展方式,提出科学发展观,最基本的就是要从粗放式增长转变为集约式增长,"洋河"在集约式增长上有了很好的体现，也就是"两高两低"，两高是高效益、高技术含量，两低是低排放、低消耗，2007年"洋河"在这方面颇具作为；第三个同步是经济增长与可持续发展同步，胡锦涛总书记提出的科学发展观，其内涵基本可描述为全面、协调、可持续发展。洋河人不仅在2007年实现了可持续发展，而且在2008年还可以赢得更高速增长，因为"洋河"已实现了环境资源可持续、人力资源可持续、市场资源可持续，是按照科学发展观的指导来实现战略发展的，所以理性分析"洋河现象"，用"又好又快"来评价并不为过。

"洋河"的不足与调整——洋河集团董事长 杨廷栋

对于我们目前的发展可以做两个评价，第一，目前在发展水平上，"洋河"已有品牌基础；第二，未来"洋河"的发展还有非常大的压力。

现在看来，"洋河"的主营业务是行业第五位。下一步"洋河"将进入白酒行业宝塔尖上的竞争，这需要竞争手段更高超，搏击能力更强劲，因为前四位无论品牌的影响力还是资本的实力，包括借助多方面资源整合企业运作能力上，都是行业内的佼佼者。"洋河"与他们相比，还有一些不足，需要进一步赶超。

我们认为，"洋河"的不足表现在四方面：第一，从整个品牌的支撑力来看，我们跟川、贵白酒板块相比还有明显不足，"洋河"品牌的支撑力从全国范围讲尚不如"茅台"、"五粮液"，不如"泸州老窖"、"剑南春"；第二，从全国市场布局来看，"洋河"才刚刚起步，与"茅五剑泸"相比，我们的市场面还远不如它们普及；第三，在竞争的资本实力上，"洋河"的资产总值，包括目前"洋河"资本的实力与前四强相比，也还存在不小差距；第四，我们自身的竞争力依然不足，在新的发展形势下，"洋河"在人力资源和生产要素的储备上，都需要一个快速扩充。

因此，站在这四个不足基础上谈"洋河"的战略定位，是不现实的。我们现在的任务是弥补不足，通过学习、借鉴创造自身的竞争优势。只有这样，我们才可能逐步缩小与"茅五剑泸"间的差距。

如何弥补不足？主要从三方面着手：第一是继续丰富"洋河"的品牌精神内涵，提升品牌形象。应该说，"洋河"走了一条与其他"四大品牌"不同的品牌道路，我们已经在现代白酒品牌占位上取得了相对优势，下一步将力争放大这一优势；第二是继续积累综合实力，这是个长期的战略实施过程；第三是市场运作继续坚持两条腿走路：江苏省内市场进一步实现全区域、全渠道、全价位高密度覆盖；全国市场拓展则要打造几个真正的根据地式的先导型市场，进一步扩大全国化的力度，让"洋河"真正成为走向全国化的大名酒品牌。

资料来源：杨志琴，于瑞. 洋河走向蓝海. 酿酒科技，http://www.lmst.com.cn/docview.php3?keyid=13299

思考题：

1. 谈谈你对"蓝海战略"的理解。

2. 结合材料和自己所学的知识，分析洋河"蓝海战略"成功实施的有利条件有哪些？

3. 简述洋河的"蓝海战略"。

案例 5 全兴酒业的战略导向选择

中国的酿酒业是一个古韵悠长的传统工业，是历史与现代的完美对接。中国烧酒业有着 600 年的悠久历史，是我国传统文化中的一块瑰宝。目前，传统的中国白酒制造企业感受到了现代气息的强烈的冲击，面对着不断变化的消费习惯和日趋激烈的市场竞争，许多生产白酒的知名企业都在选择自己的战略导向，本案例希望通过对全兴酒业的战略导向选择及其所处的特殊时期的介绍和分析，能够为其他传统行业企业的战略导向选择带来一些有益的启示。

一、案例背景

1. 全兴酒业公司概述

四川全兴酒业成立于 1951 年。1989 年，正式更名为四川成都全兴酒厂。1997 年 9 月，重组成立四川成都全兴集团有限公司，将全兴酒业优质资产全部注入上市公司，并更名为"四川全兴股份有限公司"，股票简称为"全兴股份"（代码 600779）。

全兴酒业公司依照现代企业制度要求，完善法人治理结构，建立了坚实的资本运作平台和畅通的融资渠道，加大了产品结构调整和主导产品升级换代的步伐，极大地提升了公司的核心竞争能力，为公司的长远发展奠定了基础。

公司拥有完整和独立的生产经营、科技开发及质量监控体系，拥有省级科研技术中心和最先进的科技研发设备、配套的专有技术及一流的技术队伍；名优品牌商誉突出，主导产品多次荣获"国家质量金奖"。其中，酒业"全兴"品牌荣获中国驰名商标，"全兴大曲"多次获得"中国名酒"称号，连获"最古老的酿酒作坊"、"全国重点文物保护单位"、"中华历史文化名酒"以及"莫比国际广告设计大赛包装类金奖和最高成就奖"等多项殊荣。

"踏踏实实做人，勤勤恳恳干事"、"诚信精明，服务营销"是全兴酒业笃信的文化理念。全兴秉承"实力做大，品味做高，企业做强"的经营理念，立足二次创业，构筑新的、坚实的发展平台。产权改制、资源整合、结构优化，整体推进全兴品牌的可持续的健康发展战略；开拓创新，实现全兴的全面腾飞。

2. 全兴酒业战略导向选择进程中的重大事件

1951 年，人民政府组织全兴老烧坊等，经公私合营、赎买，成立了国营成都酒厂。产品以全兴大曲、成都大曲等为主。

1963 年、1984 年、1989 年，连续在三届全国评酒会上荣获国家金奖，成为现代中国名酒。

1989 年，国营成都酒厂正式更名为四川成都全兴酒厂，升级为国家大型骨干企业。此时，全兴酒厂一方面狠抓科技进步；另一方面狠抓企业管理，计量、设备、职工培训等各项管理基础工作均达到了国家标准，质量管理获部级成果奖。

1997 年 9 月，重组成立四川成都全兴集团有限公司，并实现上市，更名为"四川全兴股份有限公司"。

1998 年 8 月，水井街酒坊遗址作为迄今为止全国乃至全世界发现的年代最早、保存最完整的白酒酿酒作坊，被考古界、史学界、酒业专家认定为"中国白酒第一坊"，并被国家文物局评选为"1999 年中国十大考古新发现"。

2000 年，以水井街酒坊中古窖窖泥内的"水井坊一号菌"为代表的古糟菌群，经六百余年老窖固态发酵，缓火蒸馏，摘头去尾，取其精华，贯通对古代酿酒秘籍与现代生物技术相结合的研究成果，酿造出弥足珍贵的水井坊酒，并被中国食品工业协会评为中国历史文化名酒。

2001 年，经国务院批准，水井街酒坊遗址列为国家重点文物保护单位。同时被列入国家"原产地域保护产品"名录，是我国第一个获得"国际身份证"的浓香型白酒类产品。

2001 年 9 月，经中国证监会证监公司字［2001］86 号文和财政部财企便函［2001］63 号文批准，全兴公司成功发行 4 026 万股新股，实收募集资金净额 391 686 732.30 元，投资发展酒业、药业。

2002 年 6 月，在国家经济贸易委员会（以下简称"国家经贸委"）的支持下，全兴集团获准在四川大型国企中首家进行国有资本大规模退出试点，成功地进行了 MBO 收购，开创了国有企业管理层股权收购融资项目信托的先河

2002 年，继"水井坊"之后，全兴酒业的"天号陈"和音乐全兴大曲成功上市，构成三大品牌交相辉映、鼎足支撑的酒业发展平台。与四川大学合作，采用"全果发酵"独特工艺酿造的新型高档果酒——馨千代青梅酒等产品成功上市、大获好评。

2005 年，水井坊再次使用价格差异策略，推出市场零售价 800 元左右的水井坊典藏系列。

2006 年，全兴酒业与世界五百强企业、全球最大的烈酒集团帝亚吉欧合作，产品率先执行双国际标准。

2011 年 2 月，光明食品集团所属上海糖酒集团与全兴酒业原股东达成战略合作协议，投资控股全兴酒业 67% 股权，实际上拥有了四川酒业"六朵金花"之一的"全兴大曲"品牌。

2012 年 3 月 16 日，四川全兴酒业举行新品发布会，正式向全国市场推出全新的"全兴"中高端"井藏"、"青花"系列新品，同时启动 5 000 吨酿造项目、2 万吨勾储及包装技改项目建设。

二、案例聚焦

（一）营销创新——构建全兴特有的营销战略

1. 足球营销

1993 年 10 月 8 日，全兴酒厂成立了全兴足球俱乐部，它是白酒行业中第一个介入足球运动的企业。成立全兴足球俱乐部之前，企业只有 3 000 多万元固定资产，成立全兴足球俱乐部之后，除 1994 年是投入 100 万元以外，从 1995 年开始每年的投入成倍增加，最后已经达到两个亿的投入。

这种营销方式带给企业的到底是什么？众所周知，足球俱乐部本身没有赢利，全兴酒厂作为国内第一个投资足球队的企业，使得这个原本除了四川鲜为人知的国有企

业，随着足球这个载体，其品牌影响也随着足球队远播大江南北，成为了全国知名的企业。"品全兴，万事兴"响遍神州大地，从而知名度获得迅速提高，全兴也成为四川酒业的六朵金花之一，市场开始快速扩张。这些都直接促进了全兴酒的销量，最终跻身于中国酒界的"上流社会"。这一时期全兴足球营销的效果是显而易见的，企业也由3 000多万元的单一酒厂变为如今30多亿资产的集团，拥有制药、酒店和房地产等多种产业。

2. 事件营销

继足球营销之后，全兴酒业结合时事与社会趋势，连续三次掀起"事件营销"高潮，引起社会各界的广泛关注。三次事件营销的主题分别是"保护文明，让文明永续"、"让北京快乐起来"以及"水井坊视线——寻找广东精神、发现文化广州"，三个活动从不同的角度彰显和强化了水井坊"穿越历史，见证文明"的社会价值和经营哲学，体现出水井坊高度的品牌整合传播能力。

（1）保护文明，让文明永续。2003年3月20日，美军空袭巴格达，伊拉克战争爆发，引起全球关注，社会各界哗然，纷纷表态。面对这场战争浩劫，水井坊开中国企业之先河，推出"保护和平，让文明永续"的公益广告，刊登于《南方周末》、《21世纪经济报道》、《财富》（中文版）和《三联生活周刊》等十余家媒体，引起广泛关注，社会反响强烈。

水井坊借战争时事做事件营销开中国企业之先河，率先在中国提出"保护文明，让文明永续"这一公益概念。独到的设计配合独到的构思，水井坊结合自身"活文物"、中国白酒文明集大成者的特点，以"文明是世界的，世界也应该是文明的"之感慨让亿万中国人为之震撼，为之警醒、牢记。水井坊如此独特的视角赋予事件营销鲜活的创意，实有一鸣惊人之效，成为事件营销的画龙点睛之笔。

（2）让北京快乐起来。2003年6月，非典结束。6月24日，世界卫生组织正式宣布对北京解除旅游警告。人们逐渐开始摆脱SARS的阴影。历经磨难之后的北京市民渴望一种精神来鼓舞士气，重塑城市形象。为此，7月5日，成都水井坊有限公司以及北京多家主流媒体一起，联合举办大型公益活动——"让北京快乐起来"。

通过举办这个活动，展现了中华民族强大的凝聚力以及首都人民"穿越历史，见证文明，携手共进，笑对明天"的乐观精神和自信心。而这其中贯注了水井坊作为"中国白酒第一坊"、中国酒文化的集大成者，对首都的无限热爱，对首都人民的热切关心，对中华民族命运的关注，展现了水井坊与时俱进、与民族共进退的民族企业精神和"穿越历史，见证文明"的品牌精神。

"水井坊"的这次活动是一个非常人性化的公益活动，是白酒企业探索人性化服务和品牌塑造的一个试点，也是体现一个企业社会责任感和社会良知的一步；此次活动也不失为"水井坊"公司又一次典型的事件营销案例。

（3）水井坊视线——寻找广东精神、发现文化广州。2003年从7月20日至8月17日，广东省委在九届二次全会上做出将广东建设成为"文化大省"的战略决策。借着"文化大省"的建设东风，水井坊与《南方日报》、《广州日报》通力合作，发起"水井坊视线"的文化事件营销，连续刊登水井坊特约专刊——"寻找广东精神"、"发现文化广州"。

在"水井坊视线"中，以新颖的视角发现广东人文精神、发掘广州都市文化底蕴，让所有关注广东的人们为之耳目一新：普鲁士古老银币上的广州商人，彰显广州海上丝绸之路的繁荣；新客家人的勤劳在现代商业经济中焕发出新的活力……我们看到一个既保留传统文化又兼收并蓄的现代广东，在现代广东的人文精神中，领略水井坊独特的人文精神。此时，正值广东建设"文化大省"之际，作为历史文化名酒，水井坊为广东的文化发展贡献一份绵薄之力乃情理所然，"水井坊视线"的事件营销水到渠成。

"水井坊"成功了，借助"中国白酒第一坊"这个消费价值支撑点，把个性化的营销和传播策略（包括"文化营销"、"事件营销"和"广告传播"）所营建出的高品位消费氛围（包括"高品位的"、"体现身份价值"等）进行组合，进而触动掩藏在消费者内心深处的"消费激情"。

围绕"承接历史与现代，沟通传统与时尚"这一品牌内涵，结合见证文明与传统、演绎现代与时尚的传播方式，为"水井坊"走进高端消费者奠定了坚实的基础。

（二）产品创新——开展研制水井坊，拓展高端品牌市场

"十五"规划期间，国家提出了"以市场为导向，以节粮、满足消费为目标"，走"优质、低度、多品种、低消耗、少污染、高效益"的道路。国家政策倾向于支持发展高端的名优白酒。同时，由于白酒原材料价格上涨和税赋过重，使得发展高端白酒成为白酒企业发展的根本途径。全兴系列白酒虽然成为名优白酒，但是仅仅徘徊在中低档酒的行业，尤其在退出全兴足球俱乐部后，趋向于退市的边缘。

1998 年 8 月 8 日，全兴集团发现了历史上迄今为止最古老的水井坊街酒坊遗址。水井坊乃是兴于元末，历经明、清、近代，并沿用至今的古老而神奇的酿酒作坊，被专家们誉为"中国白酒第一坊"、"中国白酒酿造工艺的一部无字史书"。全兴酒业抓住这一契机，成就了它迈向高端的一个转折。

全兴酒业与中科院成都生物研究所及清华大学合作，利用现代先进的微生物技术，从水井坊酿造环境中分离出特殊微生物，激活并繁殖了以"水井坊一号菌"为代表的古糟菌群，以此为起源研制出弥足珍贵的"水井坊"。这些特有的文化和技术使水井坊推出时就成为高端白酒的代表，售价高达 600 元/瓶。

全兴酒业调整产品结构，以水井坊为龙头，力拓中高档白酒市场，以超高档白酒的先行者身份率先在国内上市，以成都为原产地，完成了以粤、京、沪作为辐射点的华南、华北、华东三大核心市场，构架并逐渐完成在全国重点消费城市的网络布局。优异的品质、精美的包装、独特的文化营销理念，使水井坊在社会各界名流中不断博得好评和追捧，市场营销获得巨大成功。水井坊的出现改变了国内原有的高档白酒竞争格局，赢得了市场的充分认可，成为高档白酒及推进中国酒文化发展的先行者。

水井坊主动承担了品牌成长阶段的责任与风险，精心整合厂商资源，努力将品牌的影响力做深做细，而且对厂商品牌合作模式业进行了改进与优化。值得一提的是，水井坊坚持"先做人，后做酒"的管理方针，"以人为本"，致力于锻造一支承载水井坊文化理念的、高素质的专业营销队伍。

经过几年的努力，全兴把水井坊造就成为一个可以同茅台、五粮液相媲美的高端品牌，引领中国超高端白酒的潮流。

（三）股权结构变革——成功开创 MBO 收购先河

2002 年，四川省委、省政府以川委发［2002］2 号下发了《关于加快国有重要骨干企业建立现代企业制度的意见》，明确国有资本从竞争性领域退出。在国家经贸委的支持下，经四川省委、省政府批准，全兴集团获准在四川大型国企中首家进行国有资本大规模退出试点。全兴集团 18 位高管在成都注册成立了成都盈盛投资公司，注册资本为 5 780 万元。

2003 年 1 月 15 日，衡平信托投资有限责任公司与全兴集团签下了"全兴集团管理层股权收购融资项目"信托计划合作协议，全兴集团管理层股权收购项目（Management Buy-out，MBO）借助整顿后的成都信托业荣升为信托业整顿后第一只信托产品。2003 年 1 月 16 日，全兴集团管理层股权收购（MBO）亮相，开始向社会公开发行。其融资全部用于全兴集团 18 位高管收购全兴集团部分国有股份。此次 MBO 收购，开创了国有企业管理层股权收购融资项目信托的先河。

实施 MBO 后，全兴集团立即着手整合资产。上市公司全兴股份 2003 年 9 月 19 日公告，将公司拥有的与酒业经营相关的全部权益性资产以评估值 58 972.40 万元，按 1∶1 等值确定，以现金方式转让给全兴集团。此次转让的资产包括生产经营"全兴"、"水井坊"、"天号陈"、"馨千代"品牌的酒类资产。

三、案例评析

从全兴酒业的战略导向选择来看，其前导未来性的战略导向选择与它面临的外部环境和内部能力是密不可分的。

（一）四川全兴酒业战略导向选择的理论基础

企业战略导向是企业对自身长远发展的基本态势的明确，是企业战略最顶端的构成。但是无论如何企业战略导向仍然是企业战略的组成部分之一，仍然遵循企业战略的本质性特征，即企业战略是企业内外部环境作用的体现。企业战略导向也同样应当反映这种本质性特征，也就是说，企业内外部因素是影响战略导向确定的关键。

企业战略导向的选择对于组织有着重大的作用，决定组织战略的方向。只有首先确定组织的战略导向，才能深入制定组织战略内容，组织未来的经营管理活动才能据此展开。而要实现对组织战略导向的确定，则需要理清组织战略导向的分析依据，这个目标的实现是通过研究战略导向的分类来开展的。

在对战略导向选择的研究方面，研究者通过确定和衡量战略导向的构念特征，依据战略导向构念特征的差异来分析和确认不同的战略导向，采取一种"对比方法"。在众多研究中，Venkatraman（1989 年）专门对战略导向的构念、维度和测量进行了研究，他提出并检验了六个反映战略导向的维度：扩张性、分析性、防卫性、未来性、前导性和风险性。立足 Venkatraman 对战略导向维度的分类，后续的研究者们对其战略导向测量的维度进行了检验与修正，提出了对战略导向的研究应从前导性、风险性、未来性、分析性和防卫性五个维度来展开。张黎明通过对中国东西部企业的对比研究发现与可以将企业的战略导向合并为前导性、防卫性和风险性三个维度。这对战略导向的认识和分析进入了一个新的阶段，使得对战略导向的研究跨越了简单的类型划分，而可以和其他相关因素一起进行分析和研究。这对组织战略的理论研究和实践制定提供了非常有效的工具。其中，前导性战略导向是指由于内外部环境的变化提供了新的发展机会时，企业为保持跟随环境变化的灵活性，倾向于为长远发展建立领导性的市场地位，立足于长远的有效性而非短期的效率，持续的寻找新的商业机会。战略的变化要快于企业外部环境和企业内部能力的变化，这是有能力和意愿为未来进行详细规划的战略导向选择。

经过对理论的总结，我们可以把前导性的战略导向反映为企业采用创新性的战略态势来争取积极地位的努力，而四川全兴酒业的战略导向正是采取了这样的选择。

（二）四川全兴酒业战略导向选择的外部环境分析

全兴酒业面临的外部环境受到了多方面因素的影响，包括政策上的限制、经济的发展、文化氛围以及竞争的激烈程度等。

1. 管制

白酒行业受到国家产业政策的影响力度非常大，因为白酒是高耗粮性的行业，因此，国家对于白酒行业的管理一直高度重视，对白酒行业制定的一些政策性法规较多，都是朝着优质、低度、多品种、低消耗、高效益和无污染的方向发展。近两年来，更是加大力度，出台许多产业政策以实现白酒行业的持续健康发展。同时，白酒从量计征消费税的改革也使白酒行业的税收有所降低，这将更有利于白酒企业的发展。

2. 社会文化

白酒作为体现中国民族特色和饮食文化的最有特色的传统食品之一，其文化在传统的中国文化中有其独特的地位。在几千年的文明史中，酒几乎渗透到社会生活中的各个领域。酒文化构成了酒品牌的重要组成部分之一。

全兴作为我国最著名的白酒生产企业之一，有着深厚的文化底蕴，"全兴大曲"多次荣获"中国名酒"；而且"水井街酒坊遗址"是全国重点文物保护单位，素有"中国白酒第一坊"的美誉，并获得国家质检总局颁布的"国家原产地域保护产品"称号，是我国第一个获得"国际身份证"的浓香型白酒类产品。

3. 经济

随着国民经济的迅猛发展，白酒行业的竞争越来越激烈。但是，国民经济的高速发展，促使国民的消费能力也随之迅速增长，几十元、一百多元的酒已成为家庭待客的主流价位白酒，300元~500元的酒在商务宴请时，是餐桌上已司空见惯的必备品。因此，不论是全兴的中低端产品，还是高端的水井坊，都随着国民经济的发展，有了更为广阔的市场。

4. 技术

在技术方面，全兴公司拥有完整、独立的生产经营、科技开发、质量监控体系，拥有省级科研技术中心和最先进的科技研发设备、配套的专有技术和一流的技术队伍；名优品牌商誉突出，主导产品多次荣获"国家质量金奖"。"水井坊"被列入全国重点文物保护单位，国家原产地域保护产品，堪称"中国白酒第一坊"。公司利用西部资源优势和专有技术新开发上市的"梅馨千代"青梅酒，通过独特工艺、全果发酵陈酿而成，香雅味醇，深得国内外市场的好评。

5. 竞争

白酒行业是一个竞争非常激烈的行业，争客户，争原材料，争供应商。同时，随着人们收入水平的提高和消费理念的成熟，白酒行业的生产集中度迅速提高，茅台、五粮液、全兴等中国名酒企业，由于受到国家政策扶持，加上自身拥有的品牌优势，发展速度明显高于其他白酒企业。

对于全兴酒业来说，由于他们具有高端和中低端的多种产品，几乎都能满足广大层面上客户的需求，并且由于品牌优势较大，顾客品牌忠诚度较高。最值得一提的是水井坊，由于其独特的口感，香型和文化内涵别具一格，成为新的畅销名酒，比较稳定地拥有了一定的高端客户群。

全兴的竞争者非常多，高端产品"水井坊"的竞争者主要有五粮液、国窖·1573以及贵州茅台等高端产品。这些竞争者的实力都非常强大，给全兴带来了不小的冲击力。在中低端市场上，竞争更是激烈。全兴酒业主要以"全兴大曲"系列为竞争产品，不仅要面对五粮液、泸州老窖和贵州茅台等大型白酒企业中低端产品的竞争，其他中小型酒厂（比如丰谷，小角楼等）用低价等促销手段，使白酒行业的中低端市场竞争异常激烈。

白酒行业对资源的依赖性很高，其资源包括原材料资源、技术资源和文化资源等。对于原材料而言，主要有：水、高粱和小麦等粮食，还包括酒瓶、外箱、礼盒和瓶盖等包装材料。特有的水资源、优良的高粱和小麦等粮食以及特殊的防伪包装，都是白酒企业能较好发展所依赖的原材料资源。

通过以上分析，可以看出四川全兴目前所处的市场环境较为动荡，呈现出动态性和敌对性都高的特点，特别是管制严格，竞争激烈，对资源的依赖性很高。虽然全兴以水井坊成功进入高端市场，获得了国家政策的支持，在高端竞争上也获得了领导地位，但是随着越来越多的白酒企业开始注意高端市场，五粮液、茅台等行业龙头不惜重金打造超高端品牌。因此，如何保持在高端市场的地位，适应竞争越来越激烈的外部环境，将是全兴酒业未来发展的重心所在。

（三）四川全兴酒业战略导向选择的内部能力分析

对于企业的内部能力而言，包括其资源能力、通用能力和动态能力。我们经过调研发现，在资源能力方面，几乎所有的知名企业都没有根本性的区别，主要是在通用能力和动态能力方面有所不同。

1. 通用能力

在通用能力方面，除前文提到的全兴酒业强大而新颖的营销战略、市场开发和维系能力以及特有的酿造技术，全兴酒业在管理上也有着较强的能力，不仅有良好的整合物流系统的能力，在成本控制、财务管理、人力资源管理和营销规划等方面，也非常突出，为全兴在整个发展过程中起到了良性循环的推动作用。在经销商管理上，全兴酒业以终端营销为核心，积极帮助经销商开拓市场；并且积极构建以"水井坊"品牌文化为核心的企业文化氛围，使每一个员工和经销商都以"水井坊"和中国源远流长的传统酒文化为荣耀，形成自我归属和理想价值取向的一致认同。

2. 动态能力

在动态能力方面，全兴的领导团队在其董事长杨肇基的带领下，使全兴大曲随着全兴足球队名扬四海，同时还打造了水井坊知名品牌，使全兴酒业步入高端白酒的行业，使水井坊成为与五粮液，茅台等名优白酒抗衡的全国著名白酒。杨肇基及其管理团队秉承着"实力做大、品位做高、企业做强"的经营管理追求，发扬不断进取的开拓精神。

全兴的创新能力在白酒行业中最为突出。全兴酒业是第一个涉足足球事业并成功应用足球营销使自身成为全国知名品牌的公司，其创新性在业界兴起了一股涉足体育产业的风气。同时，水井坊成功上市，也使全兴酒业独辟蹊径，结合时事与社会趋势，连续三次掀起"事件营销"高潮，引起社会各界的广泛关注。可见，全兴酒业的创新能力确实是其发展的原动力。

另外，在外部能力的借用方面，全兴酒业在国家经贸委的支持下，开创了国有企业管理层股权收购融资项目信托的先河。通过实施 MBO，全兴集团资产得以整合，使全兴顺利上市获取资金的同时，也使全兴酒业扭亏为盈。

根据以上资料分析，全兴酒业在自身能力方面也有着较强的能力，特别是它的营销能力和动态能力，非常突出，这就使得全兴酒业在拓展市场、开辟渠道以及建立营销网络上都有了很好的能力支撑。

综上所述，结合动态性和敌对性较高的市场环境和资源能力，动态能力强的企业战略能力，四川全兴选择了具有开拓性的前导未来性战略导向。从而给全兴酒业带来了良好的绩效。资料显示，2005 年该企业的酒业收入比上年增长 9.2%，而高档酒收入更是比上年增长了 11.64%，企业净利润也因公司酒业销售收入增加而有所提高，2005年的净利润比 2004 年增加了 10.47%。当然，需要指出的是，该企业的成本上升过快是企业必须重点关注的问题。

资料来源：

1. 揭筱纹. 战略管理——概论、案例与分析 [M]. 北京：清华大学出版社，2009.
2. http://www.qxjy.com.cn/about.html

思考题：

1. 试通过内外部环境，分析全兴酒业是如何进行战略导向选择的？这种战略导向选择具有怎样的特性？

2. 四川全兴的战略导向选择合理吗？为什么？

3. 面临新的市场环境和现代企业的发展需求，你认为全兴会有怎样的战略选择？

案例 6　"宁夏红"的品牌竞争战略

新经济时代的企业营销面临的主要问题是如何建立和管理企业的品牌。谁拥有了强有力的品牌，谁就拥有了竞争的资本。宁夏地区的枸杞产业一直停留在干果、鲜果的初级加工阶段，其品牌优势没有得到有效的培育和提升。"宁夏红"的发展揭示了这样一个道理：品牌源自不断创新。对于宁夏红来说，成功的最大秘诀就是创新。

一、案例背景

（一）生态环境优越

宁夏枸杞原产地主要由四大区域组成，即：卫宁灌区（中宁、中卫）、清水河流域

（固原、同心、海原一带）、银川河套地区和银北地区（平罗、惠农）。上述四大区域属大陆性气候，光照资源丰富，日照时间较长，年日照时数 2 000 小时以上；有效积温高，昼夜温差大，昼夜温差一般在 10℃ ~ 15℃；无霜期较长，土壤条件好，土层深厚，主要为灌淤土、灰钙土，含有丰富的有机质和多种微量元素，土地肥沃；水资源丰富，黄河流经宁夏 397 千米，灌溉网络发达；产地远离工业区。以上独特的地理环境为枸杞的生长提供了一个天然的绿色生态环境。

（二）栽培历史久远

据史书记载，早在明清时期，宁夏就开始人工种植枸杞，广泛用于医药保健，至今已有 500 多年的历史。

（三）药用价值极高

明代药物学家李时珍就在《本草纲目》中对枸杞的药材性能、主治病症和服用方法进行了论证，列出了 32 个传统医药方剂。《本草汇言》认为，"枸杞能使气可充、血可补、阳可生、阴可长、火可降、风湿可去"。现代医学也对此达成了共识，《中华人民共和国药典》明确规定："药用枸杞子为宁夏枸杞的干燥成熟果实。"中华人民共和国医药管理局指定宁夏为全国唯一的药用枸杞产地。

中华人民共和国成立初期，宁夏枸杞产量只有 141 吨，1958 年达到 502 吨，由于历史的原因，1982 年又下滑到 253 吨。为摆脱困境，自治区科委组织有关科研力量从新品种培育、成分分析、药理研究和综合利用等方面开展了系统研究，取得了大量有价值的科研成果。由于科技的推动，宁夏枸杞产业出现了较大的变化：从 1984 年起，种植面积超过 2 万亩（1 亩 = 666.67 平方米，全书同）；1987 年枸杞产量突破千吨大关；到 2000 年，种植面积已达到 131 800 亩，产量也达到 4 800 吨；2001 年银北地区从两万亩发展到 5 万亩，银川地区从 3 万亩发展到 5 万亩，银南地区从 5.3 万亩发展到 9 万亩，西海固地区发展到 1 万亩，全区发展到 20 万亩，在国内占到绝对优势，许多种植基地业已形成。随着枸杞独特的食用价值、营养价值和保健药用价值被越来越多的消费者所了解，市场消费量与日俱增，宁夏枸杞创造了价格连年攀升的奇迹。近几年，宁夏枸杞种植面积以年均 30% 以上的速度递增。2006 年，全区枸杞种植面积已增加到 50 万亩，总产量突破 8 000 万公斤。枸杞饮料、果酒市场方兴未艾，各种枸杞保健品和精深加工产品前景看好。

宁夏香山酒业集团从 1997 年生产白酒起家，以产品的高品质、多系列及成功的竞争战略，迅速占领宁夏及周边市场，企业声誉与经济效益不断上升，随即进行改制，兼并国有中小企业，走上了多元化、集体化的发展道路。2000 年 4 月，收购中宁枸杞制品厂；2002 年 3 月，新产品"宁夏红"枸杞保健酒在西安"全国春季糖酒商品交易会上"一炮打响，创下历届糖酒交易会新产品参展成交的最高纪录；来自全国 28 个省区市的 150 个大中型城市的商家签订产品订货合同 189 份，合同金额达 4.87 亿元。2003 年，新的技改项目完成，"宁夏红"的生产能力由年产 5 000 吨提高到 20 000 吨，营销网络遍布全国 28 个省、市、自治区和 200 多个中心城市，迅速发展成为宁夏农业化产业化的龙头企业。宁夏红枸杞产业集团有限公司是宁夏回族自治区重点扶持的非公有制骨干企业、农业产业化国家重点龙头企业。公司依托"中国枸杞之乡"宁夏中宁县得天独厚的资源优势，通过现代高科技手段对枸杞鲜果加以提升精炼，开发出具有鲜明地方民族特色的宁夏红"枸杞果酒"。"宁夏红"的推出适应了目标市场的需求，准确的市场定位使其在不长的时间里迅速"走红"。该公司生产的"宁夏红"酒，以其优良的保健品质、精美的外壳包装、适宜的广告载体和充满东方女性美的形象展示，随着"每天喝一点，健康多一点"的广告主题词，一时间成为红遍大江南北的著名品牌，成功地在一个不太发达的地区找到了通往成功之路。"宁夏红"健康果酒在2002年不到一年的时间里就取得了1.4亿元的销售成果，在当今品牌竞争极为激烈的酒类市场，应该是一个奇迹。据全国主要市场的反馈信息，"宁夏红"的提示知名度和未提示知名度均高居品类第一，已成为健康果酒的品类代表，当之无愧成为枸杞产业深度加工产品的品类代言人。在宁夏，"宁夏红"成为外地游客和公务商务人士必然带回的礼品，在中高档的酒楼宴会中，"宁夏红"已成为健康饮酒的主选品牌。作为我国独创的果酒——枸杞酒产业，正面临着巨大的市场机遇。枸杞酒开创了酒的新品类，是全世界第一个用鲜果酿造的枸杞果酒。目前，宁夏红已具备每年两万吨的果酒生产能力，枸杞果酒低温发酵技术属于国内首创；在产品的创新方面，宁夏红已经拥有了20多项独特的专利技术；在枸杞果酒的研发上，已经拥有了完全自主知识产权的技术体系，并建立了博士后工作站和科研技术中心。近期，宁夏红酒业集团被评为"中国最具竞争力100强企业"之一，排名第53位，"宁夏红"与茅台、五粮液和水井坊等名酒一起，入选中国最具影响力的20个酒类品牌，已成为世人公认的宁夏名片。在海外，枸杞酒也正在赢得高度认可。目前，"宁夏红"枸杞酒已经打入日本、蒙古市场；在韩国炙手可热，价格超过"茅台"；获得美国FDA（美国食品安全认证）注册；与加拿大国际贸易公司签订了41万美元的销售合同。

二、案例聚焦："宁夏红"的品牌发展战略

（一）存在的问题

宁夏香山酒业集团的创建者张金山以其战略的眼光和过人的胆识，首先从酒类的生产与消费趋势及近年一些大企业的重大调整中，看准了保健型果酒的发展前景；其次是从多年来宁夏枸杞加工业的现实中发现，开发枸杞产品搞低水平重复建设没有出路，生产保健型枸杞酒必须在技术上有所突破，将原来的用干（鲜）果浸泡改为用鲜果酿造，突破传统工艺和方法，才能将享誉海内外的宁夏中宁枸杞加工成符合现代潮流的保健型果酒；他迅速采取了一系列有效的措施，例如收购县属国有企业、联合国内权威科研机构作技术依托、及时筹措资金更新设备、实施技改项目、组织营销网络、强有力的宣传及企业文化等。

张金山在带领企业发展的过程中发现，要实现其品牌战略必须解决好以下问题：

1. 枸杞酒消费推广及普及力度不够

论原料的知名度及美誉度，国内恐怕没有任何一种酒可以跟枸杞酒相比，但枸杞酒是一个新兴的酒种，目前推广形式较为单一，主要是通过两家生产经营企业在电视媒体上做些广告而已。众所周知，单靠一两个企业根本无法胜任该工作，这就需要整个枸杞行业的共同努力，也需要地方政府及行业协会发挥作用。前几年在乳制品协会的带领下，大搞"一杯牛奶壮大一个民族"的宣传，结果使整个乳制品行业获得飞速发展。

2. 饮酒习惯及偏好

因饮酒文化的差异，造就了中国人特殊的饮酒习惯。在国外，果酒尤其是葡萄酒主要用于佐餐，提倡美食配美酒，而且已习惯天天饮用；而在中国，天天喝酒的人并不多，但喝起酒来就要尽兴，因此，酒精度数与价格是影响人们消费酒类产品的两个主要参数。国人已普遍接受了白酒及啤酒，黄酒、葡萄酒还处在宣传引导阶段，更别说出生才两年多一点的枸杞酒，除去纯粹商业促销行为，靠自然流通及指名购买，枸杞酒问津者依然很少。虽然习惯可以改变，但需要一段较为漫长的时间。

3. 价格

枸杞酒价格比人们日常饮用的啤酒、白酒要贵得多，白酒一桌一两瓶就差不多，但是枸杞酒可能需要一箱。在酒店，酒的价格比外面高出一倍多，在这里消费对比心理价影响着消费者的消费行为。举例来说，一瓶500ML的12度枸杞酒价格在100元左右，一桌6个客人，则最少要喝4~6瓶枸杞酒才能勉强过瘾，酒水价格计在400~600元左右，这时，大部分消费者会放弃选择枸杞酒而喝一瓶茅台或五粮液，因为从感受和颜面而言，后者带给消费者的满足感是枸杞酒无法比及的。

4. 管理混乱

目前，枸杞酒还没有统一的标准，这就直接导致枸杞酒在酒精度、保质期和原汁含量等指标及产品分类和命名方面五花八门、怪象百出，因此在各地技术监督局的质检抽查中问题频繁出现。2003年，国家废止了半汁型葡萄酒行业标准，但很快又出现了两个标准之争，时至今日却是两个标准共存，于是各种葡萄酒产品鱼目混珠，严重伤害了消费者的信心，而宁夏枸杞酒正在重蹈葡萄酒尤其是通化葡萄酒的覆辙。

5. 市场定位错位、营销人才缺位

产品必须成功地确认一个可生存的市场细分板块，否则将无法取得差异化优势，只能成为一个销售"我也是"产品的公司。

酒是一种感情的载体，它主要通过酒精刺激饮用者的感官及神经使其得到不同程度的感官满足。有人提出了"器官经济学"、"体验经济学"的理论，很是形象地概括了酒精饮料的功能及效用。

中国是一个礼仪之邦，饮食文化源远流长。在日常生活中，烟酒是承载人们传情达意、联络感情的重要工具，因此也就有了无酒不成席、无酒不成礼、烟酒不分家的说法。酒因消费场所、消费人群的不同，消费酒的品种也不一样。例如高档酒楼是商务应酬的场所，以驰名白酒及葡萄酒消费为主；在酒吧、歌厅等娱乐场所是啤酒和葡萄酒的天下；大众餐饮及家庭饮用多为中低档白酒及啤酒。那么枸杞酒的目标市场究竟在哪里？

枸杞酒以健康果酒的身份闯入消费者的视线，但在果酒市场，葡萄酒占去了90%以上的市场份额，留给其他果酒诸如苹果酒、青梅酒和枸杞酒的市场空间不足10%。十几年来，葡萄酒产销量一直徘徊在30万吨左右，经过几十年的发展，其今日修为和地位又岂能是别的果酒能正面较量或轻言取代的？

目前，宁夏枸杞酒企业未能建立有效的执行体系，专业营销管理人才是营销工作中的执行力，没有执行力谈何竞争力？营销政策的制定及执行都需要依靠专业人员来完成，而大多数宁夏枸杞酒企业因经营理念、用人观念和资金链短缺等因素根本无力为其搭建这一平台。目前，宁夏枸杞酒行业专业营销人才极度匮乏，这也直接导致了大部分企业的营销行为不伦不类，除了概念炒作、哗众取宠外，更多的是江湖术士行为。目前充斥这个行业的"生命不息，跟风不止"的现象就是最佳例证。

6. 原料基地建设

目前，宁夏枸杞种植面积达 20 万亩，但大多为个体农户经营管理。如葡萄酒一样，酿造高品质的枸杞酒，就需要高品质的枸杞鲜果。由于枸杞鲜果的特殊性，对采摘、保鲜的时间要求很严格，而这些方面一般种植户难以做到，这就需要企业自建或与农户联合经营枸杞原料基地，科学种植、科学管理、科学采摘直至送进企业的发酵车间。此外，为取得规模经济优势、降低成本，有实力的企业应在原料基地建设方面加大投资。

市场定位模糊，目标市场有限且不成熟是困扰枸杞酒的一大难题。枸杞酒最大的卖点是其功能——健康，而大部分喝酒的人对这一点并不是很在乎，他们追求的是酒精的效果。其实，有三类人在买酒时会注重健康：一是收入高且会喝酒的人，这类人有着科学的饮酒习惯，但他们通常会选择品质好的葡萄酒或白酒，而且这部分人不多；二是中老年人，辛苦了大半辈子，比较重视健康问题，所以爱喝保健酒或吃保健食品；三是自己不喝，购买目的是当作礼品送人的人，这部分消费主要是礼品酒。

(二)"宁夏红"的品牌创新战略

品牌是地方经济实力的象征，是振兴地方经济的关键。"宁夏红"的发展揭示了这样一个道理：品牌源自不断创新。对于宁夏红来说，成功的最大秘诀就是创新。

1. 产品创新：中国"波尔多"第一品牌

众所周知，法国是世界葡萄与葡萄酒生产王国，而法国的葡萄与葡萄酒又以波尔多地区最为著名。"波尔多"历经数百年发展，在世界葡萄酒市场上享有盛誉。而宁夏红则依托得天独厚的"枸杞之乡"的地域优势，打造出了"中国波尔多"的概念。

世界的枸杞在中国，中国的枸杞在宁夏，中宁作为"宁夏红"的原料种植基地，这里光照充足、有效积温高且昼夜温差大，发源于六盘山与黄河交汇处的山洪冲积土壤矿物质含量极为丰富、腐殖质多、熟化度高、灌溉便利以及水质独特，正是这一独特的地理环境和小区域气候为枸杞生长提供了最优越的自然环境，从而使中宁县成为中国枸杞的发源地，成为中国"枸杞之乡"。就世界范围来看，中宁枸杞产区的特殊地位可以与法国波尔多葡萄产区的地位相媲美。中宁枸杞早已闻名遐迩、独领风骚。但特产只是一种地域资源，真正发挥其特色优势，还必须通过产业链的锻造，孵化出一种提升这种特产资源高附加值的产业助推器，使资源优势变为经济效益优势。

"宁夏红"独具慧眼，在充分研究中宁枸杞的资源现状和产业发展的基础上，联合国内权威科研院所，引进一系列高科技生产设备和新工艺，从鲜果的采摘到原酒的形成，几十道生产工序无不精益求精，严格工艺。通过对枸杞鲜果清洗、精选、高压菌制、真空脱气、发酵精酿以及高温瞬时灭菌等，在传统的酿造工艺基础上，结合现代生物食品技术酿制而成的低度"宁夏红"枸杞酒，将枸杞酿造提升为方便、天然、安全、营养和健康的日常饮品。既充分保留了枸杞鲜果的色、香、味之优点，又使其产品具有更易被人体吸收等特点。"宁夏红"集团巧妙地利用得天独厚的原产地优势，在枸杞原产地打造出独树一帜的"中国红酒"品牌，并向世人展示了与法国波尔多地区齐名的"中国红酒"的独特魅力。

2. 概念创新：健康饮酒、饮酒健康

21世纪消费者的健康意识更加突出。张金山开始了新的思考和探索：人们几千年沿袭下来的饮酒方式与饮酒文化，如何注入时代的新内涵？如何确保健康的营养，又不失饮酒的气氛？

结合对市场和消费者的了解，张金山发现了新的市场机遇，并确立"健康果酒"的产品定位，率先提出了"健康饮酒、饮酒健康"的时尚消费观念，以全新的果酒消费方式给予人们充满人性与健康的关怀，对传统饮酒消费方式进行革命性引导，让健康的饮酒观念深入人心。

"宁夏红"义无反顾地举起了中国健康果酒的大旗，造就了果酒消费的新时代。"红色智慧"聚人气、夺商机，独具差异化的亲和式营销行为极大地吸引了消费者的注意力。"宁夏红"实现了多赢，知名度迅速飙升，产品年生产能力率先突破20 000吨。"宁夏红"的出炉，瞬间创造了一个奇迹，凭借其独特的品质，销售网络覆盖全国30个省区的800多个地县，并出口到日本、韩国、加拿大、香港、不丹等国家和地区市场，销售网络逐步健全，并已成就了部分重点销售区域。

国内果酒泰斗、惜言如金的中国食品发酵研究院顶级专家郭其昌先生评价："宁夏红"枸杞酒的诞生是一项科学技术方面的创新，更是中国酒行业发展的重大突破，是对人类健康作出的贡献。"宁夏红"的崛起，使中国消费市场上又增添了一个著名品牌。

"宁夏红"一举打破了白酒、啤酒和葡萄牙三分天下的中国酒类传统格局，为酒类市场带来新鲜的力量，为中国果酒的发展注入一支强心剂，开创中国果酒类新纪元。

3. 渠道创新：果酒行业率先信息化、专业化

对于一个企业来说，扩大市场占有率和品牌影响力、增加产品的市场份额，是其孜孜追求的终极目标。在这个过程中，产品的优劣、品牌知名度的高低及营销手段的合理选择都将对其市场的开拓有着深远影响。但是，所有这些是否都能够成功转化为市场销售的动能，还要依赖于企业营销管理手段的选择。

困扰糖酒、食品行业的一个主要问题即在于企业对销售终端的掌控不强，无论企业政策的有效推广、资金的成功回收还是市场网络的铺垫建设都受到渠道中间环节的严重制约。因此，众多龙头企业均在积极寻求解决这一问题的方法，都在寻求管理手段的突破，以达到市场份额的提升。

随着企业的发展，"宁夏红"已经在全国范围内建立起较为完善的营销网络，此时，总裁张金山和其带领的团队以崭新的视角和战略性的眼光审视企业的发展，建设性地对营销网络进行规划与改进，用深度分销、渠道精耕的管理思路和方法指导销售业务，以期在全国范围内增强对终端市场的掌控力度。"宁夏红"通过长期的考察和选型，借力"国链网"的深度分销管理平台实现渠道精耕。

通过信息化的专业管理平台对渠道加以管理与维护是科学掌控渠道分销链条的必要手段。因此，总裁张金山认为，网络的作用对于当今的生产企业来讲，不再是简单的信息传递"工具"，而是一种高效管理的"通路"与未来管理竞争的"手段"，应予以高度重视。

"宁夏红"总裁张金山说:"企业经营管理手段的改造,是关乎一个企业兴衰存亡的大事,我们需要的不只是一种工具或是一套系统,而是一个企业发展过程中可以相濡以沫,荣辱与共并具有高度专业水平和先进服务理念的合作伙伴。同时希望借助一个跨行业、多企业、资源共享的信息管理平台,使企业可以通过直属的基层销售管理队伍,对市场销售终端进行有效管理,使'企业大脑'所发出的各项指令可以良好地传达到各销售网点的'市场神经末梢',并及时得到各类市场回馈信息,使中国960万平方千米的广大市场尽收于方寸之间。"

"宁夏红"已经为打造世界枸杞第一品牌的战略目标迈出了坚实的一步。2006年,宁夏红将借助国际资本市场的力量,实施产业和品牌发展战略,以更高的层次、更大的竞争实力再掀强劲的"红色风暴"。围绕枸杞产业,宁夏红还将以"健康饮酒、饮酒健康"的全新理念,打造枸杞产业链,打造世界枸杞之都,让枸杞从宁夏真正走向全国,走向世界。

作为国家农业产业化重点龙头企业的宁夏香山集团,以"宁夏红"枸杞果酒成功带红了长期沉寂的枸杞产业。2005年,以"宁夏红"为代表的枸杞果酒年销售额突破15亿元大关,一举打破了白酒、啤酒和葡萄酒三分天下的中国酒业格局。枸杞果酒激活了宁夏枸杞产业,枸杞产业的大发展带动了农民增收。

"宁夏红"董事长张金山说,枸杞是宁夏最具特色的农业资源之一,其社会价值被广泛认同。但长期以来,受各种条件的限制,这一资源一直处于以卖原材料为主的原始加工状态,没有成熟的、高附加值的专业深加工产品,更没有品牌,致使枸杞市场一直停滞不前,甚至出现萎缩局面,极大地挫伤了农民的种植积极性,出现了反复砍树还田的现象。

2000年4月,"宁夏红"经过市场调研、营销策划和产品研发,一方面对原有设备进行了改造,另一方面与中国食品工业研究所、南昌中德联合研究院等国内权威科研机构结成了战略合作伙伴,经过两年多时间,采用现代生物发酵技术与传统技术相结合的方式,打造出了具有自主知识产权的"宁夏红"枸杞果酒。其主要特点是最大限度地发挥枸杞"抗癌保肝,治虚安神,补肾明目,益寿延年"的功效。

该公司生产规模已达两万吨,年可消化鲜枸杞2万吨,引进了意大利全自动生产线,按照GMP标准建造了新的生产车间,建成了一流的开放式观光车间设施和观光基地。为适应市场需要,目前公司正在不断扩大生产规模。

目前,"宁夏红"已形成了辐射全国各省、自治区、省会城市、地级城市、部分县级城市、部分乡镇的销售网络。"宁夏红"吸引了更多目光关注宁夏、关注枸杞,增加了枸杞的整体消费能力,培育了枸杞的市场消费群体,带动了宁夏乃至全国的枸杞产业发展。参与的资本超过6亿元,参与的劳动力超过100万人,逐渐成为中国又一新兴朝阳产业。

张金山认为"宁夏红"还应重点开拓海外市场。目前,已在美国及东南亚的五个国家和地区分别通过马德里国际注册和逐一国家申请方式首批申请注册商标30个,为"宁夏红"国际目标市场的拓展取得了通行证。

据宁夏回族自治区政府政策研究室调研,以"宁夏红"为代表的枸杞果酒企业已有几十家,至少带动了全区5万农户依靠枸杞产业增收致富,有25万人加入了枸杞种植和深加工领域。在枸杞收获时，摘枸杞手工费每公斤达 1 元，鲜枸杞价格也从 2001 年的每公斤 1.5 元增长到目前的 4 元左右；干枸杞从 6.5 元增长到 12 元左右，最高达到 16 元左右。区内外至少有 100 家企业介入了枸杞深加工领域，形成了一个以"宁夏红"为龙头的枸杞产业大军，促进了枸杞产业的大发展。

（三）面对的竞争对手

经过 2002 年、2003 年两年的快速发展，进入 2004 年，枸杞酒的发展步伐明显慢了下来。按市场占有率划分，"宁夏红"是该行业的领导者，恒生西夏王的"杞浓"是一个强有力的挑战者，其余均为跟随者。目前，该行业集中度高，"宁夏红"与"杞浓"占据了 90% 之多的市场份额。

枸杞酒两大品牌"宁夏红"、"杞浓"眼下都面临着同样一个问题：缺乏拉动需求满足大众消费的中低价位产品。为争夺这一块市场，他们将相继开发出自己的中低价位产品，同时调整完善自己的产品结构及价格体系。现有企业以人们熟悉的方式争夺市场份额，战术应用上通常是广告战、价格战、增加服务和推出新品。市场跟进者受财力、开发能力的限制，大多会选择价格战将纷纷推出低价位产品，继而拉动大盘价格走低。

同为一种酒，但在包装、口感及酒体颜色方面大相径庭的产品在全国实属罕见，但这一现象却在枸杞酒行业发生了。"宁夏红"是该行业的领导者，扁瓶型、大红包装，酒体为红色；"杞浓"是挑战者，波尔多瓶包装，酒体为金黄色，两者的产品风格迥异。"宁夏红"是该行业的缔造者，其扁瓶型、大红包装处处透着喜庆、吉祥，与枸杞产品的内涵及文化巧妙地融为一体，可以说该包装在宁夏红初期市场开发的攻城拔寨中，功不可没。但随着市场的发展，该包装的弊端也暴露出来。首先，在国人的包装意识中，果酒的瓶型应该是那种装葡萄酒的瓶子，虽然他们并不一定叫出那是"波尔多瓶"或"莱茵瓶"，而且，果酒一般不用外包盒（礼品酒除外）。其实，大家稍加留意不难发现，在商场超市，宁夏红枸杞酒几乎全与白酒陈列在一起；其次，红颜色本为一种暖色，炎炎夏日，看到产品心里就发热，又有几人愿意饮用？"杞浓"虽然在包装上回归果酒，但"宁夏红"先入为主，其标新立异战略制造的消费壁垒，使"杞浓"的包装优势在短时间内还无法凸现。"宁夏红"枸杞酒虽然定位于健康果酒，但其包装、功能及效用都与保健酒的诉求契合，而且消费者十之八九也认为其是保健酒，如果，宁夏红保持现有包装及酿造工艺不变，其出路就是被列入保健酒行业。

三、案例评析

（一）核心竞争力培育的关键在领导

品牌战略的基础是培育核心竞争力，而对核心竞争力的培育的关键在领导，领导者所特有的企业家禀赋将带领企业走向成功。心理学家斯腾伯格的成功智力理论认为，智力包括三个方面：一是分析性智力，是指对形式和问题的分析和思考能力；二是创造性智力，是指发现和发明的能力；三是实践性能力，是指将设想和决策变为实施方案并组织贯彻实践的能力。宁夏香山酒业的案例无疑为斯腾伯格的理论作了成功的注释。香山酒业集团的创建者张金山的分析性智力表现在：他从酒类的生产与消费趋势及近年一些大企业的重大调整中，看准了保健型果酒的发展前景；他的创造性智力表现在他从多年来宁夏枸杞加工业的现实中发现，开发枸杞产品搞低水平重复建设没有出路，生产保健型枸杞酒必须在技术上有所突破，将原来的用干（鲜）果浸泡改为用鲜果酿造，突破传统工艺和方法，才能将享誉海内外的宁夏中宁枸杞加工成符合现代潮流的保健型果酒；他的实践性能力体现在他迅速采取了一系列有效的措施，如收购县属国有企业、以联合国内权威科研机构作为技术依托、及时筹措资金更新设备、实施技改项目、组织营销网络、强有力的宣传及企业文化等。

（二）品牌战略要求赋予品牌鲜明的个性化特征

品牌战略要求赋予品牌以基于企业的核心能力与消费者需求高度匹配为出发点进行匹配定位，并赋予品牌鲜明的个性化特征。随着买方市场的形成，消费者购买商品除了为得到实用价值，还在于产品带来的附加利益。企业应针对消费者情感诉求点，结合企业提供的产品与服务的特点进行定位，使品牌具有本身的独特性与不可替代性；突出品牌优势，不仅能向消费者提供使用价值，还能满足心理和精神的需求。没有特色的单一模仿和骑墙战略会获得短期利益，但最终会失败。

"宁夏红"快速发展的意义不仅在于是一项对科学技术方面的创新和中国酒行业发展的重大突破，打破了白酒、啤酒和葡萄酒市场三分天下的中国酒类传统格局，最重要的是，"宁夏红"掀起了一个产业风暴，将枸杞资源优势变成产业优势，将产业优势变为品牌优势，将品牌优势变为了经济优势。同时解决了"大农业"和"小市场"之间的矛盾，起到了连接农户与市场的桥梁和纽带作用。

（三）品牌战略必须地方化、民族化

世界经济发展的历史证明，只有地方化、民族化的东西才能世界化。实施品牌战略必须与国情和企业资源的具体情况结合起来，使之符合企业实际财力、品牌营销能力和特定的市场环境条件，立足于长远，实现可持续发展。世界的枸杞在中国，中国的枸杞在宁夏；但特产只是一种地域资源，真正发挥其特色优势，还必须通过产业链的锻造，孵化出一种提升这种特产资源高附加值的产业助推器，使资源优势变为经济效益优势。宁夏红集团巧妙地利用得天独厚的原产地优势，在枸杞原产地打造了独树一帜的"中国红酒"品牌，并向世人展示了与法国波尔多地区齐名的"中国红酒"的独特魅力。

（四）品牌价值需要不断的再创造

市场环境在不断变化，品牌定位也需要不断创新，通过创新与竞争者拉开差距，通过创新不断使其产生新的生命力。

在实施品牌战略的过程中，创牌难，保牌更难。世上没有一成不变的东西，要使开发的品牌成为名牌，长久地被消费者认可，就需要持之以恒的维护，就需要不断创造来维护品牌价值；纵观许多"短命"品牌，原因虽有不少，但不注重品牌价值的持续创造是其中一个主要原因。

"宁夏红"是中国民族特色的果酒，是一个独创的酒类新产品，是酒家族中的一个新成员。面对日趋激烈的市场竞争，"宁夏红"经过多年的培育、锻造和提升，以其卓越的品质，发达的销售网络，完善的售后服务，现代化的管理模式以及创新的经营理念，塑造了良好的品牌和企业形象，已成为国内和宁夏经济增长的一个亮点。

（五）实施品牌战略，应向规模要效益，不断扩大市场占有率

企业要想创出自己的品牌，必须具备一定的规模和实力，世界前50个驰名商标都

属于规模庞大、实力雄厚的世界 500 强企业所有。以品牌产品为龙头组建大型企业集团，可以有效克服部门和地方条块分割，存量资本难以流动以及增量资本难以集中的弊端，按市场效益原则实现资源的合理配置，同时使高效企业得以发展壮大，更进一步增强竞争实力。目前，宁夏红已具备每年两万吨的果酒生产能力，营销网络遍布全国 28 个省、市、自治区和 200 多个中心城市。据全国主要市场的反馈信息，"宁夏红"的提示知名度和未提示知名度均高居品类第一，已成为健康果酒的品类代表，当之无愧成为枸杞产业深度加工产品的品类代言人。

（六）结论

新经济时代的企业营销面临的主要问题是如何建立和管理企业的品牌。谁拥有了强有力的品牌，谁就拥有了竞争的资本。毫无疑问，未来的营销是品牌之间的生死较量。企业的品牌从默默无闻发展成为一个著名的品牌，是一个从小到大的过程，是和企业成长的生命周期密切相关的，必须不断经营。

资料来源：揭筱纹. 战略管理——概论、案例与分析［M］. 北京：清华大学出版社，2009.

思考题：

1. "宁夏红"的核心竞争力是什么？如何保持？

2. 竞争对手是否可以效仿"宁夏红"的竞争战略？"宁夏红"如何应对激烈的竞争？

3. 你认为"宁夏红"的竞争战略存在什么问题？为什么？如何解决？

第三章　钢铁行业

案例1　武钢转战养猪行业

随着金融危机的蔓延，我国钢铁行业发展过程中存在的问题也更加凸显，主要表现在：钢铁生产所需的铁矿石、煤炭、运输、铁合金、电力、水等资源紧张，难以支持钢铁产能的进一步扩大；钢铁行业的产业结构矛盾十分突出，包括产品结构、企业结构、产业布局与经济发展的矛盾凸显；环境压力、环保问题和循环经济的目标差距很大；企业的自主创新能力和全球市场开拓能力不足；钢铁产能已处于供大于求阶段，单纯靠大量出口消化过剩产能，已行不通。

目前中国的钢铁市场形势严峻，受上游铁矿石、煤炭等价格高涨的影响，钢铁业成本大幅增加。而下游铁路、汽车等相关产业均在走下坡路，因此利润空间也变得越来越小。"去年武钢集团利润率不到2%，远低于全国工商行业6%的平均利润水平。"武汉钢铁公司总经理邓崎林表示，即使这样的成绩，还是依靠公司统筹钢铁主业和相关产业发展，在极为困难的情况下达到的。因此，邓崎琳透露，2012年武钢准备建一个万头养猪场，而且年内就出栏。

一、为什么要转型

借用武钢外宣部孙部长的话，武钢有好几万职工，他们本身也需要吃饭，现在食品安全也是一个大家很关注的问题，所以我们在考虑相关产业方向这一方面有所关注。现在钢铁行业已经是一个微利行业，那么钢铁企业要生存、要发展，它必须靠其他的方向开拓更宽阔的市场。从工业帝国向农业大亨的转变，不能靠匹夫之勇，而需要有深思而缜密的规划。孙部长说，武钢要将钢铁从粗放型转向技术型，这样在增加企业利润的同时，也能够为社会创造价值。

孙部长提到：钢铁的投入，按照发展思路是不再往产能方面去投入了，它是在质量和技术上进行投入。我们武钢就提出了三个转变，原来是以钢铁为主，现在是向一业特强和适度多样化的方向转变。再就是由内陆向沿海转变，向国外发展，和原来生产技艺型向质量效益型转变，这是我们提出的三个转变。我们希望通过发展相关产业，来提高我们企业的利润和效益，同时也为社会创造更多的财富和价值。

二、选定养猪行业的原因

对武钢而言，首先，经过几十年的建设发展，投资拉动经济的模式已到极限，大规模基建不可持续。企业成长与经济发展一样，都通过效率提高和市场扩张来实现。

当市场需求由盛转衰时，提升效率的压力、转型的压力就会集中爆发。尤其是钢铁产业在产能严重过剩的情况下，压力会更大。同时，很多学者认为，长期宽松的货币政策决定了通胀会持续很长时间。通胀不一定对农民有利，但一定对农产品经营者有利。实际上，适当通胀对消费行业是有刺激作用的。加之人们越来越注重食品安全，令安全食品具备了广阔的市场前景。工业品过剩和安全的农业产品供给不足，为工商企业介入农业提供了中长期机遇。武钢看到了这一点，对其他企业而言也许是个借鉴。

在中国，养猪是以散养为主，大的农场以万头来论的养猪场少，每个散养的农户少养一头猪的话猪肉价格就要上涨不少，而且这个对 CPI 的影响特别大。从战略角度讲，规模化的养殖，产生一些高端的值得信赖的猪肉品牌在市场上肯定受欢迎，而且利润率相当高，猪肉行业毛利率在去年初就能达到 20% 左右，而钢铁才百分之二点几。

三、转型养猪行业的负面影响

武钢转型产业跨度之大，引起了社会强烈反响，一时间，众说纷纭，观点不一。

1. 武钢养猪，国企转型，岂能与民争利

武钢的困境反映了当下国企，特别是制造业国企的转型升级之难，摆脱困境要靠技术的创新和产业附加值的提升，而根本的出路还在于国企的自身改革，提高效率，提升核心竞争力。靠养猪来突围，实在有违国企的社会责任，也不是产业转型升级的良策。

2. "武钢养猪"问题不必盯在"猪"上

对于国企来说，当主业萎靡之时，拿副业来"救场"，这无可厚非。但是，如果要推进一项重要的战略决策，这应当接受政府及民众的监督和研判。武钢能不能养猪、能干什么、不能干什么，这些均须按程序进行可行性论证及科学民主决策。这才是"武钢养猪"问题的关键所在。

3. 武钢养猪只会"欺负穷人"

武钢养猪的理由看似充分，但最根本原因是害怕竞争。武钢作为钢铁企业，为何不琢磨向最轻车熟路的钢铁生产"上游"或"下游"领域扩张呢？武钢未必不想直接涉足铁矿石领域，但面对国际铁矿石联盟的咄咄逼人，武钢完全处于劣势；如果直接生产汽车、冰箱、彩电，依然还是害怕"下游"领域的残酷竞争，要和国际国内知名的汽车厂家、电器生产厂家这些巨头去竞争？下游领域在武钢看来同样是碰也不敢碰的。

而以巨资投入属于农业生产领域的养猪养鸡产业，就完全"规避"了巨大竞争压力。养猪养鸡种菜在我国并未真正形成集约化生产，也未真正实现"产业化"，大多以小农散户生产为主，在这样的一个处于低端竞争状态的市场，财大气粗的武钢是碰不到"强横"的竞争对手的。

本行业赚不动钱了，就投入到别家薄弱环节来"捞钱"，只会恶化竞争而抢那些小散户、"穷人"的饭碗。这个道理其实并不难懂，养猪养鸡或种菜产业，在我国广大农村有着吸纳亿万剩余劳动力的重要功能，如果众多国企纷纷"变身"当农民，农民们岂不去喝"西北风"？况且，作为国企性质和身份而言，也不是什么钱都能赚、也不是见什么赚就干什么。就和近两年大量垄断国企涉足房地产市场"囤地"、"炒楼"一样，"暴利思维"和"投机意识"很令人讨厌，也明显缺乏责任担当。

社会科学院工业研究所研究员曹建国认为：围绕钢铁的使用，钢铁的物流，甚至是钢铁的金融，向这个领域去拓展。当然也可以去向上游拓展，形成一个更长的产业链。但是总的来讲，现在钢铁行业在很多国家已经是夕阳工业了，在我们国家虽然城市化快速推进快，但是由于钢铁的产能过大，而且是国有企业竞争力明显不足，所以说国有企业更应该主动去转型，应该是结合自己的这种能力、结合自己人员的优势、结合当地的市场及基本的条件，向其他领域去扩散。

资料来源：

娄书铭. 钢铁巨头养猪种菜 武钢转型何去何从. http://news.china.com.cn/rollnews/2012-03/04/content_13058475_2.htm

思考题：

1. 请对武汉钢铁集团公司转战养猪行业的战略进行一个 SWOT 分析。
2. 武汉钢铁集团公司转战养猪行业实行的是什么样的竞争战略？简要概述。
3. 你认为武汉钢铁集团公司转战养猪行业是否可行。谈谈你的看法。

案例 2　河北钢铁集团经济运行状况 SWOT 分析及对策研究

有效改善自身经营状况、不断提高企业核心竞争力是企业获取健康、可持续发展竞争优势的主要来源和坚实基础。进入"十二五"以来，河北钢铁集团继续以科学发展观为指导，突出"由大到强"，坚持"提质增效"，创新推进深化整合、精细管理、科技创新，使企业综合竞争实力、整体盈利能力和可持续发展能力得到了进一步的提升。但随着钢铁行业由微利转向全面亏损时代的到来，河北钢铁集团的生存与发展也面临着前所未有的严峻挑战。

一、河北钢铁集团经济运行状况的 SWOT 分析

（一）优势分析（S）

一是河北钢铁集团通过四年来的实质性整合实践，已具备一定的协同优势。"大营销""大财务""大研发"格局已初见成效。通过开展铁前对标、经验推广和人才交流机制，成功搭建了唐钢、邯钢等子公司先进管理经验及领先技术水平在河北钢铁集团内部传播与应用的广阔平台。

二是通过集中有限资源推进装备大型化、现代化、高效化、节能化改造，河北钢铁集团具备了一定的装备优势。实现平均高炉容积 1 591 m^3，烧结机 192 m^2，转炉平均公称容量 118 t。其中，邯钢新区成为整体装备水平国内最高、与世界先进水平同步的现代化钢铁生产企业。

三是融合历史传承与现实探索，河北钢铁集团形成了一定的低成本竞争优势。以"邯钢经验"为精髓的倒推、细化、分解全面预算管理模式，以唐钢实践为代表的人力资源、物流、能源等全成本挖潜机制，都在河北钢铁集团内部得到不断的推广和深化，

使之降本增效工作取得实质性进展。

四是绿色发展的超前实践，为河北钢铁集团创造了节能减排的综合竞争优势。通过实施现场环境整治，提高能源与资源综合利用水平，加大高强高效长寿型绿色产品的研发力度，使河北钢铁集团具备了打造"低资源消耗、环保型生产、低成本制造"的绿色钢铁循环经济产业链能力。

（二）劣势分析（W）

一是以产品盈利能力为核心的综合竞争实力不足。由于集团所属各子公司是由地方中小企业主要依靠自身积累、配套改造挖潜、逐步滚动发展起来的，基础相对薄弱，发展水平也不平衡。前几年，在淘汰落后的基础上配套改造、新建投产的一些现代化、大型化装备还没有形成产品竞争优势，高盈利、高附加值的产品没有形成规模，综合竞争力、抗市场风险能力还不强。

二是非钢产业发展还不成熟，尚未形成较强的盈利能力。虽然河北钢铁集团钢铁、物流、金融及装备制造四大板块协同发展的格局初步形成，金融类子分公司的发展为其提升资金管理水平创造了条件，但财务公司组建时间不长尚需进一步完善；国际物流"一区两中心"以及装备制造业的升级改造项目尚处于建设阶段，均为盈利能力较弱甚至不具备盈利能力阶段。

三是资金形势严峻，财务风险较大。受国家宏观调控和货币政策影响，以及过度依赖银行贷款的融资方式，河北钢铁集团融资困难，资金极其紧张，企业负债率偏高，融资难度和资金成本持续攀升。2011 年集团财务费用高达 60.05 亿元，比上年同期增长近 40%。

（三）机会分析（O）

通过分析，我们可以看出河北钢铁集团在深化整合、运行效益以及冶金装备等方面具有一定的优势。而优势就意味着机会。具体来说河北钢铁集团的发展面临着三大机会：一是深化整合优势，逐步完善"大营销"、"大财务"、"大研发"体系，进一步挖掘整合效益，降低采购成本，统筹融资管理及资源保障能力。二是利用运行效益优势，以降本增效为核心，挖掘全流程、全要素成本管理潜力。三是强化科技创新，加快技术研发实力的跨越式赶超，逐步提升"高端、高价位、高效益"的"三高"产品生产比例。

（四）威胁分析（T）

河北钢铁集团综合竞争力在面临各种机遇的同时也时刻受到各种矛盾的威胁。一是在世界经济再平衡和国内钢铁产能严重过剩大背景下，钢材的消费增长低于其产量增长，进出口俱增但出口总量一直维持较低水平的状况严重影响了钢铁企业的生存与发展。二是由于河北钢铁集团钢铁主业子公司目前仍存在部分固体废弃物资源，如钢渣、含铁粉尘、氧化铁皮等只是进行初级处理、尚未得到高效利用的问题，生产经营面临着巨大的环保压力。

二、河北钢铁集团经济运行状况的对策分析

面对成本持续上升、资金紧张、钢材价格大幅下滑的复杂困难形势，河北钢铁集团在坚持减量调整，重点优化原燃料和品种结构，强化内部管理，积极开拓市场，大

力降本增效的基础上，还应重点采取以下四个方面的措施应对当前的挑战。

（1）着力发挥协同优势，巩固、提升整合效果成果。围绕发挥两个积极性、实现集团效益最大化目标，进一步强化集团总部和专业公司的价值创造功能，提升业务协同、资源共享、公共服务能力。逐步完善、健全"大营销"体系，进一步挖掘整合效益。大力推行资金集中管控，统筹集团融资管理。增强资源保障能力，积极参与境内与国外资源开发。

（2）努力提升运行效益，持续深化全员全方位精细化管理。以降本增效为核心，以对标行动为主线，以精细化管理为手段，系统优化各环节的运行管理，进一步完善综合对标体系和内部专家组机制，挖掘提升成本费用控制水平，切实提高全流程、全要素成本控制能力，努力打造低成本竞争优势。

（3）逐步提升品质效益，加大科技创新力度，积极推进集团产品结构调整。牢固树立"做第一、争唯一"理念，以四大精品基地建设为依托，全面细化"三高一新"带动战略，实现技术研发实力的跨越式赶超，真正形成一批带动作用强、市场占有率高、经济附加值高的名牌产品。同时突出发展现代物流产业，强化产品深加工度和延伸服务创效能力，进一步巩固和拓展市场空间。

（4）重点培育新的效益增长点，逐步推进多元产业协同发展。积极筹划财达证券增资扩股及上市工作，大力推进经纪业务的改革转型，稳步拓展资产管理、融资融券、承销保荐、期货等新业务。紧紧抓住河北沿海地区发展战略上升为国家战略的机遇，充分利用河北产业集聚、钢铁资源丰富等优势，大力发展现代物流业，做大做强国际物流公司。抓紧抓好宣工南厂区改造和西山工业园区建设，加快产业升级步伐，提升效益水平，为河北钢铁集团钢铁、物流、金融及装备制造四大板块的协同发展创造条件。

资料来源：张翠荟. 河北钢铁集团经济运行状况 SWOT 分析及对策研究 [J]. 河北企业，2012（12）.

思考题：

1. 什么是 SWOT 分析，它对企业战略制定有何意义？
2. 根据材料中对河北钢铁集团的 SWOT 分析，你认为今后该公司应该采取什么样的战略以获得发展？

案例 3 沙钢集团发展与并购历程

江苏沙钢集团公司（简称沙钢）是国内最具竞争力的钢铁企业；改革开放发展壮大了沙钢，实现了企业又好又快的发展；积极实施资本运作，围绕主业开展一系列收购兼并、联合重组，提升了钢铁主业竞争力；加大内、外部资源整合力度，加速企业转型升级，为沙钢实现"建设精品基地"的长期战略目标创造了新的条件。沙钢的发展历程，值得钢铁企业借鉴。

一、沙钢是国内最具竞争力的钢铁企业

沙钢 2008 年完成钢产量 2 330 万吨，销售收入 1 452 亿元，利税 148 亿元。在 2009 年中国企业 500 强中名列第 35 位，中国制造业 500 强中名列第 11 位。沙钢是国家特大型工业企业，省重点企业集团，中国最大的民营钢铁企业，并成为中国唯一跻身世界 500 强的民营企业；2009 年在国际金融危机冲击下，沙钢仍保持骄人业绩，钢产量达到 2 640 万吨，销售收入 1 463 亿元，产销率达 103%，利税总额 73 亿元，净利润约 50 亿元，钢产量位列中国钢铁企业前五位，经济效益名列国内钢铁企业第二。2009 年底，央视中国年度经济人物给沙钢总裁沈文荣的颁奖词写道："在全行业集体低迷的背景下，沙钢却演绎着乡镇企业变身世界 500 强的传奇。"目前沙钢拥有总资产 1 320 亿元，职工 30 000 人，年生产能力炼铁 2 900 万吨、炼钢 3 500 万吨、轧材 3 330 万吨。主要工艺设备达到国际先进水平，是目前国内最大电炉钢和优特钢生产基地，主导产品宽厚板、热轧卷板、不锈钢热冷轧板、高速、大盘卷线材、带肋钢筋和特钢大棒材已形成几十个系列、500 多个品种、2 000 多种规格，其高速线材、优质高线、带肋钢筋等产品获多项全国奖和"中国名牌""出口免验"等荣誉。带肋钢筋获得 CARES 认证，热轧板卷通过欧盟 CE 认证，船板钢通过九国船级社认证。优线生产总量和出口量连年名列全国第一，2008 年出口钢材 220 万吨，创汇 28 亿美元。"沙钢"牌商标为"中国驰名商标"，并以品牌价值 95.69 亿元荣列中国 500 强最具价值品牌第 67 位；最近沙钢又荣膺 2009 年度世界著名品牌 500 强，获 3 项年度品牌大奖。目前沙钢已成为国内最具竞争力的钢铁企业。

二、改革开放发展壮大了沙钢

沙钢最早是张家港锦丰轧花剥绒厂于 1975 年用自筹资金 45 万元创办的一个小轧钢车间，第二年建成一个三吨小电炉炼钢。1984 年沈文荣接任张家港市钢铁厂党委书记、厂长，他带领沙钢一班人自力更生，艰苦奋斗，一直致力于谋求企业的发展壮大。沙钢从窗框钢小产品做起，一步一个脚印，不断做大做强，1988 年建成 4 条品质优良的窗框钢专业生产线，钢产量达 13 万吨，窗框钢占国内市场的 60%，为沙钢积累了第一桶金 1 亿多元。有了这笔资金基础，也得益于国家改革开放政策，沙钢加快了发展步伐。于 1989 年购买了英国比兹顿钢厂一条 75 吨超高功率电炉炼钢、连铸、连轧短流程生产线，生产当时国内基建急需的螺纹钢，不到 3 年就赚回了这个项目的全部投资 3 亿元。1993 年沙钢再投资 13 亿元，从德国、美国、瑞士引进设备，兴建当时国际先进水平的亚洲第一座 90 吨超高功率竖式电炉炼钢、LF 精炼、连铸、连轧高速线材生产线，第二年就建成投产，使沙钢的电炉钢产量 1994 年突破了 100 万吨。2001 年国内钢材滞销钢铁限产，沙钢看准时机，以低价整体买下德国蒂森克虏伯的霍施钢铁公司的四座工厂，这是一条年产 650 万吨钢板的长流程生产线，有烧结、焦化、炼铁、炼钢、连铸、连轧及供辅配套设施，是 20 世纪八九十年代设备，比较先进，设备总重达 25 万吨，原值约 20 亿欧元，沙钢只付 3 300 多万欧元。2002 年将全套设备拆迁回国内，加上运输、建厂和技术改造费用，沙钢合计投入不到 200 亿元人民币，并只用 4 年时间就建成了年产 650 万吨的炼铁、炼钢、连铸、连轧项目。与新建相比，项目节省投资近

100 亿元，缩短建设周期 4 年。2005 年 6 月沙钢生产出首批板卷产品。该项目的建成使沙钢成为钢铁联合企业，从此不再依赖进口钢坯，并为沙钢带来巨大经济效益，使沙钢 2005 年销售收入超过 400 亿元，钢产量达到 1 200 万吨，当年沙钢人均产钢量达到 1 062 吨，位居全国钢铁业之首。沙钢管理层缜密果敢地决策，定位于建设具有国际先进水平的钢铁企业，坚持科技、机制和管理创新，项目建设一个成功一个，企业实现了又好又快地发展。1975 年 45 万元起家的沙钢本部（江苏沙钢集团有限公司），2001 年改制时企业注册资金只 13 亿元，经过 9 年高速发展，目前拥有总资产 660 多亿元，产能为铁 1 700 万吨、钢 2 050 万吨、材 2 100 万吨。职工 16 000 多人。2009 年产量为铁 1 232 万吨、钢 1 571 万吨、材 1 548 万吨；年销售收入 750 亿元、利税 35 亿元。企业历年荣获多项国家省部级奖和荣誉称号。沙钢还积极引进外国合作伙伴，1996 年开始与韩国浦项合资成立专门生产不锈钢的张家港浦项不锈钢有限公司，一期工程投资 2 亿多美元，于 1999 年建成冷轧不锈钢薄板能力 14 万吨/年；2003 年扩建二期工程使其年产能达到 40 万吨，建成中国最大的不锈钢冷轧薄板生产基地；2003 年进行三期扩建包括冶炼、连铸、热轧三大主体工程，年产能为热轧不锈钢钢板 60 万吨。主要为 300 系和 400 系高附加值的热轧不锈钢。扩建投资总额为 7 亿多美元。2006 年项目全部建成，成为产能 100 万吨的不锈钢板联合生产企业。张家港浦项不锈钢有限公司以创建世界一流企业为目标，产品质量处于世界领先水平，1999 年以来上缴国家税费累计超过 100 亿元人民币，是中外合资企业成功的典范。

三、沙钢积极开展并购联合重组

《国家钢铁产业政策》要求不建新厂、不扩产能，但鼓励钢铁企业间联合重组，以提高集中度。沙钢认识到联合重组是提高竞争力做大做强的必要手段，遂将兼并重组作为沙钢发展的基本战略之一，在做好沙钢本部发展规划的同时，从 2006 年起，沙钢围绕国家产业政策，秉承先易后难、先近后远、先内后外、先主业后配套的四项原则，在国内开始连环并购，实施沙钢的发展战略，使沙钢获得产能 1 400 多万吨，品种配套更加齐全，并为国内钢铁民营企业之间联合重组提供了示范。

2006 年 6 月，沙钢集团出资 20 亿元收购江苏淮钢股权沙钢集团持股 64.4%，12 月正式成立江苏沙钢集团淮钢特钢有限公司。淮钢最早 1970 年建厂，沙钢兼并重组淮钢后实现了优势叠加，沙钢得到特钢资源，整个集团的产品结构更趋合理，市场竞争力更强。淮钢获得创新理念，如淮钢以前每年要花不少费用清运的废钢渣，沙钢人主后变废为宝，对钢渣进行粉碎、磁选，分项利用。仅此一项就年增收入上亿元；更主要的是淮钢获得资金支持使技改项目得以加快，重组后沙钢投入 30 多亿元，通过一年半的建设，使淮钢的"十一五"技改转炉特钢棒材工程提前三年完成，形成了 300 万吨产能，比重组前的产能翻了一番。就在与沙钢联合的 2006 年，当年企业的各项指标就实现稳步快速增长。淮钢 2006 年产钢、钢材都突破 160 万吨，增长 3.4%~8.5%；销售收入 85.22 亿元，增长 13.57%。重组第二年，淮钢即实现销售收入首次突破百亿元，实现利税 11.47 亿元，同比增长 89.7%。淮钢现有总资产 153 亿元，弹簧钢、轴承钢、船用锚链钢、合金管坯钢、汽车用钢等优特钢、钢材产能各 300 万吨。2009 年实际产钢 287.43 万吨，钢材 267 万吨，铁 275.4 万吨。2010 年淮钢预计实现销售收入

140 亿元。

2007 年 9 月，沙钢出资 20 亿元整体收购了河南安阳永兴钢铁有限责任公司（80%的股权），更名为沙钢集团安阳永兴钢铁有限公司。这次成功的联合重组是全国民营钢铁企业首次跨地域重组，并取得了双赢效应。安阳永兴钢铁公司在重组前上马的板材项目，由于种种原因半途而废。沙钢入主后，立即发挥优势，果断决策转产市场大量需要的建筑用钢材，抓住了国家 4 万亿扩大内需的历史机遇，使销量猛增。公司目前形成资产 50 亿元、年生产能力炼铁、炼钢各 300 万吨、优质棒材 200 万吨。生产的特钢棒材产品在市场上具有明显的竞争优势。沙钢已花较大投资用于永兴钢铁公司的项目建设，全部投产后，公司年销售收入将超 100 亿元，利税 15 亿元。

2007 年 12 月，沙钢出资约 10 亿元，购买了创办于 1984 年的江苏永钢集团有限公司的 25% 股权。永钢集团是集采矿、炼铁、炼钢和轧钢为一体的大型联合钢铁企业，目前总资产 155 亿元，年炼钢、轧钢能力各 500 万吨，2009 年销售收入 260 亿元，利税 23.5 亿元。其热轧带肋钢筋等主导产品获省重点保护产品、国家免检产品，被用于国家和地方多项重点工程。公司还拥有辽宁省北票市丰富的自然矿藏资源优势。

2008 年 1 月，沙钢收购常州鑫瑞特钢 51% 股份。这是沙钢第四次国内并购。位于常州市的鑫瑞特钢创建于 2002 年，2007 年 9 月与沙钢集团进行战略合作，沙钢收购后企业改名为江苏沙钢集团鑫瑞特钢有限公司，总资产 30 亿元以上，年生产能力：铁 160 万吨，钢 160 万吨，钢坯 30 万吨。主要产品有碳素结构钢、合金结构钢、热轧硅钢、热轧中板等。

2010 年 1 月，沙钢与无锡锡兴钢铁签署联合重组协议，沙钢以 50% 多的股权控股锡兴钢铁，成立江苏沙钢集团锡兴特钢有限公司。锡兴钢铁始建于 1964 年，目前拥有高炉、转（电）炉、连铸、轧材组成的联合生产线，年生产能力铁 110 万吨、钢 160 万吨、钢材 180 万吨。主要产品为以优质碳素结构钢、低合金结构钢、矩形连铸坯等。公司 2008 年实现销售收入 73 亿元，利税总额 3.47 亿元，实现利润 1.15 亿元。沙钢重组后，将进一步优化整合锡兴特钢的股权结构和生产结构，使双方在资源、市场、人才和技术等方面形成信息共享与合作，壮大优特钢管坯和高端钢材生产能力，延伸拓展产业链，使其在 2 至 3 年内销售收入超过 100 亿元。重组锡兴后，沙钢整体产能可达到 3 500 万吨。

在实施兼并重组的同时，沙钢特别注重高端的战略联盟，2 月 23 日与宝钢签订的战略协同合作意向协议，就是高端携手，强强联合。双方决定在技术与管理、产品与市场、资源与物流等方面，开展广泛的战略合作协同。协议规定，宝钢向沙钢输出技术和管理，提升双方的市场竞争力；宝钢向沙钢借鉴在市场中形成的独特的竞争优势，实现合作共赢。宝钢与沙钢战略协同合作是国内钢企前五强之间的一次规模、区域市场和产品、机制互补等优势的整合，是国有和民营不同所有制龙头企业的历史性合作。沙钢人士称这是有中国特色的、社会主义的合作。战略合作为今后双方更深层次的合作奠定了基础。宏观上两大钢的合作代表着当前钢铁企业整合的大趋势，有利于共同打造中国钢铁企业的整体竞争力，有利于提升行业应对挑战的能力。沙钢在外引内联、并购重组做大做强主业的同时，注意延伸产业链。沙钢铁矿的 100% 需要外购，国外进口比例高达 90%，沙钢正在启动原料供应全球战略，采用收购、参股、合资合作等形式，先后在巴西、澳大利亚等地收购矿山，储备了 10 亿吨矿产资源。与国内企业参股澳大利亚 BHP 铁矿山，合营西澳洲津布巴铁矿山，每年获得优价矿粉 300 万吨。租赁日本货轮"沙钢 1 号"最大载重量为 17.7 万吨，十年专运矿砂。并有在国内外寻求合作购买更多铁矿资源的打算；在国内，沙钢与山东、山西等地建立了自己的焦炭和煤基地。近期又在河南洽谈钢铁、焦化等企业的兼并重组。

沙钢在对外积极推行兼并重组的同时，对内和对已经收购的企业也正在进行科学的整合，成立沙钢物贸公司，负责统一集团各企业的大宗原辅材料采购和大宗产品销售，转变增长方式，使企业由单一生产型向生产、贸易、金融的综合型企业转变。

四、沙钢要做"百年老厂"

全国工商联呼吁国家有关部门，要将沙钢这样跻身于世界 500 强的有条件的大型民营企业纳入国家大企业大集团发展战略计划。江苏省领导希望沙钢坚持科技创新、深耕主业，不断优化资源配置，延伸产业链条，开发新的产品，形成规模扩张和优化提升协同发展的叠加优势，在更高平台上实现专业化分工和规模化发展，进一步提升企业的产品附加值和核心竞争力，以联合重组为契机，在激烈竞争的市场经济大潮中勇立潮头，实现新跨越、创造新辉煌，要努力向"世界 500 强的前 300 名"冲刺。沙钢 2010 年计划目标是钢产量突破 3 000 万吨，钢材产量 2 900 万吨；销售收入超过 1 650 亿元，实现利税力争超 130 亿元。沙钢规划目标用沙钢总裁沈文荣话说，未来 5 年、10 年甚至更长的时间里，沙钢重点是深耕主业，围绕主业拉长产业链，优化配套，打造一流钢铁物流平台，搞好收购兼并、联合重组。同时沙钢要把每一次危机当作机会，化危为机，壮大沙钢的核心竞争力。使沙钢在五十年、一百年以后依然屹立在扬子江畔，成为具有国际竞争力的百年老厂。

资料来源：蔡祥仕. 沙钢集团发展与并购历程［J］. 冶金财会，2010（05）.

思考题：

1. 并购战略成功的关键是什么？企业采取并购战略应注意哪些问题？
2. 沙钢连环并购成功的原因是什么？
3. 结合案例说明战略联盟与并购的区别？联盟成功的关键是什么？

案例 4　河钢集团联合重组，遭遇同业竞争

近日，来自河北钢铁集团的消息称，11 月 11 日，该集团与河北敬业、唐山松汀、邢台龙海、河北永洋、吉泰特钢 5 家民营钢铁企业签署联合重组协议，经过重新登记注册，吸纳 5 新公司成为集团成员企业。重组后，河钢集团将适时向这 5 家新公司派出管理、技术团队，共享大宗原材料采购、产品销售与技术研发平台。

无疑，这一重组动作意味着作为产钢第一大省的河北向钢铁行业集约发展之路又迈出一大步，并一下又为河钢集团增加了 1 000 万吨以上的粗钢产能。但另一个问题也随之而生，随着河钢集团将这些民营钢企纳入自己的羽翼，并为它们提供种种优惠或

优势资源，这对于作为上市公司的河北钢铁（000709）而言，是否将构成同业竞争？

一、闪电收编 5 民营钢企，河钢增 1 000 万吨粗钢产能

据悉，河钢集团是根据"自愿联合、优势互补、循序渐进、合作共赢"的原则，与河北敬业、唐山松汀、邢台龙海、河北永洋、吉泰特钢 5 家民营钢铁企业签署的联合重组协议。

按照合作协议，河钢集团将以商誉、管理、技术咨询服务、购销渠道等资源，分别出资到 5 家民营钢铁企业，并根据《公司法》分别重新登记注册新公司，河钢集团分别持有各新公司 10% 的股份。

重组后，河北钢铁集团将吸纳 5 家新公司成为集团成员企业，也将各家后续发展纳入集团总体规划。河钢集团将适时向 5 家新公司派出管理、技术团队，共享大宗原材料采购、产品销售、技术研发等平台。

对此，河北省政府副省长张杰辉当日在出席签约仪式时指出，这次河北钢铁集团与五家民营钢铁企业进行联合重组，涉及不同类型、不同区域、不同所有制，是各方落实中央和省委省政府决策部署、积极适应市场需求、优势互补、合作共赢的结果，不仅对提升企业管理水平和综合竞争力、优化钢铁产业布局和结构将起到重要推动作用，而且对全省调结构、转方式也将产生积极而深远的影响。

此外，据悉，这 5 家民营钢企的年粗钢产量超过 1 000 万吨，因此，重组之后的河钢集团不仅将大幅提高自己的粗钢产能，还将成为河北省首个年销售收入突破 2 000 亿元的特大型企业集团。

二、"渐进式股权融合"重组，尚无资产注入计划

"此次河北钢铁集团与几家民营钢铁企业的重组模式与以往并不一样。"河北钢铁集团副总经理褚建东表示。

据悉，此次河钢集团重组创新地采用了"渐进式股权融合"的重组模式，并非直接拿出现金购买股权，而是以商誉、管理和技术服务出资到民营钢铁企业，建立股权投资关系，使民营钢铁企业成为集团成员单位，与集团统一名号，新公司后续发展、技术改造纳入集团总体规划，加快结构调整、升级改造步伐，谋求互惠互利和合作共赢，并为深层次兼并重组奠定基础。

按照河钢集团"两步快走"的整合思路，在第一步将 5 家民营钢企"收编"之后，下一步将在战略联合的基础上，积极探索低成本并购重组的思路和方法，对省内有一定产能规模和市场竞争实力、与集团在布局和产品结构等方面具有一定互补性的优势民营钢铁企业，通过双方共同认可的方式实现深度整合。

值得一提的是，此前，河钢集团在重组整合过程中，先后承诺或者已经向上市公司注入其旗下包括邯宝钢铁、舞阳钢铁、宣钢集团和石钢等在内的钢铁主业资产。因此，此次河钢集团闪电收编五家民营钢企，市场也不禁关心，这些资产是否未来有可能注入上市公司。

对此，河北钢铁一董秘办人士昨日在接受本报记者采访时明确表示，目前没有资产注入计划。"集团只有 10% 的股权，而对方还持有 90%，他会愿意被注入上市公司

吗?"该人士反问道。

三、共享诸多资源，会否构成同业竞争

然而，另一个问题也随之而来。如果未来不注入上市公司，那么这些被"收编"的民营钢企是否将与河北钢铁构成同业竞争关系？

"应该不会构成同业竞争吧，毕竟集团只有10%的股份。"前述河北钢铁董秘办人士道。

不过，记者随即指出，按照双方的联合重组形式，虽然河钢集团仅持有10%的股权，但是河钢集团计划将这些民营钢企纳入集团总体规划，尤其是它们将能够共享大宗原材料采购、产品销售、技术研发等平台。对于这些民营钢企来说，在眼下矿价、炼焦煤等原材料高涨、市场低迷的情况下，将从河钢集团获得一大助力。但另一方面，对于上市河北钢铁来说，却将可能形成竞争与威胁。

"这就要看这些钢企主要生产什么产品了。"对此，上述河北钢铁人士回应道，但他也表示，并不清楚5家民营钢企的具体情况。

而据公开资料显示，敬业钢铁位于石家庄市平山县，目前产能已超过500万吨，主要钢材产品为中厚板、螺纹钢、盘螺；松汀钢铁位于唐山迁安市，具备年产300万吨以上的生产能力，主导产品为中、高碳优质钢；龙海钢铁位于邢台内丘县、南宫市，具备年产300万吨以上的生产能力，主导产品为高速线材；永洋钢铁位于邯郸永年县，现有粗钢产能60万吨、钢材产能100万吨，主导产品为轻轨、重轨、圆钢及各种型钢；吉泰特钢位于邢台临城县，具备年产100万吨特种钢材生产能力，主导产品为船用钢、电力铁塔用角钢、电梯导轨。

就此对应河北钢铁的钢材产品来看，除了有部分产品互补，另外相当一部分产品基本重合。

"这样看来应该算是同业竞争。"昨日，平安证券一位钢铁行业分析师在接受本报记者采访道，但他也表示，还需看河钢集团下一步准备如何，目前这种暂时的状况没有什么问题。

这位分析师进一步指出，要想解决这种同业竞争，除了未来准备剥离，那么还是只有资产注入一路，但这种注入目前看来还难以实现。

资料来源：谢岚. 河钢集团联合重组5民营钢企 河北钢铁遭遇同业竞争？http://zqrb.ccstock.cn/html/2010-11/16/content_223041.htm

思考题：

1. 简述河钢集团联合重组战略。
2. 面对河钢集团联合重组后的同行业竞争问题，你认为应该怎样做？

案例 5　宝钢集团巧用战略联盟整合产业价值链

战略联盟是 20 世纪以来的战略创新之一，其基本的思想是在竞争对手之间构成合作关系以谋求共赢的局面。我国最大的钢铁企业—上海宝钢集团精心布局，通过与上下游企业密切合作，与钢铁同行合纵连横，走出了一条巧借战略联盟整合产业资源，促进企业发展的新路。

一、案例背景

上海宝钢集团公司（以下简称"宝钢"）是我国特大型国有企业，也是我国目前最大的钢铁企业。上海宝钢集团公司前身是宝山钢铁（集团）公司，从 1978 年 12 月投资建厂，分为三期工程陆续建成。1998 年 11 月 13 日，国务院批复国家经贸委，决定以宝山钢铁（集团）公司为主体，吸收上海冶金控股（集团）公司和上海梅山（集团）有限公司，联合重组为上海宝钢集团公司。上海宝钢集团公司（以下简称宝钢）于 1998 年 11 月 17 日正式成立。

宝钢是中国最具竞争力的钢铁企业，年产钢能力 2 000 万吨左右，赢利水平居世界领先地位，产品畅销国内外市场。2005 年 7 月，宝钢被《财富》杂志评为 2004 年度世界 500 强企业第 309 位，成为中国竞争性行业和制造业中首批蝉联世界 500 强的企业。宝钢是中国规模最大、品种规格最齐全、高技术含量和高附加值产品份额比重最大的钢铁企业。其主要生产基地为宝山钢铁股份有限公司、宝钢集团上海第一钢铁有限公司、宝钢集团上海浦东钢铁有限公司、宝钢集团上海五钢有限公司、宝钢集团上海梅山有限公司和宁波宝新不锈钢有限公司等。产品结构以板管材为主、棒线材为辅，不锈钢产品正在发展之中。宝钢的汽车板、造船板、家电板、管线钢和油管等高档产品在国内的市场占有率位于前列，同时也是优质工模具钢、高性能轴承钢、弹簧钢、钢帘线用钢以及航空航天用钢的主要供应商。宝钢实施国际化经营战略，已形成了近 20 个境外和国内贸易公司组成的全球营销网络，与国际钢铁巨头合资合作，广泛建立战略合作联盟，实现优势互补，共同发展。

二、案例聚焦

2000 年，世纪之交，时任宝钢集团总经理的谢企华女士清醒地分析了我国钢铁产业的发展趋势，指出中国钢铁工业从 20 世纪 80 年代开始，经过近 20 年的高速发展，生产能力持续扩张，供求关系已经发生了逆转，并将随 WTO 的到来加速相应的转折：中国钢铁工业已不再具备高速发展的市场条件，而是作为一个重要的基础产业进入相对平稳发展期，增长速度将会放慢，并逐步走向成熟；钢铁产品的市场竞争将更加激烈，单纯依靠增加产量提高效益的发展道路已经走到了尽头；钢铁业战略性结构调整与升级将成为新世纪钢铁业发展的主旋律。

据此，谢企华女士为站在新世纪门槛上的宝钢规划了发展蓝图：以进入世界 500 强为契机，全面提高宝钢的核心竞争力。以观念转变带动机制创新。以技术创新提升产业结构，增强核心竞争优势，在此基础上通过生产经营和资本运营追求利润和规模的最大化。为达到这个战略目标，宝钢将战略联盟作为新世纪实施的主要策略之一，谢企华女士指出，"面对日益激烈的钢铁竞争市场，有选择地同钢铁、汽车、石油、家电等行业建立不同层次的战略联盟，将成为宝钢新世纪的新策略"。

随着宝钢的战略联盟策略在各个层面的逐步实施和深入展开，宝钢对公司的战略联盟作了进一步清晰的阐述：公司的策略是通过与主要供应商和用户建立高效稳定的供应链管理体系，提高战略资源的稳定供应能力，提高快速反应和增值服务能力，不断满足用户需求，提高用户满意度，实现与供应商和用户的长期共赢。通过宝钢战略联盟实践可以看出，宝钢的战略联盟主要围绕两条主线展开，一条是与产业链上下游企业结成的纵向战略联盟，另一条是与钢铁冶金企业组建的横向战略联盟。通过纵横两条战略联盟战线的实施，长袖善舞的宝钢巧妙地借用联盟伙伴的力量，整合了产业价值链的资源，很好地贯彻了自己的战略意图。战略联盟的实施改变了以往交易双方"你输我赢"的零和博弈格局，不仅提高了自己的核心竞争力，同样也促进了联盟伙伴的发展，达到了双赢的目的。

（一）宝钢纵向战略联盟的发展

1. 与产业链上游企业结成战略联盟

宝钢是特大型钢铁企业，而且地处我国的铁矿资源相对贫乏的上海地区。同样是特大型钢铁企业，如鞍钢集团，位于铁矿石储量丰沛的东北地区，已探明铁矿石储量约占全国储量的1/4；周围还蕴藏着丰富的菱镁石矿、石灰石矿、粘土矿和锰矿等，为黑色冶金提供了难得的辅助原料。相对于这些具有先天优势的钢铁同行，如何使需求量巨大的铁矿得到充分的满足是摆在宝钢面前一个颇费周折的问题。宝钢使用的矿石主要依赖进口，在宝钢投产初期，使用7国12种矿，远程的巴西矿占65%，后期逐渐降到30%以下。目前，国际铁矿石供应主要集中于三大巨头：巴西淡水河谷公司、澳大利亚必和必拓公司与力拓集团。这三家公司控制了全球铁矿石2/3的产量，掌握着全球铁矿石价格的话语权。宝钢要摆脱这种铁矿石供应上的被动局面，除了签订长期供货合同外，还要积极向上游延伸，与铁矿石供应商建立更加紧密的合作关系。此外，宝钢对焦炭、炼焦用煤和喷吹煤有巨大需求，需要优质炼焦用煤和喷吹煤稳定的供应。

从2001年起，宝钢频频出击，通过一系列战略联盟的缔结，与主要矿石和煤炭供应商搭建起稳定铁矿石、煤炭和焦炭的供应渠道，为宝钢的新一轮发展打下了坚实的基础。

2001年，与巴西淡水河谷公司（CVRD）签署战略合作协议，在当地组建合资矿业公司，共同开采一个年产600万吨的铁矿，所产铁矿石将优先供应宝钢。

2002年，与澳大利亚哈默斯利矿业公司（澳大利亚力拓集团下属企业）组建合资企业，联合开采一个预计年产1000万吨的铁矿，产品优先供应宝钢。

2003年，与河南永城煤电集团公司（以下简称"永煤集团"）缔结战略联盟，同年10月与平顶山煤业（集团）有限责任公司（以下简称"平煤集团"）在郑州签署了战略合作意向书，正式结成战略合作关系。

2004年4月，宝钢与哈默斯利合资的宝瑞吉矿山公司在澳洲正式投产，宝钢将在未来20年内每年获得1000万吨优质铁矿石。2004年7月，宝钢与平煤集团共同出资组建的河南平宝煤业公司、上海宝顶能源公司成立。2004 年 11 月，宝钢与淮北矿业集团签署战略合作意向书暨煤炭购销长期协议。同月，与巴西 CVRD 公司、永煤集团签署合资生产煤炭协议，三方将共同投资在河南建一家年产 1 000 万吨无烟煤的生产企业，所产无烟煤优先供应宝钢及 CVRD 公司。

在宝钢新的发展战略中，不锈钢项目是重点发展对象。为得到稳定的不锈钢和其他特殊钢材的原材料，宝钢又携手金川集团有限公司（以下简称"金川集团"）。金川集团是我国最大的镍钴生产基地和铂族金属提炼中心，镍金属保有储量 460 万吨，铜金属保有储量 300 万吨。2003 年 1 月，宝钢与金川集团签署了《战略合作框架协议》，2004 年 5 月签署了《进一步扩大战略合作备忘录》，2005 年宝钢集团公司受让甘肃省人民政府持有的金川集团国有股股权的 10%，从而使双方的战略联盟进入到股权式联盟的新阶段。

宝钢的原料输入和产品出口主要依赖航运，为打通运输瓶颈，2004 年 3 月 22 日，宝钢和中国最大的航运企业、世界最大的远洋船运公司之一的中国远洋运输（集团）公司（以下简称"中远集团"）本着"着眼长期、兼顾当前、互惠互利"的原则和强强联合、优势互补、共同发展的共识，在香港签署了《宝钢与中远战略合作伙伴关系协议》，构建了面向未来的战略合作伙伴关系。中远集团将在宝钢新一轮的发展战略实施过程中为宝钢集团提供优质的运输服务。宝钢把中远集团作为大宗原料运输业务的主要承运商，通过强强合作，使双方在各自行业中成为全球最具竞争力的企业。此外，宝钢还与日本商船三井公司等世界知名船东签署长期运输协议和战略合作伙伴关系协议，确保了长期稳定的运输资源。

近年来，为应对不断高涨的油价，宝钢同样采用了战略联盟这一法宝。2006 年 8 月 16 日，宝山钢铁股份有限公司与中国石油天然气股份有限公司在北京就天然气供应、石油天然气用钢等方面正式签署战略合作框架协议。双方在天然气、润滑油、成品油和钢材领域的相互需求方面，有较大的合作空间。宝钢集团有限公司总经理、宝山钢铁股份有限公司董事长徐乐江在讲话中指出，优势互补是双方的合作基础，合作双赢是双方合作的目标。中国石油和宝钢建立和发展合作关系，是对市场环境的一种适应性调整。通过双方在天然气供应、优质石油天然气用钢供应、优质用钢的基础服务以及石油产品的供应等诸多领域的合作，能充分发挥各自特长，有助于提高双方的技术创新能力，降低双方的运行成本，营造有利于双方的市场环境，提升双方的管理水平、企业竞争力和抵御市场风险能力。

2. 与下游企业的战略联盟合作

钢铁产业能否保持持续发展，与下游行业对钢铁的消费拉动有直接关系。有资料显示：近年来我国经济高速增长，钢铁下游行业机械、电子和家用电器等将保持较高的增长幅度，制造用钢也会保持较高增长水平；煤电油运的紧张将加快我国铁路建设，铁道用钢将会出现需求高峰；同时，造船业的发展加大对钢铁的需求。以 2002 年钢材需求量为基数，到 2010 年，我国汽车业钢材需求将增长 76.99%，造船业钢材需求将增长 126.67%，机械、石油、建筑、集装箱和家电业的钢材需求增长率将分别达到89.8%、69%、58.2%、55.6% 和 38.5%。因此，我国的钢铁工业仍处于增长阶段，2005 年，我国固定资产投资将增长 16%~18%，GDP 增速 8%~8.5%，按 GDP 与钢材消费强度关系，钢材产量增长 14% ~ 15%，达到 3 亿吨，表观消费仍将增长 13% ~ 14%，达到 3.3 亿吨。

宝钢作为中国最大的钢铁企业，主要产品为冷轧产品，应用于汽车，家电，包装等行业；热轧产品，主要应用于管线、建筑、铁路车辆和机械等行业；此外还有管材，应用于石油石化、机械加工和锅炉等行业；其余为线材和钢坯。可见，宝钢的下游涉及多个行业，宝钢能否进一步做大做强，与下游主要客户对其产品的需求休戚相关。以宝钢的主打产品—冷轧汽车板为例，根据宝钢股份披露的信息，宝钢 2004 年冷轧汽车板产量接近 150 万吨，2005 年达 172 万吨，在国内市场占据半壁江山。有关资料显示，汽车用板要求较高，不仅与钢铁加工技术有关，还与汽车设计和加工工艺有关，汽车钢板在进入全自动冲压线时，必须保证它的各项性能与质量参数的均匀稳定和连续一致性，从而保证成型后的汽车构件以完全一致的几何形状和表面状态进入喷漆生产线和随后的组装线。每一种牌号和每一个规格的汽车钢板的力学性能和质量必须处处保持均匀稳定和连续一致。可见，汽车板的生产需要钢铁供应商与汽车生产商的相互配合。因此，宝钢要消化如此大的产能，与主要汽车厂商建立更紧密的合作关系势在必行。

2003 年，宝钢与一汽、上汽、东风国内三大汽车业巨头签署了战略合作协议，参与其新车型的用板设计，在汽车钢板生产过程中进行全面的跟踪服务，共同解决技术问题，改进产品质量。通过战略联盟的合作，宝钢的汽车用板质量有显著提升。在上海通用，宝钢汽车板的产品缺陷率仅为 0.5%，远远低于汽车行业的许可范围。

通过与下游企业的战略联盟，宝钢从单纯的钢铁生产逐步涉足下游产业，延伸了产业链，提高了获利能力。

2004 年先后与全球三大轮胎制造商之一的米其林集团、目前国内生产规模最大的空调生产企业格力电器股份有限公司签订了总体战略合作协议，巩固和发展长期稳定的供货关系，并在钢材技术联合开发、新产品技术合作、供应链增值等方面进一步开展合作。

我国钢铁产业市场体系不完善，原料、能源短缺且配置不均，因而钢铁行业及其上下游行业必须建立高度紧密的合作关系，才能够在市场竞争中立于不败之地。宝钢通过与上下游合作伙伴建立战略联盟，促进了产业链上下游行业间的协调发展，确保了产业链安全和可持续发展。

（二）与钢铁企业缔结横向战略联盟

钢铁是资金密集型产业，从全球钢铁产业的发展趋势看，随着世界经济一体化的深入发展，全球钢铁产业集中度进一步提高，大型跨国钢铁公司规模扩大，资本、技术和劳动力等生产要素优势明显，对全钢铁资源和产品市场的控制程度提高，在产品、质量、价格、管理、人才和服务等方面都具有很强的竞争力。跟随世界钢铁业发展的潮流，为应对全球钢铁业更加激烈的市场竞争，我国的钢铁企业也开始利用战略联盟等多种手段对钢铁产业进行整合，宝钢又是其中的先行者。

2001 年 3 月，宝钢与首钢集团、武汉钢铁（集团）公司签署了战略合作协议，以探索一条以优势互补、互惠互利为目标的行业整合新思路。银河证券高级研究员田书华对此分析道，这种战略联盟的意义深远，比如首钢要由建材螺纹钢向高附加值的板材转变——建冷轧厂，首钢没有经验，希望宝钢派厂长、工程师；而宝钢想在电子产业上投资，就找首钢当老师；同样，武钢也是铁矿石进口大户，若与宝钢联合起来进口铁矿石，由于进口量增大，价格就可以降低；此外，两家企业还可以联合开发新产品。

宝钢不仅与国内的钢铁企业联手打造中国钢铁新格局，同时也积极与国际钢铁同行进行合纵连横。根据宝钢股份披露的信息，2004年8月，宝钢新日铁汽车板有限公司正式成立，12月份冷轧酸轧机组开始热负荷试车。该公司是目前国内最大的中外合资专业汽车板生产企业，由宝钢与新日本制铁株式会社、阿赛洛公司共同组建。2004年11月，上海宝钢阿赛洛激光拼焊项目投产，该项目由宝钢与阿赛洛公司、上海大众联合发展公司和上海宝钢国际经济贸易有限公司共同投资。以上两个项目建成后，将进一步提高宝钢对汽车用钢板的整体供应和用户服务能力，进一步巩固其在国内汽车用钢板市场的领导地位。

随着中国入世，世界著名钢铁公司也将目光转向中国，积极通过并购、联盟等多种形式加紧了进入中国的步伐。2005年，世界钢铁第一巨头米塔尔斥资3.38亿美元收购湖南华菱管线股份有限公司36.67%的股份，于2005年10月10日完成股权过户。2006年5月9日，莱钢股份发表声明，向欧洲阿赛洛钢铁公司转让股权的协议已获山东省政府批准，并提交国家相关部委等待审批。面对国际钢铁巨头的虎视眈眈，宝钢利用战略联盟整合钢铁资源的动作也明显提速。

宝钢总经理徐乐江2006年明确表示，宝钢将遵循钢铁产业发展政策，按照市场规律，在下一轮的发展中，参与钢铁业重组，使行业的发展恢复健康的轨道，通过重组做强，来应对国内同行和国际同行在中国家门口的激烈竞争。2006年1月18日宝钢与马钢在上海签署战略联盟框架协议。在签字仪式上，宝钢董事长谢企华和马钢总经理顾建国均表示，宝钢和马钢都是华东地区最主要的钢铁企业，在产品结构上互补性强，在诸多领域可以产生协同效应。在全球钢铁市场竞争日益激烈、中国钢铁工业结构升级加快的大背景下，宝钢与马钢签署《战略联盟框架协议》，有利于《钢铁产业发展政策》在华东地区的贯彻和落实；有利于维护好区域钢铁市场秩序；有利于提高宝钢和马钢两企业的管理水平，发挥协同效应，提升竞争优势。

据媒体报道，这次被业界称为"宝马"联盟行动共同认可的合作原则是"优势互补、合作共赢"、"目标明确、务求实效"。双方共同决定"加强在企业文化、管理经验等方面的交流"，并共同推进"在研究开发方面的合作，以增强技术创新能力"，"在大宗原燃材料采购、市场营销领域的合作，降低成本"。此外，"在企业战略和规划领域加强沟通和协调，促进企业健康发展"。

2006年3月11日，宝钢与新疆八一钢铁集团在北京正式签署战略联盟框架协议。根据协议，双方将在员工培训、备件资材的采购、库存协作、钢铁原燃料等资源开发以及西部大开发重点项目等方面加强合作。宝钢可以利用八一钢铁的区位优势，扩大在西北市场的市场占有率，同时开发中亚国家丰富的资源和钢材消费市场。

2006年4月28日，宝钢与太原钢铁集团签署战略联盟协议，这也是2006年上半年继马钢、八一钢铁后第三家与宝钢签署战略联盟协议的钢铁企业。

三、案例评析

宝钢在钢铁企业中较早运用战略联盟整合产业价值链，并且取得了较好效果。宝钢实施战略联盟的成功，为我国的广大企业树立了良好的榜样，值得借鉴。

（一）战略联盟与产业价值链分析

"价值链"的概念由美国著名战略管理学家迈克尔·波特首先提出，他认为企业的经营活动都可以看作一系列基本和辅助的价值创造活动，如设计、生产、营销、服务等，这些活动共同构成了价值链。价值链体现在一连串被称之为价值系统的活动之中，除企业自身活动所形成的价值链外，还有供应商所拥有的价值链和通向买方的渠道价值链。这些供应商、经销商还有各自的供应商价值链、销售渠道价值链等，这些价值链可以组成一个价值系统，即产业价值链。

在产业价值链中，产业上下游企业的各种活动均影响着企业的成本和效益。供应商生产企业所用的产品或服务的价值链与企业的价值链接触点影响着企业，例如，企业的采购活动与供应商的订单系统相互作用。每一个这样的接触点都是企业降低成本或提高产品差异化的一个潜在来源，因此供应商和企业之间的各种联系为企业增强竞争力提供了机会，通过影响供应商价值活动的结构，或通过改善企业与供应商之间联系的关系，可以使企业与供应商都彼此受益。波特指出，"协调一致的价值链，将支持企业在相关产业的竞争中获取竞争优势。企业可以利用内部扩展的景框而获利或者与其他企业形成联盟来做到这一点。联盟包括与结盟伙伴相互协调或者共同分享价值链，这有利于拓展价值链的有效景框。"

由于各个企业资源和能力的限制，一般不可能独自完成产品所涉及的所有阶段，还需要供应商、销售商等的协助。产业价值链是由产业的上、中、下游各企业的价值链连贯衔接而成的，在这个产业价值链的某些环节上，企业拥有优势，在另外一些环节上，其他企业可能拥有优势。宝钢正是利用战略联盟整合了产业上、中、下各环节资源，使每个企业在各自价值链的核心环节上展开合作，以便求得在整个价值链上创造更大的效益。

（二）战略联盟促进钢铁产业发展

我国钢铁业的发展高度依赖于上游原材料、能源和运输等产业的支撑以及下游汽车、机械、家电和建筑等行业的发展。由于市场经济的不完善和体制不健全等原因，原本应该协调共生的钢铁产业链，充满了错综复杂和条块分割的利益格局，致使钢铁产业的发展经常出现周期性波动和节奏性失衡。根据国务院发展研究中心产业经济研究部和中国联合钢铁网 2004 年 10 月 22 日~23 日在北京举办第二届中国钢铁产业链战略发展与投资峰会透露的消息：当时重点大中型钢铁企业焦炭库存低于正常水平的40%以上，华东地区缺电导致电炉钢产能 20%~30% 不能发挥，华北地区铁路只能满足钢厂 30%~40% 的装车要求，同时铁矿、废钢和炼焦煤等原燃料价格大幅上涨。这些不和谐因素反映了产业链中各企业过于关注和谋求自身的短期利益，没有兼顾产业链的承受能力而盲目扩张，为钢铁产业链的稳定持续发展埋下了隐患。

面对种种不利条件，宝钢从行业生态链的角度理解产业链价值中各企业的关系和定位，变零和竞争为合作竞争。从搭建战略联盟入手，与上游原料、能源、运输与下游的主要用户建立起稳定的供销关系；同时主动与钢铁同行进行战略合作，积极寻求整合钢铁产业价值链的新模式。宝钢战略研究部门负责人吴东鹰表示："宝钢在上下游已初步形成一个安全的产业链，这是宝钢发展的重要支撑。这比盲目地在行业内投资抢地盘重要得多。"

产业价值链犹如一条生态链条，链上各行业间的关系应相互依存，协调发展。因此，需要产业价值链上的各企业学会充分沟通、交流与合作，抛弃投机的短视，寻求共赢。战略联盟是企业间超越了一般市场交易关系的紧密合作机制，通过产业价值链上各企业相互协调和合作，达到共同的战略目标，促进了产业的健康、有序发展。

（三）利用战略联盟整合价值链的实施要点

价值链的整合并不是一帆风顺的，虽然战略联盟已成为众多企业广为采用的战略，但50%~60%的失败率也提醒人们，利用战略联盟整合价值链是需要一定条件和前提的。综观宝钢这几年战略联盟的实践，为我国企业如何运用战略联盟整合价值链提供了有益的经验。

1. 明确战略联盟与产业价值链整合的有效结合点

企业整合产业价值链资源的方式有多种，如可以通过自身发展而拥有该资源，也可以通过并购等一体化方式拥有该资源，并不一定只通过联盟实现。但如果无法通过自身发展获得该资源，而并购成本又过高的情况下，利用战略联盟则是很好的选择。

宝钢是车用冷轧钢板的生产大户，要想稳定下游汽车客户，必须掌握汽车板的激光拼焊技术，否则在与对手（如新日铁）的竞争中将无法保持市场优势。但该技术对钢铁加工和汽车整车设计能力要求都很高，宝钢仅依靠自身技术力量无法完成。如果采用并购方式，例如并购下游需要该技术的主要客户上海大众，则需支付给上海大众股东78亿元，这是宝钢所无法承受的。于是，战略联盟成了上佳的选择。最终，宝钢、上海大众与另一家钢铁公司共同成立合资公司，建立起股权式战略联盟在激光拼焊项目上进行合作。对宝钢上游的铁矿石供应也是如此，在自己不拥有丰富矿石资源的情况下，如果采用并购国外矿石供应商的战略除成本过高外，还可能会受到东道国政府设置的种种障碍。为弥补上游的战略缺口，宝钢与国际铁矿石巨头——巴西淡水河谷公司、澳大利亚哈默斯利公司等缔结战略联盟，共同开发铁矿，保障了宝钢今后的健康发展。

2. 略联盟伙伴的选择

要与联盟伙伴整合产业价值链资源，合适的伙伴选择至关重要。1998年一项对美国750位CEO的调查显示，有关联盟伙伴选择的部分在联盟经验中最为薄弱。所以，战略联盟实施的另一个要点是联盟伙伴选择。

宝钢在组建战略联盟的实践中也十分注重联盟伙伴的选择，综观宝钢的联盟伙伴，可以明显看到以下几个特点。

第一，联盟伙伴在产业中地位较高。宝钢的联盟伙伴有世界铁矿石巨头——巴西淡水河谷公司和澳大利亚哈默斯利公司，我国的大型煤炭企业永煤、平煤集团，航运企业中远集团，我国三大汽车公司一汽、东风和上汽集团，世界著名钢铁企业阿塞洛集团和我国首钢、武钢……这些企业都是行业的佼佼者，甚至是行业中的龙头。联盟企业的实力强，能够承担起联盟的重任，并且规模较大的企业对自己在业界的声望较为重视，能坚守对联盟的承诺。

第二，双方合作时间长。以东风集团和上汽集团为例，从 1989 年起宝钢即开始为两家汽车公司供应汽车板，至 2003 年宝钢与两家公司分别签署战略合作协议，双方的合作已有 14 年历史。宝钢集团与另一联盟伙伴平煤集团的合作始于 20 世纪 90 年代，至 2003 年 10 月 31 日，双方在郑州正式签署《平顶山煤业（集团）有限责任公司、上海宝钢集团公司战略合作意向书》也有多年的合作历史。长期的合作使双方建立起相互信任和默契，大大降低了双方的信息不对称，减少了联盟失败的可能性。

第三，双方业务关系紧密。宝钢与联盟伙伴的交易具有长期性和重复性，交易量大。例如，宝钢早期对巴西矿石的需求量约占总需求量的 65%，即便在后期也接近30%，如此大的交易量使双方建立更紧密的合作关系势在必行；又如宝钢集团在国内的主要煤炭供应商之一平煤集团，年供应宝钢集团煤炭达 120 多万吨；宝钢也是东风汽车集团最大的供应商，截至 2003 年双方建立联盟，宝钢供应东风汽车集团的汽车板累计约 80 万吨以上。可以看出，紧密的业务关系使双方彼此依赖加深，合作破裂对双方都是巨大损失，这为双方建立更加深入的联盟关系奠定了基础。

3. 联盟各企业间资源和能力在产业价值链上的互补性

实现产业价值链的有效整合，必须充分利用联盟伙伴间资源在产业价值链上的互补性，使双方都能从联盟中得到自己所需的能力和资源，从而促进整个产业的发展。例如宝钢与上海大众的联盟，双方分别提供了自己的钢铁加工和汽车整车设计能力，合作汽车板的激光拼焊项目。宝钢掌握了先进的汽车板技术，稳定了客户；上海大众得到了本地的激光拼焊汽车板供应商，大大降低了成本；又如 2006 年宝钢与太原钢铁集团的联盟，宝钢可以从太钢分享不锈钢的生产技术，太钢也可以从宝钢获得先进的管理经验。

4. 企业自身在行业中的实力

战略联盟既然是利益共享、风险共担的利益共同体，联盟伙伴当然也渴望从对方的合作中获得利益。因此，一个企业要选择战略联盟来整合产业价值链，也要考虑自身的实力如何，是不是值得联盟伙伴信任，赢得对方的尊重。

宝钢是我国最大的钢铁企业，2003 年跻身世界 500 强企业之列，2004 年全球企业500 强排名 309 位，全球钢铁行业企业排行居第 6 位。以宝钢的拳头产品——冷轧汽车板和家电用钢板为例，宝钢的汽车板 2004 年产量 148 万吨，国内市场占有率 47%，2005 年上升为 51.6%；家电用钢板 2004 年产量 148 万吨，2004 年国内市场占有率为52%，2005 年为 55%，高居全国首位。如此雄厚的实力无疑使宝钢成为行业中受人欢迎的联盟对象，无形中增加了对联盟伙伴的吸引力，增强了联盟的凝聚力，同时也成为宝钢建立战略联盟成功率较高的重要法宝。

战略联盟是企业整合产业价值链的手段之一，不同的企业可以根据自身情况灵活加以运用。战略联盟运用得当，即可以加快本企业发展速度，提高核心能力，又可以促进产业的协调、健康发展。宝钢在战略联盟实践方面的积极探索，为我国企业发展战略提供了有益的参考和借鉴。

资料来源：揭筱纹. 战略管理——概论、案例与分析 [M]. 北京：清华大学出版社，2009.

思考题：

1. 宝钢战略联盟的成功对其他企业有何启示？
2. 宝钢的战略联盟还有哪些需要改进的地方？

案例6　莱钢集团创建学习型组织

莱芜钢铁集团有限公司（以下简称莱钢）始建于1970年1月，经过40多年的建设发展，现已成为具有年产1800万吨钢以上综合生产能力的大型钢铁企业集团。2008年3月山东钢铁整合重组，莱钢隶属于山东钢铁集团有限公司。目前，莱钢拥有总资产870亿元，职工3.9万人，其中钢铁主业2.6万人，拥有14个子公司，参股11个辅业改制单位。钢铁产品主要有型钢、板带、优特钢、棒材四大系列。其中，热轧H型钢获"中国名牌产品"称号，齿轮钢和轴承钢获"国家冶金产品实物质量金杯奖"，螺纹钢获"国家免检产品"称号；相关产业形成了铁矿石采选、工程设计与项目总承包、金融证券、机械制造、钢结构加工、建筑安装、房地产开发、粉末冶金及制品、水泥及微粉熟料、冶金辅料、运输物流、化工产品等十几个产业。

莱钢是中国冶金行业首批通过ISO9001质量体系、ISO14001环境管理体系和OHSAS18001职业安全健康管理体系国家认证企业，先后被授予全国用户满意企业、全国质量管理先进企业、全国再就业先进企业、国家技能人才培育突出贡献奖、全国AAA级信用企业、全国创建和谐劳动关系模范企业等荣誉称号。2005年被确定为国家第一批循环经济试点单位，2008年获得全国质量奖，2009年获"全国资源综合利用十佳企业"，2010年获"中国企业文化建设十大创新单位"，2011年获"全国售后服务行业十佳单位"。

一、莱钢集团创建学习型组织的必要性

莱钢集团公司选择创建学习型组织作为集团腾飞和发展的突破口，是内外部环境变化的必然结果，是集团公司领导班子和广大员工的共识，是集团公司领导的果断决策。

1. 迎接外部环境挑战的需要

世界经济与钢铁产业等外部环境条件发展了剧烈的变化，使得莱钢集团面临着严峻的挑战。首先，在加入WTO的时代背景下，国内钢铁市场与国际钢铁市场将趋向一体化，国际钢铁巨头如新日铁、浦项等，携规模与技术优势占据高端市场，使莱钢直接面临国际钢铁巨头的竞争威胁。其次，莱钢在国内面临着众多的竞争对手，一类为宝钢、首钢、武钢、鞍钢、攀钢等国有特大型钢铁企业，他们拥有强大的产量规模和市场网络，一类为民营资本为主体的民营钢铁企业，拥有更加灵活的经营机制和低成本竞争优势。这种激烈与残酷的钢铁业竞争，使钢铁产品的利润空间越来越小，如果发展慢了，就会落伍，如果不发展，就会被淘汰。

再者，知识经济已经初露端倪，知识的更新日新月异，使竞争更加激烈，同时客

户的需求开始多样化和个性化，对企业的要求越来越高，企业的学习速度如果慢于变化的速度，就跟不上时代发展的步伐。在此种形势下，企业必须深刻洞察行业的新变化，适应变化，不断创新，才能赢得生存和发展的主动权，实现跨越式发展，应对市场全球化的冲击。学习型组织正是适应了这种外部环境变化的需要而导入的。

2. 变革企业内部管理的需要

莱钢集团经过多年的建设，技术装备水平有了很大的提高，钢产量年年有所增长，但幅度都不大；经济技术指标水平非但未能与装备水平同步提升，反而有所下降，大部分经济技术指标在全国60余家冶金企业中处于中下游水平，这暴露出莱钢集团在符理方法、管理体制等方面存在较多的薄弱环节。具体表现为：

（1）受制于传统思想观念的束缚。莱钢作为国有大型企业，长期受制于传统的观念和思想的束缚，形成了诸多思维定势。比如"等、靠、要"的意识比较严重，怕变求稳，缺乏创新意识，指标落后又总能找出客观理由而甘于落后，小胜则满、小进则安的心态在广大干部员工中普遍存在。不破除传统思维模式的限制，企业很难有大的发展。

（2）组织结构不合理。在引入学习型组织前，莱钢的组织结构过于庞杂，机构改革和人事制度改革没有到位，抑制了各单位的活力，并导致本位主义盛行。

（3）管理方法和手段单一。部分管理人员以奖罚取代管理，方法简单粗放，导致有章不循、违章查办不严，从而使许多问题反复发生，以至于酿成重大安全、质量事故。

（4）解决问题的途径有误。莱钢虽然通过开展学邯钢、"挖降增"等一系列活动，有效地提高了公司整体的管理水平，但只是找到了管理问题的"症状解"，并没有彻底改变其落后的管理体制，还缺乏寻找"根本解"的自觉意识，制约企业发展的许多问题长时间内并没有得到根本解决。

由上可知，莱钢的企业管理水平仍停留在传统竹理阶段，其最大局限在于不能否定自我，不能运用动态性的研究方法解决企业的问题，只是盲目地"头痛医头，脚痛医脚"，从而直接导致企业的经济效益不佳，市场竞争力差。

3. 领导班子调整带来的变革契机

莱钢集团领导班子的调整是引入学习型组织创建活动的直接原因。由于管理落后，莱钢安全事故不断，但是并未得到足够的重视，最终导致了1999年的重大安全事故。1999年3月10日，莱钢炼钢厂三号转炉发生爆炸，转炉被毁，厂房平台坍塌，造成四人死亡、五人重伤。这一事故对莱钢集团带来巨大震撼，莱钢集团决定开副"猛药"，果断地调整了炼钢厂的领导班子，以期彻底解决莱钢集团管理中深藏的问题。一般而言，领导班子的调整都会给企业带来或多或少的振荡和变革，是企业变革的良好契机，因此炼钢厂新上任的领导班子被寄予了厚望。他们全面分析和研究了企业自身的历史与现状、国内外钢铁产业的发展态势，一致认为要使企业增强持续成长的能力，应全力创建学习型组织，提升企业的学习力，转变思维模式，培育"创意无限，挖潜无限"的自我超越的组织创造力，提高应变能力，积蓄发展的能量。为此，莱钢提出了要创建以提高创造力为核心的学习型企业的远大目标。

二、莱钢学习型组织的推进

莱钢 1999 年开展学习型组织创建，在领导坚定不移地推进下，采取积极稳妥的推进步骤和方法，从总结到推广，从推广到深化，稳扎稳打、步步为营。

第一阶段：引进实验

引进实验阶段从 1999 年底至 2000 年底。在此阶段，莱钢集团以莱钢炼钢厂为试点，采用以系统思考为切入点的"五步曲"来深化学习型组织创建活动。第一步是加强团队学习，即在炼钢厂创建新世纪大学，开办各种层次的培训课程，在全炼钢厂营造出了浓厚的学习氛围；第二步是建立共同愿景，即发动全厂上下，描绘组织共同渴望的愿景；第二步是企业改革，从打造新型的学习型组织文化入手，形成"四四工作观"、四句话 16 个字的"学习观"等一系列管理思想体系；第四步是加大创新性张力，从设备管理、安全管理、思想政治工作以及工艺技术创新等方面进行创新，并取得了丰硕的创新成果；第五步是改善心智模式，通过自我超越、将镜子转向自己、打破习惯定势等手段，改善了企业领导和广大员工的心智模式，开展系统思考，勇闯难关。通过"五步曲"，莱钢炼钢厂取得了显著的成效：由"脏、乱、差"的企业变成了省级"清洁工厂"、"花园式工厂"、"现场管理样板企业"；员工队伍形象从令人多有微词变成了一个充满朝气、生机勃勃、奋发向上的英雄团队；主要技术经济指标都取得了突飞猛进。

第二阶段：总结调研

总结调研阶段从 2001 年初至 2001 年 6 月。在学习型组织的引进实验阶段，莱钢炼钢厂取得了令人羡慕的成绩，因此集团公司决定要将莱钢炼钢厂的先进经验进行进一步推广。集团公司首先成立学习型组织调研组，深入炼钢厂调查研究，搜取素材，对创建学习型企业的经验进行全面总结，历经二次挖掘，提炼出"炼钢经验"；其次，将莱钢炼钢厂学习型组织创建活动以文件的形式印发全集团，进行广泛宣传，激发全体员工参与学习型组织创建的热情和斗志。

第三阶段：推广深化

推广深化阶段从 2001 年 6 月至 2003 年 6 月。炼钢厂成功引入学习型组织理论，改变了落后局面，从落伍兵成为领头黑马，几乎是一夜之间激流涌进似的发生了翻天覆地的裂变，这种跳跃式、超常规发展速度，使炼钢厂成为学习与观摩的对象，慕名的参观学习者纷至沓来。许多莱钢人在心里惊叹炼钢厂取得的业绩之余，在口头上却品头论足，形成三种倾向性意见：炼钢经验学不好、不好学、等等看。面对这种局面，2002 年，莱钢印发了《关于进一步深化创建学习型企业的实施意见》，利用典型引路并不断总结其他单位的典型经验，加强了指导，使各子公司、单位从议论到效仿，逐步淡化了杂音，使创建活动走向深入。

第四阶段：深度推进

深度推进阶段从 2003 年 6 月至今。为实现学习型组织创建活动持续深入地开展下去，莱钢集团从 2003 年 6 月开始，每年召开全公司创建学习型企业深度推进会，总结经验，分析存在问题，明确深入推进的思路和措施。在会议精神传达后，各个单位的学习型组织创建活动如雨后春笋，各具特色。如焦化厂建立了"六为零"团队愿景；

运输部开展的"轮值班长"活动富有成效,在换位思考、行使班长职权、期满交流体会中提高了员工的综合素质;莱钢国际贸易公司提高学习意识,改变心智模式,积极开拓进出口业务,做"行商",不当"坐商",开创了对外经营新局面。整个集团掀起了争创学习型组织的高潮,使莱钢集团学习型组织向纵深层次发展,以实现莱钢集团成为"全员学习型企业、绿色生态型企业、持续发展型企业"的战略目标和共同愿景。

资料来源:

1. 吴香宇. 莱钢创建学习型组织研究 [D]. 济南:山东大学,2008.4:23-27
2. 莱钢简介. http://www.laigang.com/about.asp

思考题:

1. 结合案例请分析什么是学习型组织,学习型组织对企业的意义是什么?
2. 通过阅读材料,你认为学习型组织创建成功的关键是什么?

案例7　首钢长钢企业文化建设

首钢长治钢铁有限公司 2009 年 12 月挂牌运行以来,一手传承和弘扬红色长钢文化,一手依托首钢大文化的品牌优势,围绕创新加强学习、开阔视野,围绕创优精细管理、赢在执行,围绕创业攻关破难、积聚资源,很快实现了文化、管理、技术、营销、服务等方面的积极对接和融合,长钢迅速健康起步,企业进入了一个崭新的发展时代。

一、企业现状

2010 年是长钢融入首钢的第一年,也是长钢在新起点上谋发展的奠基和起步之年。这一年,长钢发生了质的飞跃。主要如下:

一是八项技改工程纷纷上马,实现了铁、钢、材工序平衡,有效提高了能源综合利用水平,降低了生产成本,初步搭建起了年产 360 万吨钢产能平台。2010 年,铁、钢、材产量分别为 328 万吨、314 万吨、232 万吨,同比分别增长 51.4%、51.5%、25.3%,全年实现销售收入 112 亿元,同比增长 84.6%,均创历史最好水平。

二是资源拓展工作取得新进展。继长沁煤田之后,又与三元煤企业签署了战略合作协议;石灰石资源的开发工作正在稳步推进。

三是通过借鉴总公司管理经验,实行了二维管理,建立了全面预算管理和 KPI 考核体系,提升了长钢的管理水平。

四是通过开展"三创"和"五对"活动,降成本、堵漏洞,加大价格监督评价和督察力度,全年降本 5 个多亿,有效抵御了市场风险。

五是通过借助首钢总公司技术、设计大平台,使长钢的设计规划、技术研发赢得新的发展机遇和发展空间。

六是企业精神风貌发生巨大变化。过去,太钢不想要长钢,是嫌长钢人经常上访、告状。最近两年,上访、告状的人很少,大家都有一个快速发展、快速翻身、改变面貌的想法。现在的长钢，工作节奏快了，时间观念强了，大家笑容多了，厂容厂景美了，政治地位高了。2015 年，全国大钢团委书记会第 30 次会议将由长钢承办。

当前，长钢积极谋划企业发展战略和"十二五"规划：第一步，通过夯实管理、填平补齐，2011 年年底主要经济技术指标达到全国平均水平；第二步，2015 年主要经济技术指标进入行业前 10 名；第三步，2020 年和首钢总公司一道向国内国际一流钢铁企业目标冲刺。长钢通过"三步走"战略，建设世界一流的精品长材生产制造基地。

二、主要做法

2008 年 9 月长钢新班子成立后，抓住国家鼓励钢铁行业联合重组的政策机遇，确立了"走与国内特大型钢铁企业联合重组之路"的战略思路。借助首钢的综合优势，长钢消除和缓解了政策、资金等制约企业发展的瓶颈，经营生产和技改建设等迈入了正常有序轨道。具体作法如下：

一是总公司领导及长钢领导高度重视以思想理念、发展目标为重组接合点，以价值理念为引导，加快首钢与长钢融合进程。2009 年朱继民到长钢考察时说，首钢和长钢的重组，得益于国家产业结构调整的"天时"，得益于山西省改革开放的步伐、胸怀，以及全省钢铁行业重组和资源优化配置的"地利"，得益于首钢与长钢干部职工共同的文化、理念以及愿景的"人和"。天时、地利、人和的分析，得到了长钢干部职工的高度认同。在广大干部职工的一再要求下，电视台将播放朱继民讲话实况由计划的两天改为一周，大家反复听、认真议，使首钢声音在短时间内达到家喻户晓，从思想认识上增强了职工的归属感、认同感。重组一年后，朱继民再到长钢调研时指出：长钢要发展，必须在提高自身素质上下功夫，当务之急，是要对旧区实行淘汰落后升级改造，在原有的土地上进行建设，既不违反国家政策，又可解决装备水平低的难题。总公司领导身体力行调查研究，为科学决策奠定基础，加深了干部职工对首钢一贯倡导的"看准的事快定，定下的事快干，干就干出一流"的工作作风的认识，加快了长钢向计划目标迈进的步伐。从长钢方面，以董事长郭士强为首的领导班子也高度重视思想引路。郭总亲自为中层领导授课，分析形势、讲任务，召集有关领导及党委宣传部、组织部、办公室等部门负责人，认真研究、周密安排，开展了为期三个多月的以"统一思想聚人心，上下同欲谋发展"为主题的形势目标任务教育活动。长钢的形势教育活动声势大，影响深，形式多，受众广。

二是与总公司企业文化实质内容实现全方位对接。首先是理念文化对接。重组协议签订后，长钢派专人到总公司学习交流企业文化方面的内容，使长钢在重组第一时间受到总公司先进理念和品牌文化的影响。他们充分吸收总公司企业理念，如"创新、创优、创业"的三创精神，"文化是企业的灵魂，没什么不能没魂"的文化理念；"学习、工作、生活一体化"的学习理念；"人人是创新主体，处处有创新课题"的创新理念等，并把这些内容融入长钢企业文化建设中。第二是视觉文化对接。重组后，首钢下发了《首钢长钢公司过渡期管理意见》，长钢对贯彻落实情况高度重视，积极与总公司各对口单位交流对接。在企业文化品牌建设方面，双方进行了积极和有成效的交流。为充分吸收总公司的视觉元素，长钢改变了原有的部分视觉标准，将总公司的企业标志、企业标牌、企业旗帜、企业名片、产品商标、产品挂牌、报告/请示上呈格式、企业着色要求等，纳入企业文化视觉识别系统。在一年多时间里，长钢从办公区到家属区，从办公用品、招待用品到幼儿园墙壁，随处可见首钢 SG 标识，强大的视觉效果将首钢长钢是一家的内容传遍千家万户。第三是行为文化对接。重组后，长钢宣传部门立刻与总公司党委宣传部联系，订阅了百余份《首钢日报》，发至公司领导和各单位，同时在《长钢报》、长钢电视开辟了"来自总公司的报道"、"首钢大家庭"等栏目，及时将总公司及兄弟单位的信息动态传达至千家万户，并在长钢网上设立了与总公司网站的链接系统，职工家属随时可以看到总公司的大政方针和管理教育信息，同时，基本做到了《首钢日报》期期有长钢动态，首钢电视台周周有长钢音像。通过媒介互动，提高长钢职工对首钢的认同度，还通过举办首钢职工培训经验交流现场会，加快行为文化的对接。三是重视人在融合中的主动作用，通过人的思想行为传播优秀企业文化，促进融合发展。总公司派到长钢的领导干部和技术服务团始终以尊重对方、帮助发展为前提，工作高效、严谨求实，不但将首钢的技术、管理理念带到长钢，更将首钢优秀企业文化带到长钢，将"创新、创优、创业"的发展理念及雷厉风行的工作作风，潜移默化地传达给长钢职工。长钢先后派出近百批、计 1 000 多人次干部职工赴迁钢、京唐等钢厂对口学习、培训、参观。通过双方多种方式的交流，长钢干部职工的思想意识得到提高和转化。以前开会到点人员不齐、接打手机司空见惯，婚丧大事大操大办等不良行为得到遏制；长钢还将出了问题，大事化小、小事化了的现象，整改为按《职工过失行为处理办法》追究相应责任。2010 年受到问责处理的中层干部有十多人，科级干部几十人。四是在对接中有所保留，在融合中有所创新，满足职工思想文化及感情上的需要，保证融合质量。长钢积极吸收和应用总公司的品牌文化，同时根据企业历史渊源和文化特色，保留和创新了一些行之有效的品牌文化。长钢在企业文化建设方面，努力打造红色长钢、低碳长钢、科技长钢、实力长钢、和谐长钢。董事长郭士强一再强调红色文化不能丢，要敬畏先人，尊重历史，将太行精神、抗大精神与红色长钢的创业精神融为一体，使之成为提升干部职工整体素质的教科书。

资料来源：车宏卿，葛梅伟. 积极对接，健康起步——首钢长钢企业文化建设调研报告 [J]. 企业改革与管理，2011（6）.

思考题：

1. 企业文化建设对企业的发展有什么作用？首钢长钢企业文化建设成功的原因是什么？

2. 首钢长钢企业文化建设对其他企业有什么启发？还有什么需要改进的地方？

第四章　房地产行业

案例1　保利地产：做康居精品品牌 走差异化道路

保利房地产（集团）股份有限公司的前身——广州保利房地产开发公司成立于1992年9月，2002年成功改制，具有国家一级房地产开发资质。保利地产在十余年发展过程中，始终坚持诚信为本、质量为先，为百姓筑造了一个又一个高质量的精品住宅小区。其所倡导的"以品质感动人，以情感打动人，以文化塑造人"的企业文化凝聚着保利人对居住梦想的执著信念，在广州、北京、上海乃至全国生根发芽。公司本着"规范、务实、创新、卓越"的经营宗旨，贯彻"和谐生活、自然舒适"的品牌主张，规模和综合开发实力得到迅速发展，现已成长为以北京、上海、广州为核心战略城市，以重庆、武汉、长沙、沈阳等地为重点拓展城市，并在这些城市拥有众多控股公司的全国性大型房地产集团。

一、品牌魅力加速全国化进程

保利地产坚持立足广州，向全国扩展，以稳健的形象、开放的姿态和充沛的活力立足于房地产市场，不仅以"双优"（优质的产品和优质的服务）赢得市场的肯定，更用"双赢"（经济效益和社会效益）使企业迅速发展。保利地产业务现已拓展至北京、上海、广州、武汉、长沙、沈阳与重庆等众多大中城市，同期运作30多个地产开发项目，和谐自然的保利生活正在不断延伸。

强调"精品意识"，建康居精品，走差异化道路，此举不仅为保利地产赢得了竞争优势，更代表了一个新居住时代的发展方向，引领着时代潮流。如今，国家示范业已成为保利地产的一张名片。在广州，保利地产得到了市场很大的认可度，满意度非常高，有一个非常好的口碑。2000年是广州保利地产确立品牌之后走向全国的一个很关键的阶段，从2000年开始，保利地产运用滚动开发的模式，取得了很大的成功，经过几年的积累有了比较厚实的资本。2002年保利公司进行股份制改造，规范了行业的一些标准，同时提出了它的品牌主张："和谐生活，自然舒适"。经过十几年精心培育与积淀的保利地产品牌厚积薄发。如今正开始出现井喷——自2000年强调精品意识、做康居示范的保利花园在广州甚至在全国迅速树起了既有知名度更有美誉度的品牌形象后，近年来，不断开创新辉煌的保利地产旗下名盘，如保利百合花园、沈阳保利花园以及保利香槟花园等相继成功，更令保利地产品牌得以迅猛崛起并成为一个全国性的强势地产品牌。

二、保利的品牌经营

产品自身的品质是决胜之本，但源于品质并高于品质的品牌附加值越来越成为影响消费者购买决策的关键因素，中国房地产业经过十多年的发展，现已开始从"产品经营"向"品牌经营"过渡。然而，由于地产品牌具有很强的区域性，导致地产品牌扩张和延伸难度比其他行业要大得多。真正意义上的全国性地产品牌直至目前还极为少见，而且各大房企的品牌差异很不明显，房地产行业品牌的发展尚处在一个初期阶段。毕竟地产品牌需要水滴石穿的定力，需要较长时间的积淀与培育。

1. 品牌塑造

保利地产品牌的塑造，主要是从以下两个方面堤开：一是规范务实的作风，保利地产专注于开发项目，专注于产品质量，为老百姓建造高素质的精品住宅，品牌影响力也因此在短期内得到了迅速提高；二是对"和谐、自然、舒适"的产品特色营造，得到了社会公众的普遍认同和接受，使得企业可以利用优质项目品牌带动企业品牌的塑造。

保利地产在广州最早提出开发"零缺陷"规划设计理念，深入研究当地居民的生活习惯和居住文化特征，特别重视产品创新和居住要求。2000 年在保利花园项目中全面推行国家康居示范小区标准，该标准是迄今为止由建设部推出的住宅开发的最高标准。通过国家示范小区标准的实施，在广州，甚至在全国起到较好的示范作用，引领我国住宅开发的"精品时代"，对全面提升我国房地产开发的整体水平起到良好的推动作用。同时，保利地产在总结实施国家示范小区成功经验的基础上，将大量成熟和成功的开发经验进行规范化，并被建设部作为成功经验在全国各地进行推广，较大地提升公司和行业的开发水平，开创房地产开发的新时代。而产品的至精品质则广泛体现在户型设计、装修标准、建筑造型、工艺材料、园林规划、物业管理等各方面。以保利花园为例，在"2004 年广州楼市畅销楼盘"评选过程中，几乎所有的评委对保利花园的评价一致向好，认为保利花园按照国家建设部最高标准建设，采用经典的规划设计，广泛使用高科技新材料、新工艺及超前的小区智能化系统。其建筑造型融贯中西、户型设计科学实用、生态园林自然相宜、装修标准豪华智能，所有的这一切使得保利花园理所当然地成为 21 世纪的住宅典范。具体到更细致的户型设计，符合现今居民的生活习惯，均能达到各项评选标准，如户型方正实用，隐梁隐柱空间开阔、功能分区合理，而且平面设计上过渡自然、紧凑不浪费等，保利花园的每个单位在户型创新方面都有优异表现。

除了提供核心的物质产品以外，保利花园刻意在楼盘内营造出一种与众不同的特质：为住户构筑一个无形的自然舒适的文化社区空间。然而，看得见的东西易做，难的是看不见的氛围，需要不断地用心经营与创造。人文社区的建筑重在培养。保利地产透过一系列的健康社区运动，更好地展示了保利花园全优社区的典范，充分体现了"自然最舒适"的健康特质。

2. 品牌主张

作为保利地产的品牌主张，"和谐生活，自然舒适"极具亲和力和沟通性，一语双关，简洁有力，有效地达成了良好的市场区隔，成为保利地产开发理念、产品特色和

VI 识别等一以贯之的核心理念和价值观。和谐是一种态度，宽和待人；"和则生物，同则不断"，和谐是一种状态，和谐为美；"自然最舒适"，和谐更是一种境界，天人合一！保利地产无不彰显人与自然、人与建筑、人与人、人与社会之间的"和谐共生"关系。保利地产以和谐、生活、自然为品牌主张，不管是从产品本身的特征还是它的命名，都会给人清新、淡雅、自然、舒适的感觉。以保利垄上为例，垄上这个案名表现得非常自然，使人有一点田园风格的联想，有非常好的空气，有非常好的自然环境。延伸到内部的特点里面，保利垄上打破了北京的这种平原化的特征，造成景观的层次感，打造成一个坡地别墅，依照品牌主张，它做得非常自然、非常生态，在有限的空间里面做出大自然无限的山水的感觉，形成一个很好的视觉感受。

另一方面，是保利一心一意做品牌。将产品上升到品牌角度，就能够延展产品生命力，从而带来更长久的品牌效应。首先就是保利集团的文化品牌。保利以剧院、博物馆等高雅文化闻名，事实上，在保利很多产品都沉淀了文化底蕴。此次保利秉承其一贯的文化品牌，以艺术手法建造别墅，以严格的审美品位塑造园林，让垄上的别墅生活成为一种艺术。其次是有责任感。保利曾以收购圆明园国宝而蜚声海内外，也以开发北京第一个涉外别墅项目而跻身别墅开发前列，在这样的积淀下，保利要保证给客户性价比最高的产品，而不是开发商售价最高的产品。项目虽然在产品上做到了尽可能最好，但是价格并非高不可攀，而是十分合理。再次就是延续保利地产的产品主张："和谐生活，自然舒适"，整个小区都体现了一种自然人文的气息，让人产生与自然和谐共生的感觉。

3. 品牌传播

"爱国情结"、"国粹文化"和"精品意识"是保利地产品牌经营思想的"三大法宝"，是保利地产创建企业品牌和社区品牌最根本的核心内涵和原动力，更是保利地产打造企业品牌和社区品牌的出发点和归宿点！

"国家示范"使广州人一夜之间知道了什么叫精品楼盘，而"国宝"展览则充分展示了保利地产企业文化的魅力与文化营销的震撼力。保利花园举办的活动既有历史知识性、教育性，又有艺术性、可观赏性，引起了广泛关注和强烈反响。广大市民在感悟华夏文化艺术的历史悠久和璀璨珍贵的品质的同时，更深深地体味到保利花园以至于保利地产在创建社区文化品牌和企业文化品牌所体现的独特思想和方法。保利地产独特的文化、艺术和品牌也很自然地在人们的思想中得到确认和传颂。

2000年，保利集团在香港拍回了流落国外多年的三件国宝："猴首"、"牛首"、"虎首"，并空运到广州在保利花园会所展示，此举引发了巨大的社会效应。继而，保利花园将我军一辆屡立战功的"英雄坦克"——国产59式中型坦克请进了售楼处，又一次为广州楼市添彩。此后，保利花园再次于2001年举办珍奇石雕佛像展和2003年举办"保利青铜器展"，获得了巨大成功……在被人们视为文化沙漠的广州，"文化营销"竟然获得了巨大的成功，这让人确实有点始料未及。

一个项目或一个房地产企业，肩负的其实更多的是社会责任，特别是提高人们的文化素养。"国宝"展示"文化营销"，不仅弘扬了民族精神，更创建了保利花园独特的社区文化，塑造了良好的企业形象。从充满爱国意识和民族精神的"国宝展"、"佛像展"，到释放人文关怀的"爱心百合"、"笔墨传情"等主题活动，保利地产独辟蹊径，想人所未想，发人所未发，以新求胜、以变求胜、以异求胜，不懈地追求着一种大气中寓精巧、稳健中蕴灵动的企业文化。这种独特而鲜明的企业文化，不仅是保利地产创建企业品牌最根本的核心内涵，更是保利地产精心锻造企业品牌的出发点和归宿点！它代表了一种传统的、历史的、纯美的和崇尚的思想意识和工作作风，鲜明地体现了一个成功的现代企业所特有的崇高品质和思想境界。保利地产独特的企业文化以及各种极具特色的"国宝"展示"文化营销"，不仅塑造了良好的企业品牌形象，更提升了保利地产的竞争优势，文化为保利地产铺就了一条成功之路。

三、科技创新——品牌的原动力

创新是企业发展的动力源泉，是企业最大的竞争优势，这一点在保利地产公司得到了全面的诠释。直至今天，保利地产在地产开发产品建设技术创新方面依然引领着广州乃至中国房地产市场潮流，突出表现在两个方面：一是住宅一次性装修到位，二是住宅智能化系统。在保利花园开工建设之前，广州的商品住宅罕见装修到位的先例，家居智能化更是无从谈起。保利花园推向市场并数度引发销售热潮，令一次性装修及智能化系统成为广州及周边地区商品住宅的"标准配置"。为此，建设部在保利花园召开现场推广会，把保利花园作为实施一次性装修到位的样板向全国推介。建设部在编制《住宅一次性装修到位实施细则》时，也参考借鉴了保利花园的实践经验，在全国范围内起到了明显的推广示范作用。

住宅一次装修到位是住宅产品更新换代的重要标志，也完善了康居示范的内容。而高科技及成套技术的应用，不仅带来了住宅整体质量的提高，更体现了住宅产业对经济的拉动作用。保利地产在开发保利花园之时，便将先进适用的成套技术，包括隐形梁及异型柱框架结构体系技术、节能成套技术、新型环保管网体系成套技术、厨卫整合技术、设备成套技术、防水及饰面成套技术、新型住宅设计技术、建筑施工成套技术、住宅智能化成套技术等加以集成，并根据广州的地理、气候特征及经济发展水平，选择了八大类44项成套技术进行推广使用，不仅促进了科技成果向生产力的转化，也有效地提高了劳动生产率，更实现了住宅质量的全面提高，对广州乃至广东地区的住宅产业化进程和成套技术的应用起到了推广和示范作用。能源消耗是南方居民的一大负担，保利花园率先在南方推出保温隔热、节能环保的新概念住宅，强调南方住宅更应注重保温隔热，扫除了南方住宅开发的一大盲点。保温隔热技术的运用可使每户每月节省数百元的空调费。同时，由于采用了多项节能新技术，如强化变频电梯节能系统、变频加压水泵、低照度分散照明等一系列公共节能手段，大大减少了小区居民的公共电费分摊。保利花园综合节能可达30%以上。先进的信息处理技术，使保利花园居住小区的生活环境、居住环境、管理环境有了质的飞跃。

技术创新充分显示了保利地产康居的示范效应。保利地产始终不渝地坚持以市场为导向，精益求精，以不断创新的"零缺陷"产品引领广州房地产消费潮流。

资料来源：中国指数研究院，中国房地产 TOP10 研究组. 中国房地产品牌价值研究：理论与实践 [M]. 北京：经济管理出版社，2006.

思考题：

1. 保利地产在塑造自己的品牌时，做了哪几个方面的努力？
2. 该案例对如今的房地产行业有何借鉴？

案例 2　北京人济集团：以人为本的先行者

人济集团的前身是 1986 年在泰国成立的泰国人济集团和香港九鼎集团，涉足房地产、经贸等相关领域。集团在完成了创办初期的资本积累和发展定位后，开始转向国内市场。凭借着海外开发的经验和实力，在国内采取多种合作方式，先后在泰国、香港、海南、贵州、北京、上海等地投资开发了多个项目，是一个以房地产开发为主业，同时涉足房地产相关产业和文化产业的现代化企业集团。

人济集团一向强调企业要志存高远，集团要把目标放得更远，要积极地参与和关注世界性重大问题，加强与外界沟通，向外界展示人济的形象。2001 年 9 月，人济集团的董事长章涛应邀参加了在北京举行的《21 世界的中国与世界》国际论坛。来自世界各大国和主要发展中国家的前政要、知名专家学者和代表共 200 多人就 21 世纪初国际形势的发展趋势、中国面临的机遇与挑战，尤其是中国的发展对世界的影响等世界关注的重大问题进行了高层次的学术探讨与观点交流。这是一次高层次、大规模的国际盛会，人济集团参加此次论坛充分体现了集团的实力和国际意识。

"关爱父母，就是关爱社会，关爱自己"，人济集团一向热心老年事业。在"父母'安居'是儿女'乐业'的前提"的现代生活理念下，公司开发的人济山庄率先推出了独具匠心的"双需大户型"和"双居小户型"，着眼点在于方便子女照顾父母，在业界特别是广大购房者中受到了一致好评。2001 年下半年，人济集团又与《中国老年报》联合主办了"全国老年人生活调查"活动，2002 年 2 月调查结果揭晓，集团在人济山庄售楼处举行了北京地区的奖品颁发仪式，强调支持公益事业是企业责任和义务。2002 年 6 月，北京人济房地产开发集团有限公司在人民大会堂南厅举行了为老年事业捐款仪式，民政部副部长代表国家老龄委接受了章涛董事长代表人济集团作出的 150 万元人民币的捐赠。

人济集团意向倡导"尊师重教"，不仅在企业内部营造这种气氛，而且还开展一系列社会活动。2001 年教师节，在人济山庄的售楼处树立了"谢师辞"巨幅牌匾，并在全社会发起了"感谢恩师"的签名活动，共收到了几千条签名祝词。2002 年 9 月，在清华大学的礼堂，东方交响乐团为庆祝教师节举办了专场慰问演出，集团董事长章涛等陪同清华大学领导与到场的上千名教职工观看了演出。2003 年，在教师节和中秋节来临之际，人济山庄特别邀请了北大、清华两所著名高校获得"教书育人奖"的教师光临人济山庄的后花园——紫竹院公园，赏月、品酒，共度美好夜晚。

人济集团一贯支持和参与文化事业，为社会文化事业的繁荣和发展做了很多贡献。集团投资组建具有国际水平的东方交响乐团，举办了一系列成功的演出，获得了社会各界的一致好评，向全世界推广和传播中国经典的民族音乐，展示了中国艺术家在交响乐领域所创造的艺术成就。2001 年新春，东方交响乐团前往欧洲多国进行巡回演出，在世界顶级的艺术舞台上，展示出真正的实力，赢得世界的喝彩。

人济集团一直倡导健康向上的社区文化，注重为业主搭建起相互交流的桥梁。2003 年集团邀请人济山庄业主游览了怀柔人济庄园。青山绿水间，人济业主兴致勃勃地参加采摘、登山、垂钓、品尝农家饭等活动。活动中业主们增加了了解，更加感受到了人济倾心为业主服务的精神。

人济集团董事长章涛先生认为，诚信是一种根基，不仅是做人之本，做事之源，也是维系社会的稳定剂。随着社会的变化，各种道德、规范会应变性地进行重新界定，但是，诚信永远不能是"变数"，它是个人、企业在社会上立足的根基。

根基，一是"根"，它是指诚信所包含的一切哲学范畴，它像根系一样网状蔓延，各有所属，各为一束。而根系的最末段是中华民族的传统文化，它深深地根植于此，它像血缘一样供给诚信营养，产生出一个民族对诚信的理解。根的最前端，应该是与现代社会意识的一种接壤，它包含着人们对诚信注入的新的思想和注解。二是"基"，它是指诚信是一种基础，一块基石，是大厦中最为重要和牢固的部分。这与盖房具有同等意义，房子盖得愈高，地基就要愈牢固，基座就要愈结实。企业要想做大，也必须把根基做牢，把诚信做好。

"诚信"二字，力托千钧，是一种力量，更是一种价值。"诚"，先由诚恳换来真诚，再由真诚转化为忠诚；"信"，先由相信换来信任，再由信任转化为信誉。这里面有层次的递进，也有质的飞跃，还有一种超越价值的意义。

人济集团曾经倡导一种理念："承诺是银，承兑是金"，也就是要用诚信来与别人交流，获得别人的理解和支持。在房地产正逐渐走向成熟的进程中，开发商要不断用新的标准来应对市场，无论在产品的生产阶段和销售阶段都可能会遇到一些新的情况和问题。总之，人济集团的原则是：用诚信来回答市场，用诚信来感动消费者。

人济集团以一切为健康、以人为本作为自己的开发理念。无论是在北京开发"人济山庄"，还是在上海开发"长岛别墅"，都注重环境建设。特别是"长岛别墅"，直接投资两个多亿，建成了如画的环境，再把现房推向市场。这在房地产开发商中实属少见。人济集团提供的已经不再是具有简单物质属性的六面空间，更多的是一种生活品质的享受。建筑是物质的，也是精神的。人济集团认为，建房卖房，要对消费者负责，卖房就是要卖给消费者健康，只有让居者在回归自然的生态环境中生活，才能有健康的生命。

人际集团坚持"人济为人，惠世济民"，追求建筑、文化和社会责任的三者统一，让建筑艺术与生态和谐完美统一，创造优越实用的生活空间和文化理念，为中国百姓提供高品质生活，使自己成为中国房地产行业最具有文化精神的公司。

资料来源：中国指数研究院，中国房地产 TOP10 研究组. 中国房地产品牌价值研究：理论与实践 [M]. 北京：经济管理出版社，2011.

思考题：

1. 企业的企业文化是什么？在企业经营和发展中的作用？具体到房地产行业其作用如何？

2. 人济集团是如何打造自己的企业文化的?

3. 分析如何塑造一个企业的企业文化?

案例 3　绿城集团:发展迅速的全国房地产品牌企业

绿城房地产集团有限公司是国内知名的房地产企业之一,专注开发系列城市优质产品,成立于 1995 年,2005 年转制为外商独资企业,是绿城中国控股有限公司的全资子公司。历经 11 年的发展,绿城房地产集团已有 50 多家成员企业,员工近 1 000 人,房产开发足迹已遍及浙江省内的杭州、宁波、舟山、海宁、上虞、淳安及北京、上海、长沙、合肥、乌鲁木齐、青岛共 12 个城市。在十多年的成长过程中,绿城集团在消费者心目中树立了良好的品牌形象。

绿城集团是浙江最大的民营房地产集团,作为浙江房地产业的绝对老大,2002 年绿城集团开始异地扩张;在绿城的全国化布局中. 以杭州、浙江为基地,以北京、上海为重点. 以十西部省会城市为拓展方向。目前绿城在浙江省及全国 12 个城市已经和正在开发的项目有 40 多个,在建开发面积达到约 356 万平方米,土地储备总建筑面积更是超过 700 万平方米。

早在 2004 年,绿城集团开始着手国际化战略,2004 年 11 月起,绿城聘请国际国内一流的投资银行、审计师、评估师、律师等中介机构,对旗下产业进行重组、审计、估值,为境外上市做了精心准备并迅速得到了一些国际著名投行的关注。2005 年,经国家批准,绿城集团在境外成立绿城中国控股有限公司,完成了对境内绿城集团的收购。2006 年年初,该公司与国际著名投资银行摩根大通 (JPMorgan Chase&Co) 和斯达克投资基金 (Stark Investment),签署协议,募集资金 1.5 亿美元,且其中 1.3 亿美元的可转换债券已在新加坡证券交易所挂牌上市,绿城集团因而成为首家在未上市之前即成功发行可转换私募融资的国内民营房地产企业。这次境外发行可转换债券,对绿城而言,一方面绿城集团的资金更为充裕,为今后 5~10 年赢得了发展的机会,特别是绿城的产品优势和服务优势已被业界认可。绿城一贯坚持的经营理念,将得到更为充分的发挥。另外,更重要的是绿城集团走出了上市的重要一步。

相关资料显示,至今没有任何一家中国房地产企业在国际资本市场上进行过可转换债券的私募融资,绿城此举在中国融资领域里开创了一个重大记录,创下了中国的第一,在亚洲也是少见的。今后绿城集团将与更多的国际投资者开展包括股票上市、项目合作等多种形式的合作,推动绿城集团的进一步成长和国际化战略。2006 年年底,绿城集团计划于香港上市,预计融资额达 6 亿美元 (约 46.8 亿港元)。绿城集团董事长宋卫平表示,绿城将在较短的时间内发展成为全国最好的 3-5 家优秀房地产企业之一,也不会限于每年 40 亿元或 50 亿元的开发规模。而绿城的成长,也必将使更多的人可以享受到国际一流的居住产品。

10 年来奉行"品质第一"原则的绿城集团,给杭州、浙江甚至全国房地产开发企业做出了表率。绿城集团坚信品质是一个永恒的主题,是中国房地产行业发展的方向。

历经 10 年的探索和实践,绿城集团已从一个区域性的房地产开发企业发展成为全国著名的房地产品牌企业，在市场上拥有相当高的品牌知名度、美誉度和忠诚度。桂花城、紫桂花园、绿园、春江花月、上海绿城……其开发的众多住宅产品因其卓越的品质赢得了市场和业内的一致好评。事实证明，绿城的产品总是同区域中综合品质最高的，在二手房市场中成交价也总是最高的，其产品品质与价值得到了市场的印证和肯定，绿城产品的品牌价值使众多挑剔的购房者成为绿城产品忠实的追随者，绿城品牌具有了巨大的号召力。

多年来，绿城集团在品牌营造上一直不遗余力，但从不靠地毯式的广告轰炸造就，或是以玄乎其玄的概念吸引眼球，甚至平面广告都是让产品"说话"。绿城品牌建立在设计风格、产品品质、建筑质量等要素的基础上。在目前中国房地产市场普遍施行预售制度的情况下，品牌意味着客户可以得到更可靠的品质保证、更完善的售后服务。

对产品品质近乎理想主义的追求，使绿城在规划设计能力方面形成了最重要的企业核心竞争力。在以往十几年的发展中，绿城也已经形成了比较成熟的产品系列，以桃花源、九溪玫瑰园为代表的别墅系列；以桂花城、紫桂花园为代表的多层系列；以春江花月、杭州绿园、上海绿城等为代表的高层系列。绿城同一系列的产品，无论是在北京、上海还是杭州，都有相同的"绿城特质"，例如，规划布局以人为本，因地制宜；建筑造型精美，用材用色考究；园区空间错落有致，疏密得当；户型宽敞舒适多样灵活；景观环境浓墨重彩与建筑有机融合；园林绿化与活动功能相辅相成；社区会所配套完善，设施齐全；智能化设计无微不至；室内装潢精致气派而不失典雅等。这正是绿城产品具备可识别性，能够得到推广和认同的原因。

随着时代的发展，人们理解高品质房产的内涵就更加丰富，以物质层面的适用性能、安全性能、耐久性能、环境性能和经济性能等为品质基础；还要追求精神层面的人与自然、人与人、人与自我的和谐统一。高品质的房产，高品质的生活应该是一种和谐，一种从容，一种境界。

绿城对"产品主义"的信奉和孜孜追求，获得了客户和市场的认可。2005年中国质量协会和中国住宅用户委员会公布的一项调查表明，绿城获全国房产行业客户满意度和忠诚度第一名。

2005年8月18日，绿城集团"绿城会"宣告成立，这是绿城集团品牌发展战略由以"产品导向"向以"客户导向"转变的开始。

绿城集团高层对"绿城会"相当重视，将其当做集团的长远发展战略来谋篇布局：一向以"产品导向"而蜚声业内的绿城，将逐步进行战略调整，转向"客户导向"，并以此形成自己的核心竞争力。我们有理由相信：已经从产品竞争中胜出的绿城，正走向"客户资源竞争"这一更高层面。

业主当然没有义务为开发商推销产品。但事实上，对物超所值的品牌房产，老业主总是最有效的且不求报酬的主动推销者。当然，业主们主观上并非为了推销，他们恰恰认为这是给亲友同事们提供良机，希望他们也像自己一样能够得到优质的产品、中意的服务。因此，有远见的开发商体会到：客户其实是企业的巨大资源。正是基于这样的认识，国内外著名的房地产企业，都十分重视"客户会"建设，重视管理好宝贵的客户资源，并用来打造企业品牌，甚至直接为楼盘促销服务。

国际著名大公司，几乎均有"客户资源管理"部门，而且已有实践证明，客户资源管理能够产生巨大的品牌效应及销售业绩。如果从功能上区分，目前国内著名的客户会主要有两大类：一为营销，二为塑造品牌。营销类的，主要有万科集团的"万客会"、招商地产的"招商会"、复地集团的"复地会"、珠江集团的"珠江合生会"、百仕达地产的"百仕会"、中原地产的"中原会"等。以塑造品牌为主的，主要有金地集团的"金地·家天下"、中海地产的"海都会"等。规模最大的"万客会"，号称会员逾 8 万；而"复地集团"的新建楼盘中，约有一半的房子是老业主买的或由老业主"促销的"。

"绿城集团"作为全国排名前十强的著名房地产企业，10 多年来始终以"真诚、善意、精致、完美"为企业经营理念，以"创造城市的美丽"为己任，致力于中高档物业的开发建设。在品牌进行全国扩张时，始终以人文主义理想为指导，怀着对社会、对历史、对消费者的责任感，致力于创造文明、和谐、温馨、优雅的居住文化及人文环境。在这一过程中，绿城已经积累了 7 000 余户"绿城业主"，且与业主已经初步形成了良好的、互动的合作关系。

"绿城会"是由绿城业主，以及始终关注和支持绿城的各界朋友组成的一个"大家庭"。"绿城会"通过开展各种优惠活动，以及提供个性化的服务，使会员真正感受到绿城大家庭的温暖。在这里，会员可以结识到更多的朋友；享受到更专业的服务；日后在绿城旗下的房产、教育、体育、酒店、医疗等机构均可得到优先机会与优惠服务。"绿城会"拥有数千名高素质业主，这本身就是一张王牌，是吸引各类知名企业进行合作的基础。因此，"绿城会"还将在生活、娱乐、购物等方面提供更广阔的服务空间。

成立"绿城会"，是绿城为业主拓展增值服务的新起点，是企业回报社会、回报业主的具体行动。但"绿城会"的作用显然不仅于此。绿城深刻认识到，业主的口碑是最有效也是最省钱的广告，对企业来说，"绿城会"的终极目的是塑造并传播企业品牌，并为新楼盘销售形成良好氛围。在"绿城会"的操作中，很重要的一个内容是倾听业主的意见或投诉，了解业主对产品及物业管理的内在需求，促使绿城产品更优、服务更好。绿城相信，房地产企业也可以培育出自己的终身客户，即使是现在绿城的业主，也会因年龄段的变化、家庭情况的变化、家庭成员的成长而出现二次甚至三次购房的需求；而房地产企业要做的，就是深入了解这种需求，做出"击中心坎"的产品。培育终身客户，是绿城的长远目标，而"绿城会"即是手段之一。社会价值、客户价值与企业价值，是完全能够实现和谐共赢的，"绿城会"就是例证。

资料来源：

1. http://finance.sina.com.cn/roll/20060215/1050551444.shtml

2. 中国指数研究院，中国房地产 TOP10 研究组. 中国房地产品牌价值研究：理论与实践［M］. 北京：经济管理出版社，2006.

思考题：

1. 绿城集团是怎样实施国际化战略和融资战略的，有何借鉴意义？

2. 绿城集团对品质和品牌是怎样的战略？为什么？

3. 在营造顾客忠诚度方面绿城做了什么？为什么？

案例 4　人和实业集团股份有限公司的环境分析

人和实业集团股份有限公司（以下简称"人和公司"）是一家在国内上市的大型多元化投资公司。人和公司实力雄厚，资金充裕。其全资拥有的人生地产代理有限公司（以下简称"人生公司"）是全国最大的连锁经营地产代理中介机构。人生公司在每个省分别设立分公司，统督该省各分公司的业务。各省分公司经营管理相对独立，管理层拥有较大的决策自主权。各省分公司每年将全部利润的 30% 上交人生公司总部，以换取在省内独家使用人生品牌的权利，以及人生公司总部提供的各种行政、推广、培训等支援服务，余下的 70% 利润归各省分公司。

人生公司地产代理中介佣金的年收入为全国第一，代理人数量及营业点数量也是全国第一。除个人消费者的地产买卖交易外，人生公司拥有救为庞大的商业地产投资机构客户群。与个人消费者相比，投资机构客户愿意支付更高百分比佣金，同时对人生公司提供的全国性中介服务以及代理人员的个人素质均有严格要求，这是普通地产代理公司很难满足的。人生公司在投资机构客户的佣金收入这块毛利率较高，尽管对投资机构客户的收费总额约占人生公司佣金年收入的 30%，但其产生的利润却高达人生公司的利润的 60% 以上。通常，人生公司各省分公司均会相互推介投资机构客户。

随着国家西部开发战略的实施，西部 A 省甲市在旅游、金融及高科技等方面发展迅速，使甲市成为新兴发展的龙头城市。由于全国房地产业务正处于行业周期高峰，加上甲市的特殊因素，甲市房地产市场高速发展。全国各省的地产投资机构也纷纷涌入甲市收购该市的房地产。人生公司的收入在业内是全国第一，但其主要业务和收入集中于北京、上海、浙江、广东等经济发达省市。人生公司在 A 省的分公司，特别是甲市的支公司在人数及营业点数量上均落后于甲市的几家本地代理中介公司。这些本地代理公司为当地人创设，熟悉甲市情况，具有丰富的甲市人脉关系，而其收费较低，但服务质量远低于人生公司。

人生公司 A 省分公司为 10 年前由现在的管理人员共同设立。10 年来 A 省分公司的业务且稳定增长，利润率始终维持在较高水平，管理层亦获得较为满意的个人收入。但该分公司在甲市的业务置及收入总额尚不及几家本地代理公司。该分公司管理层的多数人员在未来 3~5 年陆续退休。

人和公司给人生公司制定的企业目标是保持市场领先地位。为了达到目标，人生公司管理层预计公司收入的年增长率必须维持在 20% 以上。由于各主要省市的业务增长率已处于较低水平，人生公司管理层认为是否能攻下 A 省特别是甲市将是业务能否达标的一个重要决定因素。

另外，人生公司管理层注意到，近几个月来各省分公司均陆续收到主要投资机构客户对人生公司 A 省分公司的服务投诉，而且投诉量还在上升。其他各省分公司亦表示担心各自机构客户的地产业务正在加快向 A 省倾斜，影响其他各省分公司的收入及利润。

基于 A 省的战略重要性，人生公司管理层决定对 A 省分公司的业务情况及未来发展进行较深入的研究分析，以制定与 A 省有关的业务发展战略。

资料来源：中国注册会计师协会. 公司战略与风险管理：考点串联、答疑精华及历年真题新解 [M]. 北京：经济科学出版社，2010.

思考题：

1. 人生公司业务的优势、劣势、机会和威胁各是什么？
2. 试制定与 A 省有关的业务发展战略。

案例 5 世纪城地产：典范项目烘托企业品牌

由华东汽车配件厂、南磨房乡农工商总公司出资 5 000 万元注册成立的北京世纪城房地产开发有限公司成立于 2000 年 7 月 10 日，注册资金 5 000 万元人民币，具有二级房地产开发资质。世纪东方城是公司开发的第一个房地产项目，2000 年 9 月 21 日，紫南家园一期奠基。作为北京市绿化隔离带建设样板示范单位，世纪城地产取得了多个"第一"：第一家开工建设；第一批争取到政府绿化隔离带建设贴息贷款；第一家完成大市政配套工程达到入住条件；第一家实现农民搬迁上楼；第一家实现商品房销售；第一家实现土地出让金返还；第一家办理了农民回迁房的工地使用证和大产权证……这一系列的"第一"引起了社会的广泛关注，奠定了世纪城地产企业品牌发展的基础，开始了一条品牌建设之路。世纪东方城一期（紫南家园）24 万平方米社区已经全部入住，并被北京市政府评为首届北京市金牌住宅小区之一。世纪东方城二期是北京市第一个公园式景观绿化带。同时开发建设的垡头旅游主题社区项目以占地 1 平方千米的大型世界主题公园——"欢乐森林主题公园"为开发核心，在 2007 年前全部完成。

世纪城地产迈着稳健的步伐，实践着自己的承诺，收获着自己的期望，于 2002 年 5 月确定了世纪东方城（紫南家园二期）的规划方案。同年 10 月，世纪东方城开工：世纪东方城地处京城东南部的朝阳区南磨房地区，东四环路和京沈高速交界处，近年来，随着四环路绿化隔离带的建设，以及周边化工企业陆续外迁，这个区域的面貌不断得到改善。由于距离 CBD 仅 3.5 千米之遥，这里已成为 CBD 人群生活居住的理想区位之一。如今的世纪东方城已成为拉升该区域住宅品质的重要砝码。

《北京城市总体规划（2004—2020 年）》为北京确立了"两轴—两带—多中心"的新型城市空间结构，改变了原来北京单中心的发展模式，提升了北京很多地段和地块的区域价值，这预示着一场轰轰烈烈的"造城运动"将在京城周边展开。四方新区正是在这种机遇和大环境下显示出了强劲的发展势头，而作为四方新区的发起者与重要的建设者，投资开发世纪东方城的北京世纪城房地产开发公司，站在城市运营商的角度，脚踏实地，放眼未来，在区域规划及人居环境建设等方面发挥了重要的作用，构筑城市的新支点。

南磨房地区所处的东南部主要为居住区，而四方新区概念的提出，将东南部居住区的内涵丰富起来。四方新区源于南磨房地区 2001 年确定的三区一园规划，即紫南家园和世纪东方城住宅区、垡头的世纪华侨城旅游主题社区、四路通住宅区和世纪华侨城大型世界级主题公园；在2002年召开的南磨房地区大会上，进一步明确了2002—2005年这三年中，南磨房地区实现现代化小康新城区的战略目标，这一目标涵盖了经济建设和社会发展两大方面。以上三个居住社区及其环抱的一个公园，再加上近两年快速建设并使用的燕莎OUTLETS商城，以及原有的北京工业大学等，自然而然地形成一个以东四环路四方桥为中心的发展区域，该区域内的经济重点就是城市开发。在此基础上，南磨房地区提出了四方新区的概念，定位于打造一个绿色、生态、人文的居住区。这使世纪城房地产开发公司所承担的不仅仅是房地产开发的任务，而是城市建设这样一副重担。南磨房地区则形成以房地产开发为龙头的产业链工程。

世纪东方城最引人注目的是项目周边先行建设的优美环境。整个社区处于总面积达34.5公顷的绿化包围之中，社区西侧除已建成的百米景观绿化隔离带外，还有窑洼湖和成树密林两个公园；南侧与京沈高速路相隔，有正在建设中的面积达1平方千米的大型主题公园，目前这个景观绿带公园的北区已展露芳容；北侧的绿化景观也已建好；东侧将建大型高尔夫球场。另外，社区内还将建设10.5公顷的园林。

世纪城地产创新提出环社区绿化带建设方案，通过打造城区内难得的绿色长廊，改变项目所处区域的整体面貌，提升社区居住及生活健康标准。作为绿化带项目，世纪城地产没有简单地将树苗种在绿带中了事，而是从生态居住角度出发，创造性地考虑将窑洼湖公园、成树密林公园及绿化带这个整体，投入3 800万元巨资，将一道普通绿化带打造成为120~150米宽、绵延2千米、总面积达24公顷的社区公园。世纪城地产斥巨资移栽了3 000余棵成树，堆起大片高低起伏式的山坡，并在坡体上种植大批价值万元以上且有30多年树龄的白皮松等树种，形成高、中、低层次的植被组织，构成了北京市独一无二的公园式景观绿化带，成为东四环的一道靓丽、独特的风景。为了实现社会效益与经济效益的双丰收，公司还在三大公园外侧、东四环边辅路打造成30米宽的街区公园。除了外围的三大公园，世纪东方城内部的社区绿化用地10.5公顷，整个社区处于34.5公顷的绿色环抱之中，成为北京东南板块罕有的城市绿洲。目前，世纪东方城建设绿化带形成环社区绿带公园的做法，既得到社会和业界的认可，又受到消费者的欢迎，已经成为北京市第一道绿化隔离带建设工程中的一颗璀璨新星。2006年，世纪东方城还因此获得了"2005-2006地产中国"之"十大健康生态楼盘"的荣誉称号。

构成社区生活的基本单位是家庭，户型是家庭生活的载体。无论从时间上还是空间上讲，户型都与居住者的生活密切相关。朝向、景观、户型使用率以及内部布局设计等重要参数达标后，细微之处更应该力求完美。生活本身正是由这些细节构成的，世纪城地产的敬业态度及对产品精益求精的精神也正是通过这些细节得以体现。

前期，世纪城地产在户型内部的空间尺度、居住舒适度以及住宅外立面等方面做了大量的工作。在方案实施过程中，世纪城地产几乎对每项材料均安排"上楼检验效果"的工作程序。通过及时的效果检验，顺理成章地打造出了获得"中国建筑艺术大奖"的完美社区。

在户型设计方面精益求精，世纪城地产对每种户型都认真推敲，反复修改，尽量做到实用合理，"2005—2006地产中国"之"十大户型设计楼盘"是业界给予的肯定和褒奖。世纪东方城将户型的细节已深入到鞋柜的合理位置，在世纪东方城的每一款户型中，门的开合尺度均为鞋柜预留出适当位置，既方便了装修方案与生活，又对大的空间进行了整体维护；在阳台的设计上，世纪东方城的大部分户型采用了双阳台和三阳台，起居室的观景阳台乃情趣所在，而主卧的观景阳台则充分考虑到居者的私密要求，厨房的生活阳台为晾晒衣物提供了便利之所。世纪东方城之所以提出这些细小问题的解决方案，目的是希望消费者在开始新社区生活之后，同样会因为日常生活人性化细节的体现而保持愉悦、顺畅的心情。

另外，世纪东方城130平方米、150平方米主力三居户型，在东部极为稀缺，十分走俏。值得一提的是，世纪城地产的准现房销售政策，大大缩短了客户的收楼等待期，现楼实体样板间和外立面提前展现，让前来看房的消费者感受到了世纪城地产的诚信和实力，从另一个侧面提升了世纪城地产的品牌美誉度与品牌忠诚度。

2004年6月27日，"远景"在世纪城地产的精心设计下新鲜出炉，它隶属位于东南四环窑洼沿线的世纪东方城。世纪城地产此次推出"远景"作为旗舰楼，以每平方米7 500元的均价当仁不让地跻身于京城中高档楼盘之列。"远景"不仅有着优越的景观资源，高档的楼体设计，更以其独特的内外景观和谐统一的优势在众多楼盘中脱颖而出。

显然，世纪城地产将项目的命名定位于远景，自然有其良苦用心。世纪城地产真心希望住在"远景"里的业主能够拥有无限美好的未来，拥有希望，拥有阳光！那么世纪城地产是如何达到这一美好愿望的呢？

"远景"的外围景观是无可挑剔的。该栋楼毗邻三家成熟公园：窑洼湖公园、密林公园、世纪华侨主题公园。尤其值得一提的当数密林公园，它不同于一般供游客游乐的公园，而是主要由园林构成，世纪城地产又在此基础上增加了一些人性化的休闲设施，使这座难得的城市中的"密林"变得更适宜人们休闲和运动健身。而世纪华侨主题公园中的爱琴海更为这里的生活增添了几分浪漫情调。这些都将成为"远景"的居住者不可多得的、在自己家中就可以享受的免费视觉大餐。

"远景"不仅注重周边景观的打造，对楼体设计更是尽心尽力。为了使其与外围景观和谐一致，世纪城地产特别聘请了优秀的建筑专家担当"远景"楼体的立面设计，不论在宏观造型、立面设计或是微观装修方面都力求完美。从远处看，"远景"的楼体顶端既酷似活泼的小贝壳，又似盛开的莲花，远远在天边划出一道优美的天际线，使"远景"如领队般昂首站在了世纪东方城的最前沿。而其别具匠心的弧板整体造型既美观又实用，使房屋采光更加充分，体现了"远景"人性化的设计理念，并为此获得了建设部颁发的"建筑师大奖"。

然而，"远景"更人性化的设计当属房屋使用的玻璃。世纪城地产充分考虑了消费者的需求，玻璃中间充实惰性气体，可以防噪保温，不过美中不足的是惰性气体是有色的。为了避免破坏窗外风景的色彩，开发商精心挑选了玻璃的颜色，使其最终完全变成透明，让窗外的美景毫无保留地飘了进来，为观景住宅开创了居住的新视界。

可以看出，世纪城地产为了业主的美好未来，竭尽自己全力，用心勾勒出"远景"，不仅让业主感受到他们的悉心关怀，更将世纪城地产的品牌声誉与价值深深播种在人们的心中，共同达到双赢！回顾近几年的发展历程，世纪城地产认为，南磨房地区的巨变，集中了天时、地利、人和之势。化工企业外迁、四环路绿化隔离带建设、北京市规划中的东南部居住区，为整个区域的发展建设创造了千载难逢的机遇，世纪城房地产公司又是南磨房地区本地的开发企业，正因为具备了这些条件和资源，世纪东方城的诞生才能开创南磨房地区新的世纪，也造就了世纪城地产品牌的崛起。

"以世纪之名，造东方之城"。这不仅仅是一句口号，而是世纪城地产打造世纪东方城的责任与态度。从 2000 年紫南家园奠基到 2005 年三期产品逆势热销，世纪东方城走过了 5 年的发展历程，产品在不断升级，品质在不断提升，品牌在不断传播。

资料来源：中国指数研究院，中国房地产 TOP10 研究组. 中国房地产品牌价值研究：理论与实践 [M]. 北京：经济管理出版社，2006.

思考题：

1. 世纪城的发展历程中，实施了哪些战略？如何实施的？
2. 世纪城的战略和其举措，有哪些是你比较欣赏的，为什么？
2. 世纪城是在修建项目的过程中是如何做到人性化的？

案例 6 同景高山流水：家有梧桐树，引得凤凰来

2000 年底，同景集团带着先进的理念、创业的激情进军西安地产市场，凝结着同景人心血的"高山流水"在三朝古都落地生根。在短短的五年时间里，"高山流水"系列别墅在西安、成都、重庆受到了社会各界的广泛关注。

"高山流水"从诞生至今，不过短短三年，但在中国的别墅市场上已经成为一颗璀璨的明珠。2002 年，在"中国住宅创新夺标"活动中荣获全国"景观环境示范楼盘"称号；2002 年 11 月，在第四届中国（深圳）住房科技产业博览会上，入选"中国名盘 50 强"；2004 年 8 月，在中华全国工商业联合会住宅产业商会主办的"2004 年中国内部绿色生态健康住宅风云榜"中，重庆"高山流水"和西安"高山流水"双双荣获"中国西部经典生态别墅"大奖及"对西部贡献最大的全国十大地产品牌"开发商称号；2004 年 9 月，成都"高山流水"在"中国别墅节"上荣获"2004 中国十大山水别墅金奖"；2004 年 11 月，"高山流水"荣获"2004 中国 10 大最具价值房地产项目品牌"，品牌价值达 1.5 亿元。被业界认为是最年轻、最具潜力的品牌。

如此辉煌的成绩是怎么取得的？带着这个问题，让我们共同回顾"高山流水"不同寻常的发展之路。

2000 年年底，同景集团进军西安地产市场。经过近一年对西安房地产市场的研究，同景集团对蓄势上扬的西安房地产市场充满利润信心。但是，作为跨地域经营的地产企业，获得稀缺的土地资源却困难重重。然而自助者天助！2001 年，一份《长安栗园》项目的合作协议摆在了同景集团面前。

这是一块位于西安市长安区秦岭北麓一片原生板栗林的旅游度假综合用地，位于长安区地域的西南角，距离西安市近 30 千米。在当时的西安人看来，这块地已经非常偏僻了，加之当地市政基础条件极为薄弱，经济落后，周边居民生活相当贫苦，这块开发用地是大多开发商绝不会纳入视线的"荒地"。

同景集团看到了眼前的困难，更看到了隐蔽的优势。他们注意到这里背倚青山，

溪水环绕，空气清新，植被丰富，绝无仅有的万株百年板栗郁郁葱葱。优美的环境犹如陶渊明笔下的世外桃源！"这块土地具有开发高档物业的绝对优势"，经过现场考察后，同景集团得出了一个令人惊诧的结论。于是，西安市别墅类物业的调研工作紧锣密鼓地展开了。经过数次参观西安地区的别墅项目，反复研究西安房地产市场结构，同景人发现，西安市场存在着市场需求旺盛与现有产品供给单一，产品档次、品位不高的矛盾。随后，在同景集团西安公司组织了多次消费者座谈会，深入了解并掌握了消费者真实需求后，同景集团做出了令同行们惊诧又暗自佩服的决定：在"长安栗园"开发西安的顶级别墅！

在文化底蕴深厚的西安，项目的命名也是至关重要的一个环节。同时，好的案名也能够体现项目的定位与价值，对消费者认知品牌也能起到一定的促进作用。经过一系列甄选评比工作，查阅了大量资料，深层次挖掘案名背后的文化含义，经过几个不眠之夜的辛苦努力，案名被敲定了，就是"高山流水"。

"高山流水"体现了大道·无为的管理思想。"高山流水"原为一首歌颂山水的古筝琴曲，抒发仁者乐山、智者乐水之意，以寄情山水的闲适来感怀对自然与生活的热爱，以低调的态度来表现积极向上的人生观，旋律由低向上引发，暗含了"上善若水"的人生主张，即是老子所倡导的"以退为进、以柔克刚"，以不争谦让的方式，实现"双赢"的根本目的。这不仅体现了一种高妙的人生态度，也蕴涵着一种深刻的经营思想。"以无事取天下"是用智慧去赢得市场，以最少的投入赢得最大的成功。在现实中，跟进战略比开拓新市场战略更加困难，投入的人力、物力、财力也更多，即使是在自己占据优势的市场上，新的户型、新的技术、新的材料，很容易引起群相效仿，不久差异化优势就没有了。同景集团是以诚信来赢取市场，以人为本，尊重客户，把注意力集中在客户真实的需求之上，而并不是一味地跟风竞争。同景集团认为只有为客户创造出价值，企业才能获得消费者的信任，品牌价值才能得到提升。

"高山流水"体现了知音文化。总体来看，"高山流水"这个案名的选择是别具匠心的。无论是对同景集团这个朝气蓬勃的企业，还是品质出众的别墅，它都称得上相得益彰。"高山流水"者，高山之巍巍，流水之洋洋，既显得大气，但又不张扬，是一种内敛式的飞扬，这正与当今社会一些有能力购买别墅的成功人士的处世哲学相吻合。从语言和传播的角度看，"高山流水"古韵十足，清新雅致，读之朗朗上口。从品牌推广的角度看，"高山流水"必然附带着后面的"知音之交"，这也正是符合同景集团所一贯倡导的"诚信"、"双赢"的经营理念，寓意同景集团并不单纯把客户视做客户，而是视做知音，通过项目缔结一种超越买卖的情谊。即使从实际景象来看，"高山流水"也完全符合整个楼盘的特点——背倚青山，俯视平原，三条天然溪流自终南山脉潺潺流出，穿园而过，加之此地植被茂密，空气清新，气候宜人，进可入城市，退可隐山林——再没有比"高山流水"更适合的案名了。

在建筑风格上"高山流水"撷取了传统风格中典雅、高贵的特征，结合现代高科技、舒适化风格的优势，采用浪漫典雅的格调，以配合"高山流水"独特的品牌定位：可爱的坡屋顶，比火柴盒立方体的平屋顶更容易寄托"冬夜一片月、心与浮云闲"的思绪；雅致的外墙，使人联想到中世纪的公爵城堡；客厅时尚的玻璃窗，将一片阳光引进室内，带来度假般的心情。"高山流水"糅合了传统风格与现代时尚的元素，既有西方古典别墅的韵味，也兼顾了现代豪华别墅的奢侈享受，符合现代人的审美情趣。这种古典豪华的经典风格一直长久不衰，即使是在瞬息万变的未来仍然时尚、实用，体现高雅格调。

"高山流水"的建筑与自然融会贯通，对住宅的设计，出发点是人的生活，使人生活在一个安宁、温暖的环境之中，这个环境能与人对话，表达各种微妙的情绪。因此，在别墅内外，"高山流水"为业主提供了情趣空间，营造一种悠闲的居家格调，让山居生活充满闲情逸致，这与同景集团一贯提倡的生活主张相吻合。别墅的室外入户门，采用双开的木门，比都市钢筋水泥森林里的冰冷铁门显得更有人情味；每家都是梯道入户，开阔的门廊提供了良好的视野，山川美景一览无遗，这是山居所独有的享受；透空的客厅，尊贵大气；磨砂的玻璃休闲栏围合出一个儿童活动天地，或是艺术品展览区域；与门廊结合的露台，是主人的业余活动场所，可以与亲朋好友在此施展琴棋书画的才艺；宽阔的半地下室，保障了业主居家的私密性，为发烧友提供了一个视听娱乐空间，或作家庭影院，或作第二会客室，甚至可以设置成业主的私人酒窖；开放的厨房系统，兼顾中厨与西厨的双厨房布置，加上外陈列酒柜，主人能够充分享受烹饪的乐趣与情趣。

"高山流水"的每一幢别墅，依据了这样几个设计原则：尊重消费者的需求、大胆创新以及提供多样化选择。在充分考虑消费者的个性化需求的基础上，"高山流水"在户型的功能设计上为消费者预留了更多的发挥余地：如根据业主的喜好不同，入户平台可以布置成形态各异的空间：爱好体育的人，可以修整出一块开阔的空地，便于开展健身活动；醉心艺术的人，可以设计一个艺术走廊，展示你的收藏；擅长园艺的人，可以随心所欲地布置你的苗圃，打造一个生态园地……在内部空间的组合中，"高山流水"别墅项目取消了部分隔墙，故意将房间功能区分弱化，这样，留给业主的创意想象空间更大，可以根据家庭的需要以及个人的爱好灵活处理。如二楼的房间，传统的设置是作为封闭式的客房或书房，隔墙取消后可以布置成一个开放型的家庭图书馆，或敞开式的个人工作间。如果需要一部分功能房间，也可以根据实际的需求，重新分配房间的面积大小，打造新的隔墙，不必拘泥于原有的形式，在材料及布局上体现主人的与众不同之处。

除了尊重个性外，本着对业主的人性化关怀，在联排别墅的各种户型中，"高山流水"还设置了双主卧系统，体现中国人的儒家思想——百善孝为先。因此，"高山流水"把双主卧系统作为别墅必需的一个功能，两代人同时拥有私密的空间，以提升居住的品质。此外，"高山流水"的联排别墅全部备有车库，大部分是地下车库，按照常规轿车的尺度考虑，加长型奔驰也可以停放；充分利用地下空间，设置家庭设备中心，包括中央空调、热水处理中心、大规模电器、吸尘器及大烤箱等家用设备的放置；工人房单独设在地下室，与主人的活动空间相对独立，互不干扰，并为其配备了单独的卫生间。人性化要求住宅保存五感：归宿感、亲密感、私密感、安稳感和自在感。"高山流水"的户型设计，遵守这样的秩序与和谐，尊重人的生理需要、精神需要，充分体现了以人为本的设计思想。

资料来源：中国指数研究院，中国房地产 TOP10 研究组. 中国房地产品牌价值研究：理论与实践［M］. 北京：经济管理出版社，2006.

思考题：

1. 同景集团开发长安栗园项目是基于什么？有何启发？
2. 同景集团如何拟订"高山流水"案名和开发"高山流水"项目的？有何启示？

案例7　沿海绿色家园：健康住宅的领跑者

当中国房产界还在喋喋不休地争论中国房地产企业有没有品牌，要不要品牌之时，沿海绿色家园已将品牌建设融入企业发展规划之中。随着沿海绿色家园从独资企业发展到今天拥有20余家独资、合资及合作企业，从几十人的小公司发展到今天拥有千余人员工的大公司，从上千万元资产净值发展到今天的几十亿元资产净值，"沿海绿色家园"的品牌也在蓬勃发展，成为中国健康住宅事业的推动者和中国健康住宅的同义词。2005年，在由国务院发展研究中心企业所，清华大学房地产研究所、中国指数研究院联合主持的"中国房地产品牌价值研究"中，沿海绿色家园凭借9.39亿元人民币的品牌价值荣获"2005中国房地产公司品牌价值TOP10"称号。

一、沿海绿色家园健康住宅规划体系

沿海的健康住宅品牌体现在品牌战略、品牌定位、品牌核心价值3个方面。

沿海的品牌战略是："品牌战略统揽全局，做中国健康住宅的领跑者"。沿海通过统揽全局，来实现成为中国健康住宅的领跑者，为顾客构筑艺术空间、缔造健康之家、实现竞争的差异化，通过创造顾客价值，实现企业成为全国经营房地产的中国著名品牌的现代化企业的发展目标。

在品牌定位方面，沿海坚持做"中国健康住宅领跑者"。定位明确了两个层面的意义：一是明确产品是中国健康住宅领域；二是明确文化取向和个性差异：领跑者。在具体操作上，沿海与国家住宅中心合作的"健康住宅"战略合作，充分为沿海在行业中拉开一个区隔，在房地产行业的细分市场开辟一个全新领地。

在核心价值方面，作为专业房地产发展商，沿海致力于健康住宅领域的领先，其品牌为顾客提供了三大核心价值，即健康、智能、和谐。

品牌战略架构。基于中国房地产行业特征，沿海采取的是主副品牌体系架构，从建设品牌项目开始，逐渐走上企业品牌统揽全局，并致力于采用健康住宅产品技术体系，实现在不同区域、不同项目之间的共同基因。沿海的背书品牌是健康住宅，是沿海品牌的核心价值，蕴涵于企业品牌和项目品牌之中。

主品牌：沿海绿色家园

核心内涵是企业名"绿色家园"，关键词是"绿色"与"家"。

"绿色"的品牌联想：生态、环保、节能、健康、可持续发展、生活、生机勃勃、活力、温馨、智慧、和谐、和平等，而这些联想与企业品牌另一个关键词"家"是十分吻合的。

营造"家园"是住宅开发商的最高境界，已经超越了住宅的物质层面，融入了社会、心理、文化等全方位丰富的内涵。

因此，"绿色家园"具有丰富的内涵和品牌联想，是每一个人的期待和梦想，这就是沿海企业品牌的核心内涵。

副品牌：项目品牌。如沿海·丽水系列、沿海·绿色智慧城、沿海·赛洛城.

沿海项目品牌的核心内涵是"艺术空间，和谐社区"，这是沿海对第三代住宅的定义和概括，也是企业品牌"绿色家园"的具体体现。

沿海的项目开发要围绕着这一核心主题来展开，反映所开发的每一个项目都深深地烙上这些印记，来传递品牌内涵。

背书品牌：健康住宅，是沿海品牌的核心价值，蕴涵于企业品牌和项目品牌之中品牌是企业的标签，背书品牌是品牌的标签。

背书品牌依附于产品贯穿于整个企业品牌和项目品牌之中，成为沿海品牌体系的核心内涵和独特个性，是沿海品牌区别于其他品牌的鲜明特征体现。

沿海的品牌管理流程。管理流程分为 3 个部分：制度流程建设、评估指标体系设计、品牌管理组织架构。制度流程建设主要是从制度上保证沿海健康住宅品牌价值的形成，建立评估指标体系是指通过外部权威机构对沿海健康住宅品牌进行适时评估，再依据评估信息做适当的市场反应和调整；在品牌管理组织架构方面，沿海通过建立三级管理架构，保证品牌工作落实。

二、沿海的品牌运营管理规划

健康住宅品牌管理。沿海的企业品牌管理体现在产品、形象、服务、文化、规模、顾客 6 个方面的要求上。这里重点介绍其在产品上的管理。

产品管理是沿海健康住宅品牌管理的重点，主要包括产品特征、产品质量和产品标准 3 方面。

在产品特征上，沿海要求在产品的外显特征上全方位引入健康住宅技术体系，构筑清晰的产品形象；在产品体系上，要求拥有强大的健康住宅研发能力；在产品形象上，要体现中国健康住宅的领跑者；在项目特征方面，体现国家健康住宅试点项目的鲜明形象。

沿海对于产品的质量从广义与狭义两方面进行要求。广义的质量包含产品的规划、设计、施工、园林、服务、文化等范畴的质量标准体系，体现健康住宅产品的广义内涵，实现高于行业竞争对手的价值体现。狭义质量主要指产品的工程施工质量，要求采用 ISO 认证体系，实现质量的稳定性和低产品综合缺陷率，实现高于行业标准的产品质量水准。

产品标准是沿海健康住宅区别于市场上其他健康品牌的显著特点之一，沿海采用了国家住宅与居住环境工程技术研究中心制定的健康住宅技术标准。具体包括：实现住宅空间的私密性、交往性、安全性和灵活性；控制和避免装修的二次污染和环境对人体的损害；建立外围护结构保温隔热技术体系，节能和可利用再生能源；做好住区防噪规划及住宅室内防噪隔声措施；住宅区的光环境，加强采光设计，避免光污染；水环境的安全、避免污染和循环应用；绿地系统对大自然的亲和性，体现人和自然和谐、融洽的生态原则；垃圾收运和垃圾处置符合环保、健康的原则。

分层次项目品牌管理。沿海的项目品牌管理分为全国性项目品牌管理、区域性项目品牌管理、一般性项目品牌管理。每一部分都体现着"健康"二字。全国性项目品牌，承载着沿海健康住宅品牌核心价值最大化，是促使企业品牌提升的重要构成，也是体现背书品牌内涵的重要试点。依据品牌发展战略，对全国性项目品牌实施重点关注，高度介入，强化管理，要求所有全国性项目必须列入国家住宅工程中心的"健康住宅"试点申报；所有全国性项目必须采用一项以上的健康住宅成套技术的应用；依据发展需要，优先列入美国 LEED 认证标准。

区域性项目品牌是提升沿海企业品牌在区域市场知名度的主要构成，承载着沿海品牌核心价值，展现沿海企业形象和传播品牌内涵的重要构成。依据品牌发展战略，对区域性项目品牌实施高度关注，中度介入，重点管理，要求区域项目推荐列入国家住宅工程中心的"健康住宅"试点申报；区域性项目推荐使用一项以上的健康住宅成套技术的应用。

一般性项目品牌是适应沿海全国性布局规模要求，因规模较小，不适合作为重点企业品牌构成部分，难以全面承载着沿海品牌核心价值，基于资本积累和其他发展要求进行投资的项目。依据品牌发展战略，对区域性项目品牌实施适度关注，轻度介入，积极管理。要求一般性项目不建议列入国家住宅工程中心的"健康住宅"试点申报；一般性项目在可能的条件下，推荐部分使用健康住宅成套技术的应用。

贯穿于企业品牌与项目品牌中的沿海背书品牌管理。背书品牌是指向消费者再次确定，这些产品一定会带来所承诺的功能优点，因为这个品牌背后的公司是一个实质的、成功的组织，这个组织只可能生产优质的产品。

沿海的背书品牌依附于产品贯穿于整个企业品牌和项目品牌之中，其管理通过在价值链的八个环节实施，确保开发项目能够成为沿海品牌区别于其他品牌的鲜明特征体现，其中有四个环节蕴涵了沿海对健康住宅要求的缩影。

一是项目投资策划环节。包括新选项目规模、定位、产品等必须符合集团品牌要求；对健康住宅试点项目或 LEED 认证在产品策划中的落实；对健康住宅成套技术解决方案在产品策划中的落实；对项目灵魂在产品策划中的落实；对项目健康示范楼在项目策划中的落实；健康住宅申报、科研、技术，设备、投资等在 CS 表中的落实。

二是产品设计（研发）环节。根据和谐社区理念，组织策略联盟，制定和谐社区规划设计导则，形成沿海的规划设计标准；利用健康住宅试点项目研发工作组织策略联盟制定不同气候区域健康住宅技术标准；协助地区公司解决在健康住宅试点、LEED 认证和成套技术系统解决方案中遇到的技术问题；健康住宅试点项目技术、设备等要求在设计中的落实；沿海健康示范楼的设计落实。

三是工程质量管理环节。引入 ISO 质量管理体系来强化质量管理，稳定产品质量；健康住宅试点项目技术要求在施工中的落实和品质保证；加强安全文明施工措施，向顾客展示良好的工地形象。

四是客户关系管理环节。通过树立顾客理念和优质的客户服务体系，维系顾客，降低投诉率，提高投诉解决满意率，提高顾客对企业品牌的满意度和忠诚度；透过客户会，发展客户资源，组织各项活动，传播企业理念，在客户中确立沿海中国健康住宅领跑者形象。

三、沿海健康住宅探索的历程

沿海集团将绿色健康的住宅发展策略在全国范围内推行。借助于集团品牌统一管理、地区项目灵活经营的原则，沿海集团将绿色健康住宅技术体系贯彻到各个地区项目之中，真正实现了全集团绿色健康住宅的发展目标。

为了有力地推进基于绿色健康原则的住宅发展目标，沿海集团于2004年率先与国家住宅工程中心建立了"健康住宅"战略合作伙伴关系，将健康住宅理念、技术体系、建设体系、评估体系和沿海集团原有的为打造优质产品品质而建立的"基因工程"有机融合，逐步形成体现沿海集团品牌内涵的"健康住宅产品体系"，为营造绿色、健康的居住环境，创造健康生活空间提供切实可行的保障。

基于这样一个战略合作关系，沿海集团要求各地区所有项目全部申报国家"健康住宅"试点。到目前为止，沿海集团已有上海沿海·丽水馨庭、东莞沿海·丽水佳园、北京沿海·赛洛城等项目成为国家健康住宅试点项目，同时，武汉沿海·赛洛城试点项目的申报工作也在积极筹备之中。未来3年内，沿海集团将在全国各地投入更多的力量申报"健康住宅"试点项目，沿海集团也将成为中国"健康地产"的有力推动者。

东莞沿海·丽水佳园项目是沿海集团第一个申报并通过评审的国家健康住宅试点项目。项目以"夏热冬暖地区节能研究"和"景观水生态处理"两个健康住宅科研课题为核心突破点，针对华南地区夏热冬暖的气候特点，积极探索健康住宅应用技术。

东莞沿海·丽水佳园项目在规划设计中，通过CFD模拟实验，确定小区建筑布局以过梳法为原则，适应东莞的夏季主导风向，保证夏季的主导风能够舒畅地穿越住区，确保住区良好的空气质量，达到健康住宅社区空气质量环境控制标准。对实际设计成果的模拟分析结果观测，一期规划相当理想，能够形成顺畅的自然通风环境。

基于项目社区自然风环境的CFD模拟分析，项目设计过程中还对单体建筑自然通风组织进行了分析，用于指导后期方案设计。同时，基于综合节能设计的原则，委托深圳市建筑科学研究院对能耗优化设计进行了模拟分析，就住宅遮阳、门窗系统总结出具有针对性的设计技术策略。

东莞沿海·丽水佳园项目的健康住宅建设经验，也在沿海集团其他的试点项目中得以应用。上海沿海·丽水馨庭项目、北京沿海·赛洛城项目均顺利通过试点项目评审，成为健康住宅试点项目。

在北京沿海·赛洛城项目的健康住宅建设过程中，沿海集团进行了大胆的创新与突破。鉴于国家健康住宅建设标准侧重社区与住宅技术层面，而在社区与城市关系方面强调相对较少的特点，赛洛城项目建设过程中引入了国际认可的LEED—DN绿色社区体系，就社区模式、社区居住形态以及社区对城市基础设施压力等方面进行了设计实践。作为更深层次的健康住宅探索，沿海赛洛城取得了巨大的成功，在通过国家健康住宅试点项目评审后，又被美国绿色建筑委员会列为LEED—ND绿色社区认证全球试点项目。

更重要的是，通过多个健康住宅试点项目的成功建设，沿海集团在这个宏大范畴内逐渐形成了广义的健康住宅品牌，并逐步明确了沿海的品牌内涵：绿色社区、健康住宅、和谐邻里、艺术空间。社区与住宅，生态与生活的多层次交织，构成了沿海集团广义健康住宅的核心内容。在这个广义健康住宅理念的支撑下，沿海结合项目开发形成了有个性与针对性的健康居住环境解决策略，构成了核心产品体系，并逐步形成了完整的产品体系标准。

"生态"主要指住宅开发的物理层面，包括"绿色社区"和"健康住宅"两个部分："绿色社区"指的是生态、环保和节能产品技术体系的应用；"健康住宅"指的是物理形态的综合表现，体现出沿海集团住宅产品的竞争优势。"生活"泛指人文层面，包括"和谐邻里"和"艺术空间"两个部分："和谐邻里"是产品核心利益内涵和住区产品追求的核心价值观；"艺术空间"是展现建筑造型与环境空间序列的协调、创造居住生活艺术。

基于广义的健康住宅理念，沿海集团在与国家住宅工程中心的合作过程中，也投入了大量的人力就健康住宅应用技术进行专项研究，为项目建设提供统一的健康住宅实施标准。通过不懈努力，沿海集团在经历多年后形成了自身的广义健康住宅开发理念，在形成产品优势的同时打造出个性化的企业品牌。

资料来源：中国指数研究院，中国房地产TOP10研究组. 中国房地产品牌价值研究：理论与实践[M]. 北京：经济管理出版社，2006.

思考题：

1. 沿海集团的品牌战略和品牌管理，怎么评价？
2. 沿海健康住宅是如何探索的？

案例 8　中远置业房地产发展战略

一、公司发展历程

1993年6月，中远集团上海远洋公司为了解决一部分远洋系统的富余人员就业和职工住房问题，将公司基建处和行政处房管科改制成为上远房地产开发有限公司，注册资金1 500万元。最初时经营惨淡，每年仅靠40万元左右房屋维修费勉强维持。

1995年，上远房地产开发公司成功开发"远洋广场"。由于市场定位准，操作得法，该项目当年开工当年销售91%。通过这些项目的运作，公司迅速完成了原始资本积累过程。到年底盈利402万元。

1996年底利润达1 382万元。1996年，组建中远置业有限公司。

1998年，开发中远两湾城。2000年，收购汇丽集团。

二、中远入主众城的战略选择

中远集团，全称中国远洋运输（集团）公司，是1993年组建的以中国远洋运输公司为核心的企业，在国家56家特大型国营集团公司中排名第五。1995年，中远集团的业务发展也开始面临激烈的竞争和挑战。为了克服在竞争中遇到的困难，中远集团提出了"下海、登陆、上天"的新发展战略，成为我国一个集多种业务为一体的跨国家、跨地区、跨行业、多层次、多元化经营的大型综合企业集团。公司着重将房地产产业作为集团多元化拓展的重点。房地产开发是需占用大资金的产业，1996年开始，中远集团确立了借助资产经营迅速扩大规模，促使房地产业证券化的思路，从而为中远置业的腾飞奠定了决定性的基础。

1997年5月27日，中国远洋运输集团旗下的中远置业发展有限公司以协定方式受让了占上海众城实业股份有限公司总股本28.7%的发起人法人股，成为该上市公司的第一大股东。众城实业后来改名为"中远发展"。这一并购重组案例是上海房地产业的第一起"买壳上市"案，同时为大中型国企利用证券市场发展壮大自己探索了一条新路。

中远置业后来又分别从上海陆家嘴金融贸易区开发股份有限公司和中房上海房地产开发总公司协定受让共39.67%的股权，在转让前，前四名股东分别是陆家嘴公司、上海国际信托投资公司、中国建设银行上海市分行的第二营业部、中房上海房地产开发总公司，持股比例分别为22.97%、16.7%、16.7%、16.7%。这样中远置业共持有众城实业63.38%的股权，成为众城绝对控股方。中远置业增持股份是有其深远的战略考虑的，是在中远对众城资产重组工作已取得明显绩效基础上所作的战略性投资行动。

（2）中远集团入主众城的目的是 战略性"登陆"。中远花巨资买壳是一次战略举动，注重的是长期效应，是其战略布局的重要一着，其最主要的目的是在上海抢占"桥头堡"，为其业务转到上海并进行扩张做好准备。作为"航界巨子"的中远早就有进军上海的计划，在目前上海国际航运中心地位日益凸现以及竞争对手纷纷抢滩的情况下，自然不甘落后。作为中远的战略部署，中远必须在上海寻找一个"桥头堡"，并且成为以后在上海开展货运、仓储的基地。

（3）中远建立"桥头堡"的方式有两种，一种是"造堡"，即自己在上海申请土地建造大楼，这种方式涉及的审批程序多，工期长，投入大；第二种便是"买堡"，也即在证券市场上购买一家上市公司。若中远在陆家嘴再建一幢同等规格的写字楼，撇开批地中涉及的繁琐审批手续以及造楼所花工期不谈，就成本而言，造价恐怕都不止3亿，而收购众城即使达到50%比例也不过3亿左右。在时间、成本上中远都非常划算。第二种方式具有很大的好处，因为这样做一样可以迅速建立"桥头堡"。另一方面又可以得到壳，众城实业属于房地产类，与中远集团陆上产业发展规划相符。若收购成功，则可以有效地探索以房地产业增长为外部突破口的新型增长道路。进行重组后可以源源不断地筹集资金，这可谓"一箭双雕"。

（3）虽然企业兼并收购在国际上都是与银行金融界的有效支援联系在一起的，但我国金融体系的现状还不具备这一条件，因此在我国的收购控股行动中，一般认为所需资金主要靠收购方自己加以解决。但是中远——众城实际案例发生后，已有十多家境内外大银行和金融机构主动前来联系提供资金支援的可能性；招商银行、工商银行上海市分行、浦东发展银行等主要银行已不同程度实际承诺了以基准利率提供贷款，并且有兴趣长期支援中远在资本市场上的收购兼并和资产重组工作。

所以，中远入主众城带有其战略性布局扩张业务，证券市场筹资，扩张名气和优化内部资源的目的，但发展业务和抢占市场是其主要目的。"中远入主众城"主要是利用众城抢滩，继续发展其航运及其相关的仓储和房产业务，利用证券市场实现业务的战略布局和发展。

三、打造"大盘"创品牌

1997 年，根据国家向建筑业、住宅业倾斜的政策导向，中远置业也从开发办公楼向开发住宅小区迈进，并确立了"房地产住宅化"的主体经营战略。此时，上海市政府正在加紧"两湾一宅"危棚简屋旧城区的改造工程。这一项目需动迁 10 500 户居民，所需资金 20 亿元，这让很多的发展商望而却步。中远集团看中的是"两湾城改造"所具有的社会效益和经济效益，是中远进驻住宅开发市场打造中远品牌的良好时机。借助上市融资能力和中远集团的背景支持，中远置业集团获取了"两湾城"项目开发权。同时，公司也确立了"打造大盘创品牌"的发展方向。

在"中远两湾城"的项目开发中，中远秉承先期开发经验，各期的开发采用"短、平、快"的开发方式，注重销售速度。他们认为大盘的开发周期较长，风险相应增加，因而速度在大盘运作中就显得尤为重要。在运作两湾城项目上，不仅建设速度加快，销售速度也快；销售策略并不只是依靠低价策略，而是根据市场的反应进行判断决策，灵活调节售价。同时开发商对开发的住宅，根据用户的反馈不断进行功能改善，更新换代。在商品销售中，价格是关系到开发商、消费者切身利益的，而两者之间又是相互矛盾的。价格既要被消费者接受，又要取得竞争优势。中远两湾城开盘以低于周边楼盘 25%～30% 的价格推出，引起市场轰动。在低价销售中，要保障公司的利润，控制成本是首要措施。中远置业采用的是"倒控成本"的运作方式：销售价格——成本控制总额——成本控制总额分析——单向成本控制措施，而不是传统的"单项成本估算+成本总额——销售价格"的运作方式，销售价格确定在前，成本控制是中远置业走向成熟稳健的一个重要标志，他们西区其他开发商的经验教训，抑制开发成本的无限扩张，采取了"事前控制"和"始终控制"两种手段。

通过中远两湾城的成功开发，中远置业已成为今天上海房产市场中极具影响力的房产品牌，而大多数的上海市民也正是通过中远两湾城了解中远置业的。

四、收购汇丽，扩大产业链

在成功开发中远两湾城之后，中远置业参股生产建材的汇丽公司，希望借此再降一块成本。汇丽 B 股是上海本地中小盘纯 B 股公司，中远置业集团通过参股汇丽，对其进行了大规模资产重组，一举扭转其亏损局面。中远强大的房产开发能力给汇丽带来了大块的配套市场，实现了房地产开发中相关产品的有效组合，并形成了较完善的产业链。在此基础上，中远汇丽将进一步拓展与上海房地产公司的强强联合，在房产配套市场中抢占领地。中远集团通过收购汇丽公司，扩大集团产业链，由此带来的规模效应，将大大降低内部成本。

资料来源：中银国际证券 http://www.bocichina.com/boci/f10/f10Content.jsp？tn = GSBD&guid = {4229363B-3801-415D-9E89-BCF84D478C86}

思考题：

1. 中远为什么要入主众城，请进行分析？
2. 中远置业成功的关键因素有哪些？
3. 中远置业在发展中实施了哪些战略？

第五章 物流行业

案例1 中远集团物流战略

2002年1月8日，中国远洋物流公司（COSCOLOGISITICS）在京宣告成立。组建中远物流是中远集团为迎接加入WTO的挑战，推进其"由全球承运人向全球物流经营转变"的重大举措。

一、中远集团发展物流的战略调整

1. 调整战略，实现两个转变

为了贯彻中远集团"由拥有船向控制船转变，由全球航运承运人向全球物流经营人转变"的发展战略，集团及时对主业结构进行调整，同时制订了集团物流发展规划。近年来，中远船队船舶载重吨位由过去的1 700万吨增加到2 300万吨，平均船龄15.1年降低到11年。中远船队规模的扩大不但巩固了中远航运主业的国际地位，同时由于航运规模经营优势带来的客户群又成为发展和稳定的资源，船队和物流企业形成了积极良性的互动关系，促进了中远物流的持续发展。

2. 建立健全机构，加强中远物流管理

为了充分利用集团全球资源，发挥集团整体优势，打出品牌，集团总公司成立了物流职能机构，下设国内外各区域物流公司。区域物流公司根据经营管理需要设置若干国家（或口岸公司）公司，负责中远全球的物流业务。在总公司的统一管理下，各区域公司重点负责中远全球物流项目开发及区域内、外物流项目的运作管理等。

3. 大力拓展现代物流服务

以强大的航运实力为依托，充分利用中远全球外流资源，以中国市场为基础，以跨国公司物流需求为基础，对客户服务由运输扩展到仓储、加工、配送，直至深入到产品生产、流通、分配、消费的大部分环节，通过开展增值服务，提高加强盈利能力和市场竞争力。几年来，COSCO以客户满意为中心，以上海通用汽车、海尔电器、保伦鞋业三个典型项目为突破口，开发了各类物流项目73个，同时还走访了东风汽车、长虹、福特汽车、科龙、沃尔玛等大型客户了解需求，共同协商开发物流配送方案。为了使中远物流尽快与国际接轨，该公司积极与世界著名咨询公司合作，引进国外先进技术和管理经验，并通过示范项目的实施与推广，进一步加快中远物流发展进程。

二、中远物流的企业战略

1. 优化资源结构，发挥整体优势

中远物流为了更好地适应国际物流市场需求，进一步增强市场竞争力，1995 年开始对所属陆上货运公司进行了重大改组和调整，这次整合从根本上解决了中远陆上货运资源布局不合理、利用不充分、重复投资、内部竞争、发展缓慢等弊病。1997 年对中远船队按照专业生产要求又进行了经营战略调整。同时，对海外地区的众多业务机构进行了归口管理并成立了香港、新加坡、美国、欧洲、日本、澳洲、非洲、西亚、韩国九大区域公司，通过理顺新体制，形成了优势，改变了中远集团在计划经济下多年的企业组织结构，实现了中远集团跨国经营的总体构架有全球业务分布的新格局。

中远物流以国际化的远洋船队为依托，以科技创新和管理创新为突破口，不断加强服务体系建设，在全国 29 个省、市、自治区建立了包含 300 多个站点的物流服务网络体系，形成了功能齐全的信息系统；拥有运营车辆 1 222 辆，其中集装箱货车 850 多辆，物流车 339 辆（配备 GPS 系统的为 94 辆），大件运输车 32 辆；仓储和堆场 154 万平方米；成功开行了 6 条以"中远号"命名的集装箱"五定班列"，并且培养了一支有多年实际经营和运作物流业务丰富经验的专业人才队伍。重组的中远物流公司下设大连、北京、青岛、上海、宁波、厦门、广州、武汉 8 个区域公司，并与中远海外企业有密切的协作关系，与 40 多个国家的货运机构签订了互为代理协议，能够便捷、高效地完成现代物流任务。

2. 品牌战略

中远物流公司为上海别克、一汽捷达、神龙富康、上海桑塔纳等提供进口汽车散件服务，并且为沈阳金杯提供物流服务，与众多汽车厂商建立了良好、广泛的联系；还与海尔、科龙、小天鹅、海信以及长虹等企业建立了紧密的合作关系。中远与科龙和小天鹅合资成立安泰达物流有限公司，这是我国首家由生产厂家与物流服务商组建的家电物流企业。

在国家重大建设项目方面，中远在两年中先后中标，承担了秦山核电三期工程，江苏田湾核电站和长江三峡工程的物流运输项目，为国家重点工程建设做出了重要贡献。

3. 科技创新战略

现代物流实际上是依靠现代技术支撑的行业，没有科技支撑，物流业务将寸步难行。在这方面中远物流实施两个方面的工作。

第一方面的工作是，在建立完整的网上货运服务的基础上，建立中远物流船队数据中心，强化中远物流的客户服务水平，拓展中远物流的服务范围；第二方面的工作是完善现代物流应用系统，包括两个内容：完善"5156"公共信息平台，为客户提供全面的物流服务。中远物流公司已经拥有了一套比较成熟的信息技术系统。他们将"网上仓储管理信息系统"、"网上汽运高度信息系统"、"网上结算"等功能模块进行集成，形成了"5156.com.cn"物流网站，能够为客户提供便捷的网上物流交易电子商务平台，为物流项目的开发和运作提供了强有力的技术支持。

同时，建立以北京物流总部为中心、覆盖 8 个区域公司的中远物流专网，逐步将

"5156"物流平台建设成为中远物流业务操作、项目管理、客户服务及应用服务的公共信息平台。开发个性化物流信息系统，为重大客户提供物流服务。中远物流已经开始为厦华三宝计算机、百事可乐、本溪钢铁、上海通用汽车提供物流信息服务，并且正在为安泰达（科龙、小天鹅）物流项目实施物流信息系统。他们计划2002年再为2~3个大型物流项目配置信息系统，为客户提供个性化服务。

4. 管理创新战略

中远物流的目标是"做中国最好的物流服务商、最好的船务代理人"。中远物流全系统要以培养核心竞争力为目标，有效整合物流资源，以传统运输代理业务为基础，做大做强综合性的运输服务体系，为国内外广大船东和货主提供更优质的服务。中远物流将加大力度，构建物流业务体系，树立中远物流品牌，增强物流项目设计和管理、重点拓展汽车、家电、项目和展品物流市场，积极开发冷藏品、危险等专项物流领域。近期还将开辟2条中远铁路专线；依托高速公路网，逐渐建立完整、全方位的国内干线配送和城际快运通道；发展国际航运代理市场，促进以北京、上海、广州为三大集散中心的中远物流空运网络建设。

为了推动中远物流系统的管理创新，激发企业的活力，增强竞争力，公司始终坚持"以人为本"的宗旨，将以建立完善新的绩效评价体系为核心，加快培养物流骨干人才，有效促进传统业务的稳定增长和新业务的快速增长。

资料来源： 何情茵. 物流案例与实训［M］. 北京：机械工业出版社，2004.

思考题：

1. 中远物流为迎接挑战，推进其"由全球承运人向全球物流经营转变"转变，采取了哪些措施？

2. 中远物流为百事可乐、本溪钢铁、上海通用汽车提供物流信息服务，并且为安泰达（科龙、小天鹅）物流项目实施物流信息系统。这样做是否可以实现"双赢"？

3. 能够为客户提供便捷的网上物流交易电子商务平台，为物流项目的开发和运作提供了强有力的技术支持，是否意味着中远物流的客户服务水平的提高和服务范围的扩大。

案例 2　德邦物流：为中国提速

一、公司简介

德邦物流是国家5A级物流企业，主营国内公路零担运输业务和空运代理服务。公司创始于1996年9月，截止2011年8月，德邦物流已在全国31个省级行政区开设直营网点1 500余家，自有运输车辆4 600余台，货台总面积超过50万平方米，日吞吐货量近3万吨，服务网络遍及国内550多个城市和地区。公司秉承"承载信任、助力成功"的服务理念，保持锐意进取、注重品质的态度，强化人才战略，通过不断的技术创新和信息化系统的搭建，提升运输网络和标准化体系，创造最优的运载模式，为广大客户提供安全、快速、专业、满意的物流服务。一直以来，公司都致力于与员工共同发展和成长，打造人企双赢。在推动经济发展，提升行业水平的同时，努力创造更多的社会效益，为国民经济的持续发展，和谐社会的创建做出积极贡献，努力将德邦打造成为中国人首选的国内物流运营商，实现"为中国提速"的使命。

2000—2005年，德邦处于发展摸索阶段，该阶段德邦的业务重心在空运运输方面，业务收入80%属于空运收入。其货源主要依托于广州、深圳。2003年经历了2次分家，企业发展受创。2004年经过一年的恢复，公司又重新步入正轨。由于看到空运发展资源受各方面制约较大，2005年公司决定向国内汽运方面发展。2004年年底开通了第一条"卡车航班"。在这5年内，公司逐步完善了信息化管理的初级阶段，期间建立了TIS信息化系统、OA内部办公平台，以及ISO标准化认证，全面推行规范化管理。

2006年，公司开始大批量从学校招收应届毕业生，逐步减少社会招聘的数量，并且确定了内部晋升、内部培养的人才战略。2006年引入了6S管理，全面对各个部门推广，重塑了企业形象。变更了企业LOGO，开始走品牌化路线。同年年底德邦第一家形象店面世。全新的营业厅形象展现出来。

2007年为企业数据化管理、标准形象推广年。本年内全公司推行了全面数据化管理，一切从数据说话的管理形式。同年，全国各地将运营模块独立出来，打造了全国统一的运营团队，大大提高了运营质量和效率。

2008年，为企业品牌塑造年，全年共投入3 000万进行品牌包装和推广，使走出去的路线得到有效贯彻，使得德邦在行业内逐渐揭开其神秘面纱，并且使得企业社会知名度得到了大大提升。

2009年，德邦开始涉足网上贸易，并取得"淘宝推荐物流商"的称号。同年其网上业务发生额达到1.1亿元，使德邦的服务开始进入千家万户。2009年年底公司总部搬至上海，使其从地方性知名企业向全国知名企业转变。

2010年加快了其网络铺设速度，9月全国网点规模突破1 000家，同时做上了全国零担运输的第一把交椅。

二、德邦物流的业务介绍

1. 主营业务

零担快运：零担快运是德邦提供的快于普件运输的速运产品，服务于有快速运输需求的客户群。

包装服务：为提高货物运输安全性、防止丢损，特推出多种材质和规格的有偿服务。

短信通知：德邦首创，第一时间通过手机短信将货物到达与提货的信息发送给客户。

签单返回：如果客户发货提供签收单，德邦可有偿为客户提供签单签收与返回服务。

仓储配送：对月发货量稳定、集中的企业型客户，德邦可根据货物种类、数量、距离为客户提供上门提货、送货服务。

2. 精准业务

精准卡航：空运速度，汽运价格，安全快速，限时到达。全部采用进口VOLVO/

SCANIA 等全封闭厢式卡车，以最优的线路，迅速通达全国多个城市。车辆自身严密电子系统控制，给车辆带来全方位的保护，GPS 全球定位，短信、电话、网络实现全程货物跟踪，随时随地掌握货物在途信息。

精准城运：准点到达，准点派送。实现珠三角、长三角、京津塘、山东、辽宁、川渝区域城市之间快速送达。

精准汽运：网络横贯东西、纵横南北、遍布全中国，天天发车，专线通达全国，新线路在持续增加中。

精准空运：拥有南航、国航、深航、厦航、东航、山航、海航等多家航空公司的代理权，在全国 47 个大中城市设有空运代理点，以标准化和人性化真诚为客户服务。从发货到目的站提货，全程把控，实现贴心一条龙精准服务。

3. 增值服务

代收货款：限时退款、快速安全的货款回收服务。发货客户将商品出售给到达客户，德邦物流可替发货客户向到达客户收回货款，并在规定时限内将该笔货款汇出，让客户及时并安全地回笼资金。

三日退：确认收到货款后三日内将所收款汇至客户所提供的账号。

即日退：指定银行 24 小时精准退款服务，24 小时到账。该业务手续费可提供五折优惠，六始发城市免费代收。截至 2010 年 12 月，德邦物流代收货款累积突破 68 亿元人民币。

保价运输：是指运输企业与托运人共同确定的以托运人申明货物价值为基础的一种特殊运输方式。托运人向承运人声明其托运货物的实际价值，若货物出险，即可获相应赔偿。快速理赔，解决顾客的后顾之忧 。

三、德邦物流所获荣誉以及发展史

2012 年 荣获中国物流业大奖"快递快运物流最具竞争力企业奖"

2012 年 获得"中国物流杰出企业"荣誉称号

2012 年 被评为"中国物流业品牌价值百强企业"

2012 年 荣获"中国物流信息化优秀应用企业"

2011 年 5 月 中国物流与采购联合会物流企业综合评估委员会第十二次会议，审定通过德邦物流股份有限公司由 4A 级物流企业升级为 5A 物流企业

2010 年 3 月 德邦物流成为共青团中央"青年就业创业见习基地"

2009 年 12 月 德邦物流股份有限公司董事长崔维星荣获"2009 中国物流十大年度人物"

2009 年 11 月 德邦物流入围 2009 中国管理模式杰出奖企业

2009 年 9 月 德邦物流荣膺"全球十大网商"

2009 年 8 月 德邦物流管理总部由广州搬迁到上海，开始了德邦物流发展的新篇章

2007 年 6 月 "2007 广东省企业 100 强"、"广东省服务行业 100 强"评价活动结果公布，本公司荣获"广东省服务行业 100 强"荣誉称号

2006 年 7 月 全面更新 VI 系统，重塑品牌形象

2004 年 10 月 德邦物流公司成立，公司注册资金 1 000 万元

2004 年 9 月 创新推出卡车航班业务，开通第一条线路：广州—上海线

2002 年 7 月 公司通过了 ISO9001：2000 质量认证，全面推行规范化管理

2000 年 8 月 注册成立广州市德邦物流服务有限公司

1998 年 6 月 承包中国南方航空（集团）公司老干航空客货运处（简称"南航老干"）

1996 年 9 月 公司创始人、总经理崔维星涉足货运业务

四、德邦物流的文化理念

德邦的企业文化也可称为"长青法则"。它是德邦人所共享并遵循的使命、愿景、核心价值观等企业文化核心的总和。它明确我们的目标，规范并指导我们的行为，最大限度地激发员工的聪明才智，共创德邦的长青基业。

1. 使命：为中国提速

2. 愿景：成为中国人首选的国内物流运营商

3. 核心价值观

成就客户——竭尽所能满足目标客户

卓越运作——没有好的运作，一切都是白费

创新发展——强者开拓创新，弱者故步自封

长远视角——30 年后成功才算成功

激情进取——绝不被淘汰

4. 企业精神

德邦人要像发动机那样，认真敬业；德邦人要像发动机那样，充满激情；

德邦人要像发动机那样，团结协作；德邦人要像发动机那样，令行禁止。

5. 企业作风

特别能吃苦，特别能团结，特别讲效率，特别会创新。

6. 管理理念

以人为本 人企双赢 适度竞争 宽严相济

7. 经营理念

以客为尊 助力成功 追求卓越 勇于争先

资料来源：http://www.deppon.com/index.html 及其他相关网络资料整理。

思考题：

1. 采用 PEST 分析法对德邦物流的宏观环境进行分析，并评价这些因素对德邦物流战略目标和战略制定的影响。

2. 采用 SWOT 分析法，找出德邦物流的优势、劣势及核心竞争力之所在，并对其下一步的发展战略提出建议。

案例3 马士基的全球物流经营战略

国际航运旗帜——马士基海陆班轮公司，是世界第一大班轮公司，是 A. P. Moller 集团旗下的一个最大的子公司，创建于 1904 年，该集团的总部设在丹麦首都哥本哈根，在全球 100 多个国家拥有 325 个下属单位雇员约 6 万多人。A. P. Moller 集团拥有一条由 250 多艘船只组成的船队，总装载量约为 1 200 万吨，其中包括集装箱船、油轮、散货船、供给船、专用船和海上石油钻井平台。

2006 年 2 月，世界航运业巨头 A. P. 莫勒—马士基集团宣布，与荷兰铁行渣华集团（p&ONedlloyd）正式整合为马士基航运，开始以 Maersk line 的名称运营。2 月铁行渣华大部分的船陆续加入马士基的船队，3 月中旬马士基航运完成所有的服务网络重整，6 月 MaerskUne 的服务网络全面运作。从马士基集团的角度出发，收购成本只属次要考虑因素，成功吸纳铁行渣华航运的庞大运力及航线网络，才是最重要的。尽管马士基集团因各地的竞争法规制约，被迫放弃铁行渣华的欧洲至西非航线业务，但在航线服务版图及船队规模的竞赛上，现已大幅度抛离所有竞争对手，并重新厘定了全方位跨国船公司的定义。据估计，马士基集团的货柜班轮业务扩充后，聘用员工约 7 万名，船舶总数达 550 艘，运力规模更是第二大船公司的两倍以上，占全球航运市场份额 17% 之多。

8 月份马士基集团和约旦亚喀巴港发展公司（AOC）签署一项协议，以发展和经营亚喀巴港集装箱码头项目。根据协议，马士基下属的码头公司将投入 7.06 亿美元，获得码头项目 50% 的控股权，拥有该码头 25 年的经营权。

日前，马士基从金陵船厂接获一艘 1118 TEU 新船。该船由马士基下属的铁行渣华（Royal P & ONedlloyd）订造，共有 4 艘。此次交付的新船是该系列中的第一艘船。该船将投入到马士基的红海支线上运营，该支线挂靠吉达和亚喀巴两个港口，实施周班运营。

一、奠定地位

马士基的经营目标是紧盯全球大货主（尤其是跨国公司），不放过中小规模的货主。凭借其强大的实力和影响力，可以独自受理全球任何货主、任何货种的运输及物流要求，而不需要借助于合作伙伴或舱位互换。

马士基历来注重用实力奠定自己在本行业的强大影响力，而且致力于巩固和强化这种影响力。雄心勃勃的全球扩张和覆盖全球的业务网点，是多年来航运界人士对马士基的最深刻印象，吞并美国海陆公司是其令航运界震惊的代表性大手笔。20 世纪 90 年代，A.P.Moller 集团连续吞并 EAC Ben、Safmarine 和海陆，在 5 家国际著名班轮公司联合组建的航运网络公司的系统中，马士基海陆是第一大股东，这有力地奠定了马士基在国际航运界的显赫地位。

二、经营策略

为实现降低成本和公司利润最大化的目标，马士基尽量控制港口和码头操作，尽可能扩大自己在世界重要港口和码头的影响，避免受港口和码头业主方左右。马士基还成立了马士基港口公司，专门负责港口和码头事务，该港口公司每年的装卸量可达1 250万TEU，成为世界上第三大码头操作公司。其经营策略主要有以下几点：

（1）使用自己的代理。马士基在全球范围内设立自己的代理公司或机构，很少使用自己系统以外的港口代理。

（2）系统内造船。马士基的大多数船舶是通过马士基物流公司，安排在A.P.Moller集团属下的造船厂建造的。

（3）公司资金投资。与大多数航运公司不同，马士基的投资资金多来源于公司内部的资金，而不是银行贷款。

（4）自己培训雇员。集团乃至马士基培训雇员都是采用自己的方式、自己的培训机构、自己的教材，而不采用其他班轮公司将雇员送往国外著名学府深造的做法。马士基雇用的外籍海员，必须先通过"马士基式"的培训，考试合格后方可上船。2001年5月，马士基在中国大连海事大学设立的"马士基班"是一个典型的例子。按照马士基公司的说法，他们要避免受制于人，避免被合作伙伴或其他方面缚住手脚。

三、KPI和ABC

马士基物流香港有限公司在中国的物流业务上取得显著成效，得益于启用的两套物流管理系统——性能指示器（KPI）和成本预测系统（ABC）。性能指示器是一种供应链管理中常见的重组资讯管理系统，优点主要是对于专业数据准确性的分析、检测，并且编印出一套操作系统报告，显示即时信息。ABC系统即成本预测系统是一套预测供应链成本的工具，有助于为服务提供增值效益，促使利润增加。

资料来源：王玮. 马士基的全球物流经营战略［J］. 市场周刊，2006（8）.

思考题：

1. 马士基在扩大自己的竞争力时，做了哪些方面的战略决策？
2. 结合案例，分析公司并购战略的优劣。

案例4　顺丰速运：速递行业中民族品牌的佼佼者

一、公司简介

顺丰速运（集团）有限公司（以下简称顺丰）于1993年成立，总部设在深圳，是一家主要经营国内、国际快递及相关业务的服务性企业，2011年被中国物流与采购联合会评为"AAAAA物流企业"。自成立以来，顺丰始终专注于服务质量的提升，不断满足市场的需求，在大中华地区（包括港、澳、台地区）建立了庞大的信息采集、市场开发、物流配送、快件收派等业务机构，建立服务客户的全国性网络，同时，也积极拓展国际件服务，目前已开通新加坡、韩国、马来西亚、日本及美国业务。长期以来，顺丰不断投入资金加强公司的基础建设，积极研发和引进具有高科技含量的信息技术与设备，不断提升作业自动化水平，实现了对快件流转全过程、全环节的信息监控、跟踪、查询及资源调度工作，促进了快递网络的不断优化，确保了服务质量的稳步提升，奠定了业内客户服务满意度的领先地位。顺丰以"成就客户，推动经济，发展民族速递业"为自己的使命，积极探索客户需求，不断推出新的服务项目，为客户的产品提供快速、安全的流通渠道。

为了向客户提供更便捷、更安全的服务，顺丰速运网络全部采用自建、自营的方式。经过十几年的发展，顺丰已经拥有6万多名员工和4 000多台自有营运车辆，30多家一级分公司，2 000多个自建的营业网点，服务网络覆盖20多个省、直辖市和香港、台湾地区，100多个地级市。

二、经营理念

顺丰将经营理念定位于"成就客户，推动经济，发展民族速递业"，积极探索客户需求，不断推出新的服务项目，为客户的产品提供快速、安全的流通渠道，帮助客户更快、更好地对市场做出反应：推出新的产品和调整策略，缩短贸易周期，降低经营成本，促进客户竞争力的提高。同时，顺丰不仅为国家发展贡献了税收，也解决了社会的就业压力，为国民经济的持续健康发展做出了应有的积极贡献。

顺丰速运全部采用自建、自营的方式建立自己的速运网络，特别是2002年集团总部成立以来，更致力于加强公司的基础建设：统一全国各个网点的经营理念，大力推行工作流程的标准化，提高设备和系统的科技含量，提升员工的业务技能和素质，努力为客户提供更优质的服务，不遗余力地塑造"顺丰"这一民族速运品牌。

三、文化理念

顺丰力求塑造"知行合一"的价值观，让价值观的内涵通过员工的一言一行体现出来，形成一股精神的力量，熔铸在企业的凝聚力、竞争力、生命力之中。

1. 公司愿景：成为最值得信赖和尊敬的速运公司
（1）我们致力于为员工提供一份满意和值得自豪的工作；
（2）我们致力于快速、安全、准确地传递客户的信任；
（3）我们致力于成为速运行业持续领先的公司；
（4）我们致力于承担更多的社会责任。

2. 核心价值观：尊重　团结　认真　奉献
（1）尊重他人才能获得他人的尊重和信赖；
（2）团结才能获得他人的支持和帮助；
（3）认真才能把事情做好，才有突出的业绩；
（4）奉献才有回报，才有更多的认可和发展机会。

3. 诚信基本准则
（1）不作假、不欺瞒；
（2）不损害客户利益；
（3）不损害公司利益；
（4）不以公谋私。

第五章　物流行业

四、品牌理念

积极：迅速扩展和进步的业务

成立初期提供顺德与香港之间的即日速递业务。随着公司的业务不断发展并迈向国际，顺丰速运现成为中国速递行业民族品牌的佼佼者之一，其积极、有序地发展陆上及航空速递网络，并专注于人才队伍的建设，是企业中长期发展规划的首要任务。

创新：持续创新和完善的服务

积极探索客户需求，为客户提供快速安全的流通渠道；不断推出新的服务项目，帮助客户更快更好地根据市场的变化而做出反应；缩短客户的贸易周期，降低经营成本，提高客户的市场竞争力。除了在公司内部培养一批中流砥柱以外，更不断从其他行业吸收精英以满足业务高速发展以及服务不断完善的需要。

务实：保持稳健中提升的作风

致力于加强公司的基础建设，统一全国各个网点的经营理念，大力推行工作流程的标准化，提高设备和系统的科技含量，提升员工的业务技能和素质，努力为客户提供更优质的服务，不遗余力地塑造顺丰速运这一民族速递品牌。

活力：营造迅捷和亲切的体验

以客户需求为核心，建设快速反应的服务团队，谨守服务承诺。提供灵活组合的服务计划，更为客户设计多种免费增值服务及创新体验，全天候不间断提供亲切和即时的领先服务。

案例来源：http://www.sf-express.com/cn/sc/.

思考题：

1. 顺丰速运成功的关键是什么？
2. 结合案例，谈谈顺丰速运如何进一步提升竞争力？

案例5　成都"蚂蚁"：布局全国

成都蚂蚁企业集团前身是成都蚂蚁搬运有限公司（现在工商注册名称为成都蚂蚁物流有限公司），诞生于1996年11月8日，经过13年的发展，现已成为有员工3 000余人、各种车辆300多辆、上万平方米现代化仓库、上亿资产的大型服务性私营企业集团。

公司总部设在成都市高新区创业路49号，物流基地位于成都市高新区科园南二路六号，占地130多亩，注册资金1 000万元人民币，是四川省率先与国际接轨的专业物流供应链服务商。蚂蚁是什么？是全国最大的搬家公司，是四川最大的同城配送公司，是最具影响力的综合物流企业，物流综合年产值突破2个亿，下属"随时随递现代物流公司"是专业的3PL"物流管家"，专业提供最优化的第三方物流综合解决方案；是1997年11月第五届中国艺术节、四川省首届熊猫节"两节"期间省政府指定的唯一物流服务单位；是2000年9月大运会、电脑节指定物流配送企业。

113

公司拥有覆盖全川物流网络和精品运输专线。在省内的十多个二级城市均设有分发货联络处，能做到24小时上门取货，送货到门的长短途专线服务要求，形成了高质量、高效率的服务特色。

公司于2002年通过ISO9001：2000国际标准质量管理体系认证。拥有全省统一服务热线96518和85185188等共计24对服务热线，实行24小时服务。2002年被成都市工商行政管理局评为"连续三年无投诉企业"。

物流基地投巨资建设的大型物流中心，使用面积达2万多平方米。下一步，即将投入1.2亿元建设的"西部电子电器物流中心"，面积高达120亩，近7万平方米的现代化仓储可供使用，将是西部物流行业令人瞩目的浓重巨笔。集结昆明、武汉等其他省外分公司已有的物流配送中心，将有约13万平方米的仓储服务能力。届时，蚂蚁物流能够为各企业商家带来高效率的市场效益，从而为客户创造最大价值。

新投入运营的车辆GPS定位系统，迅速提高了车辆调度反应能力，极大地保障了客户物资的及时性与安全性。新近成立的"ERP信息化小组"正在紧锣密鼓全面筹建ERP信息化管理系统。

"蚂蚁物流"麾下人才济济，仅获得高级物流师资格的专业人才就多达25人，物流管理专业或相关物流专业人员占46.6%，连一般的操作员和驾驶员也经过系统的物流操作实战培训。目前与多家有影响力的物流培训机构有着密切的合作关系，是中国物流品牌杂志《环球供应链》在西南地区的最大合作商，是中国管理案例研究实验教学基地。

"蚂蚁物流"现已是中国本部地区具最大实力规模的专业物流搬运企业和规模化综合性物流企业，立志争取先在中国后在世界成为最大的"综合后勤服务机构"。"蚂蚁物流"以其迅猛的发展速度、综合实力和规模被中国"国情调查研究"中心编入《中国物流100家》，是四川仅有的4家之一，在中国国情3 000家地方网站同步联播。2005年2月，李浪和他的企业又被载入《福布斯》国际著名杂志，被以大篇幅报道。

一、蚂蚁物流的发展历程

1辆车，5个人。1996年11月，来自温州的李浪3万元起家，成立了成都蚂蚁搬运有限公司。1999年10月蚂蚁货运事业部成立，同月成立了成都蚂蚁汽车服务有限公司。2002年4月经工商局核准，公司更名为"成都蚂蚁物流有限公司"。"蚂蚁搬家"已成为今天蚂蚁企业下属成都蚂蚁物流有限公司的一个部门——搬运事业部。"蚂蚁搬家"也已经把目光从搬家市场转向更广的物流行业，成都蚂蚁物流公司现在已是集搬家、仓储、运输、配送、起重于一体。

搬家行业市场容量有限，立下立足成都、全国发展大志的蚂蚁企业不会仅仅满足于做一个传统的搬家公司，向物流业转型是企业进一步发展的必然趋势。国美电器进入成都后选择了蚂蚁企业作为其家电配送服务方，前期的旺旺集团和后来的成都八一家具广场等数十家企业的物品配送更促进了企业的进一步转型步伐。与别的物流企业高起点、高投入不同，蚂蚁主要是整合已有的网络和社会资源，管理好工人和车队，属于低起点、低投入的劳动密集型物流，蚂蚁已从中尝到了甜头。

作为昔日的搬家大王，蚂蚁最大的收获在于品牌，品牌使得现在做配送游刃有余。

搬家打品牌、跟进做配送成为蚂蚁介入物流业的主要策略，在昆明、西安等地，"蚂蚁搬家"一个月内在当地家喻户晓，之后就开始与当地的商业巨头密谈配送解决方案。

各大商家、企业进军市场，蚂蚁也会很快跟进，而且将触角伸向更为深入的领域。目前，蚂蚁主要从事家电、电脑、食品、饮料、医药、日用百货、家具等商品的从生产厂到销售商的专业配送，与商家出货端口进行系统对接，在线进行配送信息传输，达到高效及时的目的。蚂蚁已成功地为北京华联、国美电器、成都八一家具城、普尔斯马特等大型商家提供了配送业务，日配送能力已达 500 车次以上。

在大力完善西部区域物流的同时，成都蚂蚁已向国内其他中心城市拓展。各分公司业务相互交叉也带动了蚂蚁货运干线网络的形成，现在蚂蚁货运在成都至昆明、成都至西安的往返业务已顺利开展。物流配送已经作为蚂蚁企业的一个主要收入来源，其产值占到公司营业总收入的 70%左右。

二、蚂蚁物流主要业务

蚂蚁物流公司配送事业部自运作以来，严格按照配送标准手册对各环节各流程段进行指导和监控。在成都地区已组建了覆盖八区十二县成熟的配送体系，使蚂蚁企业和众多的合作商达到双赢目的，也正是蚂蚁配送的存在，解决了电子商务中 B2B、B2C 的瓶颈难题。现阶段，蚂蚁配送已根据市场的需求，将触角伸向更为深入的领域，也必然会使众商家获得更为充分的选择空间。

①同城人力配送：公司现有配送人力 300 余名，市内已设有门店 8 个，可针对少量、批量小礼品、物品、奶制品、报刊、杂志及国家许可的广告宣传品类进行门到门的投递，并提供完善的签收手续。

②商家配送：主要从事家电、电脑、食品、饮料、医药、日用百货、家具等商品的从生产厂（总代理）到销售商（二批等）的专业配送，日配送能力已达 500 车次以上。可根据业务实际需求提供微货（0.6 吨）、中卡（0.9 或 1.2 吨）、大车（2 吨或 5 吨）等车型，同时可与商家出货端口进行系统对接，在线进行配送信息传输，达到高效及时的目的。配送事业部现已成功为多家大型厂、商家提供了配送业务，如北京华联、国美电器、成都八一家具城、普尔斯马特等。

③港口、码头、车站到达配送：大量商品在集中到达港口、码头、车站后，需要提取、分理、配送等一系列具体工作，蚂蚁可根据您的提货凭据或发货清单（通过 E-mail/EMS/FOX）进行代取、代进的系统工作，直至返回您所需要的客户签收单据。

④仓储配送：对于静态仓储配套提供配送服务，目前已在蚂蚁物流公司仓库内储存的商品，通过联机管理，除能较迅速地进行信息传递外，还可以按订单数量，到货要求与车辆供应，线路调度统筹考虑，可大大节省客户的时间成本及费用，同时因为整体流程由同一个执行实体来承担，也避免了多余的交接环节和不必要的人为失误。

三、蚂蚁精神

成都蚂蚁企业提出"蚂蚁虽小，服务更好"的服务口号，在 2002 年就全面推行ISO9001：2000 国际质量标准管理体系，并获得北京中国认证中心 CQC 四川评审中心的认证资格证书；拥有全省统一服务热线 96518 和 85185188、85161166 等共计二十四对服务热线，实行 24 小时服务，并在成都、德阳、绵阳、自贡、宜宾、内江等地开设多家网络分部，方便客户就近选择服务网点。蚂蚁企业始终坚持"勤勤恳恳、兢兢业业、团结协作、创业创新"的企业精神，为广大新老客户提供优质高效的服务，从而实现服务于整个社会的目的。

四、李浪部署蚂蚁

"首战搬家、再战配送、决战快递"是成都蚂蚁物流公司发展的三部曲，总经理李浪宣称："党代会提出打造西部物流中心的目标，为成都物流企业提供了新的发展契机。在 10 月中旬蚂蚁将开通快递省内当天到达（首先开通川北的德阳、绵阳、广元）的便捷业务。用 2~3 年时间，建立近 100 条线路到达省内二、三级城市，进而覆盖全川，要在省内快递市场每年 4 亿元市场份额中占领 20% 的份额。"在谈及物流业内竞争与合作时，李浪表明了自己的独特看法："不要轻易搞假联合，因为市场竞争必然会出现大鲨鱼。政府需要支持的是整个行业，不只是一两个企业。"（注："党代会"是指成都市在 2003 年 8 月 19 日举行的中国共产党成都市第十次代表大会。"在 10 月中旬"是指 2003 年 10 月中旬。）2005 年 8 月，《成都日报》开设了"对话"栏目，希望通过记者与企业家们的深入交流，给读者提供一些寻找财富和探索创业的观点和理念。李浪接受了《成都日报》记者的采访。

记者：在成都这个内陆城市，"物流"概念的提出也就是前几年的事。很多人对这个概念很陌生，而您却让物流与老百姓的生活息息相关，同时让自己的企业深入人心。请问你是怎样走进物流这个行业，并让自己的小公司发展到现在的盛况？

李浪：涉足物流，成立公司是一个偶然的机会，是在一次帮朋友搬家后受到的启发：搬家这么累，又兴师动众，为什么没有一个专业的搬家公司？于是在 1996 年 11 月成立了自己的公司——蚂蚁搬家。开业之初，公司仅有载重 1.5 吨的二手小货车一辆，员工 6 名，经营店面 15 平方米。当时我的脑中还没有"物流"的概念，只决心要奋起创业，抓住机会把公司业绩提上去，名声打出去。取名叫"蚂蚁"，也是希望公司一直奉行"老板打工，亲力亲为"、"微利是图，勇于做小"的理念。正是凭借这份勤劳，如今的"蚂蚁"已经是全国最大的搬家公司，拥有 12 家子公司、3 000 名员工、700 台车，同时涉足物流配送、家庭保洁、冷气、汽车维修四大领域。

记者："蚂蚁"从最初简陋的搬家公司，发展到今天年产值近亿元的企业集团，显然已经摆脱了企业发展的资金困扰。那么，从目前的情况看来，要进一步做大做强，最迫切的需要是什么？

李浪：用一句电影里经典的台词："21 世纪最缺乏的是什么？人才！"由于以前公司主要侧重搬家业务，对员工知识素养、专业要求不高，但随着企业发展方向的调整以及对物流行业的纵深探索，企业迫切需要物流专业人才加入。因此，蚂蚁集团研究决定在四川电大开办一个培训班，并把主要目光定在高考落榜和由于家庭、经济等其他原因无法上大学的学生和社会青年身上，希望能给他们提供新的求学机会。学校将采用"半工半读、民办公助"的"4+2+1"的社会办学模式进行教学，即四天学习、两天上班、一天休息，让学生在学习的同时，能直接参加蚂蚁公司与物流有关的一线工作实践。这样一来，既能帮助落榜和贫困学生，又能为社会培养物流专业人才，同时，还能解决企业发展的瓶颈问题。

记者：从蚂蚁公司的发展史可以看出，您是一个非常善于把握机会且战略目标清晰的领导者。请问在您看来，下一步蚂蚁的发展方向在哪？

李浪：今年集团有一个重头物流项目——向IT业靠拢，我们将打造成都西部IT数码物流配送基地。这个基地已经圈定建在成都市磨子桥，在这里汇聚有百脑汇电脑城、道洋电脑超市、成都电脑城、东华电脑城、世纪电脑城、新世纪电脑商城和成都数码广场等众多专业卖场，年交易额达数百亿元。经过严谨的考察，集团准备依托这个庞大的IT卖场，投资建立一个一半是交易、一半是配送的商贸物流基地，作为今后集团的发展方向之一。

记者：在您的企业中有很多独到的理念，能否为成都的物流状况提一些类似的中肯的建议？

李浪：成都是物流刚起步的城市，对企业来说，最突出的问题是对第三方物流的利用率还不高，很多企业的物流观念和意识还没有转变过来。比如，国美、苏宁、永乐等大型的家电卖场都是自己出马送货。所以，成都市的物流发展还需要转变观念，多方合作。

五、蚂蚁"搬家"到重庆

2009年，成都蚂蚁企业集团董事长李浪在董事会上宣布：年内要把集团旗下西南地区物流公司的总部从成都搬到重庆。这个决定让业界哗然。蚂蚁企业集团是成都本地知名的物流企业，李浪本人又身兼成都市物流协会会长一职，现在蚂蚁"搬家"到重庆到底出于怎样的考虑？对成渝两地的物流市场又有何触动？成都蚂蚁企业集团董事长李浪接受了华西都市报记者专访。

原因：节约成本，发展水运业务

李浪做出蚂蚁物流"搬家"的决定，按他的话说，是"商人的嗅觉驱使"。

节约成本，"蚂蚁物流"取道重庆

随着交通基础设施的改变，物流流向也发生了改变。以前大部分的物资从陕西、湖北走川陕路进入四川，而随着成遂高速、遂渝高速的修建，很多物资选择走重庆上滚装船，顺流而下，到达湖北、安徽等地。这种水陆联运的方式大大节约物流成本，成为一些物流企业新的选择。

李浪告诉记者，目前，蚂蚁公司的物流业务在国内每天都有上万吨水泥熟料（水泥的重要原料）运到四川。如果走水运，每吨的物流成本将比公路便宜100元左右，这里面有相当可观的利润空间。

正是看中了重庆在水运方面得天独厚的优势，李浪决定将蚂蚁物流总部搬向重庆。

不放弃成都看好成都物流规划

"尽管不临江靠海是成都在物流方面的地理硬伤，但不可否认，成都的物流规划非常超前，这一点绝对强于重庆。"李浪说，他是重庆人，但创业在成都，对成渝两地都非常有感情。他分析成渝两地的物流时谈到，重庆适合生产资料等大宗物资运送，而成都适合快速消费品、IT等高附加值的物资运送。

由于蚂蚁物流目前主要做的是生产资料物流，水运业务将是公司的发展重点，选择重庆是一种必然。"在成渝经济区背景下，成渝是一体，不可分，我们并没有放弃成都的物流市场，相反，会更用心做好"，李浪说。

对蚂蚁物流来说，李浪的眼光绝不局限于做成都本地最大的物流企业，他早已设定好下个目标：向西部扩展。而如何扩展，取道重庆就是布下的重棋。"要想发展西部的物流事业，必将立足成都，吃下重庆，这次把物流总部迁到重庆去，就是出于这样的考虑。"

据李浪介绍，今年年内将派出先遣部队到重庆，落实迁物流总部的事情，预计搬迁最快会在明年。

"可能有朋友会误会，是不是蚂蚁集团就撤漂了，全部跑重庆发展了？其实不是这样"，李浪说，"迁到重庆的只是蚂蚁西南地区物流公司总部，而蚂蚁的搬家服务、物业保洁、起重安装、汽车、房产营销、市场调查等另外六个事业部总部依然在成都，包括我本人，大部分时间还是在成都。"

这次对物流事业部调整的决定，对李浪在成都市物流协会的任职也没有任何影响，他会继续担当会长一职。

影响："蚂蚁"探路成渝物流业互补

成都市物流协会秘书长刘剑雄非常看好蚂蚁物流的发展，他认为在成渝经济一体化的背景下，"蚂蚁"向重庆发展，有助于成渝两地物流企业的交流合作，把蛋糕做得更大。

"如果成都充分发挥在物流规划和资源方面的优势，重庆扩大水运方面的优势，成渝两地在物流上有很强的互补性，也有很大的合作空间。"刘剑雄介绍说，成都采取"一区多点"模式构建庞大的物流架构体系，"一点"是空港，依托成都双流国际机场，建国际航空港物流园区；另外"一点"是铁路，依托亚洲最大的成都铁路集装箱中心站，建设国际集装箱物流园区；同时还打算在成都北部的新都一带投巨资建设物流中心和公路港。

而重庆投资 11 亿元建寸滩港，计划新建三个 3 000 吨级集装箱泊位和 1 个滚装码头，建成后年吞吐汽车 30 万辆、集装箱 100 万个标箱以上，加上保税港区的空港功能区和设计中的铁路保税区，"水+空+陆"全方位物流体系气势逼人。"蚂蚁物流到重庆探路，先试水两地物流合作，以后我们物流协会还会组织成渝两地物流企业交流，实现共荣发展。"刘剑雄说。

六、蚂蚁招兵

成都蚂蚁的全国行走之路将无止境。2013 年 5 月，在职友网上，可以见到蚂蚁集团的招兵信息：

成都蚂蚁企业（集团）从创业初始至今，已拥有车辆 500 余台，员工 4 000 多人，集团下属有蚂蚁搬家服务公司、保洁工程公司、物流公司、汽车服务公司、设备安装工程、房产经纪、市场调查咨询公司、蚂蚁电视大学教学点。经营范围遍及成都、青岛、济南、石家庄、南京、西安、重庆、昆明、贵阳、武汉、广州、深圳、北京、上海、长沙等中心城市。经营项目涉及物流货运、快递仓储、搬家搬运、物业、保洁、清洗、起重安装、汽车快修、房地产中介、市场咨询、教育等领域，并正向其他领域拓展，为公司成为先中国后世界的综合后勤服务机构夯实了基础。获 2006 CCTV 年度调查"农民工员工满意雇主入围企业"。按照公司 2009 年经济增长 50% 的战略目标，要实现这一目标，需要强有力的人力资源做保证。广纳人才，爱护关心人才，搭建人才的职业发展平台，是蚂蚁企业高瞻远瞩的用人主导思想。蚂蚁企业力求公司发展与自我发展空间的统一，热忱欢迎有志于蚂蚁企业工作的人士加盟"蚂蚁大家庭"，共享"蚂蚁"的发展机会，追求个人职业生涯创造的辉煌。

蚂蚁在路上，我们在期待。

资料来源：根据"蚂蚁物流"官方网站和《成都日报》、《华西都市报》等整理。

思考题：

1. 蚂蚁物流是否在进行多元化经营？这种经营方式对于蚂蚁物流的发展有何影响？
2. 蚂蚁物流集团目前采用的是哪种公司战略？
3. 总经理李浪很重视人才，你能分析一下蚂蚁物流集团的人力资源战略吗？
4. 蚂蚁物流下一步该如何发展？你能提出一些建议吗？

案例 6　强者之路：主动出击，制定全球供应链战略

沃尔玛、戴尔等跨国巨头凭借杰出的供应链管理能力成为市场新的领导者。供应链的竞争已经成为全球商业中竞争的核心内容。我国企业必须学会制定符合自身实际的全球供应健战略，主动适应全球化的综合竞争。

2001 年中国加入 WTO 后，跨国公司一改此前的"试水"策略。通用汽车、诺基亚、沃尔玛等纷纷在中国建立新的大规模生产基地、合资公司及销售网络，将其全球供应链延伸至中国。

中国企业最初以建立合资企业或代工等方式被动地融入全球供应链中，被动地接受跨国公司全球供应链的安排，建立了低成本制造能力和物流执行能力。如今，本土企业要实现国际化，成为真正的"财富 500 强"，必须突破"被动战略"，自觉融入全球供应链的竞争中。

1."主动策略"的实施方法

中国企业主动出去，自觉融入全球供应链竞争的主要形式有对外直接投资和全球化并购两种。相对于直接投资而言，并购可以更快地进入国际市场，但存在整合的风险。

与汤姆逊彩电业务合并使 TCL 完成了对欧美电视市场的布局，其手机业务则通过和阿尔卡特的合资冲击全球手机市场霸主地位。通过全球化并购，TCL 在各个市场逐个击破，积累了丰富的国际市场运作经验。

宝钢在打造全球供应链方面走得更远，始终坚持一手掌控上游资源，一手锁定下游市场。宝钢自有矿山每年只能提供 400 万吨原矿，而公司年产钢铁产品 2 000 万吨，需要铁矿石 3 000 万吨左右。其生产所需的原材料绝大部分依靠进口，占中国整个进口量的 1/5。很早以前宝钢便开始考虑原材料的供应问题，相继与巴西淡水河谷公司、澳大利亚哈默斯利公司等合资办矿，确立了资源的长期稳定供给，并与多家世界知名船

东签订长期运输协议，确保了原料资源的稳定供应和运输能力保障。2003 年，尽管矿石、焦煤、废钢等原材料价格大幅上升，但宝钢保持了低成本，原材料涨价对其经营并未形成重大威胁。2004 年，宝钢决定累计投资 80 亿美元在巴西建设一个钢铁厂，产品主要为当地汽车工业服务。这一计划吸引了巴西淡水河谷矿业公司、法国钢铁集团阿赛洛的参与。宝钢此举不但进一步紧固了与国际矿业巨头和钢铁巨头的战略联盟，也直接嵌入了美资巨头主导的全球汽车供应链条，将供应链向高端汽车零部件领域延伸。

2. "洋为中用"是捷径

成功实施全球供应链战略是一个长期并布满荆棘的征程，中国企业可以通过引进、消化、吸收跨国公司在其家乡市场和中国市场的供应链管理经验并加以创新，制定符合自身实际的全球供应链战略。在"洋为中用"的过程中除考虑文化和组织上的差异外，还要对参照国的经济往来、消费者偏好、物流基础设施、销售通路的构筑、信息系统及技术发展走向有所了解。长期来看，各国之间的文化差异不会成为发展全球供应链的障碍，因为竞争充分的市场会产生淘汰，让适应市场规则者存留。

总结起来，中国企业可以在如下几个方面借鉴学习跨国公司在全球供应链管理方面的成功经验：

①供应链战略方面：产品定位战略、供应链类型选择战略、需求匹配战略等；

②供应链规划方面：工厂选址、分销中心规划、仓库规划等；

③供应链运营管理方面：市场预测、库存计划、生产计划、采购计划、运输计划、合作、伙伴管理、仓库管理、射频识别等。

3. 敢于"与众不同"

制定一套有效的供应链战略对大多数企业而言是一个挑战。当中国企业"走出去"时，原来在中国运作有效的供应链策略很可能不再适用，潜在的供应链问题、管理重点均有所不同，无法简单照搬。此时企业面临两种策略的选择：跟随策略或与众不同策略。我们更关注后者，希望更多的中国企业有更多的勇气探讨如何应用全球供应链模型，制定出众的全球供应键战略。当那些"成熟的"竞争对手沿着它们固有的惯性运作时，中国企业可以制定出众的供应链战略并有效执行。这里重点探讨制定供应链战略的几个关键问题。

（1）供应铁战略目标与企业总体绩效目标保持一致。保持供应链战略目标与企企总体绩效目标相一致，这一点似乎天经地义，但遗憾的是一些中国企业并没有做到达一点，在"走出去"的热情中迷失了方向。

供应链管理的目标很简单：以及优化的成本满足客户需要，使全球范围内的供应能力和市场需求相匹配。而有效的供应链管理对企业绩效有直接的作用。供应链管理的对象是产销量、库存和费用。产销量的增加、库存的降低、费用的削减会直接改善利润、投资回报、现金流量等企业总体绩效指标。

（2）全球供应链战略的内容。供应链战略也是公司战略的有机组成部分，与产品开发战略和市场营销战略并列为三大职能战略支撑竞争战略。一套完整的供应链战略应该包括库存策略、运输策略、设施策略和信息策略。具体的必须考虑下列问题：

①库存：循环库存、安全库存、季节库存的部署策略。

②运输：运输方式、路径和网络如何选择？自营还是外包？反应能力和盈利水平如何权衡？

③设施：工厂、配送中心如何布局？设施能力（灵活性和赢利性）大小？如何选择生产方式？是按订单生产还是按库存生产？如何选择仓储方式？反应能力和赢利水平怎样权衡？

④信息：选择推动型或拉动型？如何进行供应链协调与信息共享？需求预测与整合计划的准确性如何提高？技术工具如何选择？反应能力和赢利水平怎样权衡？

⑤在产品种类增多、产品生命周期缩短、顾客要求增加、供应链所有权分裂、全球化的情况下如何保持供应娃战略的变动灵活性？

（3）保证供应链战略和竞争战略相匹配。任何一家公司要想成功，其供应链战略与竞争战略必须相互匹配。竞争战略设计用来满足顾客的目标与供应链战略，旨在建立供应使能力的目标之间相互协调一致。

竞争战略的选择很大程度上决定了顾客需求的确定性。可以把竞争战略图谱分为4类：确定的需求、高需求确定性、一定的需求确定性、需求确定性低。产品生命周期和预测准确度对需求的确定程度也有影响。一般新产品上市时，需求确定性最低，随着产品销售逐步成熟，需求确定性会增加，销售预测的准确性也会相应增加。

而对供应链战略而言.根据供应链的反应能力和赢利能力的平衡，其图谱也可以分为4类：高反应能力、一定反应能力、一定赢利水平、高赢利水平。

这样就可以得到一个"战略匹配带"，对于赢利型供应链和反应型供应链采取不同的策略。

（4）选择合适的战略视角和广度。一条供应链可能由多个供应链阶段组成，供应链战略的视角和广度要做到最优选择，以实现整个供应链的利润最大化。全球供应链战略的视角和广度可以分为4类：

①公司内、经营部门内范围：最小局部成本的观点。这是战略匹配的最小范围，在中国许多快速成长的企业中经常可见。典型表现是不同产品线分别建立自己的销售网络、队伍和后勤系统，即使客户资源大部分是共享的。

②公司内、职能部门内范围：职能部门成本最小化观点。战略匹配范围扩展到供应链某个阶段的所有职能部门。如销售经理能够不仅考虑运输成本，而又考虑仓储及其他供应链成本。尽管采用卡车运输每件产品可以节约4元，但仓储和库存成本要增加8元，而采用快速每件产品运费6元，但无需额外的仓储成本，销售经理仍舍选择快递。

③公司间、职能部门间的范围：供应链剩余（即供应链中所有公司共事的总利润）最大化的观点。与公司内范围相比，公司间范围引起的供应链剩余会更大。这个结果令使供应链或者通过共享额外剩余来增加利润，或者通过将部分剩余转移给顾客而降低价格，这使供应链更具竞争力。

④公司间、职能部门间的战略范围。在今天看来这是必需的，因为竞争领域从公司之间的竞争转化为供应链之间的竞争。公司在供应链的伙伴可能决定公司的成败。它要求公司以整条供应链为背景来评价其每项行动，这个宽广的范围使供应链各个阶段共享的剩余规模更大。

在许多产业的全球供应链中,中国既是主要供应源,又是技术创新中心、生产及设计基地和新兴的消费者市场。中国有实力在链条中打造自己的核心地位。但这一切依靠千千万万家致力于成功"走出去"的中国企业,在全球供应链中采取"主动策略",制定符合自身实际的全球供应链战略,成为真正的强者。

资料来源:吴志华. 供应链管理:战略、决策与实施 [M]. 重庆:重庆大学出版社,2009.

思考题:

1. 在实施主动策略时,该案例中的企业是怎么做的?他们各采取了什么样的战略?
2. 一整套供应链战略应该包括哪些方面?
3. 从全球供应链战略的视角和广度来说,如果你是企业主的话,你认为应如何选择合适的战略视角和广度。

案例 7　联邦快递的全球战略

联邦快递是一家国际性速递集团,提供隔夜快递、地面快递、重型货物运送、文件复印及物流服务,其品牌商标 FedEx 是由公司原来的英文名称 Federal Express 合并而成。其标志中的"E"和旁边的"x"刚好组成一个反白的箭头图案。公司创立于 1971 年,连续运作始于 1973 年 4 月 17 日,总部设于美国田纳西州,亚洲总部位于中国香港,加拿大总部位于安大略省多伦多,欧洲总部位于比利时布鲁塞尔,拉丁美洲总部位于美国佛罗里达州迈阿密。服务范围涉及 220 个国家及地区,全球约 14 万名员工,每个工作日约 330 万件包裹。其机队拥有 654 架飞机,包括:

71 架 空中客车 A300-600F

56 架 空中客车 A310-200F/300F

26 架 ATR42

13 架 ATR72

79 架 波音 727-200F

10 架 赛斯纳 Cessna208A

242 架 赛斯纳 Cessna208B

1 架 道格拉斯 DC-10-10

6 架 道格拉斯 DC-10-30

57 架 麦克唐纳·道格拉斯 DC-10-10

12 架 麦克唐纳·道格拉斯 DC-10-30

57 架 麦克唐纳·道格拉斯 MD-11F

24 架 波音 757-200F

地面运输能力方面,大致有 44 000 辆专用货车。该企业在 2007 年度《财富》全球最大五百家公司排名中名列第 203 位。

联邦快递每个工作日运送的包裹超过 320 万个,在全球拥有 50 000 个投递点,通过 FedEx 网站与全球 100 多万客户保持密切的电子通讯联系。

2002 年，联邦快递公司以上年营业额 196 亿美元的成绩，在全球 500 强中排名第 246 位。从地区来看，业务的地区性集中度高，美国业务占总收入的 76%，国际业务占 24%。从运输方式来看，空运业务占总收入的 83%，公路占 11%，其他占 6%。

一、联邦快递的业务能力

- 客户可通过网络直接进行邮寄手续的办理，快递公司的员工在最短的时间内上门取货，让客户足不出户也能寄送包裹；
- 货物准确送达到客户手中的时间精确至分钟；
- 从北京办理货物运送手续起至送达到美国客户手中，时间仅为两天；
- 实现信息共享，为合作伙伴提供的系统环境和服务；
- 完成了由单纯的快件运输公司向提供物流策略、系统开发、电子数据交换及解决方案的跨地区、跨行业的大型集团企业的转型。

1995 年，联邦快递公司购买了中国和美国之间的航线权，开始由联邦快递飞行员驾驶的专用货机来负责中美间的快递运输服务。1996 年 3 月，联邦快递成为唯一享有直航中国权利的美国快递运输公司。目前联邦快递每周有 11 个航班往返于中美之间。

1995 年 9 月，联邦快递在菲律宾苏比克湾建立了其第一家亚太运转中心，并通过其亚洲一日达网络提供全方位的亚洲隔日递送服务，在美国成功运作的"中心辐射"创新运转理念，亚太运转中心现已连接了亚洲地区 18 个主要经济与金融中心。

联邦快递可以将您的文件、包裹及货物以隔日送达的方式送抵亚洲一日达网络中的主要贸易中心，这些城市包括：奥克兰、曼谷、北京、宿务、广州、胡志明市、香港、雅加达、高雄、吉隆坡、马尼拉、大阪、槟城、上海、深圳、新加坡、苏比克湾、悉尼、台北以及东京。

联邦快递在中国提供亚洲一日达及北美一日达服务的城市有：北京、天津、青岛、上海、昆山、苏州、无锡，常州、宁波、南京、杭州、广州、深圳、东莞、中山。

准时送达保证条款：

- 若托运货件送达的时间超过本公司承诺送件时间达 60 秒以上时，经运费付款人请求，本公司可以选择将运费退回运费付款人或同意抵扣对应发票中的运费。
- 退费办法适用以下限制：
- A、因寄件人托运文件上之疏漏而造成清关手续或其他法定手续之延误，则每延误一天……

二、FedEx：重塑自我

随着互联网时代的到来，FedEx 主营的文件速递市场在因特网时代面临着极大的威胁。速递文件的电子化转移速度比美国邮政一类邮件的电子化转移速度要大得多。同时，美国邮政的优先邮件越来越被市场看好，因为，优先邮件的性价比优于次日递业务。另外，UPS 与惠普公司合资建立的文件交换服务公司，预计到 2003 年将分流 23% 的航空速递业务量。FedEx 同样面临着极大的挑战，因此 FedEx 制定如下战略：

- 进军物流市场

1998 年，FedEx 通过收购路面 Roadway 包裹公司（RPS）进入普通包裹运递市场，在包裹市场的占有率达到 11%。在过去的 4 年中，FedEx 投资了 5 亿美元，使得 RPS 的处理能力翻了一番。另外，FedEx 对其无线通信网络进行了更新，使之能够与 UPS 匹敌，此外还为大小企业提供因特网商务软件。

FedEx 的网址就像一个交易市场，设有许多与其他公司的链接按钮，而且 FedEx 已经向国际市场进军，尤其是计算机硬件和微型芯片的物流配送。像 USPS 一样，FedEx 已经开始作为第三方物流服务供应商向外展开营销。世界著名的思科公司宣布让 FedEx 管理其整个物流网络，其目的是完全取消思科在亚洲的仓库，代之以这两家公司共同创立的"飞行仓库"，最终，由 FedEx 直接投递零部件给用户作最终的组装。

- 住户市场策略

FedEx 的住户投递市场直接与美国邮政展开竞争，但 FedEx 采取的战略与 UPS 有很大的不同。UPS 是将企业到企业与企业到家庭的业务集成一体，而 FedEx 则准备组建专门的住宅投递服务公司，并准备聘用低成本的非工会劳动力。

FedEx 总公司下设多个业务部门，1）、主要从事次日递航空速递核心业务的联邦快递。2）、企业到企业的普通包裹业务的联邦快递地面服务。3）、地面服务下设快递家庭投递服务部门。家庭投递部门雇佣的工人被称为"业主经营者"，自备箱式货车，公司根据这些工人的投递量给予报酬，这不仅比 UPS 的成本低甚至可能比美国邮政的成本还低。联邦快递的家庭投递服务在全国 40 个大城市设立了 67 个家庭投递站，号称覆盖了全国 50% 的家庭，联邦快递计划还要建立另外 240 个投递站，争取在 3 年的时间内覆盖 98% 的人口。

三、定位与战略

USPS 的定位是"我们能够在任何地方、任何模式历来处理任何货物"；

DHL 的目标是希望能够成为世界范围邮件通讯、包裹快递、物流及财政服务领域中的领头羊；

FedEx 也有自己的定位，"无所不包，全面发展"恰好的定义了联邦快递的位置。

随着中国加入世贸组织，外资企业在中国独资的浪潮不断高涨，国际快递巨头们也已按捺不住"独步中国"的冲动，随着 UPS 以 1 亿美元的代价获得 23 个主要城市的国际快递业务直接掌控权，FedEX（联邦快递）也正积极调整在中国的布局，为其全面独资做准备。

作为世界快递业的领头羊，联邦快递在中国的发展可以用"强劲"来形容。有消息称，联邦快递在中国 2004-2005 财年第三季度的每股摊薄盈利达 1.03 美元，较去年同期增长 51%，公司及旗下企业每日平均货运量比去年同期增长了 9% 至 10%。如此惊人的增长，势必激发联邦快递更大的激情。随着中国快递业开放的大限——2005 年 12 月 11 日的即将来临，联邦快递独资中国的声音也随之响起。

※物流巨人逐鹿中原

快递企业是进军中国较早的外资企业，而联邦快递又是快递业企业中较早看准中国这个庞大市场的外资公司之一。自 1984 年进入中国以来，20 多年来，联邦快递发展迅速，一年一个台阶，取得了骄人的业绩。1999 年，联邦快递与天津大田集团在北京成立合资企业大田—联邦快递有限公司（双方各占 50% 股份），更使联邦快递加紧了在华前进的脚步。

美国联邦快递公司中国总裁及中太平洋地区副总裁陈嘉良就曾自豪的表示，联邦快递公司独享业界公认的多个第一：联邦快递是第一个准时送达保证的公司，也是目前唯一一家承诺准时送达的公司；第一个拥有公司专机运输的公司，并成为唯一一家拥有来往中国航权的美国全货运航空公司；第一个成为与中国海关联网、实行电子通关的国际快递公司；开通了全球航空快递运输行业内第一条中国大陆直航欧州航线。在业务方面联邦快递也是精益求精，现在已可以为客户提供"一票多目的地的国际优先快递服务"（IPD），即一票货物在目的地统一清关后，分别递送到几十个甚至上百个地址，以保证客户产品在第一时间占领市场。

※携手柯达广布网点

尽管联邦快递的合作伙伴大田快递拥有着足以令任何竞争对手羡慕的网络基础——69家从事快递业务的子、分公司，网络化服务体系覆盖了中国192个城市；尽管联邦快递与大田集团合资的大田—联邦快递有限公司在中国200个城市进行着国际快递业务，但联邦快递对此却似乎并不满足。2003年年底，联邦快递在广州宣布，与柯达建立战略性合作伙伴关系，通过柯达数千个网点，联邦快递由此成为第一家通过零售点设立投递服务的国际快递公司。据悉，现在在柯达冲印店内设立的"联邦快递服务专柜"，配备了快递空运单、商业发票、包装袋等投递必需品，受培训后的柯达店员可完成快件发送的业务，而这样的柯达店在中国已达到近万家。

如果说这样的举动仅仅是联邦快递的一种出奇之法，那么其接下来一系列举动，足以引起业界的种种猜测。2004年11月17日，联邦快递正式在上海成立其中国业务分区总部，统筹中国区所有业务的发展，据了解，这个总部设有首席执行官、财务官、信息官、人力资源官，同时技术、销售人员齐备。尽管联邦快递一再谨慎地表示，没有计划在中国独资运作快递业务，但是在上海成立一个机构齐全、职能广泛的中国区总部仍然引发业界的诸多联想。

其后两日，大田—联邦快递有限公司又在汕头、潮州成立两家分公司。事实上，随着国内中小城市间的国际快递业务正在不断增加，跨国物流巨头在这些城市的业务量也稳步提升。因而，尽可能密集地在国内铺设服务网络，将是以后几年联邦快递在中国拓展服务的工作重心。目前，大田—联邦快递已在上海、广州、深圳等11个城市设立了分公司，未来几年在中国市场上，联邦快递还将以每年增设5至7家分公司的速度进行拓展；在服务城市已达220个的基础上，未来5年之内还会增加100个。

此前，联邦快递已对其亚太地区业务进行了调整，设立了独立的中国业务分区，务求更加全面地关注并响应内地的客户需求。这一系列密集的举措，再度显示了联邦快递加大在华投资和网络建设的决心。

同时，有消息称联邦快递已选定在广州新白云机场建设亚太转运中心，预计会在今年8月前签约落实，工程于明年8月展开，2008年正式投入运作，总投资额约15亿元人民币。

※独资——三思而行其事

UPS挥别中外运、TNT试图单飞，似乎种种迹象都在表明，物流行业的合资时代就将终结。从四大快递公司的发展来看，合资从来都不是他们的终极目标。国际快递大都是新建网络，独资和合资的开销差别甚微。而合资除了要在收入上分成，管理与决策体制也要处处与国内的企业分享。对外方来说，除了能够有一个熟悉国内市场的"向导"外，国内股东无法为其提供更多的支持。随着中国入世允许独资快递物流的承诺将兑现，国际快递巨头的合资时代似乎已将结束。

然而，就在人们议论纷纷，联邦快递对大田的收购已经是"箭在弦上"，预计2005年年初将会有结果的时候，从 FedEX 却传来了另一种声音：2004 年联邦快递多次在不同场合宣称，公司将不会因为入世后的政策调整而"单干"，和大田的合作将进一步进行。同时，大田也发表了相似的言论。

联邦快递有关人士指出，合资与独资仅仅是操作方法上的区别。联邦快递目前的网络主要在华南和华东，而华北地区就全力仰仗其合作伙伴大田。通过与大田的合作，联邦快递目前在国内的网络已经覆盖到占中国 GDP96% 的主要经济地区。同时，联邦快递中国区总裁陈嘉良也宣布，联邦快递很满意和目前国内合作伙伴大田公司之间的合作，今后很长一段时间内都不会谋求在华独资。另外，对于即将开放的国内快递市场，联邦快递也不会进入，其将集中全部精力做好自己擅长的国际快递业务。

有关人士也指出，由于通过与大田的合作，联邦快递获得了可观的经济效益，而大田公司在政府关系方面的攻关能力以及开拓新市场的力度也对联邦快递在中国的发展帮助很大。从联邦快递与大田公司之间的业务分工中就可以看到联邦快递主攻中国境外的业务，大田则负责国内快递网络的拓展。如此的分工和联邦快递一贯宣称的将在今后五年内暂时不进入国内市场而做好其熟悉的国际市场，似乎都在预示着大田与联邦快递的蜜月期还并没有过去。

但是，另一个不争的事实也摆在了我们的面前，尽管联邦快递方面反复强调合资公司的财务、客户资源均向股东双方公开透明，不存在控制客户资源之嫌，但一些大田人士仍透露出了这样的信息：大田—联邦快递完全由美国联邦快递运营，办公地点、人员招聘、业务开展、财务结算等各方面都是独立操作，大田所有的客户都要进入联邦快递的系统，这些客户是长期采用信用卡来结算，但大田却看不到这些内容，只能用这个系统做业务，不断地做，客户便不断地进入联邦快递的系统。

另有消息称，联邦快递已委托全球最大的美国律师事务所贝克·麦肯思国际律师事务所（上海），为其在中国的新一轮并购计划进行方案策划和提供法律服务，联邦快递的此轮并购主要意图为扩张内地网络版图，而目前最为符合其胃口的正是与大田集团成立的合资公司大田—联邦快递有限公司，拥有独立国内服务网络的大田快递（大田集团全资子公司）很有可能同样成为收购对象。

无论是联邦快递中国业务分区总部的成立，或是对大田—联邦快递的控制，还是由来已久的联邦快递对大田的收购评估，似乎又都在向人们证明着同样的一个事实——联邦快递绝对不是因为感情而一直不忍割弃大田，"单飞"的准备在一直进行着。

同时，关于联邦快递独资是否一定要买大田集团的网络这一问题，也并没有一个明确的答案。事实也是如此——在双方合资之初，联邦快递虽然打的是大田—联邦快递的牌子，但只有 50% 的业务用的是大田的网络。而与柯达公司联手"联邦快递服务专柜"、收购美国文印连锁巨头金考公司并在中国开设文印连锁开发中小企业客户，联邦快递从未停止过对中国地面服务网络的拓展。从联邦快递的以往经验看，"有网点我用你，没点我用别人"才是这个物流巨人的一贯做法。

当然，经过多年和联邦快递这样的巨人的合作，大田也深知其自身的处境，它早已悄然为自己的未来增加着筹码。无论是设立"大田快递"华东区客服热线，还是将主要国内业务集中在自己的"大田快递"公司，大田集团的总资产也由 1992 年成立之初的 6 万元壮大到现在的 9 亿元人民币，无不表现出了大田自身的成长。

然而，联邦快递对大田是收购还是合作，大田网络在联邦快递眼里到底价值多少，这一切只有等待未来才会见分晓。（来源：2005 年中国投资指南《联邦快递的独资谋略》）

四、联邦快递的三个成功策略

美国联邦快递公司是全球最大的速递公司，堪称世界运输业的领头羊，而其在中国近期的增长率更是为人瞩目。其市场拓展手段值得国内物流企业借鉴。

（1）知己知彼，以情动人。中国的改革开放政策，吸引了世界各国的投资者，美国联邦快递是较早看准中国这个庞大市场的外资公司之一，它于 1984 年进入中国，近 20 年来，联邦快递发展迅速，一年一个台阶，取得了骄人的业绩，创造了诸多世界之最：当初的每周两次变为现在每周有 11 个班机进出中国，是拥有直飞中国航班数目最多的国际快递公司；快递服务城市 1996 年只有 60 个，现在发展到 220 个城市；1999 年，联邦快递与天津大田集团在北京成立合资企业大田-联邦快递有限公司，双方合作顺利，配合密切，进一步推动了中国快递业务的发展。

在如此短的时间里，联邦快递是如何能够让中国接受的呢？用其自己的话说，就是"知己知彼，以情动人"。联邦快递自进入中国以来，做了许多增进同中国人民感情的义举。

联邦快递多次赞助中国的受灾地区，运送医疗设备和物资。在 2001 年 5 月，为中国特奥世纪项目捐款 50 万元人民币。同年，从中国运送两只大熊猫到美国华盛顿的 Smithsonian 国家动物园，而今年 4 月，又将两只大熊猫由中国运送到美国田纳西州孟菲斯动物园，成就了熊猫作为"外交大使"的名气。在 2001 年 12 月，联邦快递从北京保利博物馆运送 150 多件国宝到台湾展出。2002 年 10 月，联邦快递为上海艺术节捐赠 3 万美元，并为上海 6 所大学的 1 000 多名优秀生提供免费门票。今年 6 月，联邦快递积极支持中国政府抗击非典，协助香港红十字会运送一批非典防护医疗物资至 7 个城市。这些义举增强了联邦快递的亲和力，让重情义的中国人民很快就接纳了这个原本很陌生的洋公司。

（2）四个第一和科技创新作双剑合璧。随着信息时代的到来，人们日常工作、学习和生活的节奏越来越快，形成了对快递业的旺盛需求，促使快递公司如雨后春笋般遍布世界各大洲，快递业是以速度求生存的产业，任何一个快递公司都面临着生存和发展的问题，联邦快递也不例外，他们是怎样在确保他们的速度优势的同时确保自己的龙头地位呢？

联邦快递靠的就是四个第一，即联邦快递是第一个准时送达保证的公司，也是目前唯一一家承诺准时送达的公司。联邦快递利用全球庞大的网络，准时、安全、快捷地把货送达目的地，以赢得客户的信赖；第一个拥有公司专机运输的公司，并成为唯一一家拥有来往中国航权的美国全货运航空公司；第一个成为与中国海关联网、实行电子通关的国际速递公司；第一个与店合作业务。在柯达快速彩色店设立联邦快递"自助服务专柜"，顾客可以很方便地在指定的柯达快速彩色店通过联邦快递发送国际快件。

当今社会，速度、效益的提高与科技进步有着密切联系，联邦快递深谙此道。每年，联邦快递都要拿出 13 亿美元来加强高科技功能，从而运用高科技来提高国际间的物流效率，减少物流成本。从成立之初起，就运用高科技的全自动操作来保证高效率、多功能的服务。他说，联邦快递每位快递员都配有无线扫描枪，用来扫描每份快件的条形码。每件货物至少要扫描 6 次，而每一次的扫描信息都会传递至美国总部的中枢系统中。客户可以随时通过访问联邦快递网站来查询运件的状态。

（3）本土化后的"以人为本"。管理是企业永葆青春的核心内容，作为外资企业的联邦快递公司，其管理理念和模式使其在美国本土和世界其他区域成为业界龙头。进入中国市场后，联邦快递实行本土化管理，真正做到"以人为本"，尤其在用人方面。对每一个进入公司的员工都要进行岗前培训，即使是派送员，至少也要有 40 个小时的上岗培训。提供每人每年 2 500 美元的费用，鼓励员工继续深造和进修。

为使员工了解整个公司的运作，实行岗位轮换制，给每位员工创造一个全面发展和学习的机会。并派员工到香港、美国学习和培训，扩大眼界，接受先进的理念和科学技术。该公司非常注重人力资源的积累，培养人才，所有高级职位优先从内部招人，只要你工作努力，能力强，就可得到提升和发展。

公司为实行本土化管理做了大量工作，为适应中国国情，调整了一系列管理措施，现公司高级经理都是中国员工。而联邦快递最独特的一点就是十分重视管理沟通，对人尊重，实行人性化管理。

公司现有一套完善的投诉机制，公平对待每一位员工。如员工不满意，可向上司投诉，而上司必须在 10 日之内给予书面回答。如员工还不满意，可越级投诉，而每一位接到投诉的管理者都必须在规定的时间内书面答复。对不满意的事情也可开研讨会讨论。公司努力为大家创造一个宽松、民主、和谐的氛围，使每一个员工能开开心心工作，保持愉快的心情，更好地服务于顾客。"以人为本"在联邦快递不是空洞的口号，而是真正落到实处，贯穿于工作中的每一个环节。

联邦快递实施了 CRM 的五项方针，这 5 项方针是员工、客户、流程、技术和项目。与 CRM 的标准模式相比，人的位置被放在了第一位，而且少了策略方针，多了项目方针。而这种不同反映了联邦快递的经营哲学和实施 CRM 的特点："在联邦快递的经营哲学里面，员工是第一位的。而策略则是我们贯穿所有 CRM 实施过程中的一项原则，它超乎其他几项方针之上。"

FedEx 是一家环球企业，公司致力栽培用人唯才的环境。FedEx 速递公司的特征，就是积极进取和创新的政策、计划及福利，以及富有鼓励性的工作环境。只有优秀的员工才会为客户提供优秀的服务，针对不同的客户需求提供不同的客户服务，因此员工第一，客户第二可以看作联邦快递客户关系管理的两条主线。"在联邦快递，员工（People）、服务（Service）和利润（Profit）是三位一体的，这也是联邦快递自 1973 年创立时就确定的经营哲学，被称之为 PSP 理念。"公司关注并善待自己的员工，他们就会依照客户的要求提供完美的服务，客户满意度的提升就会为公司带来利润，而利润是维持工作正常运作的命脉，员工工资福利的增长和工作环境的改善都依赖利润的改善。

- 与公司一同成长——雇员内部晋升政策——公司内的空缺会以内部雇员为优先考虑人选。
- 确保公平的待遇程序——此程序设立的目的是让雇员能够有机会向管理层反映他们所关注的问题，并作出客观及公正的评估。
- 亚太区的整体员工报酬——在联邦快递，接近 50% 的支出用于员工的薪酬及福利上。员工报酬的确定在于认同个人的努力、刺激新的构想、鼓励出色的表现及推广团队的合作。所有这些因素都在员工的整体报酬中反映出来。
- 加薪——根据个人的表现来加薪
- 奖励性酬金——奖励个人及团队的贡献
- 进修资助——资助继续学习及进修
- 有薪休假及假期——年假、婚假、孕产假等
- 医疗保险——关心健康
- 生命及意外身亡保险—— 给受益人的财政保障
- 优惠价托运——托运私人物品的优惠价
- 机票折扣优惠——机票折扣
- 后备机位——免费乘坐联邦快递航机
- Bravo Zulu（祖鲁奖）：奖励超出标准的卓越表现。
- Finder's Keepers（开拓奖）：给每日与客户接触、给公司带来新客户的员工以额外奖金。
- Best Practice Pays（最佳业绩奖）：对员工的贡献超出公司目标的团队以一笔现金。
- Golden Falcon Awards（金鹰奖）：奖给客户和公司管理层提名表彰的员工。
- The Star/Superstar awards（明星/超级明星奖）：这是公司的最佳工作表现奖，相当于受奖人薪水 2-3% 的支票。

5. 每时每刻的战争

然而，这个世界上没有永远"第一"的公司，环境瞬息万变，危险和机会，繁荣与灭亡，没有知道下一步谁会先来。2013 年 4 月 1 日，《世界经理人》报道：联邦快递战略失据，利润跌去三成。

美国联邦快递公司（FedEx）日前发布最新季度业绩报告，其结果显示截至今年 2 月 28 日的第三财季，这家国际物流巨头录得净利润 3.61 亿美元，同比下降 31%。

联邦快递把利润大幅滑坡归咎于公司外部环境因素。"由于国际航运市场的持续疲软，行业产能过剩及客户转向更便宜更慢速的运输服务而导致收益压力，（我们的）第三季度遭遇严峻的挑战"，公司 CEO 弗雷德里克·史密斯（Frederick W. Smith）表示。笔者认为，联邦快递表现的疲软与其说是市场因素所致，不如说是公司战略失据所致。

早在9月前本财年第一季度启动之时，弗雷德里克·史密斯就在其一年一度的致股东的信中表示，公司强化效率，改善客户体验以及因市场变化而变的战略，将会提升公司的竞争力和财务表现。他同时强调了三个方面对于公司的成功至关重要，包括利用规模实现高效率，对客户保持敏捷快速反应和运转一个精益且灵活的组织。

从这三个战略重点来看，联邦速递和许多公司一样，面对流年不利的市场环境，陷于以削减成本为主的战略窠臼，因而在客户体验和市场反应方面收效不彰。如果客户体验和市场反应的改善足以提升竞争力，公司怎么可能遭遇客户转向竞争对手的尴尬？

值得联邦快递注意的是，成本削减的效果似乎也不甚理想。从第一季度到第三季度，公司的销售收入分别是107.9亿美元、111亿美元和110亿美元，在销售收入环比增长甚微的情况下，净利润则一路下探，从4.59亿美元到4.38亿美元，再到3.61亿美元。

更重要的是，这组数据发出了一个趋势信号：在以年计的中长期里，联邦快速可能会慢慢偏离获利型增长（profitable growth）这个全球商界的"普世价值"，如果她的战略应对不当的话。

如何走上获利型增长的快车道？联邦速递也许可以问计于管理大师W. 钱·金（W.Chan Kim）和勒妮·莫博涅（Renée Mauborgne），以及拉姆·查兰（Ram Charan）。

在最近接受笔者的采访中，蓝海战略理论创建者W. 钱·金和勒妮·莫博涅两位教授指出，在经济衰退期，很多企业认为应该缩减开支以渡过难关，而不宜采取开创性的战略行动。事实上，企业在这个时候更需要蓝海战略。蓝海战略旨在帮助企业摆脱竞争，脱颖而出，走上强劲的获利型增长之途。

两位教授认为，经济的衰退往往伴随着需求的萎缩，众多的企业为了拼抢有限的市场，更易陷入恶性竞争和价格战的泥沼，进一步压缩企业的利润和增长空间。而单纯地削减开支和成本并不足以扭转这一颓势。

他们接着解释，如果说在经济繁荣期企业恋战红海的后果是失去未来增长和盈利的势头，那么在经济衰退期一些企业面临的可能就是生存的考验。蓝海战略恰恰为企业提供了走出低谷的路径和方法。

以《执行》一书风靡中国商界的拉姆·查兰，对获利型增长有着精深的研究。他在《获利型增长，事关每个人》（Profitable Growth is Everyone's Business）一书中指出，企业要通过提高收入而不仅仅是降低成本实现赢利。

他建议企业从提高收入生产率而不是成本生产率，来实现获利型增长。在他看来，传统的成本生产率关注成本，通常可以扩大销售的领域和销量，但最终的结果是利润和销售收入不成比例地减少。

资料来源：
1. 中华品牌管理网、世界经理人等网站资料
2. http://www.56885.net/news/2007314/14145.html

思考题：

1. 联邦进驻中国市场，存在哪些优势、劣势、机会和威胁？
2. 你认为联邦快递目前应该采取哪种竞争战略？

案例8　中国嘉陵集团公司的物流营销战略

一、物流与供应链管理流程再造

中国嘉陵集团供应链管理环境下的物流信息化建设主要是针对摩托车企业产品的特点和生产特点，在产品设计和生产中的问题进行的。嘉陵成立了重庆圣尧科技发展有限公司，负责企业物流信息化建设工作。对于嘉陵公司来说物流信息化建设的目的主要是提高生产效率，降低成本，而从广义上来说则不能只局限于本部，还应该从整个集团考虑降低运作成本问题。摩托车生产是多品种大批量生产，各类生产数据多，收集处理困难，因此物流管理较复杂。由于摩托车的零部件和原材料品种、规格多而且复杂，目前在嘉陵公司摩托车产品中，外协配套件约占60%，自制件约占40%。外协、外购件渠道多，形成了一个庞大的配套系统，外协配套厂家约300家。这给企业产成品、零部件和原材料等库存管理，物流、资金流、信息流的控制，生产计划的制订造成了一定的困难。

况且，摩托车产品的用户需求是多样化的，产品销售面广。目前，集团公司在全国已逐步建成的各个片区市场中心管理的专卖店约500个。由于场竞争的激烈，要求公司总部必须及时调控市场，另外"三包"服务应周到、及时，市场信息的反馈也必须准时化。此外，需要加快产品更新换代的速度，从产品开发、生产到销售必须加强协调，才能更好地发展。在物流与供应链业务流程管理方面着重加强以下三个方面的变革：

1. 在基础数据管理方面，实行统一编码、物品代码、客户代码、仓库代码、业务运作代码等；在单据管理方面，创建总订购单、选择单证、盘存准备金、处理总订购单、新建客户提货单、客户退货单、移库申请单、直发客户送货清单、其他出库单等多种单据；通过信用额度控制、回款时间控制等建立客户提/发货信用管理机制，并且统一客户销售类型。

2. 生产流程再造。嘉陵集团摩托车运行 业务通过制造资源计划和DRP系统进行管理，包括集团销售公司生产订单的下达，生产部门生产计划、原材料/配件请购单的制定，采购部门采购订单的生成制定和物流部门收发货计划制定等等。

3. 销售流程再造。公司针对DRP系统进行销售流程再造，包括销售公司各个机构和VIP客户销售预测、月销售计划的制订、客户订单管理、经销商销售终端记录管理、物流部客户提货管理、发货计划/送货计划管理、库存业务管理、向第三方物流公司或本集团公司自营库发出的物流作业指令管理及财务部门的财务管理等。

二、摩托车集成供应链战略模式设计及分析

摩托车供应链中存在四种流：商流、物流、资金流和信息流，其中信息流不是孤立存在的，它与商流、物流和资金流密切相关，反映了物资和资金流动前、流动中和流动后的状况。显然，对应于四种流分别存在四条供应链，即商务供应链、物流供应链、资金供应链和信息供应链。而供应链管理就是要利用信息流，通过高水平的信息共享，达到"四流"的统一，实现供应链"四流"的集成管理，力图做到：通过互联网上信息共享及互动，行业内的成车企业、零配件供应商、原材料商及客户等供应链成员可以共同参与摩托车产成品配送计划及仓库供货管理的制定，减少中间环节，实现销售计划、生产和采购信息的实时查询和传递，使供应链成员可以及时了解和掌握市场变化情况，更有效地制定市场和销售策略，达到供应链的合理采购、合理生产、合理库存的目的。

三、供应链管理下的物流营销战略平台建设

根据摩托车企业的生产经营特点，以及集团公司经营发展的需要，嘉陵集团制定了信息化建设五年规划，实施供应链系统五年规划，目前已进行到第三年。网络系统建设已于1999年底完成；ERP建设也于1999年底完成作电子商务的一部分，已经使用了一年多的时间，ERP系统基本上是企业自主开发；现正在实施并行工程，即CAD，CMD，PDM。企业拥有服务器4~5台，主要用于运行ERP系统及网站；数据库使用的是Oracle（甲骨文公司），Unix（操作系统）主要站有40多个，客户端微机接近1 000多台，用于管理方面。企业内部建立了千兆以太网的Internet，有独立的网站和Web服务器。现在企业用的是专网，上、下游企业已经连接在网上，企业采购均在网上实现。正是由于实现了网上采购，外协件可以在网上实现高效招投标。

供应链系统工程在嘉陵信息化建设中居于非常重要的地位，公司领导非常重视，专门成立项目领导小组，并由总裁亲自担任项目领导小组的组长；在管理应用方面，嘉陵集团先后自行开发了销售管理网络系统、财务管理网络系统以及外协配套件管理网络系统；在CAD，CAM应用方面初步形成了产品CAD，PDM和工模具CAD，CAE，CAM两大系统，这些为供应链系统的实施打下了良好的基础。企业根据自身特点，制定了适合的技术方案和技术路线，公司已经进行了MIS分系统、EDS分系统、QAS分系统、OA分系统、网络分系统、数据库分系统的前期建设。

当然，对于中小摩托车企业而言，为建成一定规模的行业性电子商务平台，只要在保证一定的人力、财力和物力条件下，充分优化利用社会资源，投资几百万元也可以全面运作起来。从这个意义上来讲，构建行业性电子商务物流平台本身就可以节约企业投资基金，节约企业投资成本和运行成本。

四、运行效益显著

物流营销战略研究的效果，具体表现在：提高了我国摩托车行业的制造技术水平，为加快吸收和消化高新技术的速度，为加快科研成果的商品化做出较大贡献；供应链

系统工程可以优化产业结构，加速现代企业制度改革步伐，提高企业的综合竞争力；向公司领导及时提供产品研制、生产、销售、财务、质量等重要信息，为公司领导快速做出正确决策提供强有力支持；实现计算机资源共享，使公司管理制度化和规范化，提高公司的管理效益和管理水平；通过供应链系统的应用，不仅可缩短产品研制周期，提高产品档次和质量，降低产品成本，从根本上解决设计与制造严重脱节的矛盾，设计定型后的产品迅速形成批量生产能力，提高产品设计对市场需求的响应速度，产生显著的经济效益。

资料来源：夏文汇. 物流战略管理 ［M］. 成都：西南财经大学出版社，2006.

思考题：

1. 嘉陵公司在物流方面做了哪些的改良？
2. 嘉陵公司的如何实施成本领先战略？

第六章　金融行业

案例1　成都银行的发展

成都银行成立于1996年12月30日。作为四川省首家城市商业银行，多年来该行依法稳健经营，严格规范管理，已逐步发展成为一家规模初具、运行稳健的股份制商业银行。截至2009年12月31日，总资产由成立时的48.2亿元增长为1 043亿元，增长22倍；存款余额由成立时的39.7亿元增长为914亿元，增长23倍；贷款余额由成立时的26.3亿元增长为549.7亿元，增长21倍。总资产在中西部城市商业银行中率先突破1 000亿元大关，成为全国第14家资产过千亿的城市商业银行，经营规模和综合实力连续4年位居中西部城市商业银行首位。目前，该行注册资金32.51亿元，实行一级法人体制，全行下辖120家分、支行及网点，正式员工2 359名。

近年来，在"二次创业"、"五年规划"发展新思路的指引下，成都银行努力开拓创新，不断深化改革，各项业务实现了年均30%以上的增长，经营利润连年翻番，连续跻身"全球商业银行1000强"、"亚洲银行300强"、"中国银行业100强"等国内外商业银行综合实力排行榜。在2010年2月公布的亚洲银行竞争力排名中，成都银行综合竞争力位居中等规模银行（规模在100-400亿美元之间）第16位。

为适应城市商业银行新的发展要求，该行多年来稳步推进增资扩股、更名、跨区域经营、多元化经营、公开上市等多项战略举措，先后于2007年引进马来西亚丰隆银行等境内外投资者，一次性引入资金60亿元，顺利完成增资扩股；2008年由"成都市商业银行"正式更名"成都银行"，为发展为区域银行奠定基础；2009年开设首家异地分行——广安分行，实现跨区域发展实质性突破；2010年与战略投资者丰隆银行共同发起设立国内首批、中西部第一家消费金融公司——四川锦程消费金融有限责任公司，实现多元化经营初步探索；2010年成功开设首家省外分行——重庆分行，与此同时全力推进西安、深圳等分行筹建工作，在力争用3-5年时间使该行分支机构基本覆盖中西部主要中心城市和省内多数市（州）的同时，逐步进驻环渤海、长三角、珠三角等地区。此外，成都银行公开上市前准备工作也正顺利推进。一系列战略举措的稳步实施，使成都银行向建设"全国性现代化全能型上市银行"目标稳步迈进。

成都银行始终坚持"服务区域经济，服务中小企业，服务城市居民"的市场定位。该行先后投入大量信贷资金，不断支持地方经济建设，为成都经济的迅速发展、城市面貌的日新月异做出了积极贡献，其中有金沙遗址、宽窄巷子历史文化保护区开发、都江堰青城山景区改造等重大文化旅游项目。为支持成都统筹城乡综合配套改革，该行多年来给予大量信贷资金大力支持县域经济及"三农"经济发展，同时加大在成都郊区县市开设支行力度，目前该行下设网点已基本覆盖了全域成都，未来该行还将在成都重点城镇增设郊县支行下属网点，为进一步加大支持县域经济力度打下基础。

成都银行始终专注于服务广大最需要资金支持的中小企业客户，积极打造"中小企业伙伴银行"。该行在全市率先成立中小企业部，并设立 3 家专营支行，为中小企业提供全方位、宽领域、多层次的专业服务。为解决本地中小企业还款难的问题，成都银行为中小企业量身定做了多项个性化、多样化的还款方式。为探索解决中小企业贷款"担保难"的新路子，该行对中小企业新型质押手段作了深入的研究，全市率先推出了知识产权质押业务等新型业务品种。

为践行"市民银行"的承诺，成都银行持续开展优质服务活动，不断提升服务水平，该行先后有多个营业网点荣获全国、省级、市级"青年文明号"集体荣誉称号以及银行业"文明示范窗口"称号。为关心市民福祉，该行锦程系列借记金卡始终免收账户管理费、跨行 ATM 取款、查询费，最大限度降低持卡人用卡成本，该卡连续三年蝉联"最受市民欢迎银行卡"奖。同时该行始终坚持现金代收水、电、气费以及固定电话费，免收小额账户管理费用，在全市率先推出储蓄延时服务，为市民在下班后办理银行业务提供便捷。此外，为支持全市"下岗职工再就业工程"，成都银行在全市首推个人小额担保贷款业务。

成都银行始终热心公益事业，积极投身社会公益活动，常年坚持开展定点贫困村镇帮扶及"慈善一日捐"等公益活动。近年来，该行通过发起"春芽扶助资金"计划、参加希望工程"爱心格子"助学活动等，关注和扶助贫困青少年成长。"5·12"地震后，该行积极投入到抗震救灾和灾后重建的工作中，以最快速度在都江堰设立起第一台灾区公交车"流动银行"，及时满足灾区人民金融需要。同时，该行先后组织 3 次大型捐款活动、义务为灾区人民板房新家植树护绿、向绵阳市商业银行捐款 60 万元支持其恢复重建等。此外，该行将及时提供信贷资金作为积极支持灾后重建的另一项重要措施，截至 2009 年末该行对灾后重建贷款授信总额达 47.99 亿元，累计投放灾后重建贷款达 36.06 亿元，以实际行动表达对灾区同胞的关爱和援助。

案例来源：http：//bank. hexun. com/2010-12-01/125934616. html

思考题：

1. 对成都银行进行 SWOT 分析。

2. 根据 SWOT 分析，你认为成都银行未来如何进行战略选择？

案例 2　德州建行的波特五力分析

1954 年 12 月，中国人民建设银行德州地区支行，在交通银行德州支行的基础上成立。1978 年 11 月，更名为中国人民建设银行德州地区中心支行。1995 年 3 月，中国人民建设银行德州地区中心支行因地改市更名为中国人民建设银行德州市分行。1996 年 3 月 26 日，中国人民建设银行德州市分行更名为中国建设银行德州市分行。2004 年 9 月 21 日，更名为中国建设银行股份有限公司德州分行。目前，德州建行现有员工 1 041

人，下设 24 个支行（含分行营业部）、19 个分理处和 2 个储蓄所，覆盖德州市 13 个县市区，形成了"财富管理中心—理财中心—多功能网点—普通网点"的四级服务体系，现有财富管理中心 1 个，理财中心及多功能网点 24 个，全部网点 45 个。在德州分行的历史进程中，从严格履行财政、银行职能，从事基建项目拨贷款业务，到向现代商业银行转轨，银行功能得到不断发展和强化。围绕市场与客户的需求，通过不断丰富和完善金融业务产品，建立了高效、快捷、完整的存款、贷款、汇兑、代客理财等服务体系，可为客户办理存款、贷款、龙卡、速汇通、银证通、代收代付、国际结算、国际贸易融资、承兑、贴现、结算、造价咨询等各种银行业务。

随着当地经济水平的发展及综合实力的不断增强，德州建行作为当地四大国有商业银行之一，逐渐成为业务种类齐全、资金实力雄厚、内控制度健全、服务完善体系、具有较强竞争力的国有大型金融单位。近几年，建行德州分行先后被评为中国建设银行储蓄工作先进集体、纪检监察工作先进集体、四好班子等荣誉称号；被德州市委、市政府授予文明诚信十佳企业、省级文明单位、支持地方经济发展先进单位、全市依法纳税先进企业等荣誉称号。连续两年被山东省银监局评为良好银行。2011 年，建行德州分行被省分行评为 2011 年度"优秀单位"和"四好领导班子"，被德州市评为先进金融机构及支持地方经济建设先进单位、服务企业发展先进单位、机关效能及政风行风先进单位、全市科学发展综合考评先进单位、双城联创工作先进举措。2009 年 10 月，建行德州分行被山东省银行业协会与山东省质量技术监督管理局联合授予了"山东省服务品牌"。

随着银行业信息化建设步伐的加快，金融业务对信息系统的依赖性日益增强，信息科技已经成为银行稳健运营和提高竞争力的基础和保障，在促进银行提高工作效率、提升服务水平、拓展业务范围、优化组织架构等方面日益表现出不可替代的重要作用。20 世纪 70 年代末，以信息通讯技术革命为主的第三次产业革命，促使网络经济时代的到来，互联网逐步改变了人民的生活习惯。网络化对银行业也产生了巨大影响。首先，计算机技术的应用提高了运算速度，提高了金融信息综合处理速度，传统手工操作模式逐步被电子计算机所代替，极大提高了银行业生产力。其次，传统的服务渠道逐渐被电子化自主服务渠道所代替。伴随网络化而出现的电子银行产品应运而生，使许多诸如缴费、汇款、转账等的银行业务可以由客户通过网络自主完成，极大方便了客户。自助银行服务项目，包括诸如 ATM 服务、POS 服务、自助多媒体终端等，极大减轻了银行柜面压力。"十一五"期间，中国人民银行科技事业也取得较快发展，开展了 339 个项目建设，建成和运行 104 个重要应用系统，基本实现业务处理的信息化全覆盖，建成了符合"数据集中、资源整合"战略部著的两级数据中心，实现了货币金银、征信、国库、金融统计等重要业务应用的数据集中，为商业银行信息化发展提供了指导。2011 年 10 月，具有银行支付功能的职能电视机问世，中国银联、康佳集团和东方传媒集团在上海共同宣布推出首款具有银联支付功能的智能电视机，用户通过智能电视机的遥控器进行操作，便可完成付费点播、电视购物和公用事业费用缴纳等在线支付。目前，先进的电子科技为金融业快速发展提供了条件，同时也对银行的科技创新提出了更高的要求。现代银行业必须紧随世界科技发展速度，加快相关科技金融产品的开发，才能更好满足消费者需要，始终走在行业最前列。德州建行作为一家大型的现代化金融企业分支机构，在科技技术领域具有明显的竞争优势。一方面，具备了科技创新的人才基础；另一方面，具备科技创新的雄厚资金支持。金融信息化的不断深化，为德州建行降低运营成本，扩大客户营销范围提供了有利的技术支撑。

现有竞争对手分析

截至 2011 年年底，德州市共有商业银行金融机构 9 家，包括 4 家国有商业银行（中国工商银行、中国农业银行、中国银行、中国建设银行），2 家股份制商业银行（德州银行、中国邮政储蓄银行），农村银行金融服务机构 2 家（德州农信社、临邑中银富登村镇银行），1 家政策性商业银行（中国农业发展银行），形成了德州银行业基本格局：四大国有商业银行、政策性商业银行、股份制商业银行、农村信用社等多个层次商业银行并存。目前，四大国有商业银行凭借资产和信誉，仍然占据着德州市一半以上的存贷款市场份额。四大国有银行在转制过程中，逐步建立起更加完整规范的法人治理体制，内部管理也日渐完善。在激烈的竞争环境中，四大国有商业银行逐步改变同质化的产品状况，积极开展金融产品创新，竞争意识和竞争能力都得到较大的提升。因此，在当地银行竞争中，四大国有商业银行竞争层次较高，且对客户和市场的争夺日趋激烈。农信社、德州银行及邮政储蓄银行成立时间较晚，在竞争中尚处于弱势地位，且网点布局多集中于县域及以下，在市区业务份额上与四大国有商业银行还有较大的差距。但是，近年来它们凭借灵活的政策优势积极抢占市区市场份额，且表现出积极的发展态势，成为四大国有商业银行不能再忽视的竞争对手。中国农业发展银行虽有转制的政策倾向，但目前作为政策性银行只吸收特定客户的存款并向特定的粮棉企业发放低息贷款，市场份额较少，还未对德州建行造成较大的威胁。

新进入者威胁

2011 年德州市经济工作会议上指出，抓好财政金融工作，加大财政对结构调整和民生领域的投入。力争 2012 年新增贷款 160 亿元以上，实现德州银行县域全覆盖，建设 5 家村镇银行，争取 3 家以上市外银行进驻。德州市金融办杨丙亮主任表示，今后将继续加大金融体系建设力度，争取近三年每年保证 3 家以上市外银行进驻，并积极发展村镇银行、小额贷款公司等农村新型金融组织，尽快形成多位一体的金融体系。目前，德州市新进入的临邑富登村镇银行由中国银行与淡马锡公司联合投资，已基本筹建完毕，注入的先进的管理理念对德州建行造成直接的竞争。今年年初以来开始其对公客户的拓展与储备工作，对德州建行在德州市特别是临邑县的客户资源竞争已造成极大的威胁。今后几年，按照德州市当地政府构建区域金融中心的构想，将积极争取一些区域总部类、功能总部类金融机构落户德州，德州市将有 5~6 家银行进驻，全辖内银行数将达到 14-15 家。目前，恒丰银行已通过可行性研究，民生银行和沧州银行已经通过批准进驻德州，交通银行及招商银行等将陆续进驻。目前，德州已经批准的小额贷款公司 6 家，实际经营中的 4 家，贷款余额 8.03 亿元。小额贷款手续简便，门滥低，机制灵活，已抢占了部分中小企业客户资源，对德州建行也构成了实质竞争关系。

银行替代品压力

目前，德州区域内受制于当地经济发展水平，直接融资占比较小，作为企业及政府主要融资渠道的商业银行，其融资功能地位尚未动摇。短时间内，资本市场、信托公司等还不能对银行在当地金融市场的主导地位构成威胁。总起来看，当地居民企业的金融意识还落后于金融创新的速度，且信贷规模需求的增长速度远快于替代品的增长速度，因此替代品的压力对德州建行短时间内的发展还不能构成较强的威胁。但随着金融市场的不断完善，直接融资以其低成本优势将逐渐代替间接融资，动摇商业银行间接融资地位，是包括德州建行在内的各商业银行不得不面临的现实考验。

买方力量

商业银行的买方为资金的需求者与产品服务的需求者，企事业单位及个人。目前，作为资金需求者的银行顾客，即使在银行产品同质化严重的背景下，银行普通买方在市场中仍处于弱势地位，其砍价能力有限，但不可忽视这种能力有提升的趋势，且更多从关注价格向关注金融产品创新转变。对企业资金需求方来讲，压低银行产品价格是其降低财务费用继而获得更高净利润的有限途径。目前，在银行竞争程度加剧的背景下，大客户成为各大银行关注的焦点，一些优质的银行大客户都企图利用其有利地位讨价还价，要求银行实施优惠的贷款利率以降低其财务费用。且随着金融市场的不断深化，金融工具的不断涌现，一些银行大客户拥有了更多的融资渠道，这也在一定程度上增强了其砍价的能力。目前德州建行重点维护并关注的当地企业如华鲁恒升、电业局、公路局、通裕集团、保龄集团、德建集团等效益较好的企业，因为具有较强的融资能力，其议价能力较强，德州建行与这些优质客户的谈判困难较大。当然，对于普通银行买方客户而言，其砍价能力相对较弱，特别是自2011年国家实行稳健货币政策以来，表现为银行信贷规模持续偏紧，信贷资源有限，因此大多数商业银行纷纷提高贷款利率上浮幅度，表现出较强的议价能力。然而，一般情况下，由于市场上银行众多，普通银行买方客户也可对银行做出选择，在砍价上对商业银行提出威胁，也存在不容小看的砍价能力，且这种砍价能力随着金融资源的不断增加而增强。

供方砍价能力

商业银行的供方主要包括资金的供应商、服务的供应商、设施的供应商等几种力量。资金的供给方主要包括：居民、政府机关、事业单位、企业单位、中央银行及银行同业，是商业银行经营的基础。服务的供应商主要指银行服务的劳动者，即商业银行内部人力资源。设施的供应商包括金融机具、办公设备、通讯网络等的提供方。目前，作为设施供应商较多，其砍价能力有限，对商业银行的战略管理影响较小。因此，供方砍价能力主要考虑资金供应商与服务供应商的砍价能力。一般来讲，影响商业银行供方砍价能力的因素主要有两方面：一是，商业银行是否是供方产品的主要客户；二是，供方产品是否是商业银行的主要投入品。目前，金融市场不断深化，金融投资方式不断增加，人民选择富余资金投资选择余地增多。特别是资本市场的逐步完善成熟，更加大了商业银行吸储难度，在一定程度上降低了商业银行的砍价能力，相反提高了资金供应方的砍价能力。人才流动已成为现代社会经济社会的一种必然现象。伴随着国内各股份银行的纷纷建立，其对人才的需求加大，近几年来银行间"跳槽"已近成为一种普遍现象。据相关部门粗略统计，德州建行每年人才流失约 10 人左右，且该数字在不断加大。作为服务供应方的人力资源也在无形中提高砍价能力。作为商业银行的资金供应方，所提供产品在商业银行资金来源构成中的比例大小也决定了其砍价能力的大小。商业银行的资金来源包括：资本金、存款及借入资金三部分。据统计，2010 年底，中国建设银行客户存款 84 825 亿元，占全部资金来源的 85.31%。可见资金供方所提供的产品——各类存款是建行负债业务的主体，是建行的主要投入产品，其所销售的信贷产品等都严重地依赖于存款，这种结构严重地削弱了商业银行的砍价能力，相对而言提升了需方的砍价能力。当然在国家利率管制的背景下，这种砍价能力表现不明显。但随着国家对利率管制的放开，资金供给者的砍价能力将逐步显现。

资料来源：费冬冬. 德州建行竞争战略研究［D］. 济南：山东大学，2012.

思考题：

1. 在波特五力的基础上对德州建行做 SWOT 分析。

2. 根据波特五力和 SWOT 分析，德州建行在今后的发展中应当采取怎样的发展战略？

案例 3　花旗银行的百年之路

花旗银行（Citibank）是花旗集团（Citigroup）（NYSE：C）属下的一家零售银行，其主要前身是 1812 年 6 月 16 日成立的"纽约城市银行"（City Bank of New York），经过近两个世纪的发展、并购，已成为美国最大的银行，也是一间在全球近五十个国家及地区设有分支机构的国际大银行，总部位于纽约市公园大道 399 号。1998 年 10 月花旗银行的母公司及控股公司"花旗公司"（Citicorp）与"旅行家集团"（Travelers Group）合并组成花旗集团，此后花旗银行继续保持为花旗集团"红雨伞"旗下的强势品牌。根据美国联邦存款保险公司（FDIC）的资料，2005 年 3 月 31 日，花旗集团控股的 12 家美国花旗银行的国内存款总额为 204 351 066 千美元，资产总额为 935 236 982 千美元（逾九千亿美元）；这些数字并不包括花旗银行的海外机构。

一、花旗银行的发展史

花旗银行总部坐落于美国纽约派克大道 399 号的花旗银行，是华盛顿街最古老的商业银行之一。1812 年 7 月 16 日，华盛顿政府的第一人财政总监（Commissioner of the U. S. Treasury）塞缪尔. 奥斯古德（Samuel Osgood）上校与纽约的一些商人合伙创办了纽约城市银行（City bank of New York）——今日花旗集团的前身。当时，该银行还是一家在纽约州注册的银行。在创建之初，纽约城市银行主要从事一些与拉丁美洲贸易有关的金融业务。1865 年 7 月 17 日，按照美国国民银行法，纽约城市银行取得了国民银行的营业执照，更名为纽约国民城市银行（National City Bank of New York）。此后，纽约国民城市银行迅速发展成为全美最大的银行之一。

20 世纪初，纽约国民银行开始积极发展海外业务，1902 年，该行在伦敦开设了它的第一家国外分行，到 1915 年持有万国宝通银行之前，纽约国民城市银行已在拉美、远东及欧洲建立了 37 家分支机构。万国宝通银行成立于 1901 年，当时主要是为了发展对中国及菲律宾的贸易，次年它在上海成立了美国在华的第一家银行分行，不久又相继在远东其他地区设立海外分行 32 家。通过兼并万国宝通银行，纽约城市银行的海外分支网络扩大了近一倍。到 1939 年，花旗银行（1927 年以后，纽约城市国民银行的中文行名改为花旗银行）在海外的分支机构已达到 100 家。

20 世纪 20 年代花旗银行开始开拓零售银行业务。1921 年成立了第一家专对个人服务的分行，1928 年成为首家提供个人贷款的商业银行，70 年代花旗银行的零售银行业务又获得了新的发展，它成为美国 VISA 卡与万事达卡的最主要发行者之一。1977 年，花旗银行率先大规模将 ATM 机引入银行系统，目前，花旗银行已是美国最大的信用卡发行者。为把零售金融业务推向全球化同时扩展分销渠道，花旗集团于 2000 年 11 月收购 Associates First Capital 设于 15 个国家的共 2 600 家分行，成为全球首屈一指的零售金融企业。

1929 年和 1930 年，花旗银行先后收购了农民信贷与信托公司和纽约美国国民协会银行，在此基础上成立了花旗农民信托公司，1959 年花旗农民信托公司改名为第一花旗信托公司（First National City Trust Co.），两年后合并于第一花旗银行，成为其信托部的一个组成部分。

1955 年 3 月，花旗银行兼并了纽约第一国民银行，同时更名为第一花旗银行（First National City Bank of New York）。合并后的第一花旗银行成为仅次于美洲银行和大通曼哈顿银行的美国第三大银行，1962 年第一花旗银行更名为第一国民城市银行（First National City Bank）。

1961 年第一花旗银行率先推出了大额可转换定期存单（CD）业务，该业务使花旗银行能够与政府债券竞争资金，花旗银行取得了新进展。同时，花旗银行进一步国际化，到 1982 年底，花旗银行已在 94 个国家拥有 1 490 余个分支机构，海外机构的资产和收益占花旗银行全部资产和收益的 60%。

1967 年花旗银行组建了控股公司——第一花旗公司（First National Corporation），1971 年第一花旗公司改组为多银行持股公司，1974 年 3 月 28 日更名为花旗公司（Citicorp），花旗银行也同时更名为 Citibank, N. A.。花旗银行是花旗公司的核心附属机构，资产在 70 年代中期占整个控股公司资产的 95% 以上，以后有所下降，在 80 年代改比例在 85% 左右，目前约占 60% 左右。花旗银行的董事长、总裁也同时是花旗公司的董事长和总裁。

20 世纪 80 年花旗公司先后兼并了 Diner's Club、加州忠诚储蓄银行（Fidelity Savings）、芝加哥第一联邦银行（First federal of Chicago）、迈阿密比斯肯联邦银行（Biscayne Federal）、华盛顿特区的国民永久储蓄银行（National Permanent Savings）。同时，其跨国业务业有了进一步进展，海外分支机构扩展到了芬兰、新西兰等国。

20 世纪 80 年代末，花旗银行由于在海外及商业房地产方面的不良贷款而陷入了困境。1990 年至 1992 年 3 年内，信贷损失准备达到 100 多亿美元，1991 年税后利润亏损

9.14 亿美元。不过，经过里德领导的三年复兴计划（1992-1994），花旗银行迅速调整了资本结构、恢复了资本实力。1995 年，花旗银行净收入达到创纪录的 35 亿美元，资本总额也上升到了 277 亿美元。花旗银行的一级资本上升到了 192.4 亿美元，占总资产的 11.9%。

1998 年 4 月 6 日，花旗公司宣布和旅行者集团合并。旅行者集团原是一家生命与财产保险公司，后来它通过收购一家美国投资银行——史密斯·邦尼（Smith Barney）公司，把业务范围扩大到了投资银行、商业信贷、融资服务等领域。1997 年，该公司又以 90 亿美元兼并了美国第五大投资银行——所罗门兄弟公司，新组建的所罗门·史密斯·邦尼（Salomon Smith Barney）公司一跃成为美国第二大投资银行。旅行者集团目前的业务范围主要有：生命与财产保险、投资银行、商业信贷、私人理财、资产管理等。花旗银行与旅行者集团的合并是美国有史以来最大一起企业兼并案，合并后组成的新公司成为"花旗集团"，其商标为旅行者集团的红雨伞，合并后花旗集团的总资产达到 7 000 亿美元，净收入为 500 亿美元，营业收入为 750 亿美元。通过与旅行者集团的合并，花旗集团成为世界上规模最大的全能金融集团公司之一，由 1997 年《财富》杂志世界 500 强排名第 58 位一跃升至 1998 年的第 16 位。

1999 年，花旗集团与日本第三大证券行日兴证券于日本共组合营企业-日兴所罗门美邦。该合营企业自成立以来各项排名均突飞猛进，2000 年更于股票及相关交易界别中荣登榜首。在 2001 年上半年，日兴所罗门美邦于日本市场安排股份配售交易所占的市场份额为 55%，超过所有竞争对手的总和。2000 年 4 月，集团的投资银行旗舰所罗门美邦成功收购宝源投资，建立了一家一流的泛欧洲投资银行，令花旗集团于欧洲市场的地位更上一层楼。为把零售金融业务推向全球化同时扩展分销渠道，花旗集团于 2000 年 11 月收购 Associates First Capital 设于 15 个国家共 2 600 家分行，成为全球首屈一指的零售金融企业。2001 年，为壮大其在墨西哥以至其他拉丁美洲国家的地位及业务表现，花旗集团以逾 120 亿美元收购墨西哥第二大金融机构 Banamex。

历经近两个世纪的潜心开拓，花旗集团已经成为全球最大的金融服务机构，资产达 1 兆美元，于全球雇有二十七万名雇员，为逾一百多个国家约二亿消费者、企业、政府及机构提供品种繁多的金融产品及服务，包括消费者银行和信贷、企业和投资银行、保险、证券经纪及资产管理服务。以红色雨伞为标志的花旗集团旗下的主要品牌包括：花旗银行、旅行家集团、所罗门美邦、CitiFinancial 及 Primerica 金融服务公司。集团 2000 年的核心收入达 140 亿美元，2001 年收入达 146 亿美元，为全球盈利最高及财政最稳健的公司之一，其股本总值达 880 亿美元（2001 年），一般股本回报率为 20%。雄厚的资本促使集团能运筹帷幄，顺利过渡逆境并于不同的经济环境中大展宏图。在 2001 年、2002 年《商业周刊》评选的全球 1 000 家公司排名中，花旗集团皆名列第 5 位，在全球金融界中排名第一。

花旗银行是在中国开办业务的第一家美国银行。1902 年 5 月 15 日，花旗银行的前身之一"国际银行公司"（International Banking Corporation）在上海开设分行，这也是花旗银行在亚洲的第一家机构。同年，国际银行公司于 7 月 1 日在新加坡与马尼拉，于 10 月 8 日在横滨，于 12 月 8 日在香港分别开设另外四家机构。1964 年 8 月 3 日，花旗银行在台北开设分行。花旗银行在澳门的业务则开始于 1983 年 5 月 27 日。1995 年，在离开 45 年后，花旗银行重新在中国大陆常规办理业务，已在北京、广州、上海、深圳、天津、成都开设了分行。在中国大陆和台湾，Citibank 均译作"花旗银行"，在香港与纽约的华人社区则使用"万国宝通银行"（可能源自 International Banking 的名字）；2001 年年底，香港使用的中文名改为与大陆及台湾相通的"花旗银行"，其大事记如下：

1812 年 6 月 16 日，后来发展成花旗银行的"纽约城市银行"（City Bank of New York）由纽约州政府特许设立，许可资本（authorized capital）200 万美元，给付资本（paidin capital）80 万美元。同年 9 月 14 日，城市银行在纽约市正式开业，为纽约商人服务。

1865 年，加入新成立的美国国家银行体系（U. S. national banking system），并更名为"纽约国家城市银行"（The National City Bank of New York）。

1894 年，成为美国最大的银行。

1897 年，在美国的主要银行中，首家设立外国业务部，并开始外币交易业务。

1902 年，业务拓展到亚洲、欧洲、印度，并在上海、马尼拉等地设立办事处。

1904 年，开创旅行支票（traveler′s checks）业务。银行总部移至华尔街 55 号，并一直使用到 1961 年。

1913 年，是纽约联邦储备银行的首要参股人。

1914 年 11 月 10 日，在阿根廷布宜诺斯艾利斯设立分行，成为首家在外国设立分行的美国国家银行。

1915 年，在巴西里约热内卢设立办事处。成为美国有最大海外机构网的国际银行。

1918 年，收购一家美国的海外银行"国际银行"（International Banking Corporation）。

1919 年，成为美国第一家资产超过 10 亿美元的银行。

1921 年，在美国的主要银行中，首家采用复利法给储蓄账户（savings account）计息。

1928 年，在美洲的主要银行中，首家给存款人提供无质押个人贷款（unsecured personal loans）。

1929 年，成为全球最大的商业银行。并购"农民贷款信托公司"（Farmers′ Loan and Trust Company），并将之更名为"城市银行农民信托公司"（City Bank Farmers Trust Company）。

1936 年，在纽约市的银行中，首家开办不需要最低余额的支票账户（checking account）业务。

1939 年，在美国以外共有分布于 23 个国家的 100 间办事机构，成为最大的国际性银行。

1945 年，在一系列战争贷款及胜利贷款活动中，售出了 56 亿美元的美国国库券（U. S. Treasury securities）。

1955 年，更名为"纽约第一国家城市银行"（The First National City Bank of New York）。

1961 年，发明 negotiable 定期存款（negotiable certificate of deposit）。成立"第一国

家城市海外投资公司"（First National City Overseas Investment Corporation）作为海外分支及从属机构的控股公司（holding company）。位于公园大道 399 号的新总部大楼建成。

1962 年，在银行 150 周年庆之际，更名为较短的"第一国家城市银行"（First National City Bank）。

1964 年，进军租赁业务。

1965 年，进军信用卡业务。

1966 年，在伦敦市场开办 Dollar Certificates of Deposit，是自 1888 年来，伦敦市场的首家 negotiable instrument。

1967 年，开办花旗银行的第一张信用卡"第一国家城市签账服务"（First National City Charge Service），俗称"囊括所有 0 卡"（the "Everything" card）。

1968 年，一家银行控股公司"第一国家城市股份公司"（First National City Corporation，后更名为 Citicorp）成为第一国家城市银行的母公司。

1969 年，"囊括所有卡"改制成为"主人签账"（Master Charge，后更名为万事达卡，MasterCard）。

1974 年，第一国家城市股份公司更名为花旗公司（Citicorp），以方便其国际业务。

1976 年，第一国家城市银行变成"花旗银行国家协会"（Citibank, N. A.）（N. A. 表示 National Association）。

1977 年，花旗银行开建花旗卡银行中心（Citicard Banking Center），利用花旗卡与自动柜员机（ATM）进行服务。24 小时的自动柜员机不再仅是供紧急提现之用，而成为正常业务的一部分。

1979 年，成为全球的首要外币交易代理。

1981 年，收购"大来信用证"（Diners Club）。

1982 年至 1984 年间，在加利福尼亚、佛罗里达、依利诺伊、华盛顿哥伦比亚特区收购储蓄（Savings）与贷款业务，使花旗集团成为美国最大的银行控股公司。

1984 年，花旗银行伦敦分行成为钱伯斯清算公司（CHAPS Clearing Company）的创始成员机构之一。钱伯斯清算公司是仅次于美国 Fedwire 的全球第二大实时大体结算系统（real-time gross settlement system）。

1985 年，在纽约开办"直接连入"（Direct Access ©）服务，通过个人电脑跟花旗银行连结。

1986 年，在纽约与香港首次使用触屏式自动柜员机（touch-screen automated teller machine）。

1989 年，成为抵押信用卡（securitized credit card receivable）的首要发行人。在纽约长岛市科特广场（Court Square）的一座新摩天大楼建成。

1992 年，花旗银行成为美国最大的银行。花旗集团的分支机构遍布 90 多个国家。

1993 年，成为全球最大的信用卡及签账卡的发行人与服务提供人。将 1980 年代收购的各家存款银行合并，并以"花旗银行联邦储蓄银行"（Citibank, FSB）之名统一运作。

1994 年，开设俄国第一家外国独资商业银行。

1995 年，在阔别 45 年后，在中国大陆开设第一家具备全面业务的（fullservic）分行，并在越南与南非开设分行。

1996年，拥有亚洲最多的信用卡。中国台湾是美国以外第一个信用卡数量超过100万张的地区。

1998年10月8日，花旗公司（Citicorp）与旅行家集团（Travelers Group）双方的所有属下合并成为花旗集团股份有限公司（Citigroup Inc.）。花旗银行继续保持为花旗集团旗下的强势品牌。

2005年7月1日，花旗银行中国香港分行转移至在当地注册成立的花旗银行（香港）有限公司。

2007年4月1日，花旗银行中国内地分行转移至在当地注册成立的花旗银行（中国）有限公司。

2007年4月9日，花旗银行宣布合并中国台湾的华侨银行，并以花旗银行为存续银行，华侨银行从此消失。

二、花旗银行的组织结构和管理体系

花旗集团是一全球性金融服务公司。截止1996年12月31日，集团在全世界拥有89 400名雇员，在98个国家和地区约3 200个网点为个人、企业、政府及金融机构提供各类金融服务。花旗集团是一家美国银行控股公司，1967年根据特拉华州法律组成，现为其主要分支机构花旗银行的唯一股东。花旗集团受1956年《银行控股公司法》约束，接受联邦储蓄局的检查。花旗银行是联邦储蓄的会员行，接受货币审计局的管理和检查。

三、主要业务范围

花旗集团的业务主要有两大范围：环球消费者业务以及环球企业银行业务。环球消费者业务为消费者提供全球性的、全面的服务，下设分行和电子银行、信用卡及消费卡以及私人银行业务；环球企业银行业务为各公司、金融机构、政府以及全世界资本市场其他成员提供服务。

花旗银行，作为唯一一家推行全球业务战略的银行，不单为遍及56个国家的5 000万消费者提供服务，也在近100个国家为跨国、跨区及当地的企业客户服务。除了花旗银行，没有哪家金融机构的业务和资源足以在如此之多的地方，应付如此之多的需要。花旗银行已成为金融服务的世界品牌。花旗银行的名称即意味着服务，不仅是满足客户的需要，更要比客户预期的做得更好。

业务范围包括：

（1）电子银行业务。通过花旗银行的计算机，自动柜员机或花旗电话银行，在一年365天一天24小时内都可得到安全而便捷的服务。

（2）信用卡业务。世界范围内，花旗银行的信用卡客户都可通过花旗银行发行的信用卡，或花旗银行与其他知名机构共同发行的信用卡满足其消费需求，并适应其不同的财务状况，花旗银行是全球最大的信用卡发行机构。

（3）私人银行业务。花旗银行在32个国家中从事私人银行业务的员工可透过银行的人才、产品及策略网络，令客户获得全球投资组合的第一手资料，花旗银行协助其寻

求投资机会及识别投资风险。

（4）新兴市场业务。花旗银行在新兴市场服务客户接近 100 年，源远流长，并取得了长足的发展。因为花旗银行就像一家当地商业银行一样，持有营业执照，了解当地市场，并拥有训练有素的当地雇员，配合着跨区域性的优势向客户提供世界水平的银行服务，这是花旗银行与众不同的优势。

（5）企业银行业务。目前，花旗银行在 100 多个国家与全球性、区域性和地方性公司客户进行着合作。花旗银行在世界各地的市场所涉及的深度和广度是企业银行业务的基石。无论是在国内，还是在世界任何地方，均可得到花旗银行优质的服务和专业的建议。

（6）跨国公司业务。花旗银行同许多著名的跨国公司之间的成功合作，是基于花旗银行数十年来所积累的银行业关系和经验。这些公司大多希望向海外扩展，特别是向新兴市场扩展，因为那里的消费者和商品市场欣欣向荣。

（7）花旗银行在世界各地的深远发展是最具竞争力的特点。就规模、产品、能力、产业知识和经验而言，花旗银行都比竞争对手领先一步。花旗银行的目标是将花旗银行的产品和服务推向全世界。简而言之，花旗银行全球独一无二的网络可随时随地为客户提供其所需的服务。

四、在国际金融市场的地位与实力

在信用卡和消费卡领域，花旗银行是全世界最大的企业，拥有高达 550 亿美元的应收账款。截至 1996 年 12 月 31 日，花旗银行已发行 6 100 万张信用卡（包括独自和联合发行），其中，欧洲有 300 万张、亚洲有 700 万张，拉美有 900 万张。通过将信用卡作为一种首选的安全的支付方式来推广，花旗银行将一个以现金支付为主的社会发展为消费者信贷的体系。

巴西大型的石油公司 Petrobras 与花旗银行里约热内卢分行密切合作。在过去的数十年间，花旗银行不断为该公司提供对策和产品，以满足其不断出现的贸易融资，现金管理及资本市场等方面的需求。1996 年，《欧洲货币》杂志评选花旗银行为拉丁美洲首屈一指的银行。

花旗银行与其他金融机构的亲密关系在像上海这样的新金融中心得到了体现。花旗银行在银行投资及保险业有着巨大的发展机会。目前，这些领域不仅在亚洲，而且在全球都迅猛发展。1996 年，《欧洲货币》杂志评选花旗银行为亚洲头号银行。

全世界的企业外汇交易人员和投资者一向将花旗银行的外汇业务看作其最佳的客户服务。《欧洲货币》连续 18 年将花旗银行名列榜首。数十年来，花旗银行在经营主要币种及新兴国家币种（总共有 140 种）方面业绩卓著。

花旗银行的企业银行业务遍及 22 个发达国家、75 个新兴经济国家，因此使花旗银行的收益多样化，平衡化。花旗银行企业银行业务拥有 20 000 个客户，这为花旗银行提供了丰厚的回报。由于花旗银行参与了市场发展的各个阶段，花旗银行有充足的机会进行发展。

花旗集团证券部门的组织及承销技能普及全球：在美国，花旗银行为 20 世纪福克斯公司筹资 10 亿美元，为期 3 年，20 世纪福克斯公司是新闻集团的一部分，花旗银行与该集团在 23 个国家有业务往来。这一笔交易涉及债务及股本投资工具。因而被《机构投资者》杂志评为年度破纪录交易。在亚洲，花旗银行是菲律宾长途电话公司 3 亿美元全球债券的协同经理人。

五、在中国业务发展情况

1902 年，花旗银行在中国上海设立了首家分行，成为第一家在中国升起美国国旗的银行，花旗的名字也是由此而来。

1904—1928 年，分别在广州、汉口、北京、天津、哈尔滨、青岛、大连、长春等城市开设了 14 家分行，开展了进出口信贷、外币兑换、汇款、贸易及信贷调查等服务。

1940—1942 年，第二次世界大战期间，全部分行停业。

1983 年，在深圳设立代表处。

1984 年，在北京设立代表处。

1985 年，在上海设立代表处。

1988 年，深圳代表处升格为分行。

1991 年 3 月在厦门设立代表处。6 月上海代表处升格为分行，再度写下美资银行在上海历史的新一页。

1993 年 2 月在广州设立代表处。中国区总部由香港迁至上海，为首家在中国设立中国总部的国际银行。

1994 年，在上海开设自动柜员机中心，为首家在中国提供人民币提款、转调存款、查询结余服务的外资银行。

1995 年，北京代表处在 9 月升格为分行，成为首家在北京开设分行的美资银行。

1996 年 12 月底获批在上海浦东经营人民币业务，成为获得人民币业务牌照首家美资银行。

1997 年 2 月将上海分行迁址浦东，并将其原位于浦西的分行改为支行。4 月 4 日开始经营人民币业务，为首家在上海经营人民币业务的外资银行。

六、花旗银行配套行业

2009 年，第四届 21 世纪亚洲金融年会在北京举行，凤凰网财经进行了全程的报道，以下是花旗银行中国区首席执行官欧兆伦的讲话实录：

欧兆伦：各位早上好！我想借今天的讲话向各位介绍一下花旗银行在中国的发展，以及我们在中国政府振兴计划下所扮演的角色。目前在一系列振兴计划的刺激下，我国经济将出现可持续发展，在增加投入、扩大内需、刺激消费和促进增长方面都产生了巨大的需求。作为中国银行 [0.69% 资金研报] 业的一分子，花旗中国力图通过各种产品和服务满足我们各种类型客户，包括大型企业、民营和中小企业，居民和个人等全方位需求，响应振兴计划提出的号召，促进社会的和谐与发展。

首先谈谈大型企业，花旗中国服务的很多大型企业都有强大的融资需求，因此我们凭借自己在资本市场的专长和全球网络，帮助我们的客户在国际资本市场融资，提升他们的战略目标。在传统的企业贷款上，无论企业规模的大小和发展金额的多少，花旗中国都给予充分的支持，满足各类企业的贷款需求，其中解决中国民营企业和中小企业融资难的问题，一直是政府工作的重点，而花旗中国在支持中小企业和民营经济方面一直走在前面。走在 2004 年我们就率先在国内成立花旗商业银行部，专门为中小企业服务。

今天我们为中小企业提供的服务已经覆盖了方方面面，在 2009 年花旗商业银行部针对国内中小企业的支持，贷款总额较去年增长 14%。我们重点关注第三个群体是金融需求未满足的人口，在国内城乡当地居民获得资金的渠道非常有限，为此 2008 年 12 月我们在湖北省成立了第一家花旗贷款公司：花旗信贷，成为了首家采用贷款公司模式服务县域经济的外资银行。今年 3 月和 10 月另外两家花旗信贷相继在湖北和大连落户，花旗信贷为贷款需求得不到满足的当地居民提供抵押和委押贷款。

第四方面我想谈谈花旗中国如何发展配套行业。创造就业机会并培养中国本土人才，通过成立花旗软件和技术服务公司，以及花旗数据处理中心，我们为国内的软件业等带来全新的经验和理念，在就业方面花旗软件和技术服务公司在上海和大连，有超过 1 300 名软件工程师，花旗数据处理中心总部位于上海，并在广州、珠海和大连设有分公司，共提供了约 1 000 个就业岗位，通过继续招聘行业精英，并提供各种类型的培训，我们希望能为中国的金融业和银行业输送更多的传统人才。除了商业运营我们还一直致力于回报社会，我们与社区伙伴和国内知名高校联手实施的社区项目，围绕基础教育、普汇金融、环境保护和主体成长型企业展开。我们企业社会增长承诺从未改变，并将继续进行下去。谢谢大家！

资料来源：
1. http://wdynzxcg.blog. 163.com/blog/static/121572012008566535980/
2. http://finance.ifeng.com/company/data/detail/1692.shtml

思考题：

1. 花旗银行的发展战略可分为 4 步，第一步是把一家小银行建设成为全国性最大的银行；第二步从专业性银行到全能银行；第三步就是从全国最大、最有实力的银行到世界最大、最有实力的银行。第四步是从在任何方面都是最好的银行到只在所选择的领域做得最好的银行。在这四个步骤中，花旗银行经营环境以及战略上有什么变化？
2. 花旗银行的发展战略对于中国银行的发展有何启示？
3. 进一步查找相关资料，分析与讨论花旗银行的市场营销战略和人力资源开发战略。

案例 4　苏格兰皇家银行的多品牌战略

苏格兰皇家银行成立于 1727 年，是英国最古老的商业银行之一。然而在 2000 年以前，苏格兰皇家银行仍是一个总部设在英国北部城市爱丁堡的地区性银行，世界银行排名中处于 200 名以后。2000 年 2 月，苏格兰皇家银行以 210 亿英镑一举成功收购了比自己资本规模大 3 倍的国民西敏寺银行，创下了英国历史上银行业收购的最高金额记录。为实现"小鱼吃大鱼"的收购，苏格兰皇家银行不仅通过自上而下的收购总体利益分析、自下而上的分业务线盈利测试及管理人员能力分析，提出了一套发展战略清晰、操作细节可行的收购方案，而且在交易完成后，使收购方案中的各项措施（如领导人员配备、职责分工、内部风险控制、报告制度、绩效评估等）迅速到位。通过并购和整合，苏格兰皇家银行成功跻身为世界著名的商业银行。

从整体上看，苏格兰皇家银行实施综合化和国际化发展战略，但在银行发展定位上则集中于重点市场，而且不断根据实体经济和自身业务发展趋势、盈利来源、收益结构等的变化来调整业务发展方向，凸显核心竞争能力。在市场定位上，苏格兰皇家银行选择以国内市场为中心，重点发展欧洲和美国市场，在国内市场，它拥有英国最大的分行网络，有 2 273 家分支机构和 4 600 个 ATM 网点。在海外市场，它没有选择进行全球化的网络布局，也几乎没有选择进入具增长潜力的拉丁美洲及亚洲，而是选择了相当成熟的欧洲市场和美国市场。目前它拥有的一家爱尔兰子银行和一家美国子银行。为发展欧洲市场业务，2001 年 9 月它并购了从事发票贴现和保理业务的金融机构 Euro Sales Finance，拓展了其在英国、法国、德国和荷兰的发票融资业务。2003 年 6 月并购了瑞士信贷集团旗下的 Churehill 保险集团，增强了汽车、家居等保险业务和直接零售业务。2003 年 10 月并购了爱尔兰的 First Active 并将其并入爱尔兰子银行，使爱尔兰子银行成为拥有 300 家分支机构和 150 万零售及公司客户的爱尔兰第三大银行。2004 年底，爱尔兰子银行的总资产达 274 亿英镑，客户贷款 217 镑，客户存款 135 亿英镑。为大力发展美国市场，苏格兰皇家银行不断在美国市场进行并购活动，从 1988—2003 年，其美国子银行兼并了 22 家当地银行，资产规模达到 600 亿美元，在 6 个州设立了 855 家分行，并于 2003 年进入了美国商业银行的前 20 名。2004 年 8 月美国联邦储备委员会批准苏格兰皇家银行的美国子银行以 105 亿美元收购资产总计为 410 亿美元的美国第三十大存款行 CF。合并后，其美国子银行资产总计约 1 210 亿美元，零售网点覆盖到 13 个州，产品服务可延伸到 30 个州，共拥有 1 100 家分支机构，2 800 个 ATM 网点，还有 500 个商场网点，成为美国第十三大银行，也是美国增长最快的商业银行之一。从 2004 年年报看，英国国内市场实现的营业利润占总利润的 69%，美国市场实现的营业利润占总利润的 21%，欧洲市场实现的营业利润占总利润的 9%，充分反映了苏格兰皇家银行以国内市场为中心，在海外重点发展美国市场和欧洲市场的市场定位战略。

下图是 2004 年苏格兰皇家银行业务经营地区分布状况（百万英镑）

	英国国内	美国	欧洲	亚太	合计
营业收入	17 500	3 500	1 600	200	22 800
营业利润	5 600	1 700	700	100	8 100
客户贷款	233 000	73 000	36 000	3 000	345 000
客户存款	200 000	67 000	15 000	3 000	285 000
员工人数	103 000	26 000	7 000	1 000	137 000

在业务定位上，苏格兰皇家银行主要发展商业银行业务，包括零售银行和批发银行业务，并进入保险领域，在投资银行领域则选择进入为财富管理服务的证券经纪业

务。与银行的业务定位相适应，苏格兰皇家银行在组织结构上按业务划分为七大部门，即公司和金融市场业务、零售业务（包括苏格兰皇家银行零售业务和国民西敏寺银行零售业务两个分支）、财富管理业务（包括私人银行业务和离岸银行业务）、直接零售业务（指通过电话、网络直接服务于客户的电子银行业务）、保险业务（主要负责英国境内外的汽车等保险性金融服务业务）、爱尔兰子银行和美国子银行，他们是银行直接面对客户的前台，也是整个银行的盈利中心。

为加强管理，苏格兰皇家银行还设立了六个综合管理和服务部门，即产品制造、法律与监管、战略规划、财务、风险及审计、技术保障和人力资源。他们是管理和服务业务部门的中后台，也是银行的成本中心。目前，苏格兰皇家银行在公司和金融市场业务领域中与英国金融时报 100 种股票指数 95% 成员，财富 100 强中的 60% 以上企业建立了业务关系。在英国零售银行领域，它拥有最大的分行网络和 1 400 万个人客户及 110 万商业客户。在直接零售领域，它拥有约 1 900 万个客户账户和 1 500 万张信用卡，在财富管理领域，它拥有超过 10 万个的私人银行客户和 17 万个离岸客户，而在保险业务领域已是英国第二大普通险业务机构。从 2004 年年报看，公司和金融市场业务实现的营业利润占总利润的 53%，零售银行业务实现的营业利润占总利润的 40%，直接零售业务实现的营业利润占总利润的 13%，保险业务实现的营业利润占总利润的 11%，充分反映苏格兰皇家银行以批发银行和零售银行业务为中心，同时发展保险业务的业务定位战略。

在客户发展战略上，"以客户为中心"不仅是口号，更是理念和行动。表现在机构设置上，苏格兰皇家银行以能够为客户提供一站式服务为原则，使银行业务的交叉营销在体制上得到落实。在产品服务上，不断增加能够满足客户需要的金融产品，先后创立了汽车保险公司、电话银行、网上银行，逐渐成为英国最具活力的银行之一。在客户服务上，苏格兰皇家银行没有像花旗银行等其他国际大银行那样将客户汇集到成本更低的电话中心去，而是让客户向分行打电话，通过客户的查询服务扩大银行的销售机会。

实施多品牌战略是苏格兰皇家银行的突出特点之一。与花旗银行和汇丰银行建立统一的全球品牌战略不同，苏格兰皇家银行在收购国民西敏寺银行后，仅在公司和金融市场业务方面实行了统一品牌战略，而在零售业务领域里实施了在内部管理和产品制造统一基础上的多品牌战略。苏格兰皇家银行认为花旗银行和汇丰银行是业务分量均等地遍及全球的全球性银行，实施统一的全球品牌对他们是合理而有价值。而苏格兰皇家银行是着重在某些市场发展的银行，多品牌战略更适合在不同市场的经营弹性。比如在英国，除国民西敏寺银行品牌和苏格兰皇家银行品牌之外，还有为英女皇服务的 Courts 银行品牌、与英国最大连锁超市 Tesco 合资的 Tesco Personal Finance 品牌，以及经营电话销售保险业务的 Direct Line 品牌。需要强调的是，苏格兰皇家银行的多品牌战略是建立在内部管理和产品制造统一基础上的，它既能最大限度地满足客户需要，扩大市场份额，又能最大限度地通过统一的内部管理和产品制造节约管理成本和产品制造费用，从而提高服务质量和市场竞争力。对外多品牌战略和对内统一标准的有机结合，使苏格兰皇家银行成为世界上最有价值的国际性商业银行之一。

资料来源：朱海莎，钟永红. 英国四大银行经营战略的变革与启示 [J]. 金融论坛，2005 (7).

思考题：

1. 苏格兰皇家银行的多品牌战略是怎样实施的？
2. 通过案例，你得到了什么启示？

案例 5　温州银行的发展战略

温州银行是温州首家具有一级法人资格的地方性股份制商业银行，也是目前温州规模最大的股份制商业银行，2009 年年末资本总额超 420 亿元，辖属分支行 66 个（含总行营业部）。截至 2010 年 8 月末，该行各项存款 390.24 亿元、各项贷款 280.45 亿元、总资产 45 729 亿元，年均复合增长率达 30%。

自 2007 年实施跨区域经营以来，先后在衢州、宁波、杭州、上海等城市设立了分行，其"立足温州、布局浙江、进军长三角"的跨区域发展格局初步形成。经过近 12 年的努力，温州银行现已发展成为一家公司治理规范、市场定位清晰、资产质量上乘、业务特色鲜明、经营效益良好的区域性股份制商业银行。各项监管指标均达到监管要求，并居全国城市商业银行前列，2007、2008、2009 年连续三年监管评级被中国银监会评为二级行（一级行空缺）。根据央行发布的 2006 年中国最大的 50 家银行总资产排名，温州银行名列第 44 位，在全国 125 家城市商业银行中居第 23 位；在国际权威金融媒体英国《银行家》杂志发布的 2007 年度"中国银行业 100 强排行榜"中温州银行列第 42 位；在 2008 年中国《银行家》杂志发布的全国城市商业银行综合竞争力排名中居第 18 位；2009 年 11 月央行发布的全国 177 家商业银行所有者权益排名榜，温州银行名列第 67 位；平均资本税前利润率达到 36.83%，排名全国第 8 位，成为 2008 年度 ROE 表现最好的 10 家银行之一，综合实力和市场竞争力大幅提升。

对温州银行发展战略的 SWOT 分析

（一）温州银行发展面临的机遇因素

1. 民营经济转型发展的融资需求。温州是中国民营经济的发祥地，温州及其周边地区民营经济的转型发展创造了巨大的融资需求。目前，温州的民营经济已进入了从数量型向质量型，从粗放型向集约型，从依附型向自主创新型加快转变提升的关键发展期。产业集群发展、规模不断发展壮大、技术创新氛围日益浓厚以及产品质量和品牌附加值明显提高。

2. 经济形势蕴藏着不少前所未有的机遇。为克服经济危机带来的影响，保证我国经济平稳较快增长，国家正在实施刺激国内投资需求和消费需求的政策，为银行适时介入和拓展政府融资平台、项目融资、中长期贷款、银团贷款等业务提供了新的机会，城市商业银行作为我国银行业的一支重要力量，将从中分享到部分份额，温州银行也不例外。

3. 当地政府的支持。温州市财政局作为大股东为温州银行的发展提供了高度保障。温州市经济的可持续增长离不开银行业的大力支持。2009 年，温州银行通过配股和定向增发时对整个企业的资产规模进行了扩充，并将股本结构进行了调整，调整后温州财政局持有万股，持股比例为 14%，成为第一大股东，温州市财政局作为机构法人对该行的发展将起到非常关键的作用，例如将政府部门的金融业务引入到温州银行经营、利用行政资源在项目等方面提供优先支持。同时也有利于协调各级政府，各级财政部门将进一步加大对温州银行的支持力度，帮助落实有关优惠政策。

（二）温州银行发展面临的威胁因素

1. 金融形势的不断变化。宏观调控提高了部分领域的信贷准入门槛，特别是在 2007 年下半年以来，中央银行不断提高存款准备金率，导致信贷规模供给减少以及受资本充足率、存贷比等金融监管指标的约束，商业银行贷款扩张受到限制。

2. 外部环境的不断变化。我国社会主义市场经济体制逐步向开放型经济方向发展，社会投融资结构、资金配置渠道、国民收入分配格局发生根本性变革，政府职能不断转变，都为城市商业银行提供了有利的激励制度空间。但另一方面，城市商业银行遗留问题尚未得到根本解决，同时又面临着货币政策变化、利率市场化、国有商业银行改革、监管政策调整和完善、市场竞争日趋激烈等新情况和新问题。因此，城市商业银行正处于一个竞争、开放、多样化的金融体系中，面临着前所未有的动态发展的外部环境。

3. 竞争格局的不断变化。目前温州市银行业改革与发展进入了新阶段，国有控股商业银行的机制改革取得明显成效，兴业银行、中信银行、交通银行、民生银行等全国性股份制商业银行和其他城市商业银行纷纷在温州设立分行，并且在管理体制上各自进行了适合温州民营企业发展规律的经营方式。这些都加剧了温州银行业竞争的激烈程度，也将深刻影响温州以及周边地区甚至长三角地区银行业的竞争格局。竞争集中体现在金融产品的竞争、服务手段的竞争和对优秀人才的争夺等方面。

（三）温州银行发展面临的优势因素分析

1. 市场定位明确。中小企业是区域经济发展的主力军。温州银行坚持"立足地方、立足中小、立足市民"的市场定位，打造"精品零售银行"为目标，一直把中小企业看作重要的服务对象。

2. 决策运行机制灵活。城市商业银行管理层级少，管理效率相对较高，捕捉环境变化信息的敏感度也较高，能够对客户需求做出快速的反应。

3. 信用风险容易控制。作为地方性的商业银行，温州银行长期以来立足地方，贴近众多的中小企业和"温州人"，熟悉所服务客户的经营状况与资信水平，与这些客户群建立了稳定的合作关系，有助于预防和解决贷款的逆向选择风险和道德风险。

4. 跨区域经营优势明显。"走出去"已经成为温州民营经济发展的一个重要特征。"走出去"包括温州商人走出去和温州企业的跨地区流动。温州人走出去，促进了资本的跨地区流动。

5. 电子服务体系成熟。温州银行第二代综合业务系统上线后，通过持续不断的优化以及新增需求的开发，系统运行质量明显提高，2006 年温行银行卡全年平均交易成功率达 99.37%，在浙江省银行机构中排名第一。

（四）温州银行发展面临的劣势因素分析

1. 经营规模相对较小。2009 年 12 月末，温州银行资产总额 418.76 亿元，而宁波银行资产总额 1 633.51 亿元，北京银行资产总额 5 334.69 亿元，上海银行资产总额 4 660.39 亿元。温州银行的经营规模相对其他几家银行来说要小得多，这可能会导致其无法实现规模经济，从而使人力、财力等资源不能发挥最佳的效用。

2. 服务网络不够健全。国有大型商业银行网点遍布全国，分支机构多，科技力量大，金融产品种类多，形成了较为全面的网络服务体系，而城市商业银行由于受地域限制和科技力量薄弱等的多种因素，服务网络基本局限于各自所在的城市，尚未形成全国性服务网络。就温州银行而言，其网络除了温州市之外，虽然在街州、宁波、上海和杭州已设立了分行，但在全国尚未形成服务网络，这显然不能与国有大型商业银行四通八达的服务网络相抗衡。

3. 人员整体素质不高。由于历史遗留的原因和人力资源管理问题，温州银行目前的人员结构、数量和素质等方面存在着十分突出的问题：知识层次偏低，专业素质参差不齐，创新意识不强，年龄结构老化，另外在管理、营销、科技、产品创新等关键性专业人才匮乏。

资料来源：陈海森. 温州银行发展战略研究［D］. 南昌大学硕士学位论文，2010.

思考题：

1. 根据 SWOT 分析温州银行的发展战略。
2. 温州银行发展战略的实施对策。

案例 6   兴业银行的 "绿色信贷"

兴业银行属于国内金融业的绿色信贷先驱，随着清洁发展机制项目在我国迅速发展，为了满足此类业务的金融需求，目前兴业银行已经成功地推出并办理了多种碳金融业务，如企业节能减排技术改进项目的融资。对于商业银行传统贷款业务而言，一般的贷款多支持企业新增项目或者扩大生产规模并能够产生新的效益和利润的项目，而对通过于产线升级技术改造减少企业成本的项目较少涉及。但兴业银行抓住机遇，利用政府对于减能减排项目的支持政策，通过与国际金融公司（IFC）的密切合作，利用国际金融公司在清洁能源发展机制合作项目中所认定的节能减排项目和核准减排额上的成熟技术和经验，有效地指导合作项目参与企业的项目开发与建设，保证了产生的碳减排额度被联合国清洁发展机制执行理事会（EB）的核证，也相应降低了兴业银行自身贷款的违约风险。基于此种合作模式第一期协议签署于 2006 年 5 月，另外在 4.6 亿的人民币贷款中通过国际金融公司共同分担 2 500 万美元的风险敞口，也成功的减少信用风险。

兴业银行在此基础上继续推出创新金融贷款业务，其主要模式是确定 CDM 机制中开发出的碳减排额度的核证与收购，从而确保还款来源，有效控制风险，并且规避了 CDM 开发单位由于没有传统信贷业务中的土地抵押或信用良好的母公司担保的这一发展瓶颈，取得了双方的良好效益。例如，兴业银行对深圳相控科技有限公司的 "绿色信贷"，就是利用 CER 的收入作为还款来源的新碳金融模式。

深圳相控科技有限公司是一家中国新兴能源管理公司，利用加拿大的先进技术对城市垃圾掩埋场进行综合治理。通过回收处理垃圾产生的沼气（主要成分为甲烷 CH_4）用于发电等能源再回收。该企业通过 2005 年在梅州垃圾掩埋场的成功改造和运作，顺利地在 EB 注册成为清洁发展机制项目，除了有发电的经济效益还有稳定的 CERS 收入。但该企业属于高科技公司，创办初期规模小、营业收入少、负债率高。此种类型企业在银行的传统信贷业务中属于没有抵押担保的高风险业务类型，而一般而言国内商业银行对此类企业的融资业务比较谨慎。这也成为此类"轻资产"型企业融资难得关键点。

兴业银行通过对深圳相控科技有限公司 CDM 深入研究认为，此类业务属于国家产业政策支持的具有良好社会效益的新型项目，成长快现金流比较健康。特别是相控科技有限公司 CER 买方为奥地利政府，监督机构为联合国，潜在的购买违约可能较小，而且奥地利政府在欧盟排放体系内确有 CER 的购买需求。因此相控科技有限公司在项目产生的碳减排权销售收益上有了保证。其次，中国经济快速发展对于能源需求也有增无减，加之我国的《可再生能源法》规定政府必须以优惠的价格优先收购可再生能源发电，因此项目产生的发电也有稳定的销售收入保证。最后，兴业银行发挥主观能动性，全程密切关注追踪奥地利政府与相控公司 CER 交易，防范潜在的违约风险。并且通过灵活调整贷款还款结构使其与 CER 交易收入时间匹配，最大程度地满足客户的金融需求。

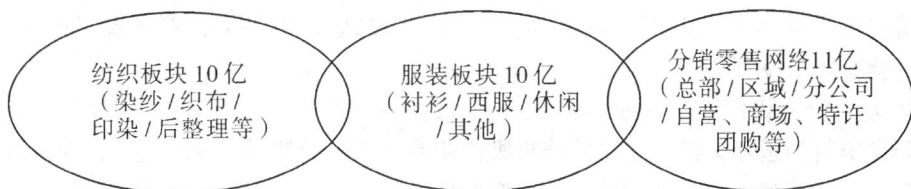

图1　兴业银行"绿色信贷"示意图

从兴业银行对深圳相控科技有限公司的贷款中我们可以看到，兴业银行通过以 CERS 收入作为还款来源的创新金融贷款模式中利用了国际金融公司的核证排放权经验，确保碳减排额度的核证，从源头上规避了 CDM 机制中项目最大的不确定性。其次因为奥地利政府的良好信用，碳减排权买方的购买保证和联合国的监督，确保了收入的实现，解决了贷款中还款的保证问题。而此类业务的发展，一方面小企业融资难得问题得到部分解决，培育了此类客户对兴业银行的忠诚度、增加了客户的依赖性，并且由于碳排放涉及的产业链上下游参与方较多，兴业银行更是抓住商机利用上下游企业对商业银行的信任，积极开展了各项业务，推出了多种涉及上下游参与各方得负债和中间业务，拓宽了营销成果。另一方面兴业银行因为此类独特产品的推广对客户有比较大的议价能力，与传统信贷相比"绿色信贷"上浮的利率也带来更多的收益，更好的增加了兴业银行股东的利益，从而实现了参与各方的双赢。

目前在绿色信贷方面，兴业银行已经有七种成熟的模式可以提供：（A）企业节能技术改造项目贷款（B）碳金融模式（C）节能服务商或能源合同管理公司模式（D）节能减排设备买方信贷（E）节能减排设备供应商增产（F）公用事业服务商模式。这些贷款合作模式基本上能满足国内 CDM 合作项目从建设、生产、运行、出售等环节上的融资需求，作为国内商业银行在碳金融领域的先行者，兴业银行起到了一个良好的示范作用。在 2009 年中国银行业高峰论坛上获得了"绿色银行创新奖"，这也是国内金融界对其的肯定。

资料来源：杨超. 上海银行碳金融战略发展研究 [D]. 上海：华东师范大学，2010.

思考题：

1. 兴业银行"绿色信贷"战略具有何种优势？
2. "绿色信贷"是如何实施的？

案例 7　中国建设银行国际化经营战略

一、中国建设银行国际化经营的现状

1. 资产规模不断扩大

随着跨国经营向纵深发展，建设银行的海外资产规模逐年扩大，截至 2009 年一季度末，建设银行资产总额达币 86 746.33 亿元。同时，建行在香港的两家经营性全资子公司——建亚洲、建银国际进一步扩充资本，在香港的业务规模迅速扩大为原来的两倍，客户贷款额由原来的第 16 位升至第 9 位，并快速搭建起建设银行在港澳地区的零售业务发展平台。建行亚洲的分行由过去的 14 间变成了 30 多间，业务有了长足发展，未来还会有新的发展。

2. 境外分支机构不断扩张

建设银行的国际化经营在海外分支机构拓展方面一直秉持"做强亚洲、巩固欧非、突破美澳"的战略。建设银行于 1991 年在伦敦设立了第一家代表处，随后又于 1995 年在香港建立了第一家海外分行，此后逐步不断扩张。截至 2009 年 6 月 1 日，建设银行在伦敦、纽约、香港、新加坡、法兰克福、约翰内斯堡、东京、首尔均开设分行，在悉尼设有代表处；同时在香港拥有两家全资子公司——建行亚洲和建银国际，在越南、澳大利亚等国家设立经营性机构的工作也在积极推进之中，从而实现建行在全球五大洲的经营网络布局。

3. 国际化经营业务产品和服务不断创新

建设银行设在世界各地的机构，经营着当地法律许可的各项银行业务，一方面，各海外机构巩固发展了存贷款、贸易结算、外汇交易等中行传统业务；另一方面，它们又积极借鉴和采用国际金融领域先进的经营方式，不断开发新的业务产品和服务项目。

2006 年建设银行与国际金融公司签署《全球贸易融资服务协议》，凭借国际金融公司的信用支持，建设银行可以大力拓展对发展中国家的贸易融资业务，延伸其国际贸易融资范围，进一步提升国际影响力和外汇业务整体竞争力。同时，不断对其业务产品进行创新，在个人理财产品上，在境外推出结构性存款、基金投资、信用卡代理清算等业务；其海外分行将主要从事公司存款、贷款、贸易融资、大宗商品融资与保值等银行业务。

二、建设银行国际化经营中存在的主要问题

1. 境外资产规模小，分支机构数量少

建设银行资产布局主要集中在国内，其境外资产占总资产的比例远远不能与西方跨国银行相抗衡。外汇贷款资产占本外币资产总额的比例，除中国银行将达到 20%，其他三家银行都达不到 4%，而建设银行境外信贷业务比重仅为 1.38%。可见，建设银行持有的外汇贷款资产主要源于境内居民和企业的外汇存款，这种资产布局已经滞后于世界经济开放的步伐。目前建设银行在外分支机构数量不足，截至 2005 年建行在外分分支机构仅为 9 个，比 1999 年增长了 12.5%，而中国银行 2005 年境外分支机构达 69 个，比 1999 年增长了 72.5%。这样的现状使得建行大量的国际金融业务必须通过其国外代理行办理，由此造成的弊端是显而易见的：其一，通过代理行办理业务难以提高业务办理效率。其二，通过代理行办理业务无法在境外市场树立自己的品牌，直面客户，开拓潜在市场。其三，通过代理行办理业务需要向代理行支付相应费用，在一定程度上，降低了业务收入。

2. 现有发展方式相对单一，发展速度缓慢

前已述及，建设银行在海外的发展仍然主要是通过在国外直接设立分支机构来实现的。这种方式是根据市场需求，经过市场调研和可行性论证分析后，先在相应的国家或地区设立代表处。代表处并不开办实际业务，只是起到信息采集和联络作用，为分行开业做好前期准备工作。待条件成熟后，代表处才升格为分行或子银行。这种发展方式周期较长、见效又慢，一般需要 2 到 3 年的时间。即便分行正式开业，还得经过一段试运营期的过渡与经营摸索，才能适应当地和国际市场。显而易见，这种发展方式跟不上我国对外贸易扩展对国际化金融服务的需求，只适合于商业银行在早期尚不熟悉国际资本运作、资本实力较弱，而国家的开放程度不高、对外贸易依存度较低的情况下采用。加入 WTO 以后，我国对外贸易发展迅速，金融业的全面开放，银行客户经营行为的国际化趋势日渐加强，国内企业开始大量向海外展业务，跨国公司也随即兴起，从而要求银行提供更多国际结算、进出口贸易融资、衍生金融产品及其他投资理财服务等全球化、多元化、标准化的国际化银行服务。而我国的商业银行目前国际化进程较慢，金融服务的效率低下、工具单一，难以适应对外贸易高速发展的需要，从而制约了其国际化的发展。

3. 风险管理经验不足，缺乏有效的风险管理体系

长期以来，我国商业银行的主要风险是信用风险，即借款企业的违约风险；而一家跨国银行的主要风险则是市场风险，即由于国际金融市场的不确定而导致的风险。建设银行国际化经营无疑增大了风险管理的难度，而我国大部分银行刚刚达到旧巴塞尔协议的要求。新巴塞尔协议还未在我国实行。根据银监会 2007 年发布的《中国银行业实施新资本协议指导意见》规定，国际业务占比高的大型商业银行应从 2010 年底开始实施新资本协议。因此风险管理经验不足将是困扰我国商业银行包括建设银行国际化进程的主要障碍之一。

缺乏有效的风险管理体系和高素质的风险管理人才是建设银行风险管理的突出问题。虽然于 2005 年引进了战略投资者，并在其帮助下加强了风险管理的技术与工具，

风险管理有了起色，但作为一个体系，风险管理必须渗透到银行业务的每个层次和每个员工，同时风险管理的有效性与银行管理的架构有关，当管理架构不合理时，就会出现业务推诿、责任不清、实施不到位的现象。

4. 跨国经营能力不足，总行与分支机构管理理念存在差距

我国是新兴的市场经济国家，在实施"走出去"的海外发展战略中，我国商业银行的海外分支机构绝大多数设立在市场经济发达或较为发达的国家和地区，建行在海外设立的分支机构和代表也大多在发达国家和经济发达的地区，目前建行在新加坡、法兰克福、约翰内斯堡、东京、首尔均开设分行，在伦敦、纽约和悉尼设有代理处等。这样容易造成总部与下属分支机构的管理理念与行为方式上存在差距，由于分支机构权限的限制，一些业务的开展、突发事件的处理需总行批准，而由于总行管理体制和管理方式的相对不同步，致使分支机构错过很多机会。这使得总行与分支机构的矛盾凸显出来。正是由于总行和分支机构的管理理念与行为方式上都存在差距，致使总行对分支机构不知如何管理，导致总行对分支机构的授权界定不清楚，最终导致海外机构案件频发。银行是为客户服务的，客户之所以选择我国银行的境外机构办理业务，是需要境外机构提供全球化、多元化、标准化的国际化银行服务，而境外的分支机构要提供这样的服务需要总行能够具有这样的能力。我国商业银行虽然国际化进程发展迅速，但实际服务能力不足，效率低下，难以适应国际市场上客户的需求。

资料来源：程晓兰，罗林. 中国建设银行国际化经营现状、存在问题及对策 [J]. 商情，2009 (27).

思考题：

1. 对建行国际化经营进行 SWOT 分析。
2. 建行在未来的发展上，应选择怎样的发展战略？

第七章　饮料行业

案例 1　"山泉、纯净水之战"与"默多克的纸老虎"

山泉、纯净水之战

"在水一方"是一家生产和销售山泉水的企业，该山泉水企业似乎非常热衷于攻击性市场策略。这些年来，公司出于拓展自己天然山泉水市场的需要，重点是对纯净水这一产品展开进攻。如"在水一方"公司曾请专家做代言人，说山泉水如何比纯净水更有益健康，而自己的产品"天然水"取自某某湖，于是在 1998 年媒体上出现了某某湖湖水污染严重的报道。到 1999 年，该企业又因为其在中央电视台播放的一则攻击纯净水的广告而被北京某纯净水公司告上法庭。最终，法庭一审判决该企业败诉。

尽管屡屡招来竞争对手的反击，但该企业的攻击性策略并未止步。2000 年，该企业再次出击，先是宣布由于纯净水无益于人体健康而决定停止自己的纯净水生产，随后又在中央电视台播放了一则广告——水仙花实验，该实验以两株水仙花为参照，一株浇注该山泉纯净水，一株浇注该山泉天然水，结果两株花的成长不一样——浇注天然水的水仙花长势明显好于浇注纯净水的。这两大举动立即在饮用水行业掀起了轩然大波，该企业遭到全国纯净水企业的集体围攻。广西、四川、广东等地的纯净水厂家先后集体声讨该企业，纷纷提出将采取法律手段对该企业予以回击。随后，全国 60 多家大纯净水厂家在某市召开会议，声讨该企业，并指出该企业的行为完全是一种不正当竞争行为，呼吁有关部门进行查处。

虽然该企业一再声称并没有说过纯净水有害，但有关纯净水无益于健康的言论却通过媒体大面积传播，这个时候，政府有关部门就不得不站出来说话了。中国饮料工业协会发表声明：纯净水按国标生产可放心饮用；全国食品工业标准技术委员会在一个"关于天然水的答复"中称，目前国际、国内尚未对"天然水"给出定义，还说目前对泉水无标准的定义，因此很难判断市场上销售的泉水、山泉水是真是假。食品工业标准化委员会的说法立即激怒了该企业，于是，企业把炮口对准了该委员会，对诸多问题提出异议，并限委员会一周内做出明确答复，否则将"自动进入法律程序以维护自身的合法权益"。全国食品标准化技术委员会随即答复，十分不客气地在文中指责该企业"是不是过于嚣张、狂妄了"，并正告："世间的事物往往是机关算尽太聪明，反误了卿卿性命；善有善报，恶有恶报，不是不报，时候未到。""你们有胆量就将此文在报上发表，不要再干那种色厉内荏的蠢事。"

凭心而论，该企业的策划还是很巧妙的，许多纯净水企业老总也表示，抛开道义及法律因素，该企业在营销策划方面的智慧很令人佩服。但是，现在该企业的前景也实在无法看好，因为这一招攻击性策略已经使它陷入了四面出击、四面受敌的境地，而且在这场水战中，该企业几乎不太可能会取胜，因为它至少还要面对以下几个问题：

如何面对行业主管？国家行业主管部门似乎不可能发一个文指出纯净水有害，似乎也不可能立即出台一个新的"天然水"的标准。既然不会出台一个新的标准，企业生产的合法化问题始终得不到解决。

如何面对竞争对手？即使水战打到最后，人们认可了所谓"天然水"的概念，竞争对手们也不会轻易"放过"该企业的，因为"天然水"可能是好的，但你取自某某湖的天然水却未必。媒体早在1998年就报道该湖湖水污染严重的问题。

如何面对消费者？虽然该企业在各种场合都没有明确指出纯净水"有害"，但拿出的事实全部耸人听闻，既然如此，如果消费者集体诉讼要求赔偿又该如何？法律方面的专家完全可以指出，你明明在1999年10月就明确知道纯净水无益，为什么却在2000年4月才停止生产？

如何面对公众评价？此次水战，该山泉的知名度是上去了，但该山泉并没有获得一个好的名声。一个没有好名声的品牌，特别是食品，是很难形成消费者忠诚的。而且，从目前不顾一切搅乱水市的做法来看，该企业不像是在经营一个长久的品牌，如果这个印象传递给消费者，对企业来说是十分危险的。

对于该企业来说，现在已经很难全身而退了。现在退就意味着败，继续打下去，至少会拼个两败俱伤。

默多克的纸老虎

在商业游戏中，我们经常需要通过自己的战术行动来减少迷雾，以影响竞争对手对游戏的认知，从而改变对手的战术。著名的世界传媒巨子——罗伯特·默多克就曾经成功地运用自己的战术改变了竞争对手的战术，使游戏向有利于自己的方向改变，当然，从长远来看，对竞争双方都是有利的。

1994年夏天，默多克的《纽约邮报》试验性地在Staten岛把报纸零售价降到了25美分，其主要对手《每日新闻》作出的反应是把价格从40美分提到了50美分。这件事看起来很奇怪。《纽约时报》发表评论说：看起来好像《每日新闻》是在刺激《纽约邮报》继续在全纽约降价。事情并不只是《纽约时报》所意识到的这一点。在降价到25美分前，《纽约邮报》的价格曾提高到50美分，而《每日新闻》借机把价格停留在40美分上，结果《纽约邮报》失去了一些订户以及由此带来的广告收入。当时，《纽约邮报》认为这种情况不会持续太久，而《每日新闻》却没发现问题，或者至少看上去暂时还没有。这是一团有利的迷雾。《每日新闻》很显然认为《纽约邮报》会坚持10美分的加价，而且它不会也没有理由把这个差价当作是《每日新闻》的投机行为，因而不会对自己进行报复。

《纽约邮报》需要采取适当的战术来减少游戏的迷雾，它需要显示自己的力量，告诉《每日新闻》，如果有必要，它有财力发动一场报复性的价格战。最可信的证明就是真的发动一场价格战，但那也会对自己造成损失。因此，它的目标是既要让《每日新闻》信服，又不用投入真正战斗的费用。《纽约邮报》是怎么做的呢？

《纽约邮报》进行了一次力量的显示——在 Staten 岛上把价格降到了 25 美分。结果是《纽约邮报》的销量迅速上升，而《每日新闻》也发现其读者很愿意为了节省 15 美分而买别人的报纸。很明显，如果《纽约邮报》在整个纽约州范围内降价，那么灾难性的后果就会降临到《每日新闻》的头上。同样很明显的是，《纽约邮报》是有决心这样做的。显然，《纽约邮报》有能力应付在 Staten 岛上降价造成的损失。但在 Staten 岛上实力的展示实际上说明了更多的事情。价格战的风险总是存在的，即使是有控制的降价，也会在无意间引发针锋相对的报复，从而导致全面的战争。《纽约邮报》在 Staten 岛上的实力展示，表明了它愿意而且能够冒这个风险。《纽约邮报》采取了一个应付紧急局面的战术，向对手表明它有能力应付一场战争。

如果对《纽约邮报》的决心存有怀疑的话，《每日新闻》只要看看在伦敦默多克的《时代》和康拉德·布莱克的《每日电讯》之间发生的价格战的可怕后果就足够了。1993 年 9 月，《时代》从 45 美分降到 30 美分，迫使《每日电讯》也降价，结果《每日电讯》的利润大幅下跌。

《纽约邮报》在 Staten 岛的行为并非虚张声势。纽约的迷雾散开了，《每日新闻》看到了阳光。这就是为什么它把价格从 40 美分上调到 50 美分的原因。只有《纽约时报》还处于迷雾之中。默多克从来没有想过要把价格降到 25 美分。即使全面降价到 25 美分，他也不希望《每日新闻》的价格会停留在 40 美分上。在 Staten 岛的实验仅仅是设计用来让《每日新闻》提价的一种战术。价格一致了，《纽约邮报》就不会再失去订户。两种报纸的利润都要比它们定价在 25 美分甚至是 40 美分上的时候更高。《纽约邮报》首先提价到 50 美分作为第一次出击，而这时《每日新闻》由于投机心理而没有跟进，默多克让它看到了前景。《每日新闻》根本就不敢激怒默多克，而当它提价之后，只是把自己以及默多克从一场价格战的危险中拯救出来。

当然，从这个故事我们也得出了这样的经验：信誉不是凭空得来的，你不得不在必要的时间和地点去花钱证明。默多克在 Staten 岛上用钱表明了自己的立场，考虑到价格战升级的危险，他甚至还准备投入更多的金钱来冒险，显示了他并不喜欢空谈。当你要使顾客或者供应商相信你言行一致的时候，同样的逻辑也适用。这时，战术就是展示自己，使别人感觉到只有你才是真正的人选。这种展示是任何虚张声势的人不可能或者不愿意选择使用的。这就是为什么这种展示具有重大的意义，并且能成功地改变认知的原因。

资料来源：魏江. 企业战略管理：理念、方法与案例［M］. 杭州：浙江大学出版社，2003.

思考题：

1. 讨论同行竞争企业之间合作的必要性和可能性。

2. "山泉与纯净水之战"案例中，所提出的"至少还要面对的几个问题"要得到解决，企业应采取什么策略？

3. 根据"默多克的纸老虎"，分析同行竞争企业之间合作的基础有哪些。

案例 2　百事可乐的市场竞争战略

世界上第一瓶可口可乐于 1886 年诞生于美国，距今已有 127 年的历史。这种神奇的饮料以它不可抗拒的魅力征服了全世界数以亿计的消费者，成为"世界饮料之王"，甚至享有"饮料日不落帝国"的赞誉。但是，就在可口可乐如日中天之时，竟然有另外一家同样高举"可乐"大旗，敢于向其挑战的企业，它宣称要成为"全世界顾客最喜欢的公司"，并且在与可口可乐的交锋中越战越强，最终形成分庭抗礼之势，这就是百事可乐公司。

新可乐挑战老可乐

世界上第一瓶百事可乐同样诞生于美国，那是在 1898 年，比可口可乐的问世晚了12 年。它的味道同配方绝密的可口可乐相近，于是便借可口可乐之势取名为百事可乐。由于可口可乐早在 10 多年前就已经开始大力开拓市场，到这时早已声名远扬，控制了绝大部分碳酸饮料市场，在人们心目中形成了定势，一提起可乐，就非可口可乐莫属，百事可乐在第二次世界大战以前一直不见起色，曾两度处于破产边缘，饮料市场仍然是可口可乐一统天下。尽管 1929 年开始的大危机和二战期间，百事可乐为了生存，不惜将价格降至 5 美分/磅，是可口可乐价格的一半，以至于差不多每个美国人都知道"5 分镍币可以多买 1 倍的百事可乐"的口头禅，百事可乐仍然未能摆脱困境。

在饮料行业，可口可乐和百事可乐一个是市场领导者，一个是市场追随者（挑战者）。作为市场追随者，有两种战略可供选择：向市场领导者发起攻击以夺取更多的市场份额；或者是参与竞争，但不让市场份额发生重大改变。显然，经过近半个世纪的实践，百事可乐公司发现，后一种选择连公司的生存都不能保障，是行不通的。于是，百事可乐开始采取前一种战略，向可口可乐发出强有力的挑战，这正是二战以后斯蒂尔、肯特、卡拉维等"百事英才"所做的。

百事可乐的一代

这时有一个对百事可乐的发展非常有利的环境。二战后，美国诞生了一大批年轻人，他们没有经过大危机和战争洗礼，自信乐观，与他们的前辈们有很大的不同，这些小家伙正在成长，逐步会成为美国的主要力量，他们对一切事物的胃口既大且新，这为百事可乐针对"新一代"的营销活动提供了基础。

但是，这一切都是在 1960 年百事可乐把它的广告业务交给 BBDO（巴腾—巴顿—德斯廷和奥斯本）广告公司以后才明白过来的。当时，可口可乐以 5∶1 的绝对优势压倒百事可乐。BBDO 公司分析了消费者构成和消费心理的变化，将火力对准了可口可乐"传统"的形象，做出种种努力来把百事可乐描绘成年轻人的饮料。经过 4 年的酝酿，"百事可乐新一代"的口号正式面市，并一直沿用了 20 多年。10 年后，可口可乐试图对百事可乐俘获下一代的广告做出反应时，它对百事可乐的优势已经减至 2∶1 了。而此时，BBDO 又协助百事可乐制定了进一步的战略，向可口可乐发起全面进攻，被世人称为"百事可乐的挑战"。其中两仗打得十分出色。第一个漂亮仗是品尝实验和其后的宣传活动。1975年，百事可乐在达拉斯进行了品尝实验，将百事可乐和可口可乐都去掉商标，分别以字母M和Q做上暗记，结果表明，百事可乐比可口可乐更受欢迎。随后，BBDO公司对此大肆宣扬，在广告中表现的是，可口可乐的忠实主顾选择标有字母M的百事可乐，而标有字母Q的可口可乐却无人问津。广告宣传完全达到了百事可乐和BBDO公司所预期的目的：让消费者重新考虑他们对"老"可乐的忠诚，并把它与"新"可乐相比较。可口可乐对此束手无策，除了指责这种比较不道德，并且吹毛求疵地认为人们对字母M有天生的偏爱之外，毫无办法。结果，百事可乐的销售量猛增，与可口可乐的差距缩小为2∶3。

1983年底，BBDO广告公司又以500万美元的代价，聘请迈克尔·杰克逊拍摄了两部广告片，并组织杰克逊兄弟进行广告旅行。这位红极一时的摇滚乐歌星为百事可乐赢得了年轻一代狂热的心，广告播出才一个月，百事可乐的销量就直线上升。据百事可乐公司自己统计，在广告播出的一年中，大约97%的美国人收看过，每人达12次。

几乎与此同时，百事可乐利用可口可乐和包装商们的利益纷争，以及联邦贸易委员会对饮料行业特许包装体制的反对，争取过来数家包装商，并让可口可乐公司遭受了一次非常公开的挫折。1984年5月，负责官方饮料供应的快餐联号伯格·金公司因不满可口可乐转向其竞争对手麦当劳公司，于是交给百事可乐一纸合同，让它为全美2 300家伯格·金快餐店提供3 000万升饮料，仅此一项每年为百事可乐增加3 000万美元的收入。伯格·金的"倒戈"，令百事可乐获益匪浅。

只有30多岁的百事可乐经理约翰·斯卡利坚信："基于口味和销售两个原因，百事可乐终将战胜可口可乐"。这一预言现在终于变成了现实。在百事可乐发起挑战之后不到3年，美国《商业周刊》就开始怀疑可口可乐是否有足够的防卫技巧和销售手段来抵御百事可乐的猛烈进攻。1978年6月12日，《商业周刊》的封面赫然印着"百事可乐荣膺冠军"。A.C.尼尔森关于商店里饮料销售情况的每月调查报告也表明：百事可乐第一次夺走了可口可乐的领先地位。

色彩：红与蓝

实际上，可口可乐和百事可乐的商标设计可能最能反映两者的特色和定位。可口可乐选用的是红色，在鲜红的底色上印着白色的斯宾塞体草书"CocaCola"字样，白字在红底的衬托下，有一种悠然的跳动之态，草书则给人以连贯、流线和飘逸之感。红白相间，用色传统，显得古朴、典雅而又不失活力。

百事可乐则选择了蓝色，在纯白的底色上是近似中国行书的蓝色字体"Pepsi Cola"，蓝字在白底的衬托下十分醒目，呈活跃、进取之态。众所周知，蓝色是精致、创新和年轻的标志，高科技行业的排头兵IBM公司就选用蓝色为公司的主色调，被称为"蓝色巨人"，百事可乐的颜色与它的公司形象和定位达到了完美的统一。

从真空地带着手

百事可乐不仅在美国国内市场上向可口可乐发起了最有力的挑战，还在世界各国市场上向可口可乐挑战。

与国内市场完全一样，百事可乐因为可口可乐的先入优势已经没有多少空间。百事可乐的战略就是进入可口可乐公司尚未进入或进入失败的"真空地带"，当时公司的董事长唐纳德·肯特经过深入考察调研，发现前苏联、中国以及亚洲、非洲还有大片空白地区可以有所作为。

肯特的至交——美国总统尼克松帮了大忙。1959 年，美国展览会在莫斯科召开，肯特利用他与当时的美国副总统尼克松之间的特殊关系，要求尼克松"想办法让苏联领导人喝一杯百事可乐"。尼克松显然同赫鲁晓夫通过气，于是在各国记者的镜头前，赫鲁晓夫手举百事可乐，露出一脸心满意足的表情。这是最特殊的广告，百事可乐从此在前苏联站稳了脚跟，这对百事可乐打入前苏联国家和地区也起了很大的推动作用。但是，百事可乐虽然进入了前苏联市场，却未能实现在前苏联建立工厂，垄断可乐在前苏联销售的计划。于是，1975 年，百事可乐公司以帮助前苏联销售伏特加酒为条件，取得了在前苏联建立生产工厂并垄断其销售的权力，成为美国闯进前苏联市场的第一家民间企业。这一事件立即在美国引起轰动，各家主要报刊均以头条报道了这条消息。

在以色列，可口可乐抢占了先机，先行设立了分厂。但是，此举引起了阿拉伯各国的联合抵制。百事可乐见有机可乘，立即放弃本来得不到好处的以色列，一举取得中东其他市场，占领了阿拉伯海周围的每一个角落，使百事可乐成了阿拉伯语中的日常词汇。

20 世纪 70 年代末，印度政府宣布，只有可口可乐公布其配方，它才能在印度经销，结果双方无法达成一致，可口可乐撤出了印度。百事可乐的配方没有什么秘密，因此它乘机以建立粮食加工厂、增加农产品出口等作为交换条件，打入了这个重要的市场。

百事可乐在拓展国际市场时，一直将尼克松视为它的秘密武器。20 世纪 60 年代尼克松竞选惨败后，百事仍然积极对其给予支持，肯特先生以年薪 10 万美金的报酬，聘请尼克松为百事公司的顾问和律师。尼克松则利用自己的关系周游列国，兜售百事可乐，并在竞选美国总统成功后，任命肯特为经济政策顾问，使其有机会影响经济政策，借以创造百事可乐在世界市场与可口可乐竞争的有利地位。

在与可口可乐角逐国际市场时，百事可乐很善于依靠政界，抓住特殊机会，利用独特的手段从可口可乐手中抢夺市场。

另一种多元化

由于饮料行业的激烈竞争，为了规避风险，可口可乐和百事可乐不约而同地选择了多元化经营。但是，多元化为两家公司带来的收益大相径庭，百事可乐在这场特殊的角逐中再次战胜了可口可乐。

自 20 世纪 70 年代开始，可口可乐公司大举进军与饮料无关的其他行业，在水净化、葡萄酒酿造、养虾、水果生产、影视等行业大量投资，并购和新建这些行业的企业，其中包括 1982 年 1 月，公司斥资 7.5 亿美元收购哥伦比亚制片厂的巨额交易。但是，这些投资给公司股东的回报少得可怜，其资本收益率仅 1%。直到 20 世纪 80 年代中期，可口可乐公司才集中精力于主营业务，结果利润出现直线上升。

百事可乐就幸运多了。它从 20 世纪 60 年代起就试图打破单一的业务种类，迅速发展其他行业，使公司成为多角化企业。从 1977 年开始，百事可乐进军快餐业，它先后将肯德基食品公司（KFC）、必胜客（Pizza－hut）意大利比萨饼和特柯贝尔（Taco Bell）墨西哥餐厅收归麾下。百事可乐这次的对手是快餐大王麦当劳公司。肯德基、必胜客和特柯贝尔在被百事可乐兼并前，都只是一些忽冷忽热的餐馆，仅仅在自己狭小的市场内略有优势。百事可乐兼并它们之后，立即提出：目标和对手"不应再是城里另一家炸鸡店、馅饼店，而应是伟大的麦当劳！"于是，百事可乐又在快餐业向强手发起了挑战。

当时正是美国通货膨胀不断高涨的年代，麦当劳的食品价格也随着物价不断上涨，百事可乐看准时机，以此为突破口，开始了它的攻势。公司不断设法降低成本，制定了"简化、简化、再简化"的原则（这不是指食品的制作和质量，而是指尽量减少非食品经营支出）。如预先做好部分食品，在店外烧烤牛肉，尽量减少厨房用地，降低人工成本；修改菜单，将制作快的菜放在前面，以加快流通速度等。结果销售额很快达到以前的两倍，而员工只有以前的一半。由于收入迅速增加，成本大大降低，利润猛增，已经能够与麦当劳抗衡，并且带动了百事可乐饮料的销售。

百事可乐还首创快餐业"送货上门"的新型营销方式。当时百事可乐公司的总裁韦恩·卡拉维说："如果只等着忙碌的人们到餐厅来，我们是繁荣不起来的。我们要使炸鸡、馅饼的供应像看时间那样方便。"

百事可乐质优、价廉的食品，高效、多样的服务赢得了顾客的青睐，销售额年年创纪录，很快成为世界上最赚钱的餐饮公司。许多老牌快餐公司在百事可乐咄咄逼人的攻势下败下阵来，甚至麦当劳也受到了巨大的威胁。20 世纪 70 年代末 80 年代初，麦当劳公司的年利润率为 8%，而百事快餐公司的年利润率却高达 20%。

百事可乐终于在它诞生 92 周年的时候赶上了竞争对手。1990 年，两种可乐平分市场，在零售方面百事可乐甚至超出了 1 亿多美元。该年度 A.C.尼尔森公司对美国、欧洲和日本的 9 000 名消费者进行了调查，排出了世界上最有影响的 10 大名牌，百事可乐和可口可乐均获此殊荣，分列第 6 和第 8 位。百事可乐已经实现了成为全世界顾客最喜欢的公司的梦想。1997 年，百事可乐公司全球销售额为 292.92 亿美元，位列《财富》公布的世界 500 强第 92 位，荣登饮料行业企业世界冠军，可口可乐只能屈居亚军，销售额只有 188.68 亿美元，排名在 201 位。

可乐在中国

由于可口可乐是最早进入中国的美国企业，具有百事可乐不可比拟的先入优势，百事可乐在中国同样处于挑战者的位置。

百事可乐在中国市场的竞争战略主要是：

以年轻人和爱好体育的人士为目标市场。1999 年 3 月，中国足球协会宣布，中国足协与国际管理集团经过友好协商，正式签订协议，由百事可乐公司买断今后 5 年中国足球甲 A 联赛冠名权，从 1999 年开始到 2003 年，甲 A 联赛将冠名为百事可乐全国足球甲 A 联赛，同时，合同规定，禁止其他饮料企业进入甲 A 联赛俱乐部和球队，一举独占了中国最大体育运动市场的宣传权。百事可乐还通过多种形式参与中国体育，扩大在体育爱好者中的影响。另外，百事可乐的广告也全部以时尚、新潮、青年或运动人士为诉求重点。

集中开拓北京和南方主要大中城市。到2001年，百事可乐产品已在国内12家合资的灌瓶厂制造，包括北京、深圳、广州、福州、上海、南昌、桂林、成都、重庆及长春等地，除了北京和长春外，全是南方城市，其中上海、福州、成都、重庆被认为是百事可乐最重要的领地。

并购国内饮料企业。1993年，百事可乐在广州成立百事亚洲饮料有限公司，设立了两家浓缩液生产厂：一家负责生产百事饮品，而另一家则负责生产当地品牌。1994年，百事可乐又同天府可乐和北冰洋饮料公司达成协议，成立了重庆百事天府饮料有限公司和北京百事北冰洋饮料有限公司。

多样化经营。百事公司旗下的饮料和餐饮业务均已在中国展开。目前，百事可乐饮料在国内的产品包括百事可乐、七喜、美年达及激浪、北冰洋等，百事可乐餐饮在中国主要是肯德基炸鸡和必胜客比萨饼。

自1993年百事可乐与中国国家轻工总会签订共同合作发展备忘录到2001年，公司已在国内相同项目上进行了7亿美元的投资，拥有12家合资灌瓶厂及3家浓缩液生产厂。百事可乐国际集团还计划于接下来的5年在中国设立9家新厂，联同本地的合伙人，公司将会转移先进科技及器材，同时引入现代的管理及市场系统。

百事公司积极扩展的成绩十分显著，仅1994年，该公司在中国的销量就增加了50%。但是，在中国可乐市场，可口可乐仍然处于绝对优势。1998年的中国碳酸饮料市场上，前5名中有4名是可口可乐公司的品牌。1999年2月1日—28日，可口可乐公司在位于上海市人民广场的中国民生银行大厦上，挂起了四幅总面积近9 000平方米的可口可乐巨型广告，公然在百事可乐的家门口向百事可乐挑战，可见其气势之盛。

1999年2月2日，推出非常可乐的娃哈哈集团通过《中国经营报》，对全国的消费者进行了"为非常可乐打分"的问卷调查。北京市统计局计算中心对回收的问卷进行了统计，结果在参加调查的消费者中，63%的人在购买可乐时首选品牌是可口可乐，34%的人首选非常可乐，而百事可乐仅为3%。据分析，中国人有两种心态：崇尚外国生活和对国货潜藏在心的爱护。可口可乐以纯正的美国口味成为"可乐"的同义词，得到了前一种心态的一致喜爱；而非常可乐则争取了后一部分人；百事可乐面向年轻人的定位并没有得到普遍认同，所以位居末席。连初出茅庐的非常可乐都竞争不过，看来百事可乐在中国还有很长的路要走。

但是，以百事可乐勇于向强手挑战的精神、杰出的经营销售经验以及人才云集优势，百事可乐公司绝不会甘居人后，好戏还在后头。

资料来源： 许晓明. 企业战略管理教学案例精选［M］. 上海：复旦大学出版社，2001.

思考题：

1. 评述百事可乐公司长期以来所采取竞争战略的成功与失败，并分析其原因。

2. 面对百事的挑战，可口可乐公司应如何保持自己的优势？

案例 3　非常可乐的非常选择

中国改革开放的大门打开后，诱人的市场吸引了不少国际知名的跨国公司和大型集团。在外国名牌经过不懈努力取得垄断地位的"地盘"里，中国的企业还能拥有属于自己的天空吗？

回答这个话题需要非凡的勇气，解开这个难题需要非常的实力。

在国外"巨人"称雄的中国饮料市场，我们看到了中国企业家的志气，看到了中国企业的勇气。中国民族饮料的第一巨头杭州娃哈哈集团推出中国人自己的可乐——非常可乐，向可乐巨人可口可乐、百事可乐叫板！

非常可乐，非常选择。

在可乐王国里，有一对老"冤家"：可口可乐（COCA COLA）和百事可乐（PEPSI COLA）。它们的竞争越惨烈，知名度就越高，从消费者中得到的好处也就越多。

在经过多年的恩恩怨怨后，它们不仅成了可乐舞台上令人敬而远之的主角，而且几乎已成为可乐王国的代名词。

但在 2001 年夏天，格局在悄悄地发生变化。一位"不速之客"闯入了可乐王国，令人惊愕地在这个被认为最没有土洋大战土壤的地方点起了硝烟。

它，就是非常可乐（FUTURE COLA）。

"中国人自己的可乐"，是"？"还是"！"

"非常可乐"在可乐王国的亮相，是急风暴雨式的。在杭州娃哈哈集团一遍又一遍响亮地宣告推出"中国人自己的可乐"后，"非常可乐"迅速地占领了可乐舞台的一角。

喝一口非常可乐，滋润在口快乐在心头。终于有一个中国企业向可口可乐这样的"巨无霸"吹起了竞争的号角！但人们在为"娃哈哈"那昂扬的民族精神击节的同时，又发出一个个疑问，中国人自己的可乐，行吗？

在清华大学经济管理学院的课堂上，管理工程系一名教授在讲了可口可乐和百事可乐市场竞争的案例后，介绍了娃哈哈集团的"非常可乐"。对此了解甚少但极为关注的教授认为，娃哈哈的挺身而出，演绎了中国可乐挑战可口可乐巨人的壮举，虽然"擂台"摆在中国，但全球关注。这位教授在课堂上给学生留下了这样一道思考题：非常可乐如能在可乐市场三分天下有其一，那是极大的成功；如能在中国市场上非常可乐占有率超过可口可乐，那是巨大的成功；如能在打出牌子，与可口可乐持久作战达10—15 年，也是成功。出了思考题后，教授心中没底，他太清楚娃哈哈面临的对手有多强大，于是急匆匆赶赴杭州来了解答案。

"非常可乐"面对"？"要写"！"

一个个中国可乐品牌倒下来，洋品牌可口可乐和百事可乐站起来，残酷的现实使我们得到的最大收获是懂得什么叫真正的竞争！

当我们的可乐厂家在交学费的同时，可口可乐占据了国内可乐市场 57.6% 的份额，紧随其后的百事可乐也达到了 21.3%。可口可乐年销售量超过 3.2 亿箱，当时在我国已经有 29 年的丰富的经营经历，建立了 21 个分装厂。

可口可乐初入国门之时，无一个国内品牌能与之抗衡，如今可口可乐、百事可乐在中国大地已根深叶茂了，还有谁能与之争锋？

可口可乐中国公司副总裁日前说，今年中国已成为这家公司在全世界的第六大销售市场。可口可乐公司在中国的销售量为他们在全球 1000 多亿美元销售总额的 3%，在亚洲仅次于日本。

可口可乐公司重新进入中国市场是中国改革开放的产物。中美建交的同时，可口可乐公司也与中国有关部门达成了重返中国的协议。

1979 年可口可乐重新开始在中国销售。随着中国改革开放的深入，可口可乐公司自 1985 年获准在珠海经济特区设立第一个合资企业以来，已在中国的 21 个省份设立合资企业 23 个。

最初在中国设立合资企业时，可口可乐只能占少量股份，不能出任公司董事长。后来逐步发展，外方所占股份不再受到严格限制，出任职务也由所持股份决定。可口可乐公司在中国的投资规模已由最初的几百万美元上升到目前总投资超过 8 亿美元。

为进一步扩大在中国的销售，2001 年可口可乐在广州启用了一座新的厂房。这座新厂房耗资 3 500 万美元，产量是原来广州可口可乐工厂的三倍，成为可口可乐在中国内地最大的装瓶厂。可口可乐公司设在广州的装瓶厂今年的销量比去年增长了 50%。

可口可乐中国有限公司总裁方瑞俊表示：扩建新厂房是为了配合业务发展的需要，回应市场对可口可乐产品不断增长的需求。

太古饮料全资拥有的太古可口可乐香港有限公司，是可口可乐在香港的授权装瓶厂。太古饮料主席康利贝说："随着新厂房的落成，我们将集中发展最佳的销售及营运系统，以满足消费者及顾客的需要，预计广东太古可口可乐的销量将于一年内超越我们在香港及台湾的业务。"

中国 1978 年的饮料产量只有 28 万吨，1997 年达到了 1 000 万吨以上，20 年间增长 40 多倍。饮料行业的变迁是中国经济快速发展、巨大市场潜力逐步显现的一个缩影。

有识之士认为，改革开放之初，我们以让出部分市场为代价，寻求国际合作，以促进技术和设备的提高。经过 10 多年的发展，我们一部分民族工业已经走过了市场换技术的初级阶段，完成了经济增长方式由粗放型向集约型的根本转变，从而进入了形象和品牌的竞争年代。因此，非常可乐在这一时期问世，是竞争与发展的必然，是中国企业在世纪之交的果敢选择。

"非常可乐"在 2001 年夏亮相，被人们称为是"非常时期"入市的"非常可乐"。

"娃哈哈"却义无反顾地推出"非常可乐"。

在杭州娃哈哈集团公司总部，总经理宗庆后谈吐从容："推出'非常可乐'，既不是一时的冲动，也不纯粹是为了'扛旗帜'。我们看到的是它广阔的市场和美好的前景。"

在这位中国经营大师的眼里，"非常可乐"有着广阔的驰骋空间：全球碳酸饮料销量中，有一半是可乐，而国内每年生产的136万吨可乐，只占了碳酸饮料销量的27%，如此低的比例，再加上国内每年的清凉饮料产量至少超过1 000万吨，足以说明可乐还有相当大的市场空间。

宗庆后的自信，还在于他心目中的对手"可口可乐"和"百事可乐"令人瞠目的发展速度。1997年度，在众多企业发展缓慢之时，这两家生产可乐的厂家，发展速度却是惊人的30%左右，这样发展速度，不正是最大的诱惑吗？

如果说"非常可乐"勇猛地冲出，其立足点仅在于广阔的市场和诱人的前景，那就错了。娃哈哈推出"非常可乐"这样的非常选择，是打的有准备之战！

宗庆后在接受记者采访时，慢条斯理而又坚定地说，我在战略上藐视一切对手，在战术上重视一切对手。开发非常可乐，是因为有三条优势：

首先，娃哈哈已成为中国人心目中的名牌，短短10年的时间，靠14万元借款起步，他们先创起"小学校里的经济奇迹"，又是"小鱼吃大鱼"，兼并了杭州罐头厂，如今已成为总资产28亿元，年销售额30亿元的知名企业，"娃哈哈"商标已成为中国最有价值的品牌之一，无形资产经评估已达30亿元。

第二，经过10年的经营，在全国已有稳定而庞大的销售网络，能保证"非常可乐"的产品与广告同步，推向全国市场，密如蛛网的销售渠道和对娃哈哈感情笃深的经销商可以将产品销往城乡的角角落落。

第三，娃哈哈为推出"非常可乐"，已准备了两年，公司投资1亿多美元，从德国、日本、意大利等国引进了目前全球最先进的制瓶和罐装生产线，设备不亚于可口可乐和百事可乐；原浆配方是与国外几家著名公司合作，根据国人的口味，进行了几千次改进，试验就进行了几百次。"非常可乐"的实力和"可口可乐"在中国的任何一个罐装厂比都不差，甚至要强过它，因为娃哈哈引进的设备是全球最先进的。

娃哈哈推出非常可乐，并不是为了冒险。宗庆后可谓知己知彼，可口可乐虽然是个巨人，但它在我国的23个合作伙伴，每一家都比娃哈哈规模小，况且他们每家都有自己的利益，不能形成合力，会相互形成冲击，价格难以控制，容易产生矛盾。

可口可乐在中国的罐装分厂，并没有进多少先进的设备，而且瓶子、盖子都需从人家那里买来，成本比非常可乐要高得多。在广告投入上，可口可乐分公司归属于不同的集团，不能集中力量做广告，而娃哈哈在中国从中央到地方、从报纸到广播电视都享有盛誉，它们登门做非常可乐的广告，媒体格外关照。

每一个有疑惑的人，在宗庆后自信的神情中，都相信"非常可乐"会将"？"拉成"！"。

非常选择带来可观业绩

"非常可乐"的名称，是娃哈哈集团公司的职工起的，意思是"非常好"、"非常特别"。

喝起来比"可口可乐"略甜的"非常可乐"，与可口可乐的糖度是一样的，他们已在市场上初尝甜头，自当年6月初全面上市以来，"非常可乐"的销售额已超过2亿元；在全国市场，目前"非常可乐"每天销售20万箱。像"娃哈哈"推出的果奶、矿泉水一样，"非常可乐"成了市场的又一个"宠儿"。

与可口可乐相比，娃哈哈尽管在国内堪称实力雄厚，但与可口可乐相比尚不可同日而语。可口可乐在全球饮料制造行业位列榜首，年营业收入大约185亿美元，是娃哈哈的132倍。但娃哈哈在中国市场上的成功运作，其价值和能量是可口可乐不能小看的，其11年的发展路程，令国外同行敬佩。

可乐的土洋大战充分说明了娃哈哈的能量。娃哈哈的非常可乐在中央电视台频频亮相，其密度之高是罕见的，用一个成语来形容非常可乐的广告再贴切不过了，那就是：铺天盖地！可以说在广告战上，非常可乐胜出一筹。尤其令人称道的是，为非常可乐推出的广告却是"软硬兼施"：一则是穿着"红装"，衬着民族味很浓的背景和音乐，脆生生地把那句"中国人自己的可乐"入你耳入你脑；一则是请当红歌星毛宁和陈明演绎旋律优美的《心中只有你》，让非常可乐伴随音乐之声舒舒服服地飘进你的心田。这两则广告，都让人记住了娃哈哈的非常可乐。令人可乐的是，《心中只有你》成了中国各大城市的上榜歌曲，相信听众们都会想起非常可乐的芳香。接着不久，非常可乐又有新的面孔，广告上的非常可乐留给人们的是富有豪气的声音：自强、自尊、自信的中国人。

有权威人士这样分析，"非常可乐"的面市，引起的冲击波和关注程度是超乎寻常的，娃哈哈集团在前几年就曾宣告：要在自己的土地上与"可口可乐"抗衡，因为国际市场的竞争已经在家门口摆开。尽管如此，当娃哈哈直接推出"可乐"与可口可乐面对面叫板，还是大大出乎人们意料，看来，娃哈哈与"可口可乐"、"百事可乐"同台较劲已经无法回避。

面对"非常可乐"的冲击，可口可乐已经明显地觉察了。但可口可乐并未表示担心，北京可口可乐公司发言人说，虽然非常可乐的包装和我们很相似，但还是有些不同，消费者不至于弄混。何况两者味道也不同，消费者还是比较习惯我们的口味。与此同时，有些地方的可口可乐却在降价销售。显然，在非常可乐非常凌厉的攻势面前，可口可乐不仅引起高度重视，而且采取了"反攻"。许多可口可乐的经销商被告知不许销售娃哈哈的非常可乐，否则年终的返利就要取消；可口可乐的冰柜不许放非常可乐，以此限制分销商。据说，可口可乐的决策层曾经发话，只要有新的可乐出来，他们会采取厉害的一招：把新冒出的产品买下来，有多少买多少，将他扔进大海里。

对此，"非常可乐"并不示弱。宗庆后说："中国人喜欢有变化。这几年来，娃哈哈的产品口味经常在变，常变常新的才销得好。中国人喝了那么多年的'可乐'味道也要变一变了。"他认为，"非常可乐"的味道比其他可乐柔和，可能更合适中国人的口味。至于对可口可乐的反应，宗庆后不慌不忙，他认为非常可乐的出现引起可口可乐的重视是意料之中的事，因为娃哈哈集团不仅在国内名声很响，在国外也颇具知名度，娃哈哈仅用短短11年的时间，就在竞争激烈的中国市场上如此已大有作为，在中国市场闯荡多年的可口可乐心中肯定有数，这场激战在所难免，他们当然不会袖手旁观，看着善打"游击战"的中国人扩大市场，采取相应对策是肯定的。至于可口可乐是否有"买断新的可乐产品扔进大海"这一说，宗庆后并不在乎，因为娃哈哈推出非常可乐，就是有充分的信心又作了最困难的准备，如果可口可乐真的"统统买断"，那我们就源源不断地供货，最终的结果绝不会是非常可乐被冲垮，而是它最终买不完，让我们健康地发展起来。

细心人早已发现，非常可乐和可口可乐的营销战在没有硝烟的状态下展开。可口可乐占得先机，在中国的大中城市随处可见，而娃哈哈则在众多城市全面铺开的同时，有选择地开拓农村市场，在广大的中国农村先入为主，赢得可观的市场份额。有趣的是，可口可乐也把开拓农村市场当成发展方向。

非常可乐在短短的六个月里，在消费者心目中走过了这样的思维过程：兴奋（在初看广告之后）、疑虑（它会是可口可乐的对手吗?）、好奇（面对强大对手，有这样的志气不容易）、试试看（口味会是怎么样）、比较（与可口可乐有什么异同）、选择（尽管选择可口可乐的还远远超过非常可乐，但选择非常可乐的队伍明显在壮大）。在杭州的诸多饮料店前，问非常可乐的越来越多。三五个人买饮料，往往其中有一人会选择非常可乐。

非常可乐问世以来，娃哈哈集团每天都收到很多来信，多的时候达100封。这些信中，帮助非常可乐出谋划策、提升非常可乐与可口可乐竞争能力的来信最多，其"助战"之情溢于信间；不少来信提出非常可乐与可口可乐相比有哪些不足之处，鼓励他们迎头赶上；也有来信表示尝了非常可乐以后，越来越爱喝了；还有的表示，非常可乐与可口可乐在揭去标签的情况下不受牌子的影响，居然发现非常可乐口味比可口可乐还好。在众多的反馈中，可知对非常可乐感情笃深的多为中老年和少年，他们认为中国人要喝"中国人自己的可乐"。青岛有位老干部在得知娃哈哈推出非常可乐以后，非常激动，非常兴奋，为娃哈哈的举动感到自豪，拿出多年积蓄的6 000元钱，跑到青岛电视台，要自费为非常可乐做广告，当听说做一次广告要很多钱后才悻悻而归，但这位老干部意犹未尽，给娃哈哈董事长宗庆后先生写了一封热情洋溢的信，给非常可乐鼓劲加油。

非常可乐已打响了民族工业收复失地的清脆的"枪声"。面对即将来临的更为激烈的竞争，宗庆后充满必胜的信心，他一再对记者说，非常可乐在这场竞争中，已经显示出了中国企业的能力和优势，非常可乐不仅可以在这场竞争中站稳脚跟，而且可以有更大的作为，他透露，非常可乐在市场上深受消费者的关注和偏爱，经销商也表示有很大的信心来销售非常可乐，娃哈哈在引进了两条先进的生产线后，还要引进先进设备，加快发展步伐。

中国加快对外开放的步伐，已经融入全球经济的竞争大潮。我们的企业没有了上级主管安排的"避风港"、企业家得不到遮风挡雨的"保护伞"，国际知名的跨国公司凭着先进的技术、设备、管理经验、营销手段来到已为他们开放的中国市场，一场场既越来越残酷而又越来越趋向公平的竞争，在我们的家门口展开。往后退，显然没有出路；想冲上去又左盼右顾，将毫无胜机；仅凭勇气，将会在这场竞争中鸡蛋碰石头的较量中输得一败涂地；只有知己知彼、有勇有谋才有可能在竞争中站稳脚跟。

在竞争中提高，在竞争中发展，在竞争中壮大，是中国企业的必然选择。

在碳酸饮料的市场竞争中，中国企业面临的是最强大的对手和最少的空间，但非常可乐仍突破重围，站住了脚跟，且谋求更广阔的空间。非常可乐的非常自信、非常勇气和非常策略，将获得非凡的未来。它给众多身处竞争大潮中的企业以信心和启迪：面对再强大的对手，我们都有属于自己的空间!

资料来源：许晓明. 企业战略管理教学案例精选［M］. 上海：复旦大学出版社，2001.

思考题：

1. 娃哈哈集团与行业内几家大型跨国公司相比有哪些优势与不足。
2. 结合对竞争环境的分析，简单评述娃哈哈推出"非常可乐"这一战略行为。

案例 4　健力宝公司的形象战略

健力宝集团曾是我国在碳酸饮料上可以与国外企业相抗衡的唯一生产厂家。其"健力宝"饮料从问世到成名，乃至走向国际市场挑战世界饮料霸主，只用了 10 年左右的时光，被外国人士称之为"中国魔水"。

健力宝为什么能够获得如此大的成功？概括来说，健力宝的发展是该企业实施形象识别战略（CI）的必然结果。

健力宝集团有限公司的前身是一间县级的小厂，在 80 年代初期，厂房简陋、设备陈旧、工艺落后，只能生产数量有限的米酒供内销。从 1983 年开始研制健力宝饮料，1984 年正式投产，自此走上迅速发展的轨迹。

健力宝饮料是在设备、场地和资金、人才不足的情况下，苦战 10 个月，经过 120 多次反复试验，才研制出来的一种具有我国特色的新型饮料，它清香可口、风味独特，并有解除运动后疲劳，补充体内能量、调解酸碱平衡的功能。该厂的决策者反复研究，最终将它取名为"健力宝"。

健力宝饮料研制出来了，如何使其走向市场，迅速打开销路，是企业遇到的最有挑战性的问题。健力宝集团有限公司实施了现代营销管理中的 CI 战略，并十几年如一日一步步地实施这一战略，终于使健力宝在竞争浪潮迭起的环境中，成为社会公认的名牌。

所谓 CI，其全称为 Corporation Identity，即企业形象识别。当时 CI 传入中国大陆才几年时间，但已广为企业采用。CI 是以观念系统为基础、行为系统为主导、识别系统为表现的综合工程，实质上是企业个性定位与外在包装的有机统一。它绝对不仅仅是外表视觉上的美观与优雅，也不仅仅是代表色别和特有字形之类的肤浅象征。实际上所有的视觉表现都必须以内在理念为依托，是企业经营管理理念自然外化。西方是导入 CI 较早的企业，其外观造型、构成、色别都绝对地服从于企业的内在理念，从而使其视觉形象深入人心，大众及消费者在感受其外在包装的同时，也领悟着、强化着对内在理念的接纳。

CI 策略的核心是商业化，它不是纯粹的艺术创作，更不是一种经营式的商业体系。要使 CI 的商业物质得到发挥，根本的是让市场引导自我，即企业 CI 要顺应市场需要的规律，在市场中寻找自身的坐标。这就要求企业在导入 CI 时，必须从市场调查做起。

CI 是一个系统工程，需要多方面专业高手介入与合作。市场调查需要的经济学、社会学专家与计算机、统计运筹方面的专家合作；定性与定量、显状与潜在、微观与宏观等全面结合，方能搜集到完整准确的数据；策划创意需要市场学、管理学、公共关系学、广告学、心理学方面的专家共同参与，从内在架构到市场计划全面构思、协调运作；视觉表现需要美学界、美术界、大众心理学界、传播界的行家根据既有的策划理念和表现原则进行创作，并得到调查与策划人员的广泛认同，CI 系统才算完成。这全过程都需要企业决策人及企业 CI 专业人员共同参加定案。

通过对 CI 理念的简单概述，现在我们可以简单回顾和评价一下健力宝是否导入了 CI。

当时 CI 导入我国只有几年时间，健力宝在 CI 未导入我国之前，已奉行 CI 的有关战略，但是，它是属于朦胧意念中的 CI，即没有 CI 理论，也没有 CI 手册，更没有正式宣布在何年何月导入 CI。换句话说，健力宝没有刻意追求 CI，没有被动地纳入设计师们的"CI 轨道"运行。然而，健力宝从问世那天起，就深得 CI 要义，自觉地、大手笔地运用企业形象战略决胜市场，运用得超凡卓越，十分成功。

健力宝 CI 意念虽朦胧，但经营理念却十分明晰。它的经营目标是问鼎中原，称雄华夏，要创立中国名饮，并走向世界，要同有上百年历史的国际名饮"可口可乐"、"百事可乐"争天下。

CI 行销战略，讲究产品的市场定位。健力宝作为运动饮料，首先瞄准的就是体育市场。1984 年 4 月，当它刚问世才 1 个月时，它没有选择传统的广告宣传形式，而是运用形象公关策略，将产品送到广州白云宾馆，让正在这里举行的亚洲足联理事会全体代表"免费品尝"，结果获得了参加会议的国际人士赞誉，继而被指定为中国奥运会体育代表团首选饮料，神话般闯进了洛杉矶第 23 届奥运会。真可谓一举成功，蜚声中外，迅速树起"中国魔水"的国际饮料形象，销售量迅猛增长。

接着，健力宝集团有限公司乘胜挺进，借助 1987 年广州举办第六届全国运动会，1990 年北京举办第十一届亚运会之机，先后实现第一次和第二次的形象公关策略，以数百万元赞助运动会及捐赠健力宝饮料之公益行动，在国内树立起企业形象，使其在国内销量又迅猛增多。据统计，到 1987 年，在国内饮料市场上健力宝销量已超过了"可口可乐"饮料在中国市场销量的总和。到 1992 年，健力宝在我国碳酸饮料市场中占有 23.78% 份额。

健力宝的现代营销战略中最有成效的，是它策划实施了一系列大规模的公关宣传活动。它把国内、国际的大型体育运动和社会公益活动融为一体，其中包括体育、文化、艺术、科技、教育，并给予巨额赞助。如 1990 年举办的亚运会，健力宝就赞助了数百万元。它这种义举在社会公众中成功地塑造了"善尽社会责任，热心公益活动"的良好企业形象，赢得了广大消费者对健力宝的亲切感，由此产生了巨大的社会效益和企业经济效益。这正是商品竞争日趋白热化的时代，运用企业形象力决胜市场的 CI 行销战略的经典案例。

健力宝决策者坚信"信誉投资千倍利，企业形象宝中宝"的经营策略，并始终如一地贯彻。在 CI 战略设计中，它除了突出企业形象公关战术外，也十分注重其他广告媒体的战略作用。它不断地在电视上进行产品广告宣传，在各种报纸、杂志上也常登广告，还开展规模极广、声势浩大的抽奖促销活动等，使健力宝饮料企业形象深入人心，成为当时全国知名度最高的十大企业之一。

健力宝在实施 CI 战略过程中，始终坚持重质量、抓创新。他们明白以质竞争，也胜一筹，有质有量，无质无量，先质后量，以质求量。该公司从产品进入市场开始，就确定以优质新颖作为经营基石。公司专门投资兴建了一座占地5万平方米的新厂房，引进了13条国际最高水平的生产线和高科技检测系统。

到2001年，健力宝系列饮料行销于全国30个省市、自治区，远销世界20多个国家市场。特别值得一提的是，它当时已打进世界饮料业制高点的美国市场。要知道，当时的美国是世界上饮料消费最多的市场，却又是饮料霸主可口可乐和百事可乐的所在之地。要打入该市场是难上加难的。健力宝攻克了美国苛刻的FDA（美国食品及药物管理局）标准的检测，将产品摆进了纽约、洛杉矶、旧金山等市场。健力宝集团有限公司还以550万美元买下了纽约帝国大厦的第二十六层楼，作为其开拓美国市场的总部。

健力宝成功利用了CI战略，因此获得了十足的发展。随着它对CI战略认识的加深，健力宝还会更上一层楼。

资料来源：许晓明. 企业战略管理教学案例精选［M］. 上海：复旦大学出版社，2001.

思考题：

1. 健力宝公司推行的品牌形象战略是怎样一步步实施成功的？它对整个公司的市场营销起到了什么样的作用？

2. 你认为品牌战略的重要意义有哪些？

案例5　汇源的渐进营销战略

2007年处于多事之秋的中国果汁市场，被百事再次震荡。百事在非碳酸饮料市场上发力，拿出其旗下最强势的果汁品牌试水中国市场。从百事（中国）内部传出的消息，在世界鲜榨果汁行业稳占头把交椅的纯果乐（Tropicana），率先在广州和福州两大装瓶厂的辖区内上市。

这种以低浓度和混合果汁为卖点的新产品，能否在果汁市场杀出重围尚待观察。因为统一"多"系列和可口可乐旗下的"美汁源"已经在全国市场抢占了前一、二位的有利位置。除此之外，最早进入果汁行业并成为领头羊的汇源果汁，也不容小觑。

"百事推出纯果乐，目前对汇源没有影响，"北京汇源饮料食品集团有限公司总裁助理、传播与公共事务总监曲冰认为。她谈道，对于果汁企业来说，产品背后的原料、渠道非常重要，尤其是处于产业链上游的原产地，对产品质量和推广起到了至关重要的作用。

如今的汇源，拥有31处现代化工厂，以及一百三十多条先进的原料加工、饮料灌装生产线，与300万亩果蔬原料基地相链接，形成了一个独具优势的原料供应布局和农业产业化经营体系，至今累计开发生产8种包装形式，11类五百多种产品的果汁饮料。据权威调查机构AC尼尔森2006年发布的《零售研究饮料行业排名》，2006年上半年，汇源在高浓度果汁市场46%的份额几乎是其他品牌市场份额的总和，其在果汁行业的标志性品牌地位已牢牢建立。

市场占有率高低是产品是否赢得消费者最有说服力的指标之一，但是，仅仅拥有市场占有率似乎还不够：日渐增多的品牌和产品，使消费者选择的余地大大增加，品牌如果尚未完全建立起忠诚度，那么消费者是否敌得过新品的诱惑？每一款在细分市场定位准确、区分受众的后起之秀，是否会分割一贯沿袭"大品牌战略"的行业老大的江山？这一切，使果汁市场充满变数。

老品牌注入新活力

15年前，从沂蒙山区走出来的朱新礼，毅然辞去令许多人羡慕的铁饭碗——山东省沂源县外经委副主任一职，创造了中国人的第一个果汁品牌——"汇源"。1993年，第一批浓缩果汁生产出来时，朱新礼只身一人前往德国参加食品展，靠着优质产品和他的真诚，他拿回了数百万美元的订单，在沂源县这个小山城创造了一个小小的神话。

如今，作为中国汇源果汁集团董事长兼总裁的朱新礼看到了汇源的成长。但是，一些新问题也摆在他的面前：如何让老品牌焕发新意？如何保持品牌的本色的同时又为其注入时尚元素？因此，面对市场上众多后起之秀咄咄逼人的发展势头，汇源加快了探索的步伐，而网罗各类优秀人才成为汇源的发展大计之一。2006年，曲冰进入汇源管理团队，担任汇源集团总裁助理兼传播与公共事务总监。

曲冰其人，年轻而又充满成熟的韵味，让人不由自主地联想到汇源这个历经磨炼却依然青春萌动的品牌。当她出现在记者面前时，让人很难想象，眼前这位端庄、优雅的女士竟然有着出色的公关业绩：曾作为京东方科技集团股份有限公司公关部部长，成功运作了公司在A股上市；在任职北京汇中天恒投资公司公共事务总监兼新闻发言人期间，成功处理了震动业界的"健力宝事件"，产生了巨大的社会效应；当选2006~2007年度"中国十大杰出品牌经理人"……

面对竞争日益激烈的国内果汁市场，曾在比利时布鲁塞尔攻读MBA的曲冰深谙品牌营销之道。她认为，在市场上拼杀并取得非凡业绩的汇源，在现阶段特别要注重品牌营销。汇源要区别于其他竞争对手，不仅仅靠质量，还要通过差异化传播占据消费者的心智。

十几年的媒体从业生涯使曲冰善于从日常生活中发现亮点。不经意间观看电视节目《赢在中国》，她立刻意识到这是一个不可多得的品牌传播机会，马上建议总裁参与这档节目。与此同时，汇源的品牌营销也悄然发生了变化：汇源与MTV进行战略合作，对形象代言人袁泉、奇异王果代言人王宝强进行推广传播……更为"别出心裁"的是，在体育营销方面，汇源投入巨资赞助美洲杯帆船赛中国队，进入高端赛事。

"在此次美洲杯帆船赛中，中国队是有史以来第一次出征，汇源也是有史以来第一个赞助该项赛事的中国企业。这是一次很奢华的大手笔，由于它不像足球、篮球等普通赛事，从普通消费者中得到的回报不是很高。但此项赛事与汇源倡导的健康、营养、时尚理念相一致，与汇源的品牌理念'并驾齐驱'，作为中国企业的责任感也让我们义不容辞，我们没有从回报的角度做更多的考虑。"

今年的汇源，在娱乐营销和体育营销上的动作明显大于往年。汇源，是否将从此由其一向沿袭的"健康"路线转向时尚、高端路线？

粗放营销不合时宜？

其实，汇源当初并没有明确提出要走时尚、高端路线，这一路线是由时间的推移自然形成的。

在品牌建设初期，汇源就注重走专业化路线，同时配合较为先进的品牌营销手段，很快便在行业内取得了一席之地。一句"喝汇源果汁，走健康之路"的专业性品牌诉求，配合各种果蔬汁饮料的开发、生产与销售，在短短数年间，汇源就跻身中国饮料工业十强企业，销售收入、市场占有率在同行业中排名第一。以汇源为品牌名称的系列产品，如果汁产品系列、果蔬产品系列，甚至茶饮料系列，都取得了不俗的业绩，尤其是果汁产品系列，更是如此。可以说，在汇源的发展过程中，"喝汇源果汁，走健康之路"的专业性品牌诉求发挥了重要作用。

但是，在如今充分竞争的细分市场上，以"健康"为诉求的品牌传播是否还能像以前一样奏效？业内人士认为，当品牌竞争还没有达到细分化与多元化的时候，汇源的大品牌计划发挥了效力与优势，粗放的品牌经营取得了不错的效果。而当多元化的竞争格局出现时，粗放的品牌营销就变得不合时宜了。

如今，果汁饮料的细分市场上出现了更为强大的品牌，可口可乐、百事可乐、统一、康师傅、娃哈哈、健力宝、大湖、茹梦等纷纷在细分市场寻找属于自己的奶酪。"多喝多漂亮"、"我喝我的果汁"等突出时尚、强调个性的品牌诉求，一下子就打动了相应的受众群。据了解，在鲜橙多上市后很短的一段时间内，其单品单月销量就成为国内饮料市场的状元。

业内专家认为，对于消费者来说，果汁饮料的品牌定位就应该是健康，而汇源果汁的主要利益点也是健康，"喝汇源果汁，走健康之路"已教育了众多消费者果汁之于健康的重要性，而后来者强调美丽、时尚的品牌诉求，似乎更能打动那些追求时尚的现代消费者，诱惑消费者放弃汇源果汁。鲜橙多等果汁饮料其实是"踩着汇源的肩膀"走来的。

在曲冰看来，汇源带动消费者关注健康，并引导消费者消费果汁和果汁饮料，这是一条漫长的市场培育之路，汇源作为行业领头羊，是责无旁贷和无怨无悔的。对于"培养了市场，却让对手占尽风光"的问题，她并不认同。她认为，目前中国果汁市场虽然群雄争霸，但仍然处于市场培育期，只有一起把蛋糕做大，每个企业才能分到更多的蛋糕。汇源的目标是在今后两三年内，让果汁如同牛奶一样，成为消费者生活的必需品，而不是奢侈品，让中国人的饮食结构更健康、更均衡。

由此，曲冰和她所服务的汇源，仍在不遗余力地推动中国消费者对于果汁的认识和了解。8月30日，汇源宣布启动"汇源100%健康早餐计划"，倡导营养均衡的早餐饮食，并将联合知名餐饮连锁企业和食品企业，共同为国民量身定做更营养、更便捷的早餐膳食组合。与此同时，汇源还着手进行"中国果汁健康消费调查"（其调查报告由专业调查机构央视CTR调研发布），对北京、上海、广州、武汉、青岛、成都等六大城市居民进行调查，这也是中国第一个专业的果汁消费调查，对中国人果汁消费的一次大摸底。在欧美等发达国家，果汁是生活必需品而不是奢侈品。这份刚刚发布的果汁调查报告显示，纯果汁的饮用者仅占被访者家庭成员数的35%，中国每年人均果汁消费量远远低于国际水平，是欧美国家的1/50，而且对纯果汁消费的认识存在较大误区。

这意味着市场潜力和无限可能的机会

"我不喝酒，只要在合适的场合，我都代以汇源果汁。"曲冰微笑着说。很难想象，在酒文化盛行的中国，一位投身传播与公共事务的公关人员竟然不饮酒。"时间长了，大家也了解我，不会逼我喝的，这并不影响我与大家的交流。"醉翁之意不在酒，酒不过是一种沟通的工具，当悟到沟通的精髓所在，工具也就不再重要了——这就像汇源有别于竞争对手、并不显山露水的渐进式营销。

资料来源：http://finance.sina.com.cn/leadership/myxcl/20071217/22044301992.shtml

思考题：

1. 基于 SWOT 框架分析汇源的优劣？
2. 对汇源的渐进营销战略有何看法？

案例 6　康师傅喝"百事"图"可口"

康师傅商标里胖胖的大师傅，手举一瓶百事可乐豪饮——这张网友制作的图片，在长达 4 个月的等待后终于成为现实。昨日下午，百事中国公司发表声明称，商务部已批准了康师傅与百事公司的战略联盟。业内评论，双方此次合作是"各取所需"。

百事高调声明联盟获批

"我们很高兴地获悉，商务部已批准了康师傅与百事公司的战略联盟。我们非常感谢政府及有关各方给予的理解和支持。"百事公司昨日晚间发表的声明中，多少透着一点如释重负。

实际上，这一消息早在昨日下午就已经在百事公司内部传达。百事灌装厂员工们收到的来自百事和康师傅高层的内部通知显示，从即日起，百事和康师傅将成立一个战略联盟办公室，负责管理战略联盟的下一步工作，包括与平稳过渡和业务有关的各项事宜。

"我们已收到了商务部对百事与康师傅战略联盟的批准。这对百事公司在中国的业务来说是一个重要的里程碑。"百事中国投资有限公司董事长陆文凯在内部通知中称。

此前，康百联姻的消息一经报道，百事多家灌装厂的员工表示不满，认为这次并购漠视了职工的权益。在百事及时发布了员工补偿方案后，风波暂时停息。

百事方面昨日同样对职工未来的选择做出回应。内部通知中显示，目前百事已经和灌装厂的人力资源团队制定了实施计划。未来一两周内，百事员工将收到各自所在灌装厂人力资源部门的信函，其中将列明包括员工方案选项的细节和时间表等。各灌装厂总经理与区域副总裁将参加与康师傅和百事管理层举行的会议，讨论过渡的有关细节。

24 家灌装厂换 5% 股权

2011 年 11 月，康师傅发布公告，宣布与百事公司达成协议，建立战略联盟。

在双方的合作中,康师傅将获得百事在华的 24 家灌装厂资产,百事则获得康师傅旗下饮料业务子公司康师傅饮品控股 5% 股权,康师傅饮品控股则成为百事碳酸饮料的特许装瓶商,康师傅饮品控股还将获得百事旗下的纯果乐、佳得乐等非碳酸饮料业务的分销和生产。上述分销、生产方面的合作均于 2050 年底届满。

百事与康师傅之间的现金认购和认沽期权协议约定,在 2015 年 10 月底之前,百事将有权以现金认购康师傅饮品的额外 15% 股份,若此期权在 2013 年 10 月底前行使,百事的认购价将以对康师傅饮品控股集团整体估值为 150 亿美元计算,在 2015 年 10 月底前,这份协议每晚执行一年,认购价将上浮 15%。

这意味着,未来四年内,百事可能以最多 29.756 亿美元现金对康师傅饮品控股进行增资。而如果百事与康师傅之间的上述分销、生产方面的合作因故提前终止,百事有权行使认沽期权,要求康师傅按照公平市场价格回购其在康师傅饮品控股的所有股权。

屈尊下嫁实属无奈?

与康师傅方面充满期待的心情不同,百事此次或许是"屈尊下嫁"。

可口可乐与百事可乐,分别通过与全球各地优势合作伙伴合资成立灌装厂,签订特许生产经营合同,由各灌装厂在限定区域内生产销售产品,并协同进行品牌维护和发展。

这样的特许经营制度,使得两大公司不用大的投资,就获得了巨大的规模和市场。业务扩张的同时,品牌效应也无限放大,但两公司品牌价值的最关键部分——配方及浓缩液生产仍然被牢牢掌握在自己手中,并成为利润最大头。

但与可口可乐在中国选择的灌装厂业务合作伙伴是中粮、太古等实力强大的公司不同,百事在中国的合资方较多且多实力一般,加之成本上升、销售费用增加等不利因素,百事渐感力不从心。

康师傅在公告中披露,由于原材料成本大幅增加影响盈利能力,2009 年,百事在华灌装厂业务的税后亏损额为 4 550 万美元。2010 年底,这一亏损急剧扩大到 1.756 亿美元。最近一年,由于亏损,有三家百事的合资方,抛售灌装厂股权。

于是,有着本土娴熟营销经验的康师傅,成为百事可乐的不二选择。截至 2011 年6 月,康师傅方便面产品的市场占有率约为 57%,茶饮品约为 54%,瓶装水约为 25%,稀释果汁约为 21%。如此强大的分销网络优势成为吸引百事的主要因素,对特许装瓶商的"大包大揽"经营也免去了百事的本土营销之忧。而对"管家"康师傅而言,此次合作也进一步丰富了其品牌群和产品线。

资料来源:http://money.163.com/12/0330/03/7TQKFM9S00253B0H.html

思考题:

1. 企业整合如何相容共生?

2. 从该案例可得到哪些启示?

案例 7　星巴克的文化战略

星巴克（Starbuck）是 100 多年前美国作家麦尔维尔的小说《白鲸》中一位处事极其冷静、深具魅力的大副，他的嗜好就是喝咖啡。麦尔维尔在美国和世界文学史上有很高的地位，但他的读者群并不多，主要是受过良好教育、有较高文化品位的人士。

20 世纪 70 年代，3 个美国人杰里·鲍德温、泽乌·西格尔和戈登·鲍克，把星巴克变成一家咖啡店的招牌。1987 年，一名叫做霍华德·舒尔茨（Howard Schultz）的纽约人以 400 万美元买下了星巴克咖啡店，自那以后的 20 年里，星巴克从美国西雅图的一家不起眼的专卖咖啡豆的小公司，发展成为集咖啡豆、罐装咖啡饮料、咖啡馆、CD 和咖啡器具等多方经营为一身的，拥有 5 000 多家门店、遍布全球的超级跨国企业。一杯一杯的星巴克咖啡使整个世界为之着迷。到 2007 年 4 月 1 日，它在海外市场已经拥有 3 914 家店面，其中仅大中华区就有超过 500 家。在中国，星巴克是时尚的代名词，是小资的精神圣殿。

星巴克细分城市休闲市场，瞄准小资消费阶层巧妙地切取了一块市场蛋糕。一杯名叫"星巴克"的咖啡，是小资的标志之一。现场精湛的钢琴演奏，欧美经典的音乐背景，流行时尚的报纸杂志，精美的欧式饰品等配套设施，都给消费者营造了高贵、时尚、浪漫的文化氛围，喝咖啡的人感觉到自已享受咖啡时，不仅在消遣、休闲，而且还能体验时尚文化。一项研究表明，消费者所追求的商品不仅要满足最基本的要求，还要帮助他们传达出其他信息，比如他们是什么样的人或是他们想成为什么样的人。一些有关小资生活方式的文本中都提到这样一个现象：高级写字楼里的高级白领们一般都遵循这样一个日程表，上午在办公室，下午则在星巴克泡着。于是，便有了流行非常广泛且非常经典的一句话："我不在办公室，就在星巴克；我不在星巴克，就在去星巴克的路上。"

舒尔茨之所以能够创造出一家年收入达到 70 亿美元的连锁巨人，是因为他利用自己的见闻，重新定义了一个行业的游戏规则。这就是日后人们所看到的所谓的第三空间（Third Place）：家和办公室之外的第三个地方，一个可以休息、阅读、思考、写作，甚至发呆的地方。就是说，除了与人建立联系，它还属于个人。因此，星巴克也愿意将自己称为"家以外的另一个家"（A home away from home）。

正在通过星巴克研究现代生活的一位英国历史学者布莱恩特·西蒙的总结也许正是星巴克吸引人的地方。他说，星巴克和其他咖啡馆一样，都是填补了"人们与他人建立联系的内心渴望"，但与 18 世纪伦敦的咖啡馆和 50 年代纽约的波西米亚咖啡屋不同的是，"星巴克让你感觉你同样可以在公共空间里享有独立"。

全世界每周走进星巴克的顾客有 3 000 万人，他们来到这里不仅为了喝点什么，更希望享受到这里独特的生活氛围。星巴克是顾客们喜欢的"第三生活空间"，即除了家庭和办公室之外的另一个生活空间。这里有现场钢琴演奏，有欧美经典背景音乐，有时尚报刊，还有精美的欧式饰品，这一切都融合成了咖啡一样浓浓的气氛和情调，使顾客感到心灵的舒展和精神的愉悦，温馨、舒适、轻松、惬意的感觉油然而生。星巴克播放的大多数是自己开发的有自主知识产权的音乐。迷上星巴克咖啡的人很多也迷恋星巴克音乐，这些音乐正好迎合了那些时尚、新潮、追求前卫的白领阶层的需要。

根据星巴克的调查，美国人光顾星巴克的前三大原因中，第一是"第三空间"，第二是会面地点，第三是因其饮品。而在中国市场的调查结果是，首要原因是会面地点，其次是"第三空间"，饮品的要素也是排在第三。

咖啡馆并非什么新生事物，但至少在星巴克创立之前，没有人会相信欧洲那种基于社区的咖啡馆文化以及目标群体相对固定的消费模式，可以被大规模复制。但从收购星巴克那一天起，霍华德·舒尔茨就相信，模仿意大利咖啡馆文化的星巴克可以成为普及全美国的连锁店。在把 Espresso、Latte、Capuccino 等一系列意大利咖啡用语带入美国的同时，他还把它们背后人与人的关联，用人性化的细节管理移植了。对于他所在的行业，舒尔茨提出了一句非常精妙的总结："零售就是细节"（Retail is detail）。

在星巴克内部，每个店员都会得到一本《绿围裙计划》，指点店员他们应做的事情，比如"记住顾客的名字和喜爱的饮料"。而在店面设计上，星巴克也极为在意用户体验，比如它专门设有一个交付咖啡的高台，这个貌似多此一举的设计，是为了避免店员直接握着杯柄将咖啡递给顾客，烫到对方的手。

有记者在星巴克北京一家咖啡店进行暗访，要了两杯摩卡热咖啡。他们惊异地看到，盛咖啡的是一个纸质的杯子，杯盖上有一个大小合适的口子，不用开盖就可以很方便地饮用。杯身上套着一个土黄色的较厚的纸环，端着热咖啡也不觉得烫手。记者与朋友在店内边喝咖啡边聊天，不知不觉就是近一个小时，可记者发现，杯内的咖啡依然散发着热气。员工告诉这位记者，使用这种杯子比陶瓷等其他杯子的成本高，但会让客人在心理上感觉干净卫生，同时也满足了一些客人外带咖啡的需要。

而另外两个常见情境是：如何处理长期占据座位的消费者，以及是否应该及时清理顾客留在座位上的咖啡？前一个问题答案是，永远不要催促顾客，即使他可能一杯饮料也没有买。对于后一个问题的处理就稍微复杂些。因为保持店堂整洁是星巴克认为对顾客很重要的要素，而且，店员很难判断离开座位的顾客是否还会回来。所以，就像那些私人开办的咖啡吧一样，星巴克如果发现客人返回后寻找自己没喝完的饮料，会主动重新提供一杯咖啡。

20 年来，星巴克一直非常努力地营造劳资双方的信任感：它称自己的员工为"伙伴"（Partner），而且，遵照规则，每周工作时间超过 20 小时的全职或兼职员工，都有权获得公司的期权和医疗保障。

对星巴克而言，每位员工都是构成品牌的一分子，在消费者心目中都代表着星巴克。因此，星巴克也十分重视对员工的培训，所有招聘进来的员工在第一个月内都能得到最少 24 小时的培训，包括对公司的介绍、服务技巧、工作技能等。星巴克对员工的培训着眼于员工的终身形象，要求员工无论走到哪里，也无论将来到哪家公司效力，都要使外人一看就知道他是从星巴克出来的。这又是一种广告效应。星巴克的人力资源管理降低了员工的流失率，尤其门店员工流失率远远低于同行业水平。对员工的满意度调查表明：员工非常喜欢为星巴克工作。

让尽可能多的员工参与持股（ESOP）的政策源自这样一种逻辑：如果希望人们在星巴克的咖啡店里建立起那种真诚的联系，那他们就得在公司内部建立起与员工的情感纽带，因为星巴克的第一线员工才是直接向顾客微笑、为他们制作咖啡、和他们聊天的人。

星巴克没有花费太多的资金做广告与促销，但坚持每一位员都拥有专业知识并热忱服务。"我们的合作伙伴犹如咖啡迷一般，可以对顾客详细解说每一种咖啡产品的特性。透过一对一的方式，赢得信任与口碑。这是既经济又实惠的做法，也是星巴克的独到之处！"

而这种对于顾客、员工的关照，恰好符合创始人舒尔茨的一句名言："我们不是用人经营咖啡的事业，而是用咖啡经营人的事业。"霍华德·舒尔茨将公司的成功在很大程度上归功于企业与员工之间的"伙伴关系"。他说："如果说有一种令我在星巴克感到最自豪的成就，那就是我们在公司工作的员工中间建立起这种信任和自信的关系。"

事实上，跟员工通电话、写电子邮件、见面聊天，是星巴克的一个传统。"霍华德创办公司的时候，总共有10家店，他想要知道每个人的名字，他想知道每个人在做什么，也就是说，为了维护我们的情感联系以及伙伴的文化，我们一定得和所有的伙伴都能建立起联系。"星巴克CEO吉姆·唐纳德（Jim Donald）说。但现在星巴克已经有了近1.5万家店，13万多名员工遍布世界各地，唐纳德要延续这样的传统要比前任辛苦更多。因为这就意味着，每天唐纳德要给世界各地的员工拨打上百个电话、写几十封电子邮件。每天早上10点之前，唐纳德就已经写出了十几封邮件，这些邮件的内容也许并不复杂，但足以拉近彼此之间的距离。比如，2008年4月22日在深圳，唐纳德发给了纽约市负责人一封邮件："深圳，人口约1 500万，让我想起了纽约市，也让我想起了你，希望你一切都好。"唐纳德刚刚就任CEO的几个月之后，在一个近6 000人参加的员工大会上曾问到：过去两周你们有谁收到我的邮件、通过电话或见过面？结果举手的人超过1 000人。

星巴克营造了自己的文化，然后寻找认同公司文化的合作伙伴。雅斯培·昆德在《公司精神》一书中讨论星巴克品牌时使用了"咖啡宗教"这个词汇。星巴克的"咖啡宗教"即由具有大致相同的人生情调、社会身份的人组成的一个共同体。舒尔茨在几乎每一个公共场合都会说，"如果人们认为他们与某公司有着相同的价值理念，那么他们一定忠于该公司的品牌。"他招聘员工的原则也是如此，"我们招聘员工的首要原则就是他要认同公司的文化。"

星巴克的关系模式也往供应链上游延伸到供货商们，包括咖啡种植园的农场、面包厂、纸杯加工厂等。星巴克对供应商的挑选、评估等程序相当严格，星巴克花费大量人力、物力、财力来开发供应商，力保与供应商保持长期稳定关系，这样可节约转换成本，也可避免供应商调整给业务带来的冲击。副总裁John Yamin说："失去一个供应商就像失去我们的员工——我们花了许多时间和资金培训他们。"

星巴克这样形容自己：要十分挑剔地选择咖啡豆，从品种到产地到颗粒的形状等，每一个环节都有严格的标准；绝不让未经专家严格品评的咖啡豆进入市场，品评专家每年要品评10万杯以上的咖啡，以确保品质，以杯评法挑选咖啡豆，然后决定精准的烘焙程度，令每一种咖啡的独有滋味都得以完全释放。员工一进入星巴克，除了要学习每种咖啡豆的知识，还要熟背各种技术要求，如每杯浓缩咖啡要煮23秒，牛奶至少要加热到华氏150度，但是绝不能超过170度等。

质量也是品牌的生命线，星巴克之所以能取得今天的辉煌成就，离不开优异的质量保证。星巴克无论开发什么类型的产品，都始终坚持创造一流的品质。最为人们所津津乐道的是星巴克的四大坚持："①拒绝加盟，不相信加盟主会做好品质管理。②拒绝贩售人工高咖啡豆，不屑以化学香精来污染顶级咖啡豆。③拒绝进军超市，不忍将新鲜咖啡豆倒进超市塑胶容器内任其变质走味。④选购最高级咖啡豆，做最完美烘焙的目标永远不变。"星巴克只采用出自高海拔地区的咖啡豆，每一颗豆子都是从原产地精挑细选来的。每年，星巴克的咖啡选购师都要进行好几次环球旅行去寻找世界最上等的咖啡豆。从选购生豆、烘焙、调制到贩售，都不假手他人，全由公司自己一手包办。为了保持最纯正的品味，星巴克坚持不在咖啡豆中添加化学香精，而只是在咖啡饮料成品里添加奶或糖，以满足消费者的品味需求。

星巴克在扩展过程中，也曾因远离用户定位的多元化而遭遇过失败，其开过 5 家餐馆并宣布在网上销售厨房用具，结果股价顿挫。

不同于其他世界级的快餐店，星巴克所有的店面都是自己的，坚持走直营路线。因为星巴克人认为加盟店虽然有利于占领市场和快速获利，但是加盟主只是投资客，把品牌当作赚钱的工具，无法保证产品的质量。他们宁可多投入金钱来寻找店址及雇佣培低品牌的形象，开发训新员工，也不牺牲咖啡品质。当然，这种直营路线并非一成不变。为了全世界都能喝到高水平的咖啡，对于个别不易进入的市场，星巴克也只好授权经营（中国星巴克最初是授权北京美大咖啡来经营管理）。也曾为机场店面作出让步，因为机场不允许业者直接进入，必须以承包商代为经营。即便如此，星巴克还是相当谨慎，对于合作伙伴的要求相当严格，并派专人帮助训练员工，还对咖啡品质进行日常监督。

最近几年，星巴克在赞助社区公益活动方面不遗余力。例如，在美国，成立"星巴克基金会"，以开展赞助文盲、学前儿童教育、防治爱滋研究、环境保护等活动；在菲律宾建立学校协助贫寒失学儿童，在韩国成立孤儿院收容被遗弃婴儿；在新西兰则推行"伸出您的手"为主题的活动，允许店员在上班时，拨出时间从事社会公益活动；2004 年 9 月，宣布正式启动星巴克在中国设立的第一个勤工俭学奖学金项目——"星巴克之光"奖学金，专门用来奖励那些在北京和天津的星巴克咖啡店内进行勤工俭学，同时又在学业上成绩优异的大学生。2005 年 1 月 11 日，美大星巴克公司为灾区捐款 10 万元人民币，与此同时还宣布在 2005 年 1 月 5 日到 10 日售出的每杯饮料中捐出一元钱，贡献给灾区，并协助救灾组织在其连锁店内设置募捐箱。2005 年 9 月，星巴克咖啡公司宣布成立中国教育项目，捐赠 500 万美元（约 4 000 万元人民币）以支持中国教育事业的发展。除此之外，星巴克员工还在中国发起了一系列的公益活动，其中，包括到当地中小学校做义工、援助艾滋病孤儿和教育募捐等等，使星巴克品牌在大众文化里头生根，紧紧地抓住人心，扩大品牌知名度。

星巴克花费极少的广告费用，就可以建立顶尖品牌，除了在品牌定位、文化营造、质量把关和口碑宣传方面达到最一流的水平，还在其他一些方面起了作用。

从一开始，星巴克就只选择在最繁忙的市区交叉路口开咖啡店，虽然这些地段地皮租金很高，但非常醒目的位置给星巴克最自然的广告效果，过路来往的人不可能不看到招牌门面，看的次数多了，品牌信任自然就来了。例如在中国开店，星巴克选择

在商业区，这里的白领们因更多的接触国际文化而更容易接受咖啡

饮品，同时他们也需要有一个调节压力的"驿站"。但是在欧美，人们在家里就有一个喝咖啡的习惯。星巴克要满足的是人们走出家门之外享受咖啡的需求，因而，星巴克在欧美开店主要集中于社区。而这个社区是一个功能更加综合丰富的区域，是欧美人除了工作圈之外的一个非常重要的社交场所。星巴克一经把咖啡的消费贴上了文化的标签，就使利润倍增，获取了高额的投资回报。

另外一个因素是星巴克在纳斯达克上市，1992 年它的股票正式上市交易，也就是说，我们都可以通过买股票成为星巴克股东。舒尔茨认为对于企业的经营者来说，维持掌控力的最好方式是以经营绩效来取悦各大股东，这比背上沉重债务的危险要有利得多，大肆举债限制了未来发展和创新的可能性。由于零售业是资金密集型的，不愿举债的舒尔茨转而采用入股筹资方式，为投资者提供股份、期权乃至董事会席位，直至 1992 年上市。向大众发行自己公司的股票不只是一个融资事件，实际上，让公司股票上市的另一个同样重要的效果是巩固公司的品牌、增加公司的知名度。在 1992 年上市之前，星巴克只是在美国西海岸有一定的知名度，其他地方的人不知道有这么一个咖啡馆公司。但是，在准备上市的过程中，美国大大小小的媒体都在报道星巴克这个公司、介绍它的咖啡。这样还没喝过星巴克咖啡的人感到好奇了，也想去找着试试，一下把星巴克咖啡变成时尚品了。股票上市之后，股价一天天涨，这本身又使星巴克成为新闻，使更多人对星巴克好奇。就这样，虽然星巴克没花钱做广告，其效果胜过广告。

星巴克还在音乐、电影、书籍方面有所尝试。比如 2006 年，它在店面中销售爵士歌手雷·查尔斯的《真情伙伴》，竟然在 CD 销售不景气的大环境下卖出了 80 万张专辑。而另一张专辑，弗兰克·辛纳屈的《凌晨几小时》，则因为星巴克的介入，销量翻了 20 倍。逻辑上，星巴克能够大幅拉动一些专辑的销量，是可以被解释的，它符合星巴克一直以来对人的关注。20 年来，它在美国已经形成了稳定的核心用户群，而这群人的特点是："文化程度高，平均年龄为 42 岁，平均收入 9 万美元"，星巴克所选择的音乐不仅在年龄和教育方面符合他们，甚至在气质上也符合，为此，它专门选择那些"感性但不做作、熟悉却不泛滥"的作品出售。现在星巴克更是成立了一个唱片厂牌"Hear Music"，签下的第一位艺人就是前甲壳虫乐队核心人物之一的保罗·麦卡特尼。而在书籍和电影方面，星巴克采用了同样的路线：重新发掘那些经典作品的价值，或者寻找一个阶段内关于"社区与灵感"方面的新作。"社区与灵感"，正是星巴克具体化的特质。

在近年来很长一段时间里，星巴克采取的战略可以被称为"地毯式覆盖"。但在收获规模效应的同时，这种扩张方式发展到一定程度，必将导致单店销售额的增长放缓，而这又不是华尔街愿意看到的。星巴克也逐渐偏离了其核心理念，为提升效率而改进管理，势必削弱咖啡馆自身的浪漫感受。比如在舒尔茨的备忘录中，他列举了公司扩张中的一系列牺牲：包括用上了更快速高效的咖啡机、让咖啡豆保持更新鲜的密封包装、为了提高单店投入产出比而优化过的店堂设计。这些举措提高了制作咖啡和销售，但牺牲了店堂里弥漫的咖啡豆香气，牺牲了顾客欣赏咖啡制作时的那种戏剧感和浪漫，以及店员和顾客的互动。

与连锁店持续增长的局面背道而驰，自 2006 年 11 月起，公司股价下跌了近 30%。造成这一局面的主要原因是，2007 年可能成为星巴克连续第三个收入增长幅度降低的年度。在 2007 年第二季度，公司历史上首度出现消费者数量停滞增长的局面。而以前保持在两位数的同店销售增长，现在也降低到了 3% 至 7%。

某种程度上，在其利用国际化大潮充分扩张阶段，一向代表优良品质的星巴克走到了"廉价商品化"（commodlitjzation）的边缘。如果这家因独特体验而闻名的公司丧失性格，人们是否依然愿意以 4 美元的价格品尝在其他地方只卖 60 美分的咖啡呢？

2007 年的情人节，现任公司董事长的创始人舒尔茨在给管理层撰写的内部备忘录中列举了星巴克如何为成长的效率而牺牲"体验"，而他给出的建议是："我们必须照照镜子，意识到是时候回归核心，并作出适当的改变以光复传统，以及找到我们所有人都具备的对于星巴克真实体验的热情了。"

资料来源：李维安主编. 企业战略管理案例点评［M］. 北京：对外经济贸易大学出版社，2008.

思考题：

1. 星巴克是如何保持高增长、高利润的呢？

2. 如果说麦当劳、可口可乐是靠花大笔广告费开拓市场，星巴克这样几乎不打广告，又怎么会受到各国消费者的认同呢？

第八章 乳制品行业

案例 1 蒙牛，牛在哪里？

蒙牛乳业股份有限公司成立于 1999 年，在短短六年的时间，主营业务收入在全国乳制品企业中的排名由第 1 116 位上升至第二位，液态奶销量全国第一。

品牌优势：中央电视台的标王，中国航天员专用乳制品，国家体育总局训练局运动员专用产品，蒙牛酸酸乳超级女声，使蒙牛成为今日乳业市场风头最劲的乳制品企业。

资源优势：蒙牛的奶源基地是国际公认的中温带季风气候优质奶牛饲养带。

资金优势：2002 年，摩根士丹利、鼎晖、英联合作，联手向蒙牛注资；2003 年，摩根士丹利再次向蒙牛增资，蒙牛成为摩根士丹利在亚洲直接投资最大的企业。

设备优势：蒙牛拥有全球安装生产线数量最多、日处理鲜奶能力最大、智能化程度最高的单体车间，被世界上最大的牛奶设备制造商瑞典利乐公司列为"全球样板工厂"。这是中国内地唯一的一个利乐全球样板工厂。

质量保证：蒙牛奉行"产品等于人品"的质量理念，追求"出厂合格率 100%"的质量目标。企业通过多项认证以及 ISO9001、ISO14001、OHSASl8001、GMP、HACCP 五大体系认证，通过绿色食品认证。2004 年蒙牛向国际绿色和平组织提交了《蒙牛乳业对消费者的承诺》，即不使用转基因食品原料的承诺，保证蒙牛产品绿色、天然。

技术优势：2004 年 12 月，蒙牛又与澳大利亚 Austasia 公司以及以印度尼西亚为基地的 Salim 集团强强联手，在呼和浩特开启了国际标准的内蒙古蒙牛澳亚示范牧场。2005 年初，蒙牛与丹麦科汉森签订战略合作协定，建立益生菌实验室，着手研制适合中国人的 LABS 益生菌群。由于添加 LABS 益生菌群的酸奶产品由科汉森公司提供给蒙牛独家使用，因此，该产品在市场上暂无竞争对手。

蒙牛的成功自有其坚实的基础，在资源、资金、设备、质量和技术等方面都具有优势，但是在众多优秀乳品企业中脱颖而出，蒙牛的品牌优势发挥了至关重要的作用。在与其他优秀乳业公司产品质量同质性压力的前提下，为什么蒙牛乳业股份有限公司能获得一个稳定的市场位置和继续成长的惊人速度，成功的关键之一是它优秀的广告营销战略。

在 SARS 恐慌期间，许多公司减少或停止给活动做广告，蒙牛乳业股份有限公司加强了它的公众好广告力量。2003 年的春天"非典"肆虐，牛奶作为增强人体免疫力的食品成了紧俏货。但超出人们常规思维的是，蒙牛不是提升价格，反而是急明令禁止经销商涨价。4 月 21 日，蒙牛向卫生部率先捐款 100 万元，成为中国首家捐款抗击"非典"的企业。"非典"过后，蒙牛又陆续向全国 30 个城市捐款、捐奶价值 1 200 万元，被公认为有社会责任的企业，蒙牛成为消费者推赞的标榜品牌。

2003 年 10 月 16 日，"神舟五号"安全地登陆在内蒙古大草原，在 4 个小时内蒙牛乳业股份有限公司的电视和室外广告出现在几个大城市。一时间，"蒙牛牛奶，强壮中国人"、"航天员专用牛奶"充斥着整个华夏大地，"举起你的右手，为中国喝彩"同"蒙牛牛奶，强壮中国人"的品牌信息紧密结合，由此树立起一个具有民族内涵的大品牌形象，增加了蒙牛的爱国心、公益感和责任感，使蒙牛的品牌添加了魅力，升华了蒙牛品牌的美誉度。调配数据显示，从 2004 年 1 月起，蒙牛液体奶销量已经连续 30 个月居全国奶类销量之冠。公益营销并不是一个个单纯的公益活动的叠加，而是通过一个个公益活动的持续，才能产生 1+1>2 的效果。蒙牛正是基于这个观点，才抓住一次又一次的社会机遇，赢得了口碑，也赢得了利润。

2004 年 11 月 18 日，央视 2004 年度黄金段位广告招标，蒙牛乳业股份有限公司狂掷 3.1 亿元获得了 CCTV 标王。

2005 年蒙牛酸酸乳牵手"超级女声"大获成功。

2006 年，蒙牛响应温总理"让每个中国人，首先是孩子，每天都能喝上一斤奶"的精神，开展了大型捐奶工程，更使得"每天一斤奶，强壮中国人"的广告语深入人心。公益营销是以关心人的生存发展、社会进步为出发点，利用公益活动与消费者沟通，将品牌的营销活动凭借公益事业进行一系列的传播和扩散，在产生公益效益的同时，使消费者对企业的产品或服务产生偏好，在做购买决策时优先选择该企业的产品的一种营销行为。公益营销中的公益活动并不是单纯的慈善捐助事业，公益活动必须让消费者能够感受到品牌的存在，触摸到产品的质感，让消费者在意识中把品牌与公益行为牢牢地联系在一起。

2006 年德国世界杯期间，当大多数的商家斥资聘请球星代言和冠名电视转播的时候，蒙牛集团却独辟蹊径，启用了一个全新的全民体育运动广告片：白色牛奶幻化成一个动感小奶人，与大家快乐地踢足球奔跑。最后，足球变成一滴牛奶，飞溅到牛奶杯里，蒙牛的商标在动感十足的画面中被突出地表现出来。世界杯之后，蒙牛便开始主推全民健身这一概念，蒙牛的主要竞争对手伊利是 2008 年北京奥运会乳制品独家赞助企业，蒙牛要与伊利竞争，必须从非奥运营销的角度着手，从更深的层面来说，奥运会是体育精英的盛会，普通人从中感受到的更多是精神层面的享受。而全民健身和蒙牛的消费群体息息相关，通过关注全民健身参与，正是符合大家参与的奥林匹克精神，这与奥运会可谓契合呼应，同时也符合蒙牛的企业精神和时代需求。

2005 年，蒙牛与"超级女声"的结盟所取得的成功大大超出了人们的想象，让赞助企业蒙牛集团出尽了风头、赚足了人气，而蒙牛和"超级女声"的案例也被视为是营销界的神来之笔。

2004 年，湖南卫视的"超级女声"节目取得了巨大的成功。据湖南卫视公布的《2004 超级女声影响力分析》报告显示，2004 年湖南卫视的平均收视率位列同时段全国所有卫星频道第二，仅次于央视一套。

蒙牛从中发现了商机。2005 年 2 月 24 日，湖南卫视与国内乳业巨头——蒙牛乳业集团在长沙联合宣布，双方共同打造"2005 快乐中国蒙牛酸酸乳超级女声"年度赛事活动。据湖南卫视方面透露，包括购买冠名权的 2 800 万元，蒙牛共为节目提供了人民币 1 亿元以上的资金支持。他们还请来了 2004 年"超级女声"季军张含韵作为 2005 年蒙牛酸酸乳的产品代言人，在 20 亿包的蒙牛酸酸乳外包装上都印有"超级女声"比赛信息，还在蒙牛全国各处销售网点以及其他媒体上宣传比赛，进一步扩大了超级女声比赛的影响力。

在电视广告片方面，蒙牛酸酸乳对于目标消费者——20 世纪 80 年代群体的心理特征和接受习惯进行了认真的研究，最终选择张含韵为该品牌的代言人。张含韵是 2004 年"超级女声"的第三名，尽管其目前的影响力有限，但出身普通工人家庭且年少成名的她确是酸酸乳的消费者——12～25 岁年轻女性心目中的成功者和榜样，张含韵真实、勇气、自信、激情的特质对她们具有相当强的感召力和认可度。而由张含韵演唱的广告歌《酸酸甜甜就是我》则是国内目前为止最成功的广告歌曲之一，至 2005 年 7 月 20 日，其名次位居百度 MP3 排行榜 TOP500 的第六位，这足以说明蒙牛酸酸乳电视广告片已被广泛认可。

考虑到"超级女声"是场音乐赛事，蒙牛还在中央人民广播电台投放广告，并借助作为央视"标王"，在中央电视台第 1 套到中央电视台第 6 套节目中播放蒙牛酸酸乳的电视广告。在零售终端，蒙牛也有堆头和宣传海报，并举办有奖活动，幸运的观众可以到现场看"超级女声"，支持他们所喜爱的歌手等有效的营销手段和方法。

在报纸方面，由于年轻女性对报纸的接触率较低，所以在报纸广告上，蒙牛采取了更具针对性的投放策略。"超级女声"分为五大赛区，每个赛区都指定一家当地报纸作为平面协办媒体，作为指定媒体，它们对"超级女声"的报道也更加全面和详细，吸引了年轻女性的关注，而同时，蒙牛在这些媒体对产品和活动方式进行系列宣传。从赛事的介绍、报名方法到蒙牛酸酸乳的口味，代言人张含韵都做了全面报道，加深了消费者对蒙牛酸酸乳及赛事的认识。

蒙牛酸酸乳以户外广告与赛事、电视、报纸及广告进行配合。如，在广州赛区海选前夕，蒙牛酸酸乳的广告迅速及时地出现在广州的候车亭广告牌上，此宣传主要是针对产品的目标消费者，即城市年轻消费者，这样宣传很好地起到了广告和吸引受众的作用。类似的情况也出现在了长沙、郑州、成都、杭州及其国内其他大中型城市。

在蒙牛酸酸乳与"超级女声"合作之初，蒙牛就及时创办了专门的网站（www. Mnssr.com），设置了"活动介绍"、"夏令营"、"互动游戏"、"精彩下载"、"论坛"、"酸甜女生"等分类栏目。并在各大门户网站投放广告，其中最重要的策略就是在新浪网开出专门的"超女频道"（supergirl. sina. com. cn），在打开这个网站时，首先跳出的就是蒙牛的广告，以强化产品宣传。

终端方面，蒙牛在众多的超市、卖场树立起堆头，采用买 6 送 1 的促销方式，与其他的营销活动形成互动和补充。同时，改进蒙牛产品，特别是蒙牛酸酸乳的摆放位子。作为促销手段的一部分，将印有"蒙牛酸酸乳超级女声"广告的产品，放置在超市入口及收款处醒目位置，借超女的热播，借势销售。某媒体曾有过这样一则报道，在成都的超市里，两位年逾七旬的老奶奶指着货架上包装印有"超级女声"的蒙牛酸酸乳说，"就要这个，这个有'超级女声'"。

借助"超级女声"，蒙牛还设立了"超级女声"夏令营：凡购买蒙牛酸酸乳夏令营六连包的消费者，即有机会参加抽奖活动，中奖者可以免费去长沙观看"超级女声"总决赛，还有机会享受长沙游。将此活动进一步与终端销售相结合，使得活动影响力转化为产品销售力。

在 2005 年，依靠"超级女声"这个活动，蒙牛的媒体曝光率空前。任何人都看得出，在这场全民狂热背后，"超级女声"的赞助商——蒙牛乳业是最大赢家。据国际知名的调查机构 AC 尼尔森的最新市场调查结果表明，2007 年 6 月，蒙牛酸酸乳在广州、上海、北京、成都四城市的销量超过 100 万公升，是去年同期的 5 倍，而广州地区的变化更为显著，在"超级女声"开始前后销量翻了一番。据统计，"蒙牛酸酸乳"最初的日生产能力为 2.5 亿包，"超级女声"活动开始后 20 天，所有库存和当月产品均销售告罄，后来又新增了两条生产线，仍供不应求。2005 年，蒙牛向市场投放的 20 亿袋印有"2005 蒙牛酸酸乳超级女声"的产品，销售额在 25 亿元左右。产品美誉度方面，一份调查报告显示，蒙牛酸酸乳的品牌第一提及率跃升为 18.3%，已经超过其主要竞争对手伊利优酸乳 3.8 个百分点。2004 年，蒙牛酸酸乳的销售额是 8 亿元，通过与"超级女声"的整合营销，2005 年销量翻了三番。

资料来源：李维安. 企业战略管理案例点评 [M]. 北京：对外经济贸易大学出版社，2008.

思考题：

1. 结合案例对蒙牛成长历程的介绍，分析探讨其快速成长的秘诀是什么。
2. 这对企业如何实现不同层次战略间的协调匹配具有哪些重要的借鉴意义？
3. 简要概括蒙牛的广告营销战略，说说你认为其有哪几点值得学习。

案例 2 雅士利的行业竞争

广东雅士利集团股份有限公司是一家知名度较高的现代化大型企业，专业从事食品的研究、开发、生产和销售。由食品、乳业、营养保健、包装印刷等 7 家公司组建而成。工业城坐落于全国著名的食品之乡——广东庵埠，现总部占地面积 13.8 万平方米，在建新工业城总占地两百余亩，在黑龙江及山西省建设占地几百亩乳源基地。公司资金实力雄厚，人才汇集，拥有各类专业技术人才及工人三千多人，先后引进 15 条国内外先进的食品生产线，主要生产奶粉、麦片、豆奶、米粉等为主的四大系列 200 多个品种，畅销全国及东南亚、欧美等地。

广东雅士利集团股份始终紧跟高科技发展的步伐，恪守"以质量求生存，以信誉求发展"的企业宗旨，高度重视人才在企业中的作用，一贯倡导"人才是我们最重要的资产"，大胆启用人才，聘请 10 多位著名营养专家和乳制品专家作为技术顾问，引进一整套电脑信息管理系统，全面导入 CIS 和"5S"管理模式，分别在 2001 年及 2002 通过 ISO9001 及 HACCP 国际先进管理体系，2004 年通过 QS 认证等国际多项先进管理体系的认证企业确保了产品符合各项营养指标，确保了产品的高品质化。

雅士利中心实验室于 2005 年通过国家实验室 CNAL 认证。目前，公司在全国各地设有 10 多家分公司和 60 多个办事处，拥有营销货车几百辆，营销网络点遍布全国各地，逐步形成正规化、自动化、高质化的大规模食品生产企业。

20 多年来，集团股份生产的"雅士利"牌各类系列产品，先后荣获国际、国内等 30 多项殊荣。2000 年"雅士利"被评为广东省著名商标；2001 年"雅士利"荣获"广东省食品行业著名品牌"；2002 年"雅士利婴幼儿奶粉"成为国家首批免检食品并荣获 2003 年广东名牌产品称号；2004 年之后，雅士利在品牌收获方面硕果累累，喜获中国驰名商标，成为潮州市有史以来第一家获此殊荣的企业。同时，雅士利荣获中国乳业十大品牌，雅士利豆奶粉荣获中国名牌产品殊荣。

一个行业发展到成熟阶段，必然由产量的粗放竞争向标准化竞争过渡，奶制品行业发展也不例外。在近年来劣质奶粉、问题奶粉屡遭曝光，奶粉行业频现危机的同时，企业标准化已经被提到奶粉行业强化自身建设的重要日程上来。广东雅士利集团有限公司顺利通过了国家标准化专家组验收，获得了最高级别——国家 AAAA 级"标准化良好行为企业"，在广东省乃至全国率先获得了此项认证，标志着我国奶制品行业已开始进入了标准化管理新层面，步入了程序化、标准化、规模化、科学化的良性发展轨道。

一、国际品牌竞争

我国是世界上最大的奶粉市场之一。据第五次人口普查统计，全国 0~3 岁的人口有 6 900 万，每年新出生的人口在 1 700 万左右。庞大的新生儿消费群体孕育着中国奶制品巨大的市场空间。2006 年我国高档婴儿奶粉市场规模接近 50 亿元。

日益增长的市场必然引来激烈的竞争。我国大大小小的乳制品生产企业约有 1 500 家，受婴幼儿奶粉市场良好前景的鼓舞，其中大部分企业都进入到这一领域。同时，国际乳业巨头也纷纷进军中国，使中国婴幼儿奶粉市场成为竞争火药味最浓的市场。

在中外品牌奶粉的对垒中，国际品牌以悠久的品牌历史、成功的营销策略、到位的技术服务，占尽上风。其实，国产品牌在质量上与洋品牌不相上下，但服务、管理、形象上的巨大差异，是导致国产品牌缺乏国际竞争力的直接原因。

二、标准化建设

由于直接关系到下一代的成长，奶粉作为一种特殊的食品一直备受关注。"问题奶粉"的频频出现，使消费者对奶粉品牌、质量、营养的关注提升到前所未有的高度。因此，国内品牌要想屹立于世界品牌之林，首先要搭建一个整合所有资源的平台，拉动奶粉业乃至整个民族企业做一次品牌提升，这样才有与国外品牌展开竞争的资本，才能适应不断加剧的市场竞争。那么，用什么来衡量企业品牌的优劣，产品质量的好坏，生产、经营、管理实力的高低呢？公认机构的权威认证便成了消费者选择的重要标志。如针对质量，对顾客负责的 ISO9001 体系认证；针对产品，对产品安全性负责的 HACCP 体系认证；针对环境，对社会负责的 ISO14000 体系认证；还有针对员工健康，对公司自身员工负责的 OHSASl8000 体系认证等。作为一个全面包容各类体系（ISO9001、HACCP、ISO14000、OHSASl8000）的"平台"，企业标准化体系目前正由国家标准委员会（以下简称国标委）在全国范围内试行。国标委主要是以开展创建

"标准化良好行为企业"认证的形式，首先在有条件的企业进行试点，其目的在于强化企业标准化工作，提升企业的综合素质，提高企业的综合竞争力，为企业创造更好的经济效益。国内奶制品企业获得"标准化良好行为企业"认证的还寥寥无几。雅士利于 2005 年被国家列为"标准化良好行为企业"的试点企业，经过一年多来的努力，终于以良好的成绩通过"标准化良好行为"的确认。

三、提升民族品牌

企业标准化是企业生产、经营不断提高技术水平的重要前提，管理的重要组成部分，是实现专业化生也是加快新产品研发、缩短生产周期、节约原料和能源的重要途径，更是稳定提高产品质量的重要保证。中国企业要崛起，只有一两个达到标准化的企业远远不够，还有待于所有民族企业的共同努力，把企业标准化这个平台做大做强，让整个民族品牌实现一个整体的提升。对于奶粉业来说，"标准化良好行为企业"标准的建立，必将全面提高核心竞争力，促进全行业与国际接轨。

资料来源：谭忠富，侯建朝，等. 企业战略管理：理论与案例［M］. 北京：经济管理出版社，2008.

思考题：

1. 根据战略管理相关知识，讨论雅士利奶粉发展到成熟阶段，应该采取何种竞争战略才能立于不败之地？并给出原因。

2. 你认为，雅士利比较成功的关键战略行动有哪些？

案例 3　伊利当之无愧的 2009 "年度牛奶"

2009 年是伊利集团成果丰硕的一年，也是伊利牛奶品牌声名大振的一年。回顾过去，展望未来。伊利人呕心沥血打造了一个乳业"神话"，更要"立足中国，走向世界"，不仅要让中国人喝上健康安全的牛奶，还要让全世界的人民也喝上伊利奶品。伊利产品的花儿为什么这样红？是伊利集团决策层、管理层、执行层的辛勤汗水浇灌了她。

2009 伊利年度大事记

1. 2009 年 5 月 25 日，上海世博会事务协调局与伊利集团在沪联合举行"伊利集团携手中国 2010 年上海世博会启动仪式"，伊利集团正式宣布成为中国 2010 年上海世博会唯一乳制品高级赞助商。上海世博会专供产品是伊利所生产的全系列产品，包括液态奶、乳饮料、酸奶、冰激凌、奶粉等等。

2. 2009 年 7 月 10 日，内蒙古伊利集团与天津保税区签署投资协议，在空港物流加工区投资 2.89 亿元，建设华北地区年生产 4.5 万吨奶粉项目。此次投资的奶粉项目将于今年 8 月份开工建设，明年 8 月份建成投产。投产后年销售收入预计可达 20 亿元左右，可年创税收 7 000 多万元。

3. 2009 年 6 月 16 日，据最新公布的"中国 500 最具价值品牌"评选结果。作为第一家先后服务于奥运会和世博会两大顶级盛会的乳品企业伊利集团的品牌价值由去年的 201.35 亿元上升至 205.45 亿元，年内稳步上升 4.1 亿元，以绝对优势第 6 次蝉联乳品行业首位。

4. 在 2009 年 8 月落幕的 CCTV "60 年 60 品牌——新中国成立 60 周年推动中国经济、影响民众生活的 60 个品牌"评选活动中，伊利作为唯一受勋的乳业品牌，与同仁堂、吴裕泰等百年老字号一样，成为了反映祖国 60 年经济发展历程的"国家名片"。

5. 2009 年一到三季度，伊利始终保持着强势增长，前三季度累计收入 192.22 亿，稳居行业榜首，成为乳品行业"领跑者"。

6. 2009 年 10 月，建国 60 周年大典在北京隆重举行，作为中国乳业领军企业的伊利集团同样有幸参与到国庆阅兵、游行服务。多款伊利牛奶产品成为国庆阅兵、游行的特供乳品。

7. 2009 年 12 月 2 日，2009 年《商务周刊》"中国 100 快公司"评选颁奖典礼在北京隆重开幕。伊利集团凭借全面领跑乳业复苏的稳健增长态势及持续领先的骄人市场业绩，荣列"中国 100 快公司"之快速反应公司十强。伊利营养舒化奶案例同时荣获"营销创新"单项奖。

8. 2009 年 12 月 15 日，一个好消息传来：全国冷冻饮品标准化技术委员会成立大会暨第一次年会在内蒙古呼和浩特伊利集团如期举行。会议同期宣布：作为常设机构的标委会秘书处将正式落户伊利。这是中国冷饮业首次成立专门化的标准制定机构。

9. 11 月 23 日，上海世博会与伊利集团代表双方签署合作协议，共同启动上海世博会母婴服务中心项目。

10. 12 月 18 日，伊利母婴营养研究中心揭幕，并发布了首部《中国母乳研究白皮书》，为研发最适合中国宝宝体质的营养膳食提供了强大支持。伊利以对中国母婴的关爱为 2009 年画上完美的句号。

通过 2009 年伊利的大事回顾，我们不难发现，在这一年里，伊利集团实现了市场和荣誉的双丰收，不管从哪个方面，都无愧于"年度牛奶"的称号。

企业的成就离不开顾客，伊利高度重视内部顾客与外部顾客

有位管理学家这样讲过：一家企业之所以成功，在于重视两种顾客：一种是本企业里面的员工们，也就是企业的内部顾客。他们是企业的支柱与主人翁，他们是每一种产品的创造之神，是企业的资产根本，是最有创造与发展潜力的资源。重视员工们的企业会运营得很好很强大。二种是企业的客户们，也就是企业的外部顾客。他们是产品的终端消费者，是企业的"衣食父母"。有外部顾客的支持，企业就不怕没有市场份额，就不怕不能生存。无论是内部顾客还是外部顾客，都是上帝！上帝就是顾客，顾客就是上帝。企业重视了上帝，那么上帝就会把甜头给予他的信徒。

请看伊利集团是如何关心他们的内部顾客的：有一次，伊利董事长潘刚去驻外员工刘瑞玖的家中看望他的家属。一进门，潘刚就跟熟门熟路的亲戚一样，往椅子上一坐，就与刘瑞玖的妻子亲切地聊起了家常。不过聊着聊着聊到了刘瑞玖，潘刚不免有点动情："他长年在外，家中里里外外都由你一个人照顾，肯定会遇到一些困难，还请你多理解、多支持啊。刘瑞玖的山西市场做得很好啊，一年内8次获奖，市场占有率4年第一，他的工作得到了事业部和公司的认可，他能取得今天的成绩离不开你的关心和支持，军功章可有你的一大半呀。我代表集团公司和经营班子对你表示感谢啊！"

请看伊利集团是如何关心他们的外部顾客的：新中国60年华诞期间，伊利牛奶在受阅官兵驻训基地，为接受建国60年来最大规模检阅的数万名官兵提供全面乳品服务。国庆之后掀起的"阅兵热"也同样带动了伊利牛奶的热销。"听说阅兵村的人都喝这个奶，我愿意拿它送人，实惠又健康。"一位正在选购伊利营养舒化奶的杨姓女士对记者表示。

卓越的管理使伊利荣登年度牛奶冠军宝座

伊利集团通过一系列管理运营，在产品品质、质量管理、人力资源管理、品牌建设、营销战略、客户服务等方面强化生产伊利年度牛奶的基础职能上狠下功夫。

在管理模式上，采用精确管理与"5s"管理来提升伊利集团整体的管理水平与企业运营水平。现在，伊利集团"精确管理"的思想已经成为一种新的企业理念，带动伊利集团各个层面的提升。"精确管理"作为科学管理的一种方式方法，其目的在于提高企业效率；提升企业执行力。它更是一种经营管理思想，它所关注的核心是：顾客需求、量化管理、业务流程和整体合作。先进管理模式的运用，提高了伊利集团的效率与效果，为生产优质的伊利牛奶做好了基础准备。

在质量管理方面，伊利集团已经从奶牛的管理，到内部的生产开创性的形成了一整套科学严格的质量管理监控体系。每个基地、各个质量管理部门都实行统一的安全管理系统。董事长潘刚带头到伊利全国各大奶源基地、生产基地督察，并对整个物流运输和仓储整个系统进行了全面的梳理，以保证生产、运输和管理每一环节的安全、顺畅。为此，伊利集团创造了117项原料奶检测，899项涵盖原辅材料、包装材料的超国标检测，物流输送全程GPS跟踪的严格标准。

在品牌建设方面，伊利携手与奥运会与世博会，构建了合作伙伴关系。伊利集团通过与奥运会与世博会强强联手，将把伊利这个中国著名品牌升级为全球品牌。

在竞争战略方面，差异化战略、低成本战略、响应性战略是伊利赢得竞争优势的法宝，使乳品行业的其他企业望尘莫及。

在科研优势方面，伊利充分利用本企业研发部门的资源，集中精力创立了三级研发体系，与专业机构联合创建了中国第一个"乳业研究院"。

正是这些卓越的管理方法与管理模式运用与执行，使伊利牛奶能"笑傲群雄"，勇夺年度牛奶的第一名的名次，为乳品行业谱写了新的华章。

资料来源：http://www.examw.com/wuliu/anli/102739/

思考题：

1. 作者认为伊利的成绩是由于哪些战略造成的？
2. 如何看待伊利牛奶的2009年？有哪些战略管理思想值得我们学习和借鉴？

案例 4　佰康：终端获胜

几年来，长春鲜奶市场一直是"群龙无首"：品牌众多、鱼龙混杂，没有一个能占有 40% 以上的市场份额，也没有哪个能够登上"霸主"宝座，然而，三家外埠乳品企业却趁机大举进犯，瓜分了 60% 的市场份额。

进入 2001 年，一个名叫"佰康"的长春本地乳品上市了。市场调查显示，送奶到户已经成为一种时尚，国内一些城市送奶到户的奶量已达到总需求量的 50%，而本市只有少许几家乳品企业零零散散地开展了此项工作，但并没形成气候——这正是佰康乳品的契机，搞好了送奶到户，就能从源头上抓住消费者。

既然要做送奶到户，产品就要讲求"纯"、"鲜"、"消毒"。为此，佰康决定在产品中不添加任何成分，包括添加剂、水等等，并开发出消毒鲜牛奶、AD 钙鲜奶、加锌鲜奶、加铁鲜奶四种鲜奶产品。为了能够使产品的品质在价格上得到体现，同时为送奶到户留下价格空间，产品的价格稍微高于本地其他同类产品。

营销通路方面，佰康选择了两条：公司→经销商→零售商→大中型卖场→终端消费者；公司→奶站→终端消费者。一切准备就绪，促销整合活动便开始大规模展开。营业推广：在鲜奶产品上市的第一个月，开展"买三赠一"活动，利用消费者的求廉心理，激励更多的人来购买，然后通过产品的品质留住顾客；在产品上市"买三赠一"促销结束后，采取过渡性"买奶中超值大奖"的促销措施，以防止已有的用户流失。奖品为彩电，仅有 10 台，由用户通过抽奖获得，让"小产品，大奖项"震动长春城；对订奶的用户，实行订一年免费送一个月，让用户得到真正的实惠。

硬性广告：硬性广告投入控制在 15 万元以内，并且都将采用报纸广告、小区广告等形式。具体做法：选择市内发行量较大的《晚报》、《新文化报》发布市区内送奶服务站地址、电话、产品信息、服务项目、服务承诺等讯息。由于送奶到户还将是一项长期的工作，所以在起初的三个月攻坚战期间，以密集型广告发布策略为主，每周一次，共刊发十二次，此后采取间歇性发布策略，每月一次；小区广告选择在每天下班时间、周六和周日，采用宣传单、展板、条幅等形式进行宣传。这些广告深入终端，费用低、效果好。

软性广告：在《晚报》、《新文化报》上刊发软性文章，各篇既系列化，具有连续性，同时又独立成篇。主题分别为：《佰康开展送奶到户，方便千万家》、《如何选择送奶公司》、《佰康公司赢得万众之心》，等等。

公关活动：①"寻找受害者"活动。根据调查，以前某些公司在开展送奶到户工作中出现了很多损害消费者利益的问题，如收完奶款不给送奶、送变质奶等等。鉴于此，佰康在报纸上征集受害者 100 名，邀请他们参观公司奶牛基地、加工厂，并召开座谈会，免费赠送一个月送奶服务，同时聘请他们来当送奶服务队的质量监督员。②"我们的天使"形象展示活动：佰康在市大专院校招聘了 100 名学生，男生、女生各半，身着公司统一设计制作的服装，打着公司的旗帜和为送奶到户制作的旗帜，列队整齐地走过长春市的主要街路，并发放传单，大造声势。③"为了孩子的明天"征文活动。评选特等奖一名，赠饮一年的纯鲜奶；一等奖五名，赠饮半年鲜牛奶；二等奖 10 名，赠饮三个月的鲜奶；三等奖 30 名，赠饮一个月的鲜牛奶，征文结果在报纸上公布。④"佰康奖学金"。选择几所高校，为其营销专业设立"佰康奖学金"。具体做法是：公司与高校共设奖学金，同时倡导学生能够勤工俭学，利用课余时间参加公司举办的送奶到户宣传、征订活动，除了正常支付学生的日工资外，对工作业绩突出的学生予以奖励，毕业后可到佰康公司工作。

终端用户管理：①建立客户档案，并使其具有录入、查询、检索、修改、汇总等较为全面的功能；②对订奶客户实行分类管理，其中每天订 3 袋以上者为关键客户，每天订 2 袋者为重点客户，每天订 1 袋者为一般客户，对不同级别的客户采取不同的回馈措施；③公司销售部送奶到户服务中心设专职人员定期或不定期地通过电话、走访等形式联系客户，听取客户意见；④成立客户投诉部门。佰康乳品通过送奶到户，虽然打了一场艰苦异常的"攻坚战"，但事实证明：这场硬仗打得及时，打得到位，打得成功。经过三个月的发展，虽然未达到预期目标，但已完成 2 600 户，十分接近目标，并且每天都有几十个电话打到佰康乳品咨询或订奶。很显然，佰康鲜奶产品经过近七个月的市场运作，已是名声在外。

对于乳品行业来说，产品同质化的大趋势也已经来临，市场竞争主要表现为品牌和服务之争。只有运用整合营销传播抓住品牌和服务，企业才有可能制定出高效的市场策略，为打造优势品牌奠定了良好的基础。

资料来源：陈国生. 现代企业管理案例精析［M］. 北京：对外经济贸易大学出版社，2006.

思考题：

1. 佰康乳业为什么要送奶到户？你认为应该这样吗？佰康乳业送奶到户的关键举措有哪些？
2. 从战略角度看佰康乳业的营销策略，有哪些值得同类企业借鉴？

案例 5　贝因美："新国标"下构建成本管理战略

客户背景

黑龙江贝因美乳业有限公司，是由浙江贝因美科工贸股份有限公司于 2005 年兼并"中国奶牛之乡"黑龙江安达本地乳品企业后，成立的全资子公司。该公司以安达工厂以生产"贝因美"品牌系列婴幼儿奶粉为主，是贝因美集团的重要配方奶粉生产基地。

黑龙江安达市拥有世界三大优质草场之一，地处北纬 45 度以上国际公认最佳奶源带。2008 年，贝因美安达工厂一期工程竣工投产，二期工程奠基开工。2010 年 6 月 22 日，贝因美在安达市再度投资 4 亿元，建设奶粉生产基地二期工程。贝因美安达工厂是一家 GMP 工厂，所用设备全部从利乐公司下属企业荷兰 CPS 公司进口，是国内首条具有国际领先水平的高端婴幼儿配方奶粉专用生产线。

问题分析

基于 GMP 的成本战略管理

黑龙江贝因美安达工厂，在面对国内外日益激烈的乳制品市场竞争压力的形势下，如何在乳制品行业新一轮无硝烟的"绿色战争"中占据优势。亟待完善其生产运行机制，在保障产品质量安全的前提下，努力维护和提升其在高端配方奶粉市场的品牌诚信度和品牌美誉度。因此，可以认为，黑龙江贝因美安达工厂因首先基于 GMP 质量管理思想，进一步巩固其质量管理水平；其次，从成本战略管理的角度出发，不断提升其生产运行的能力，降低生产运行成本。基于 GMP 的成本战略管理，可以分别从以下几个方面着手。

1. 组织控制系统需进一步完善

安达工厂是以 GMP（良好作业规范）为工作标准，特别注重在生产过程中实施对产品质量与安全卫生的管理。GMP 管理制度贯穿于从原料、人员、设备管理、生产过程、包装运输等质量控制的全部过程。GMP 不仅要求有良好的生产设备，合理的生产过程，完善的质量管理，还要具备严格的质量检测系统，才能够保证产品整个生产环节的"绿色、环保"。

贝因美安达工厂在生产设备及生产过程管理方面，已经具备了一定水平，但是在奶源采购与奶源质量检测方面，仍需要不断完善。目前，安达工厂的奶源采购与奶源质量检测属于同一个部门管理，容易造成采购权无约束、无法收到有效监控，质量检查部门形同虚设、无法行使其有效控制奶源质量的权利等问题。因此，建议其通过完善组织控制系统，成立独立于所有生产流程之外的"质量检查委员会"，将奶源采购权与奶源质量检查的权利相分离，实现所有生产环节的质量检查部门向安达工厂"质量检查委员"负责的行政管理体系，有效的保障奶粉厂从奶源采购到包装上市全过程的"绿色、环保"。

安达工厂在完善质量检查控制系统时，可以按照纵向管理委员会的管理模式来构建组织控制系统。这种质量检查委员会是独立于其他生产管理组织之外的一种质量监控组织，起到对整个质量管理工作的评议、监督和参与决策的作用。这种委员会由各个部门到整个工厂的纵向结构组成，各层都有各自的职责与管理权限，在保证和完善安达工厂质量检查有效程度方面，质量检查委员会将发挥重要的控制作用。

2. 有效利用成本控制战略

安达工厂生产的产品需要运输到杭州，再进行最终的"大包装"，在杭州完成最终的包装后再销往各地市场。产品上市之前的运输成本就有许多浪费和完全可以缩减的部分，可以想象在黑龙江生产的贝因美奶粉要送到浙江去包装，然后最终又要回到黑龙江市场上销售，从运筹学角度考虑，其物流成本是没有任何价值的。

贝因美安达工厂虽然在奶源基地建设方面为生产成本降低占据了先发优势，但是产品在售前的成本控制并没有达到"零浪费"，至少在物流运输方面，可以削减大半的运输成本。因此可以这样认为，在日益激烈的乳品行业市场中，乳制品企业不因仅仅在奶源基地建设方面实现成本的降低，还应该从企业内部运行管理机制入手，优化企业内部的运营成本。通过优化企业内部运行机制，进一步控制产品的售前成本，努力在新一轮的竞争中获得更多的成本优势。

成本战略是迈克尔·波特提出的缔造企业竞争优势的战略选择之一，选择成本优势战略，意味着企业必须高效运作，在满足消费者需求的前提下，以最低的成本占领市场，获得利益。成本战略的实质是"低成本战略"，它为企业提升竞争优势提供了一种可能。而我们建议安达工厂实行的战略成本管理是指基于 GMP 管理标准前提下的，在成本管理方面进行战略性选择与设计，它将使安达工厂最终交付的产品的成本得到有效降低。战略成本管理的终极目标是提高企业的收益水平，提高成本效率，是决定"取舍"的问题，安达工厂将产品包装的工作流程安排在远离生产地的浙江杭州，物流的成本的价值有多大，是否可以把这部分成本完全节省下来呢？

因此，可以这样认为，安达公司可以选择将产品包装的工作从杭州转移到本地，利用本地的资源，将包装程序外包给当地的包装企业。衡量本地包装成本与外地包装成本加物流运输成本的问题，通过改变贝因美目前生产与包装相分离的运营模式，将生产—包装本土化，不仅可以有效地控制物流成本，还有利于整合当地的优势资源，有效实现产品售前的成本控制。

3. 进一步优化成本结构，加强高端品牌建设

安达工厂主要生产高端婴幼儿配方奶粉，优质的奶源和国际最先进水平的婴幼儿配方奶粉专门生产线，使贝因美生产高端婴幼儿奶粉的技术水平和产能跻身中国乃至世界前列，在高端婴幼儿配方奶粉方面已经具备了与进口高端奶粉相抗衡的水平。

然而，当经历了中国乳品行业的"信用危机"后，安达工厂虽能"独善其身"，但在高端婴幼儿奶粉市场中，仍旧无法获得与进口产品同样的"话语权"。即使是进口奶粉一再"提价"后，中国奶粉消费品市场特有的"刚性"，也使得贝因美在高端婴幼儿配方奶粉失去了价格优势。

因此，在保障 GMP 质量管理的前提下，通过提高生产运营效率，改变过去生产—包装想脱离的高额物流成本模式，进一步优化成本结构，实现成本管理向生产—包装本土化、有效整合生产制造资源的生产运营机制转变。

同时，贝因美不仅仅要以"价格优势"赤膊上阵，还要通过不断提高技术水平和品牌美誉度的建设，重新树立国产奶粉在国人心目中的形象。

解决方案

自 2008 年的"三聚氰胺事件"，中国的乳制品行业进入了一个多事之秋，国产品牌节节退败，外资品牌蚕食国内市场，消费者信心大大受挫。当下，面对行业整体快速恢复发展的局面，乳制品企业需要把握住这个关键的战略调整机会，当机立断采取行动，夺得更大的市场利益。

本案例中，咨询顾问团队结合乳制品行业特点和当前政策形势，对贝因美安达工厂提出了改革建议以消除其软肋——质量监督无效率，物流成本过高，品牌营销不足。

首先，在"新国标"下，把关乳粉质量安全是安达工厂发挥其优质奶源和技术优势的关键，然而其质量控制部门与采购部门未分离，导致质量检测形同虚设，埋下了产品质量问题的隐患。管理专家提出，面对产品质量控制的无效率，可以通过引入独立于生产流程之外的第三方架构——"质量检查委员会"来解决。在"质量检查委员

会"的安排下，各生产环节的质量检查委员直接向委员会负责，不受奶源采购、生产加工、包装物流部门的干涉，以形成对乳粉生产质量的有效监督。

其次，安达工厂所处的乳制品业具有成本低、利润高的特点。该行业特点决定了成本控制是企业维持竞争力的基础，但非企业制胜的关键手段；企业在竞争中脱颖而出的关键还应该是经营利润的提高，尤其是通过品牌营销实现。在本案例中，咨询顾问团队主要针对物流成本过高的问题，提出物流包装本土化和将相关服务外包的建议，此外，为在竞争中取胜，企业还需不断提高技术水平，从加强品牌建设和品牌营销入手，增加企业销售利润和市场份额，以期长期做大做强。

资料来源：http://blog.sina.com.cn/s/blog_75a6ff670100s37o.html

思考题：

1. 对于管理咨询顾问们针对于贝因美所做出的问题分析和成本管理战略，你有何看法？为什么？

2. 利用波特的五种市场力量模型对乳业市场作一综合分析。

案例6　从蒙牛与伊利看企业跟随战略

1999 年初，蒙牛刚成立，当时蒙牛的力量非常弱小，资金只有一千多万元，这在乳品行业实在是微不足道。如果不是牛根生决定采取"跟随战略"，蒙牛的前途难以想象。

所谓"跟随战略"，是指实力相对较弱的企业，为了尽快赶上领先的企业，选择一个跟随对象，然后在产品、定价、甚至包装等方面模仿领先企业。这是弱势企业避免被领先企业甩开的好战略。蒙牛在起步初期，就是以跟随战略迅速缩短了与伊利的差距，在 2004 年以后，又逐步开始超越。

1. 放低姿态：避免和伊利直接冲突

牛根生实质上是被伊利驱除的，伊利当然不希望自己的叛将过得太好，这会让伊利很没有面子。蒙牛的管理团队，几乎都是从伊利叛逃的，这更是"大逆不道"的行为。伊利打压蒙牛，既是为了出气，也是一种震慑，稳定住自己的人马，防止更大规模的叛逃。所以，蒙牛从一诞生起，就遭遇到很多莫名的挫折。例如，蒙牛的一些运奶车半路被人截住，牛奶被当场倒掉。蒙牛做的户外广告牌，刚树立起来就被砸坏好几块。明眼人都知道，这些事情是谁干的。

这时，牛根生的江湖智慧发挥了作用，他明白一个道理：这种事情即使是犯法，蒙牛也很难拿到证据，即使拿到一些证据，以当时蒙牛微弱的地位，也没处说理；如果对着干，就会把矛盾更加激化，甚至断送了蒙牛，所以唯一聪明的做法就是"忍耐"。

为了减少冲突和避免不必要的麻烦。为了不抢夺伊利的奶源，同时也是为了保护自己，牛根生很快制定了三个"凡是"政策：第一，凡是伊利等大企业有奶站的地方蒙牛不建奶站；第二，凡是非奶站的牛奶，蒙牛不收；第三，凡是跟伊利收购标准、价格不一致的事，蒙牛不干。这些措施，把蒙牛和伊利的利益区隔开，从而避免了直接冲突。

2. 暗度陈仓：宣称要做"内蒙第二品牌"

忍耐只是防守性的行为，更聪明的是化被动为主动，聪明人善于把坏事变为好事，把危机转化为机遇，在 2000 年前后，蒙牛提出了"创内蒙古乳业第二品牌"的创意。当时内蒙乳品市场的第一品牌当然是伊利，蒙牛当时还名不见经传，连前五名也进不去。但是蒙牛的聪明也就表现在这里，蒙牛通过把标杆定为伊利，使消费者通过伊利知道了蒙牛，而且留下的印象是：蒙牛似乎也很大。

蒙牛首先把这个创意用在户外广告上，地点就选在呼和浩特。2000 年，蒙牛用300 万元的低价格买下了当时在呼和浩特还很少有人重视的户外广告牌，一夜之间，呼和浩特市区道路两旁冒出一排排的红色路牌广告，上面写着："蒙牛乳业，创内蒙古乳业第二品牌"，"向伊利学习，为民族工业争气，争创内蒙古乳业第二品牌！"这让很多人记住了蒙牛，记住了蒙牛是内蒙乳业的第二品牌。

蒙牛还在冰激凌的包装上，打出"为民族工业争气，向伊利学习"的字样；有的广告牌上写着"千里草原腾起伊利、兴发、蒙牛乳业"。蒙牛表面上似乎为伊利和兴发免费做了广告，实际上为自己做了广告，默默无闻的蒙牛正好借这两个内蒙无人不知的大企业的"势"，出了自己的"名"。

这种策略还有一个额外的好处，就是在一定程度上降低了伊利的"敌意"，这对初生的蒙牛来说非常重要。

1. "并驾齐驱"——创造"乳都"的概念

蒙牛的"内蒙第二品牌"的创意使用的时间很短，在蒙牛业绩突飞猛进，蒙牛真的成为内蒙的第二品牌之后，就很少使用了。这个时候再使用这个创意就不仅不能借伊利的"势"，还会平白地灭了自己的"名"。

在蒙牛成长到一定程度后，蒙牛及时修正了跟随战略，而开始以平等地位和伊利并驾齐驱，并开始放眼全国，提出了"中国乳都"的宣传口号，而且在很长时间内使用。

从 2000 年 9 月至 2001 年 12 月，蒙牛推出了公益广告——《为内蒙古喝彩·中国乳都》。在所投放的 300 多幅灯箱广告中，首次推出"我们共同的品牌——中国乳都·呼和浩特"。

"乳都"的概念是一个创新，这不仅有利于蒙牛和伊利，而且对内蒙的区域经济战略也是一个很好的提升和宣传，蒙牛把自己的命运同整个内蒙经济的腾飞牢牢维系在一起。同时，在国内其他区域市场，"乳都"的定位也能提升蒙牛奶源的正宗——虽然蒙牛后来的多数奶源不在内蒙，从而把自己和光明、三元等品牌隔离开，给了消费者一个很好的想象空间。"乳都"概念的提出，突出了内蒙乳品品牌在全国的地位，而蒙牛作为内蒙最好的乳品企业之一，同时又是"乳都"概念的创造者、宣传者，自然而然就给人留下印象：蒙牛是"乳都"企业群中的第一品牌，虽然此时的蒙牛比伊利还是有一些差距的。

2. 挑战第一

很多跟随战略的实施者的最终目的是为了实现反超，在实现反超之前要耐心，但是一旦机会成熟就要主动出击。与伊利相比，蒙牛的发展思路与战略操作也有许多惊人之举。

在蒙牛提出"乳都"概念的同一时期，蒙牛依靠从摩根斯坦利等知名投资机构得到的巨额投资，为蒙牛超常规发展奠定了基础。2003 年以后，再也没有在宣传中把自己和伊利相提并论，而是开始主动出击，此时的蒙牛已经羽翼丰满，2004 年，蒙牛在香港成功上市，解决了资金问题，更是采取了一系列大手笔，力争成为中国乳品行业的第一。

2005 年初，蒙牛斥资 3 亿元、日产量为 100 吨的通州工厂落成，它是亚洲第一大规模的酸奶研发生产基地。酸奶是一个发展潜力巨大的产品，蒙牛之所以要斥资建设这个基地，而不是采取虚拟经营的方式，就是因为蒙牛要依托这个基地为自己的赶超战略奠定基础。2005 年，蒙牛又成功赞助"超级女声"，在乳品行业独领风骚，2005 年 1 到 6 月，蒙牛酸酸乳在全国的销售额比去年同期增长了 2.7 倍，很多销售终端出现了供不应求的现象。

从回避与伊利的冲突、到亦步亦趋地跟随伊利，蒙牛在创业之后几年内，很好地采取了跟随战略，从而快速塑造了自己的品牌，同时避免了强大竞争对手的打压，然后，当具备一定实力之后，又及时改变了跟随战略，在产品结构方面蒙牛开始有所侧重，与伊利有所区别，从而在某些方面超过了伊利。例如，冰淇淋市场，伊利第一，蒙牛第二，但是在液态奶市场，蒙牛高居第一。到 2004 年，蒙牛成为全国第二，此时的蒙牛已经不仅是内蒙的第二品牌，而是全国的第二品牌，而且发展势头很猛，后来居上、超越伊利已经为时不远。

资料来源：陈国生. 现代企业管理案例精析 [M]. 北京：对外经济贸易大学出版社，2006.

思考题：

1. 什么是跟随战略？蒙牛为什么使用跟随战略？

2. 如果你是一家乳业公司的经理，你认为什么样的竞争优势是最持久的？说明你的选择。

3. 企业应该怎样利用跟随战略来建立竞争优势？请具体说明。

案例 7　三鹿集团和三鹿奶粉事件

一、三鹿集团

石家庄三鹿集团股份有限公司是集奶牛饲养、乳品加工、科研开发为一体的大型企业集团，现已被三元收购。

三鹿集团前身是 1956 年 2 月 16 日成立的"幸福乳业生产合作社"，经过几代人半个世纪的奋斗，在同行业创造了多项奇迹和"五个率先"：1983 年，率先研制、生产母乳化奶粉（婴儿配方奶粉）；1986 年，率先创造并推广"奶牛下乡、牛奶进城"城乡联合模式；1993 年，率先实施品牌运营及集团化战略运作；1995 年，率先在中央电视台一频道黄金时段播放广告；1996 年，率先在同行业导入 CI 系统。

2005 年 8 月，"三鹿"品牌被世界品牌实验室评为中国 500 个最具价值品牌之一，2007 年被商务部评为最具市场竞争力品牌。"三鹿"商标被认定为"中国驰名商标"；产品畅销全国 31 个省、市、自治区。2006 年位居国际知名杂志《福布斯》评选的"中国顶尖企业百强"乳品行业第一位。经中国品牌资产评价中心评定，三鹿品牌价值达 149.07 亿元。

三鹿集团坚持科技进步、品牌制胜。企业通过了 ISO9001、ISO14001 认证、GMP 审核和 HACCP 认证，获国家实验室认可证书、国家认定企业技术中心称号，为三鹿产品走向世界奠定了坚实的基础。集团坚持走"科、教、企"联姻之路，与全国 16 家科研院所合作，聘请国内外食品、营养、畜牧、金融、企管等 28 名专家为顾问，进行科技创新，不断提升产品质量，形成三鹿产品风味独特、营养合理的风格，深受广大消费者青睐。三鹿产品有 9 大系列 245 个品种，满足了人生不同年龄段以及特殊人群的营养保健需求。

三鹿集团坚持走经济效益、社会效益、生态效益三者兼顾的新型工业化道路。通过实施资本运营，以产权为纽带，以品牌为旗帜，先后与北京、河北、天津、河南、甘肃、广东、江苏、山东、安徽等省市的 30 多家企业进行控股、合资、合作，盘活资产 18 亿元以上，使 30 000 多名下岗职工再就业，集团企业个个盈利，均成为当地的利税大户。三鹿集团为了培育自己的奶源基地，探索出了"四统一分一集中"集约化管理模式和"奶牛生态养殖园区"、"奶牛公寓"、"托牛所"等科学管理模式，有效地带动了奶业的大发展。通过延伸产业链吸纳 80 余万农村剩余劳动力，使其走上了致富、奔小康之路。三鹿在遍布各地的奶源基地全面推广青贮玉米制作技术，奶牛每年消化玉米达 300 万亩以上，产生了良好的生态效益。

2006 年 6 月 15 日，三鹿集团与全球最大的乳品制造商之一——新西兰恒天然集团的合资公司正式运营，恒天然集团注资三鹿集团 8.64 亿元人民币，认购三鹿 43% 的股份。标志着三鹿向着"瞄准国际领先水平、跻身世界先进行列"的目标迈出了关键一步。

三鹿其奶粉产销量连续 15 年全中国第一，一直在快车道上高速行驶，创造了令人振奋的"三鹿速度"，实现了跨越式发展。自"七五"以来，企业主要经济指标年均增长 30% 以上。2003 年集团"十五"规划已经实现。站在新的历史起点上，三鹿现制定了"十一五"发展规划，即：坚持"三化目标"，夯实"一个基础"，放大"一个优势"，培育"五个新的增长点"，提升"五个能力三个水平"，简称"311553"工程，确保配方奶粉、力争功能性食品和酸牛奶产销量全国第一，液态奶及乳饮料保持前三位，全面提升企业生产规模、经济效益和综合实力，做大做强三鹿，走出国门，与国际市场接轨。

2007 年，三鹿集团实现销售收入 100.16 亿元。同年 9 月 2 日，中国中央电视台《每周质量报告》播出了特别节目"中国制造"首集《1100 道检测关的背后》，报道了三鹿奶粉出厂前要经过 1 100 道检测检验。

在 2008 年 1 月 8 日举行的国家科学技术奖励大会上，三鹿集团股份有限公司"新一代婴幼儿配方奶粉研究及其配套技术的创新与集成项目"一举夺得 2007 年度国家科学技术进步奖二等奖，打破了中国乳业界 20 年来空缺国家科技大奖的局面。

二、三鹿奶粉事件

严格来说，这是 2008 年的中国奶粉三聚氰胺事件，而非仅三鹿奶粉事件，但无疑，三鹿是此事件的最严重制造者和受影响最大者，所以，也往往被称为三鹿奶粉事件。

其实早在 2004 年的阜阳劣质奶粉事件中，公布的不合格奶粉企业和伪劣奶粉中，三鹿奶粉亦在列，但随后据说"证实"为疾控中心工作人员失误所致，把三鹿撤出"黑名单"，多个国家机关联合发文，要求各地允许三鹿奶粉正常销售。

2007 年年底，三鹿收到多宗消费者投诉，指饮用该公司奶粉的婴儿尿液中出现红色沉淀物。2008 年年初，三鹿集团内部会议曾要求调查事件。

2008 年 3 月，南京儿童医院把 10 例婴幼儿泌尿结石样本送至该市鼓楼医院泌尿外科专家孙西钊处进行检验，三鹿问题奶粉事件浮出水面。

2008 年 5 月 17 日，公司组成问题奶粉处理小组，一方面继续追查问题源头，另一方面利用公关手段处理投诉，经查奶粉中"非乳蛋白态氮"过高。

2008 年 5 月 20 日和 21 日，一位网民揭露他在 2007 年 11 月在浙江泰顺县城一家超市里买的三鹿奶粉的质量问题。该奶粉令他女儿小便异常。后来他向三鹿集团和县工商局交涉未果。为此，该网民以网上发文自力救济，并以"这种奶粉能用来救灾吗?!"为题提出控诉，不过该控诉遭三鹿集团地区经理以价值 2 476.8 元的四箱新奶粉为代价，取得该网民的账户密码以请求删除网上有关帖子。事后该网民则表示说，他因为相信了三鹿集团的解释，他买到的是假货，因此同意接受赔偿并删除帖子。

2008 年 6 月 28 日，位于兰州市的解放军第一医院收治了首例患"肾结石"病症的婴幼儿，据家长们反映，孩子从出生起就一直食用河北石家庄三鹿集团所产的三鹿婴幼儿奶粉。7 月中旬，甘肃省卫生厅接到医院婴儿泌尿结石病例报告后，随即展开了调查，并报告卫生部。随后短短两个多月，该医院收治的患婴人数就迅速扩大到 14 名。

7 月 24 日，三鹿将 16 批次婴幼儿系列奶粉送往河北省出入境检验检疫局检验检疫技术中心检测，当时考虑到产品的声誉问题，三鹿并没有向该中心说明是自己的成品，而仅表示是原料或其他东西。在送审过程中，三鹿集团还想方设法予以保密。

河北省出入境检验检疫局检验检疫技术中心有关人员对三鹿送检的产品颇为吃惊，表示这种产品即使牲畜食用都会导致严重后果。

三鹿集团党委书记田文华说，8 月 1 日下午 5 时许，她得到检测报告：送检的 16 个批次奶粉样品中，15 批次检出了三聚氰胺。于是，她紧急召开了集团经营班子扩大会进行商议，会议由当日下午 6 时一直开到第二天凌晨 4 时。

由于这次会议错判了形势，继续部分错误，让三鹿集团走上了绝路。

田文华说，新西兰恒天然公司在三鹿集团的董事要求召回产品，但参加会议的许多高管认为，召回产品会造成声誉受损，于是决定以悄悄换回的方式取代召回，新西兰方代表没有反对，所以这个提议就通过了。

这次会议认为，当时正处于奥运前夕，且消息泄露后将极大影响三鹿的声誉，所以决定对奶制品中含三聚氰胺一事在扩大会议的范围内严格予以保密。随后三鹿出现了问题奶被调转入液态奶、知毒卖毒以及在三鹿查出原奶有问题后，仍将原奶收购加工并销售到市场上。

8月2日下午，三鹿分别将有关情况报告给了其注册所在地石家庄市政府和新华区政府。

8月13日，三鹿集团决定，库存产品三聚氰胺含量在每千克10毫克以下的可以销售，10毫克以上的暂时封存；调集三聚氰胺含量为每千克20毫克左右的产品换回三聚氰胺含量更大的产品，并逐步将含三聚氰胺产品通过调换撤出市场。

8月29日，三鹿再次以书面报告形式上报市政府。然而，市政府对此事却未能及时作出反应。

9月9日，媒体首次报道"甘肃14名婴儿因食用三鹿奶粉同患肾结石"。当天下午，国家质检总局派出调查组赶赴三鹿集团。

9月11日，除甘肃省外，陕西、宁夏、湖南、湖北、山东、安徽、江西、江苏等地也有类似案例发生。当天，三鹿集团股份有限公司工厂被贴上封条。

9月12日，联合调查组确认"受三聚氰胺污染的婴幼儿配方奶粉能够导致婴幼儿泌尿系统结石"。同日，石家庄市政府宣布，三鹿集团生产的婴幼儿"问题奶粉"，是不法分子在原奶收购过程中添加了三聚氰胺所致。

9月13日，党中央、国务院启动国家重大食品安全事故Ⅰ级响应，并成立应急处置领导小组。卫生部发出通知，要求各医疗机构对患儿实行免费医疗。

同期，中国国家质检总局对中国的109家婴幼儿奶粉生产企业的491批次产品进行了排查，检验显示有22家企业69批次产品检出了含量不同的三聚氰胺。伊利、蒙牛及光明三大品牌也未幸免。

9月16日，三鹿集团党委书记田文华被免职。同时，石家庄市分管农业的副市长张发旺、市畜牧水产局局长孙任虎、市食品药品监督管理局局长张毅和市质量技术监督局局长李志国也被免职。

9月17日，田文华被刑事拘留；石家庄市市长冀纯堂被免职。

9月18日，国家质检总局发布公告，决定废止《产品免于质量监督检查管理办法》，同时撤销蒙牛等企业"中国名牌产品"称号，并发出通知，要求不再直接办理与企业和产品有关的名牌评选活动。

截至9月21日上午8时，全国因食用含三聚氰胺的奶粉导致住院的婴幼儿1万余人，官方确认4例患儿死亡。

9月22日，国家质量监督检验检疫总局局长李长江因"毒奶粉"事件引咎辞职。

中国国家质检总局2008年9月30日公布对普通奶粉和其他配方奶粉三聚氰胺专项检测情况，这次共抽检154家企业（合计市场占有率达70%以上），共抽检9月14日前生产的265个批次产品，验出三聚氰胺的涉及20家企业31个批次产品中，分别占检测企业和检测批次的13.0%、11.7%。

2009年1月22日，河北省石家庄市中级人民法院一审宣判，三鹿前董事长田文华被判处无期徒刑，三鹿集团高层管理人员王玉良、杭志奇、吴聚生则分别被判有期徒刑15年、8年及5年。三鹿集团作为单位被告，犯了生产、销售伪劣产品罪，被判处罚款人民币4 937余万元。涉嫌制造和销售含三聚氰胺的奶农张玉军、高俊杰及耿金平三人被判处死刑，薛建忠无期徒刑，张彦军有期徒刑15年，耿金珠有期徒刑8年，萧玉有期徒刑 5 年。2009 年 3 月 26 日，高俊杰二审被改判死刑缓期两年执行。2009 年 11 月 24 日"三鹿"刑事犯罪案犯张玉军、耿金平被执行死刑。

三鹿后来被宣布破产，三鹿破产后被北京的国有企业三元集团收购了大部分资产。

资料来源：

1. 石家庄三鹿集团股份有限公司-百度百科 http://baike.baidu.com/view/2154221.htm? fromId = 182041

2. 三鹿集团－维基百科，自由的百科全书 http://zh.wikipedia.org/zh-cn/%E4%B8%89%E9%B9%BF

3. "三鹿事件"真相大曝光-搜狐新闻 http://news.sohu.com/20090101/n261527075.shtml

思考题：

1. 三鹿集团的快速发展，有哪些适当战略和值得借鉴之处？

2. 三鹿奶粉事件中，三鹿有哪些地方处置错误？有哪些启示？

3. 为什么会出现三鹿奶粉事件？

案例 8　鹤立鸡群：给我个理由选择你

消费者在市场上购买这一牌子的产品，而不购买其他牌子的产品，其实就是在用自己的"货币选票"进行投票。

2002 年，蒙牛跻身中国乳业前四强之列。光明、伊利、三元都与蒙牛正面交锋。

牛奶千家，强手如林。消费者在市场上购买这一牌子的产品，而不购买其他牌子的产品，其实就是在用自己的"货币选票"进行投票。凭什么让消费者选择你而不是选择别人？蒙牛感觉需要有一些理由作支撑。这和恋爱是一个道理：要我爱你？给我个理由选择你！

这就是"给我个理由选择你"的策划缘起。

一个理由区分一个强手，五个理由与众不同

经过精心筛选，最后将"给我个理由选择你"的内容确定为"五个理由"：①中国绿色食品；②产地：内蒙古；③草原牛奶唯一中国驰名商标；④英国本土 NQA 及 ISO9000 国际标准质量认证；⑤利乐枕纯鲜牛奶销量居全球第一。

第一个理由"中国绿色食品"，与上海和北京的主要竞争品牌相区分；第二个理由"产地：内蒙古"，与所有非草原产地的竞争品牌相区分；第三个理由"草原牛奶唯一中国驰名商标"，与来自大草原的另一主要竞争品牌也区分开来；第四个理由中的"英国本土 NQA 认证"属欧洲标准，再次与绝大部分竞争品牌相区分；第五个理由"蒙牛利乐枕牛奶销量全球第一"，则是全世界竞争品牌都不能相比的……一个理由至少区分一个强手，五个理由下来，可谓走遍天下与众不同。

"给我个理由选择你"中的五个理由，主要选择的传播路径有三：一是报纸、电视等大众媒体；二是印制《说明书》，放置在牛奶箱里；三是印制宣传单，放在牛奶堆头上任人拿取，并把这一路径列为重点。

近几年，终端送宣传单的举动屡见不鲜，但效益很低，消费者要么不拿，要么就是拿了之后，才走三五步，就一丢了之。传单散在地上，既影响公共卫生，又影响企业形象。怎样克服这种现象？经过反复比较，参考有关资料，蒙牛精心撰写了一篇小品文《女人不美，男人要负一半的责任》，将"五个理由"按广告法的要求略作调整，印在宣传单的正面；背面则印上这篇小品文。

女人不美，男人要负一半的责任

一位名人说过，一个人要为自己的相貌负责。我想，对于女人来说，相貌长成什么样，自己只能负一半的责任，另一半则应由男人来负。

未出嫁的姑娘，就像苗圃里的树苗，一个个俊俏挺拔。出嫁了，与一个男人终日厮守，男人就成了女人的气候、土壤、环境。男人脾气暴，整日不是狂风暴雨，就是"零下一度"，女人一定憔悴无光；男人修养高，日照朗朗，和风细雨，女人一定热情奔放。养颜乃养性，好男人让女人心境好、心态好、心灵好。

我们总是追求我们所爱的。一个女人爱上什么样的男人，她往往就会变成什么样的人，所谓"跟好人学好人，跟着神汉会跳神"。所以，女人如果不美，男人至少要负一半的责任。一个本来很清纯的女人变得越来越恶俗，一定是她的男人档次不高，她"近墨者黑"。相反，一个本来很一般的女人，相貌越来越可爱，眼睛越来越灵光，说话越来越文雅，举手投足越来越有风度——不用说，她有一个好男人。

男人千万不要以为美与丑只是女人自己的事。她长得美，你有一半的功劳；她不好看，你也有一半的过错。

为了吸引广泛兴趣，宣传单在超市里放置的时候，小品文面向上，五个理由面向下。

超市里采购牛奶的主要是家庭主妇，她们拿住这个单子，正好带回家与她们的丈夫交流；即使是男士拿到了这个单子，也可以带回单位与同事交流。总之，新颖的观点，有趣的话语，精美的印刷，让看过的人爱不释手，丢弃的可能性不大。

事实正是这样，多数人拿到这个单子后，当作一件趣事与人分享。

"五个理由"急剧拉动销售额

"五个理由"于2002年4月正式推出。推出之时，正值全国牛奶大买赠时期，全国十大牛奶品牌，除蒙牛之外没有一家不买赠的，有的买六赠一，有的买四赠一，有的买三赠一，有的甚至买二赠一，"买赠政策"从年头实行到年尾。拒绝"买赠政策"的蒙牛，于买赠重围中，扎扎实实讲"五个理由"，销售额不仅没降，反而逐月攀升。仅在北京，8月份蒙牛牛奶月销售额就比4月份增长了2/3。就全局来看，2002年蒙牛销售收入达到16.69亿元，是2001年销售收入的2.3倍！这其中，"五个理由"功不可没。

"给我个理由选择你"在中国营销界产生了深远的影响。国内一些顶级企业、顶级杂志乃至领潮网站，后来都曾讲过"选择××的理由"或"选择××的五个理由"，可谓"英雄所见略同"。

资料来源：张秀玉. 战略管理 ［M］. 北京：北京大学出版社，2006.

思考题：

1 分析"给我个理由选择你"这个案例所包含的战略管理思想有哪些？

2 蒙牛的这个营销策略好在哪里？有哪些地方可以借鉴？

案例 9　亚华乳业 ERP：惠普嫁接金蝶

一、公司介绍

湖南亚华乳业有限公司是一家集乳制品生产、加工、销售、科研于一体的大型乳品企业，是中国食品工业百强企业、国家农业产业化龙头企业，公司是湖南亚华控股集团股份有限公司的全资子公司，注册资本 8 700 万元，固定资产 3 亿元，现有员工 2 300 余人。2007 年，"南山"、"宾佳乐"两大品牌旗下的系列乳制品销售总收入突破 13 亿元，其中奶粉总产量、利税总额均占据湖南奶粉行业的 70% 以上，进入全国同类产品销售前五强。公司拥有享誉全国的南山四季常青牧场、内蒙古呼伦贝尔大草原中心区的特尼河牧场两大优质天然奶源基地，在城步、望城、特尼河有三大乳品工业园，主要生产"南山"、"宾佳乐"两大品牌的乳制品，共计 40 多个奶粉品种、60 多个液态奶品种，具有年产奶粉 5 万吨、液态奶 15 万吨的生产规模。"南山"、"宾佳乐"曾先后获得"中国食品安全放心品牌"、"消费者最喜爱十佳品牌"、"十大受消费者信赖的中国婴幼儿奶粉品牌"、"全国用户满意产品"等多项行业、国家奖项。公司建有博士后科研工作站，南山婴幼儿营养与健康研究中心；拥有强大的产品研发队伍，具有多年研发经验的科技人员数十名，主持或参与国家自然科学基金项目和省科委项目 4 项申请国家发明专利 4 项。组建了服务营销团队，强势推进服务营销，其售后服务被评为"全国用户满意服务"。雄厚的科研力量和灵活有效的管理体制，确保公司乳制品紧贴消费者需求，推陈出新，品质卓越。

作为南方乳业的标志性企业，在湖南首家通过国家学生饮用奶定点生产企认证，"南山"、"宾佳乐"牌系列液态奶拥有很高的市场占有率，产品覆盖湖南及其周边省、市。

公司确立了"以质量为中心的品牌发展战略"，实施全面质量管理，采取一票否决制的质量把关政策。公司首批通过国家食品质量安全市场准入"QS"认证并通过 ISO 9001/HACCP/ISO 14001 综合体系认证，其中婴幼儿系列奶粉为"国家免检产品"。从"凉开水即溶，喝了不上火"到"起点，就已经超越"，公司从专业的乳品供应商正逐步成长为专业的婴幼儿健康与营养、服务综合提供商。

公司的愿景视作中国婴幼儿奶粉大王。全体亚华乳业人将始终恪守"诚信为本，客户至上"的经营理念，树百年品牌，强国人体质，竭尽全力将亚华乳业建设成受人尊崇的一流企业！

二、需求分析

通过论证，亚华乳业 ERP 的个性化需求体现在以下几个方面。

1. 人性化、易操作、易管理

作为农业高科技产业，可能许多普通员工不熟悉 IT，专门的维护人员队伍不足，因此，如何让他们最快的应用系统，最低成本的管理，就显得至关重要。

2. 成长性和变化性

亚华乳业自身成长很快，加上市场的变化和公司业务、组织的调整，要求 ERP 系统能灵活拓展，收敛自如。

3. 稳定性、可靠性和高效率性

由于公司规模很大，分公司及上下游供应链很长、很广，因此，对效率、稳定性和可靠性的要求都很高。

为了实现亚华乳业的 IT 需求，中国软件行业的领导厂商之一的金蝶国际软件集团的金蝶个性化的 EAS ERP 系统和在全球拥有领先的解决方案的国际厂商惠普硬件平台——RX4640+EVA4000 软硬结合、水乳交融，为亚华乳业提供了一个个性化、信息化的经典解决方案。

三、解决方案

面对亚华乳业的个性化需求，金蝶和惠普强强联手，共同提供了全面满足需求的解决方案。

金蝶 EAS ERP 系统是面向大中型企业的管理软件系统，秉承 40 万家用户的最佳应用实践，采用最新的 ERPII 管理思想和最先进的平台化技术框架，是国内第一套"ERP+中间件"的企业管理软件，涵盖集团管理、财务管理、人力资源管理、供应链管理、协同平台等管理领域。该方案是为大中型企业提供最适合中国企业管理特制的个性化企业管理及电子商务应用解决方案。

为打造一流的解决方案，系统后强大的硬件解决方案不可忽视。为此，惠普将采取积极开放策略，同合作伙伴强强联手，以创新科技和专业服务为基础，帮助客户规划、建设、管理先进的适应性 IT 基础设施，顾问和集成行业解决方案，更好地服务企业级客户，实现"IT 与业务同步，轻松驾驭变化。"这样一套有针对性的硬件平台解决方案，包括两台基于英特尔安腾 II 处理器的 RX4640 动能服务器、一台包括 EVA4000 在内的硬件平台，给予金蝶 EAS ERP 更强大的可靠性、稳定性支持。而惠普解决方案中心还为金蝶进行解决方案性能调优，并在惠普安腾产品上进行了充分测试和移植。通过双方的共同努力和密切合作，最终共同为客户打造出一套无可比拟的解决方案，得到了客户的高度认可。而值得注意的是，该解决方案之所以能够得到客户的最终认可，是与搭载它的硬件平台惠普动能服务器分不开的。基于英特尔安腾 II 处理器的惠普动能服务器，能够提供基于行业标准的前所未有的性能、多操作系统灵活性、高可用性和无可比拟的投资保护。

事实上，在金蝶集团本部实施的金蝶 EAS ERP 系统中，硬件平台也采用了惠普的动能服务器和相应的存储安全解决方案，二者完美结合，成为个性化成功信息化案例的经典。

金蝶长沙分公司总经理胡奇表示，"这个项目的成功，和惠普的大力支持分不开的。惠普在解决方案的移植和优化、市场推广、培训、拜访客户等方面，给予金蝶有力的支持。"中国惠普有限公司企业计算及专业服务集团战略合作伙伴部总经理何东辉说,"随着信息化的逐步深入和全球化的发展,企业面临更多市场变化的挑战"。在全体经济一体化和竞争日益复杂化的背景下,只有合作才能共赢。

资料来源:北京大学职业经理人通用能力课程系列教材编委会编. 管理案例分析 [M]. 北京:北京大学出版社,2011.

思考题:

1. 你怎么看,对亚华乳业 ERP 的需求分析和其 ERP 的解决方案的设计?
2. 从企业战略角度分析亚华乳业与金蝶、惠普的合作。

第九章 服装行业

案例1 阿迪达斯与耐克——后来者居上

阿迪达斯公司的发展历史

第二次世界大战之前，阿道夫·达斯勒与鲁道夫·达斯勒兄弟俩就开始在德国做鞋。创业者是阿道夫（他家里的人称他为"艾迪"），鲁道夫是经销人，销售阿道夫的产品。兄弟俩起初没干出什么名堂，但在 1936 年取得了重大进展。杰西·欧文斯在奥运会上就是穿着他们制作的运动鞋，在希特勒和德意志民族以及全世界面前赢得了数枚金牌。著名运动员穿公司的鞋，对公司是很有利的，这使阿迪达斯公司，以及其他运动鞋制造商，从此开始实行一种新的销售战略。

1949 年，兄弟俩闹翻了，从此两人在外面从不搭话。鲁道夫带着一半工具设备，离开阿道夫，到城市另一边建立了飘马制鞋公司，阿道夫在现有企业基础上建立了阿迪达斯公司（"阿迪达斯"源于他的教名的爱称和他的姓氏中的前 3 个字母）。鲁道夫的飘马公司从来没有赶上阿迪达斯公司，但却居世界第二位。

阿道夫在跑鞋方面有许多革新，如四钉跑鞋、尼龙底钉鞋和既可插入也可拔出的鞋钉。他还发明了一种鞋钉的排列组合有 30 种变化的鞋，这种鞋可使运动员适应室内、室外跑道以及天然地面或人工地面的多种需要。

阿迪达斯公司制作的鞋质量优、品种多，因而在影响广泛的国际体育活动中占据统治地位。例如，在蒙特利尔奥运会上，穿阿迪达斯公司制品的运动员占全部个人奖牌获得者的 82.8%，这使公司"一举成名天下知"，销售额上升到 10 亿美元。

但是，以后竞争者相继涌入这个市场。1972 年之前，阿迪达斯公司和飘马公司占有了运动鞋的全部市场。尽管这种状况一直在变化，阿迪达斯公司似乎已成为不可超越的尖兵，它不仅生产供各类体育活动使用的鞋，而且还增加了与体育有关的其他用品，如短裤、运动衫、便服、田径服、网球服和泳装、各类体育用球、乒乓球拍和越野雪橇以及流行的体育挎包，这种挎包上印着"阿迪达斯公司"这种醒目的标志。

由阿道夫兄弟开创的市场营销策略已对整个制鞋业产生了具有指导意义的影响。阿迪达斯长期以来一直把国际体育竞赛当作检验产品的基地。许多年来，这些运动员的反馈信息对公司改变和改进鞋的设计具有重大的指导作用。公司与专业运动员签订合同，让他们使用公司的产品。然而，阿迪达斯公司的猎获对象是国际性体育比赛和奥林匹克运动会，而这些方面的参赛者都是业余运动员，因而，这种背书合同常常是与国家体育协会而不是与个人签订的。

在阿迪达斯和飘马公司的带动下，与运动员签订背书合同已很普遍。例如，国家篮球协会的运动员，每人至少与一家制鞋商订有合同。今天，背书合同的现行率从 500 美元到 150 000 美元。运动员在各种公开场合还须穿用公司的某一种产品。公司为背书合同耗费的广告费约占预算的 80%，其他 20% 花费在媒介广告上。各制造商发明的独特标记是这些背书合同发生效力的关键。这种标记能使人们立即辨认出这是哪家公司的产品。因而，著名运动员对产品的实际使用情况可被体育爱好者和可能的消费者耳闻目睹。此外，这些标记也使衣物挎包之类的商品种类多样化起来。

为尽快增加产量，公司到南斯拉夫和远东等地区寻找能够大量地低成本制作运动鞋的加工厂。公司与这些国家一些中型企业签订了特许生产协议，让它们按公司的图纸制造产品。这样，公司节省了建造工厂和购置设备的巨大开支，从而使成本保持在适当水平。

最后，阿迪达斯公司还引导跑鞋业从各种竞赛用鞋到训练用鞋，为各类跑步者和各种跑步风格的人制造各种各样的跑鞋。阿迪达斯公司具有 100 多种不同风格和型号的跑鞋。这种独占鳌头的局面，直到后起之秀耐克公司冲上来，占领美国市场之后才改变。

70 年代的跑鞋市场

20 世纪 60 年代末 70 年代初，跑鞋业呈现出一派繁荣的景象。美国人对自己的身体健康状况越来越关心。从前数百万不参加体育锻炼的人，此时也开始寻找锻炼的方法。

在整个 70 年代的 10 年中，参加散步的人数不断增加。据 70 年代末估计，有 2 500 万到 3 000 万美国人坚持散步，还有 1 000 万人在家、上街都穿跑鞋。与此同时，制鞋商的数量也增加了。原先只有阿迪达斯公司、飘马公司、台格公司 3 家，现在，新加入制鞋行业的有美国的耐克公司、布鲁克斯公司、新巴兰斯公司、伊顿尼克公司，还有 J·C·彭尼公司、西尔斯公司和康弗斯公司。为推销这些制造商制作的鞋，像"运动员鞋店"、"雅典运动员"鞋店和"金尼鞋店"这种特种商品商店如雨后春笋般地迅速遍布全国。迎合这个市场的各种新杂志也迅速问世，发行量不断上升，如《跑步者的世界》、《跑步者》和《跑步时代》，它们专门给跑步者提供有关信息。

耐克公司竞争的介入

1. 耐克公司的创立

菲尔·奈特是一位技术平庸的参加 1 英里赛跑的运动员，他的最好成绩是 4 分 13 秒，差一点没有进入世界级运动员（成绩为 4 分钟）的行列，但他 50 年代末在俄勒冈大学受到著名教练比尔·鲍尔曼的训练。鲍尔曼在 50 年代，随着他年复一年地获得破世界纪录的长跑冠军，使俄勒冈州尤金市名扬于世。他不断地试穿各种运动鞋，他的观点是，跑鞋重量轻一盎司，会对赢得比赛产生极不相同的结果。

在斯坦福大学攻读工商管理硕士期间，菲尔写了一篇论文，指出日本人能够以他们制造照相机的方式制造运动鞋。1960 年获学位后，奈特前往日本，到奥尼楚卡公司申请在美国销售泰格尔跑鞋的资格。回到美国时，他把该公司制作的鞋的样品带给了鲍尔曼。

1964 年，奈特和鲍尔曼开始合伙。他们每人拿出 500 美元，组成布卢里帮制鞋公司，为泰格尔跑鞋生产鞋底。他们把成品放在奈特的岳父家的地窖里，头一年他们销售了价值 8 000 美元的进口鞋。白天，奈特在库琅利布兰德公司做会计，夜晚和周末，他沿街兜售运动鞋，大多数卖给了中学的体育队。

最后，在 1972 年，奈特和鲍尔曼终于自己发明出一种鞋，并决定自己制造。他们把制作任务承包给劳动力廉价的亚洲的工厂，给这种鞋取名叫耐克，这是依照希腊胜利之神的名字而取的，同时他们还发明出一种独特标志 Swoosh（意为"嗖的一声"），它极为醒目、独特，每件耐克公司制品上都有这种标记。在 1972 年俄勒冈州尤金市奥运会预选赛期间，耐克鞋在竞赛中首次亮相。被说服穿用这种新鞋的马拉松运动员获得第四名到第七名，而穿阿迪达斯鞋的运动员则在预选赛中获前三名。

1975 年一个星期天的早晨，鲍尔曼在烘烤华夫饼干的铁模中摆弄出一种尿烷橡胶。制成一种新型鞋底，这种"华夫饼干"式的鞋底上的小橡胶圆钉，使它比市场上流行的其他鞋底的弹性更强。这种产品革新——看上去很简单——最先推动了奈特和鲍尔曼的事业。然而推动耐克公司在美国市场上跨入前列的真正动力主要的还不是产品革新而是仿造。耐克公司以阿迪达斯公司的制品为模型进行仿造，结果，仿造者战胜了发明者。

2. 耐克公司的进攻

实践证明，鲍尔曼发明的"华夫饼干"鞋底大受运动员欢迎。因而，随市场行情转好，这种鞋底在 1976 年的销售额达到 1400 万美元，而这前一年的销售额为 830 万美元，1972 年仅为 200 万美元。

耐克公司由于精心研究和开发新样式鞋的工作在制鞋业中处于领先地位。到 20 世纪 70 年代末，耐克公司的研究和开发部门雇用的研究人员将近 100 名。公司生产出 140 多种不同式样的产品，其中某些产品是市场上最新颖和工艺最先进的，这些样式是根据不同脚型、体重、跑速、训练计划、性别和不同技术水平而设计的。

到 20 世纪 70 年代末和 80 年代初，市场对耐克公司的需求已十分巨大，以至于它的 8 000 个百货商店、体育用品商店和鞋店经销人中的 60%都提前订货，并常常为货物到手等待半年之久。这给耐克公司的生产计划和存货费用计划的完成提供了极大的方便。表 1 是耐克公司销售额增长情况统计，其销售额在 1976 年为 1 400 万美元，仅 6 年后便上升到 69 400 万美元。表 2 是 1979 年初美国市场的占有情况统计，耐克公司的市场份额为 33%，居市场占有者之首。两年之后，它更遥遥领先，其市场份额已达近 50%。阿迪达斯公司的市场份额则减少了，不仅大大低于耐克公司，而且像布鲁克和新巴兰斯这样的美国公司成为使它担忧的对手。

表 1   耐克公司销售额增长情况（1976—1982 年）

年 份	销售额（百万美元）	与上年相比的百分比变化
1976	14	
1977	20	43%

表1(续)

年　份	销售额（百万美元）	与上年相比的百分比变化
1978	71	255%
1979	200	182%
1980	370	85%
1981	458	24%
1982	694	52%

表2　　　　　　　　　　　　美国跑鞋市场份额

公　司	占美国全部市场的百分比
耐　克	33%
阿迪达斯	20%
布鲁克	11%
新巴兰斯	10%
康弗斯	5%
飘　马	5%

在1982年1月4日出版的《福布斯》1982年版中，"美国产业年度报告"把耐克公司评为过去5年中赢利最多的公司，位居全部行业中所有公司之首。

耐克公司获得成功的因素

毫无疑问，耐克公司在20世纪70年代面临极为有利的初始需求。耐克公司利用了这种有利条件。其实，大多数跑鞋制造商在这些年间都获得了可观的收入。但耐克公司的成功远非仅仅由于简单地依赖有利的初始需求。耐克公司击败了所有对手，包括到那时为止占统治地位的阿迪达斯公司。耐克公司的成功，揭开了阿迪达斯公司、飘马公司和泰格尔公司等这些外国制造商长盛不衰的神秘性。

通过充分发挥潜力，耐克公司生产出比阿迪达斯公司种类更多的产品，开创了鞋型千姿百态的先河。生产范围太宽也许会出现许多麻烦，也可能由于生产范围过大而损害生产效率，从而使成本大大增加。许多人善意地建议公司缩小生产范围，砍掉那些不过硬的产品，集中人力物力和注意力，争取在竞争中狄胜。在这里我们可以看到耐克公司并未采取这种对策，然而它却成为70年代最成功的公司之一，很显然，它的经营策略与阿迪达斯不同。什么是具有战略意义的产品组合呢？

虽然耐克公司也许违背了某些产品组合观念，然而让我们看看它是怎样违背和以什么为代价的。通过提供风格各异、价格不同和多种用途的产品，耐克公司吸引了各种各样的跑步者，使他们感到耐克公司是提供品种最全的跑鞋制造商。数百万各式各样、各种能力的跑步者都有这种观念，这在一个飞速发展的行业里，是一个很吸引人的形象。而且，在急速膨胀的市场上，耐克公司发现它能以其种类繁多的产品开拓最宽广的市场。它可以把鞋卖给普通零售商，例如，百货商店和鞋店，也可以继续与特种跑鞋店做生意，甚至由于公司能供应各种型号和样式的鞋——不同类型的零售店可得到不同样式的鞋，这便各得其所，其乐融融——因此，该公司是唯一能适当关照销售某些耐克鞋的廉价商店的公司。

型号繁多，每种产品生产量小，一般会使生产成本增加。但对耐克公司来说，这也许不是一个大问题。生产鞋的大部分任务承包出去了——约85%承包给国外的工厂，大多数是远东地区的工厂。由于许多外国工厂按照合同生产部分产品。因而，各种产品生产量小对耐克公司来说是一个无足轻重的经济障碍。

很早以前，耐克公司就开始重视研究开发和技术革新工作，公司致力于寻求更轻、更软的跑鞋，并使之既对穿用者有保护性，也给运动员——世界级运动员或业余爱好者——提供跑鞋工艺所能制作的最先进产品。耐克公司重视研究和开发新产品，突出地表现在它雇用了将近100名研究人员，专门从事研究工作，其中许多人具有生物力学、实验生理学、工程技术、工业设计学、化学和各种相关领域的学位。公司还聘请了研究委员会和顾问委员会，其中有教练员、运动员、运动训练员、设备经营人、足病医生和整形大夫，他们定期与公司见面，审核各种设计方案、材料和改进运动鞋的设想。其具体活动有对运动中的人体进行高速摄影分析、运动员使用臂力板和踏车的情况分析、有计划地让300名运动员进行耐用实验，以及试验和开发新型跑鞋和改进原有跑鞋和材料。1980年用于产品研究、开发和试验方面的费用约为250万美元，1981年的预算将近400万美元。对于像鞋子这样非常普通的物品，进行如此重大的研究和开发工作，可谓是空前绝后了。

在经营策略上，耐克公司没有多少标新立异，在很多方面它还是沿袭了阿迪达斯公司几十年前树立起来的制鞋业公认的成功市场策略。这些策略主要是：集中力量试验和开发更好的跑鞋；为吸引鞋市上各方面的消费者而扩大生产线；发明出印在全部产品上的、可被立刻辨认出来的明显标志；利用著名运动员和重大体育比赛展示产品的使用情况。甚至把大部分生产任务承包给成本低的国外加工厂也不单是耐克公司一家这样做的。但耐克公司运用这些早已被证明行之有效的经营技巧可谓得心应手，比它的任何对手，甚至阿迪达斯公司运用得更好和更有攻势。

阿迪达斯公司的失误——问题出在哪里

无疑，阿迪达斯公司对跑鞋市场的增长情况估计不足。对于一家有40年制鞋历史，并且在这些年间总是看到稳定的低速增长的公司来说，面对"繁荣"局面，对其程度和持久性抱怀疑态度，似乎是理所当然的。而且并非只有阿迪达斯对市场机会判断有误。几家历来擅长经营低价运动鞋的公司，如著名的康弗斯公司和尤尼罗亚尔·克茨公司在向市场推出新式运动鞋和革新制鞋工艺的竞争中，也不知不觉地被人迎头赶上。那些较大的网球鞋和旅游鞋制造商（康弗斯公司生产2/3的美国篮球鞋）对市场潜力的估计也有严重失误，因而未在这个方面下大力气，直到它们被耐克公司和其他几家美国制造商远远甩在后头时，才如梦初醒。

除对市场潜力估计失误以外，很明显，阿迪达斯公司也低估了耐克公司和其他美国制造商的攻势。也许这是耐克公司取代阿迪达斯公司领先地位的重要原因。然而，在许多生产线上，外国公司毕竟已获得了本国公司所没有的神秘性和吸引力。那么，实际上是白手起家的小小的美国制造商怎么竟然能够对具有 30 多年历史又经验丰富的阿迪达斯公司构成严重威胁呢？因此，把这一家美国公司看作充其量不过是虚弱的机会主义者。耐克公司比其他制鞋公司略高一筹的是，它瞅准机会，抓住不放，发起攻击。这种事件的发生在很大程度上，也许不是阿迪达斯公司的失误，而是耐克公司的骄傲。但我们对阿迪达斯公司在耐克公司的进攻过程中所作的努力仍然可以提出怀疑。阿迪达斯公司难道不应该在这种极易进入的行业保持更高的警惕性吗？诚然，它无论技术要求还是工厂投资费用，毕竟都不足以阻止其他公司进入这个领域。然而，这位领先者难道看不出这种产品容易引起竞争——尤其在市场以几何级数增长的情况下，因而主动采取行动阻止这种现象发生吗？加强推销工作、引进新产品、加强研究和开发工作、精心筹划价格策略、不断扩大推销渠道——这些行动也许不能阻止竞争，但却能给这位市场领先者提供雄厚的财力（这些财力可使公司减少损失）。可惜阿迪达斯公司直到统治地位受到严重侵害时才采取进攻性的反击行动。

资料来源：许晓明. 企业战略管理教学案例精选 [M]. 上海：复旦大学出版社，2001.

思考题：

1. 耐克是怎样击败强劲对手阿迪达斯脱颖而出的？
2. 在市场的争夺上，阿迪达斯与耐克各采用了什么手段，其结果如何？
3. 阿迪达斯怎样重振公司雄风，扩大市场？
4. 从案例的竞争中应吸取什么经验教训？

案例 2　东京着衣：不同的环境，不同的选择

公司简介

2004 年冬天，当时就读大三的 Mayuki（现任品牌总监）由于平常就是身旁亲朋好友们的购衣及搭配顾问，抱持着想要将自己的挑选、搭配理念分享给更多女孩的想法，于是成立了东京着衣。

东京着衣为东京着衣国际集团旗下主力品牌，于 2004 年创立于台湾提供快速流行、平价奢华、优质百搭的女装，周周百款新品上市，多元风格横跨青少女至轻熟女。

在成立短短一年多间，迅速跃升成为台湾 Yahoo! 奇摩拍卖女装"累积评价第一名"及"成交金额最高"的双料冠军，且一路蝉联至今，稳坐流行女装天后的不败地位！

东京着衣品牌总监周品均更多次获邀参与电视节目录影及电视新闻专访，分享平价时尚穿搭理念，深受名主持人陶晶莹、吴宗宪、陈建洲等肯定；报纸、杂志更以大篇幅报导东京着衣国际集团的传奇历程，将其誉为"中国台湾网购女装第一品牌"！

东京着衣国际集团旗下品牌女装，不仅在中国台湾、中国大陆造成热销，海外买家更遍布全球，国际订单超过 25 国，最东至新西兰、最西至葡萄牙、最南至阿根廷，最北至英国，实现全世界女性爱美的梦想！

进入大陆

在决定进入中国大陆后，东京着衣公司的总经理郑景太便带着两位台湾籍的经理和 50 万元资金在广东开始设点。自 2007 年 5 月开始，他们每天在大陆地区卖出 600 件衣服，客户从黑龙江到海南岛都有，在短短四个月内，他们就做了约 274 万元的生意。他们甚至打破了大陆最大拍卖网站淘宝网的纪录，在 59 天内，在网络上的信用评级超过 10 000 分，成为淘宝网有史以来在最短时间内登上万分宝座的超级卖家。2007 年 8 月初，他们再次在淘宝拿下第二个象征万分评价的皇冠标志。

东京着衣的创始人，总经理郑景太和总监周品均，是两个不到 30 岁的年轻人。在投资做网店生意时，周品均还在念大三。但这两个年轻人只花了一年多的时间就拿下了台湾地区的网店冠军。"从两年前开始，他们就是我们成交金额最高的网店卖家"，雅虎奇摩公关主任吴苑如说。2006 年东京着衣在台湾的营业额高达 1.3 亿新台币。

"进入大陆地区后，我们才发现这个市场是无限大的"，周品均说。虽然市场大，但差异也大。在大陆地区做网店生意和在台湾并不相同，无论客服、物流、经营方式和规模，都是考验。

规模是最大的挑战，"在台湾，我们每天做一二十件生意，在这里，一开张就是一两百件。"周品均说。因为淘宝网要求卖家必须有现货才能做生意，因此许多台湾大卖家一开始抱着试试看的心态，只派一两个人在大陆驻点，甚至直接将货物从台湾寄到大陆，最终发现无法满足大陆市场的需求。

由于制作成衣的周期要两个多月，一开始台湾卖家多半只按台湾的经验备货，结果在台湾可供一个月的库存几天就卖光了，还要面对无数顾客的询问，许多人只得展示宣布歇业。

消费习惯的不同则是另一大挑战。郑景太分析，虽然大陆人的工资相对较低，但是他们购买一件衣服要花费 50~100 元，大陆消费者一向认为卖家会任意哄抬价格，于是杀价成了家常便饭。"大陆消费者不仅在买衣服前杀价，在收到货之后，还会再杀一次。"郑景太笑着说。在台湾，一般人可能看准价格和说明后就下单了；在大陆，几乎所有人都会先用网站提供的实时通讯软件进行在线杀价，问清楚商品的情况，才会下单，在收到货物之后，如果不满意，还会要求对方再送礼物或者折价券。"在大陆想开网店，若不提供在线真人客服，则几乎无法做成生意"，全买网总裁刘彦婷说。

物流业也是问题。在大陆，快递公司无法保证把东西送到全中国，郑景太就采用人海战术，请人将送到不同地区的货品分类，就各类货品分别找到最快、最便宜的快递公司。在正式开卖后的一个月，他们的出货人员便从两个人增加到 40 个人。

周品均观察，在大陆，多件衣服搭配的多层次穿法还不普及，他们就在商品的照片里，用自家的不同产品互相搭配，这就不再只是买衣服，而是卖一种流行的概念。他们一年有 2 000 多款衣服，经过营销包装后，如果消费者看上一款衣服，就会认真考虑买下其他搭配的衣服，另外，针对不同节日推出的服装组合，也有效地拉高了业绩。

"现在我们的竞争核心，其实就是营销"，周品均分析。目前大陆卖家大多停留在台湾初期的做生意方式，只有两三个人，照片也是随手拍摄的，现在台湾的网店卖家已经聘请专业的摄影师进棚完成，像东京着衣的网店业务就有 80 个人分工运营。不过，东京着衣目前仍把营销和拍照的核心能力留在台湾，而把客服和物流放在大陆。

品牌荣誉

2004 年 01 月，以东京着衣为名加入台湾 YAHOO 拍卖平台；

2005 年 12 月，跃升为 YAHOO 拍卖评价信用第一品牌；

2007 年 12 月，荣获 YAHOO 拍卖 2007 年 Super Star 殊荣；

2008 年 06 月，淘宝评价破 10 万，跃升四皇冠；

2009 年 10 月，台北实体店开幕，众多媒体采访报道，公认网络第一；

2010 年，荣获 2010 年台湾"春季流行金拍奖业绩销售第一名"；

2011 年，于台湾 Yahoo！奇摩拍卖评价突破 20 万分，稳居评价冠军宝座。

资料来源： 林建煌. 战略管理［M］. 2 版. 北京：中国人民大学出版社，2010.

思考题：

1. 总结东京着衣营销战略的成功之处。

2. 讨论类似企业在不同市场上应作出怎样的战略选择？

案例 3　李宁公司的人力资源战略

李宁牌创建于 1990 年，十余年来，李宁公司由最初单一的运动服装发展到拥有运动服装、运动鞋、运动器材等多个产品系列的专业化体育用品公司。"李宁"产品结构日趋完善，"李宁"在中国体育用品行业中已居领先地位。

一、人才培养的组织保障

（一）学习与发展中心 LDC

2002 年底，李宁公司做出了战略选择，确立了公司走体育专业化的战略发展道路。要实现体育专业化的发展战略，首先需要的资源便是企业的人力资源。而体育用品行业是一个快速发展的新兴行业，缺少大量的专业管理人才，行业的人才大环境，成为制约李宁公司人才引进的"瓶颈"。公司从长远出发，决定在企业内部快速培养人才，通过解决问题的根本来保障企业战略的长久实现。

2004 年 1 月，李宁公司成立了"学习与发展中心（Learning/Development Center，简称 LDC）"，通过组织上的保障，把"在企业内部快速培养人才"这一中心提到公司的重要位置，来为企业战略实现做后勤保障。

在李宁公司，LDC 把自己作为一个组织来看待，LDC 的使命是系统提高公司核心能力，培育出体育用品行业的国际化专业团队，它将公司全体人员都作为 LDC 的客户，为每一位员工提供技能提升和发展的服务是 LDC 的主要任务之一。LDC 通过五个方面帮助员工学习：从公司的角度，持续系统提升公司核心能力，支持公司战略目标的实现；从团队的角度，选拔和培养核心人才，培育国际化的经营管理团队；从文化的角度，创建持续创新的组织文化氛围；从员工的角度，持续提升和发展员工能力，拓宽职业发展空间；从行业的角度，成为中国体育用品行业管理的标杆，促进行业发展。其中，提拔和培养核心人才，培养国际化的经营管理团队是 LDC 工作的重中之重。

（二）胜任力模型

李宁公司对员工和对经理的要求都集中体现在胜任力模型上。此模型是基于四个维度推导产生出来的：一是公司三年的战略和未来远景分析；二是公司的核心价值观，公司所倡导的文化；三是根据公司内部优秀经理和关键岗位优秀人员的行为特质表现；四是瞄准国际标杆公司，看他们在员工行为和领导行为方面有什么样的特质。

由这四个维度总结出了李宁公司的 12 项资质，分别针对全体员工和领导层的要求，由此建立了李宁公司的胜任力模型：

（1）核心资质模型，是公司全体员工必须具备的个人素质和综合能力特征。核心资质与体育精神密切联系，包括：职业诚信、应变能力、追求卓越、团队合作、沟通能力。

（2）领导力资质模型，是公司领导层必须具备的个人素质和综合能力特征。包括：战略思考、商业意识、创新能力、结果导向、发展员工、决策能力、影响力。

二、人才测评

（一）针对领导层的人才测评

针对领导层，在启动培养计划之前还要有效评估目前经理们的水平在哪个水准上面？表现得如何？LDC 根据领导力资质模型中的要求，集中采用了 360 度问卷的方式。因为通过 360 度反馈，首先，可以获得多层面人员对自己素质能力、工作作风、风格、工作绩效等方面的反馈意见，较全面地了解有关个人工作情况的信息，以作为制定改善计划、个人未来职业生涯及能力发展的参考；其次，通过 360 度反馈信息与自评结果的比较，让被测评人看到差异，引导他分析差异的原因，为被测评人提供反思的依据；最后，360 度反馈方式也为公司内部管理团队开放式的沟通和互动创造了一个平台、一个机会。360 度反馈都是公开、面对面的，甚至会根据得出的报告进行面对面的讨论。

在评估一个经理时，考察他在"发展员工"方面的能力，是要看他的下属的评估；而"战略思考"、"商业意识"方面，更多的要看他的直接领导对他的评价；"团队合作"方面，更多的看与他平级的同事们对他的评估和看法。

（二）针对全体员工的人才盘点

针对公司全体员工，在人才测评时还有一项工作就是人才盘点，这也是配合薪酬福利调整的一个政策。每年的四五月份，根据公司所有员工与他们直接经理访谈之后的结果，将他们划分为三个区间，一是前 20%的，他们就是核心员工。对核心人才，公司有特殊的培养计划，他们是公司后备人才培养计划的对象，薪酬福利上也会有所调整，更多地向他们倾斜。还有最后 5%~10%的员工，这些人员将会退出计划，一方面会人性化地给他们一个观察期，告知他并给他一个改善的缓冲，在此期间如果他能够调整他的业绩、行为、技能、态度等，结果还符合这个岗位要求，会在下一个年度续签他的劳动合同。如果不能符合公司的要求，就要离开公司。对中间这一区间的员工，就进入到正常的劳动合同续签、薪酬调整。

三、人才培养

（一）培养计划

1. 针对管理层的人才梯度培养计划

通过创建胜任力模型，明确了公司对经理和员工的要求，以及基于这些要求做好了 360 度反馈与 PDP 测评。之后根据得出的数据与分析结果，李宁公司树立了人才梯度培养计划，随着公司的高速发展，关注人才的梯度培养，为公司的长远发展做好人才储备。李宁公司有这样几方面的角色：员工、专业经理、部门经理、总监，再往上就是 CEO 等，他们分别承担着管理自己、管理他人、管理功能、管理多功能的系统、管理国际化生意等不同的职责。

李宁公司在高速地成长，也迫切要求公司管理团队的能力要相应地增长，但这种增长并不是完全一致的。生意的增长从战略要求上斜率是逐渐增大，速度逐渐加快。而人才数量的增长，斜率是很缓的。公司不是通过人海战术来实现业绩的增长，而是通过人员效率的增长、人才质量的增长来促动变革，最终保持了天平的平衡。

2. 核心人才——TOP2008 人才的发展流程

关于核心人才发展，学习了 IBM 的"人才快车"，拟定了李宁公司 TOP2008 人才发展流程，是基于选择人、培养人、评估人、用人、保留以及衡量等一系列的流程展开的。基于对人才资质的要求来规划课程体系，对不同的人才规划不同的课程体系。课程的实施方式是 TOPDOWN 的形式，也就是一线经理和中层经理，他们所学习的内容是高级管理人员同样需要掌握的，这就为李宁公司塑造一个管理团队统一的声音、一致性的语言创造了条件。

3. 针对全体员工——IDP 人才的发展计划

对员工的培养，公司采用了 IDP 的发展计划。所谓 IDP 就是个人发展计划，是从两个维度导出来的，一个是员工的 KPI 绩效考核；另外一个称为 KDI 考核，就是对于员工发展的考核。基于这两个考核得出的数据，绩效怎样？经过一段时期他的行为有没有改进？根据这些数据来建立个人发展计划。实际这个计划的产生是根据每个人的需要，经理与他的员工面谈产生的。

（二）培养措施

1. 使管理者成为人才培养的主角

公司课程更多的是由内部管理者和内部讲师来授课，并且尽量让更多管理者参与到人才培养的过程中，成为人才培养的主角。比如同样一个课程会将下一级培训班时间稍微错后一些，一级一级往下展开。邀请上一个培训班的学员到下一个培训班去分享他的学习体会，所以上一个班的学员可能就是下一个培训班的经理。这样，他们在工作要求上、学习内容安排上、激励上都会起到很重要的作用。

2. 轮值邮件分享活动

因为注重学习过程中的分享，公司启动了一个非常有特色的轮值邮件活动。这个活动简单地说就是李宁公司管理者在交流的时候很大程度上依赖于邮件，再有就是会议、面对面等方式。邮件沟通在公司目前使用的频率很高，所以公司就想怎样在一次培训活动之后使用现在这种沟通方式，又能够让大家很方便、及时地将自己的所感、所想以及在工作运用当中的一些体会拿出来让其他人了解并引发思考，促进行动。

资料来源：谭忠富，等. 企业战略管理：理论与案例［M］. 北京：经济管理出版社，2008.

思考题：

1. 李宁人力资源管理的特点是什么？
2. 从李宁的人力资源战略中，我们能得到哪些启示？

案例4　耐克：虚拟经营的典范

看了耐克的成长历史，也许你会有更多的感触！

菲尔·耐克，耐克公司的创始人之一，曾是一位技术平庸的参加 1 英里赛跑的运动员，他的最好成绩是 4 分 13 秒，没有进入世界级运动员（成绩为 4 分钟）的行列。但他 50 年代末在俄勒冈大学受到著名教练比尔·鲍尔曼的训练。鲍尔曼在 50 年代，由于他年复一年地获得破世界记录的长跑冠军，使俄勒冈州尤金市名扬于世。

1964 年，耐克和鲍尔曼开始合伙。他们每人拿出 500 美元，组成布卢里帮制鞋公司，为泰格尔跑鞋生产鞋底。

1972 年，耐克和鲍尔曼终于自己发明出一种鞋，并决定自己制造。

1978 年，他们把制作任务承包给劳动力廉价的亚洲工厂，并给这种鞋取名叫耐克。就这样，耐克品牌在世界开始不断创造奇迹。

1980 年耐克公司的年销售额一举超过了在美国市场领先多年的老牌企业阿迪达斯公司，1981 年在全美 15 亿美元的高级运动鞋销售额中，耐克公司市场占有率已达 30%。

耐克公司 1994 年全球营业额达到近 48 亿美元，这一数字高过中国 500 家大企业之首大庆石油 1994 年的销售额 359 亿人民币（约合 42 亿美元）。

在美国，与成年人想拥有名牌跑车相映，约有高达七成的青少年的梦想便是有一双耐克鞋，"耐克"成为消费者追求的一个"梦"。

耐克后来居上，超过了曾雄居市场的领导品牌阿迪达斯、飙马、锐步，被誉为是"近 20 年世界新创建的最成功的消费品公司"。

是什么使得耐克如此成功?!

如果你知道，耐克自己没有投资建设生产场地，也没有装配生产线，你是否会感到更加惊讶？其实，耐克的成功，就是虚拟经营的成功，也是中小企业成长的真实写照。在仔细的研究了耐克的经营和成长历史后，笔者认为，耐克的成功，取决于独一无二的经营模式，这是一个聪明的选择：虚拟经营模式。这种模式，给耐克带来了巨大的成功，具体可以从三个方面分析：技术核心、借鸡下蛋和营销战略。

技术核心

我们都知道，耐克的鞋，就是通过提供风格各异、价格不同和多种用途的产品，使运动的人们感到耐克公司是提供品种最全的跑鞋制造商，它的目标就是向人们树立这个形象？可是，如何保持这种能力呢？如果你看了下面的描述，你就不会对耐克的这种核心能力表示怀疑了。

一直以来，耐克公司就非常重视研究开发和技术革新工作，公司致力于寻求更轻、更软的跑鞋，并使之既对穿用者有保持性，也给运动员—世界级运动员或业余爱好者—提供跑鞋工艺所能制作的最先进产品。耐克公司重视研究和开发新产品，突出地表现在它雇用了将近100名研究人员，专门从事研究工作，其中许多人具有生物力学、实验生理学、工程技术、工业设计学、化学和各种相关领域的学位。公司还聘请了研究委员会和顾客委员会，其中有教练员、运动员、设备经营人、足病医生和整形大夫，他们定期与公司见面，审核各种设计方案、材料和改进运动鞋的设想。其具体活动有对运动中的人体进行高速摄影分析、运动员踏车的情况分析、有计划地让300多运动员进行耐克实验，以及试验和开发新型跑鞋和改进原有跑鞋和材料。1980年用于产品研究、开发和试验方面的费用约为250万美元，1981年的预算将近400万美元。对于鞋子这样非常普通的物品，进行如此重大的研究和开发工作，可谓是空前绝后了。

借鸡下蛋

在本国站稳了脚跟、积聚了相当资本之后，耐克开始向世界市场进军。他认为，首先要打入欧洲市场、日本市场，然后逐步拓展到全球去。这儿有两个难题：一是各国都有贸易保护措施，限制外国商品进口；二是各国经济发达程度不同，人民生活水平不一，要考虑在适当价位，该国需求者才承受得起。菲尔·耐克深思熟虑，提出了一个"借鸡下蛋"战略，来解决这两方面的难题。所谓"借鸡下蛋"，就是利用"耐克鞋"这张名牌与各国谈判建厂，依托各国当地的廉价劳动力和材料物资，运用耐克的精美设计和先进技术，生产耐克鞋。这样，一可以避开"进口商品"这一关，躲过高关税的限制；二可以用本地原料、劳力，又省了远洋运输的费用，成本自然就降低了，价格便能适合该国人民的承受力。就是运用"借鸡下蛋"的办法，耐免先在爱尔兰建厂敲开欧洲市场大门；接着又在日本联合办厂，破除了日本的排外堡垒，使耐克鞋风行日本。20世纪80年代之后，为了更进一步降低成本，菲尔·耐克开始向工资水平低、原材料价格便宜、劳动力资源广阔的发展中国家和地区进军。他与韩国、中国台湾等厂商签订合同，由耐克公司负责设计，签约厂商负责生产，产品贴上耐克公司商标，再销往欧美各地。到了20世纪80年代中期，他又把目标对准改革开放的中国以及印度，因为这些地方劳动力更廉价，利润会更丰厚。进入20世纪90年代，菲尔·耐克又看好越南等东南亚国家，投资合作建厂，向这些地区推销中等价格的运动鞋，大受第三世界人民的欢迎，就这样，"耐克"一步步地走向了全球各个角落。

营销战略

在营销和市场运作方面，耐克的成功是源于强大的广告运作和明星战术。菲尔·耐克认为，"运动鞋"与"运动"分不开，而运动员又与运动鞋分不开，所以，耐克公司一定要与运动员交朋友，让运动员为耐克公司服务。一是在产品设计上征求他们的意见，使之更有的放矢；二是新产品出来请他们试穿，成为耐克的"检验员"；三是请运动员做广告宣传。于是，公司不惜支出重金，免费赠送运动鞋给运动员，送鞋给名牌大学球队，捐款给跑步讲习班和组织职业球赛的团体等等。在奥运盛会上，耐克公司不仅设立广告专栏，而且制定出奖励措施，凡运动员穿耐克运动衣和鞋夺得金牌者，公司奖给重金。利用体育明星做广告效果更佳。耐克公司不但不惜巨资请大名鼎鼎的乔丹做广告，而且以乔丹的名字命名产品，如"麦克尔·乔丹气垫鞋"就影响巨大，销售非常红火。1981 年，耐克公司广告费支出 1 800 万元，光乔丹一人，公司就付给了几百万美元。就这样，耐克公司逐步成长，形成了自己的核心能力，继续着它的虚拟经营，引领着运动鞋的时尚！

资料来源：李晨松，顾慈阳. 运筹商战先机：企业战略管理技巧与案例 [M]. 北京：中国经济出版社，2003.

思考题：

1. 耐克的虚拟经营模式是怎样的？
2. 结合材料，从战略管理角度分析耐克公司的成功之处。

案例 5 抓住单身商机——专科生热卖"光棍 T 恤"

21 岁的杨锐，曾是西华大学经济管理学院工商企业管理专业大三的学生。在其他同学都忙于找工作的时候，他已经挖到了个人生的第一桶金。2008 年年底杨锐失恋了，但这让他意外地发现了单身文化这个巨大的商机，随后他创建了"单身派"服装品牌。随着首款主打产品"光棍 T 恤"一炮而红，他在半年内卖出了 2 万多件 T 恤，销售额达 40 多万元，在网上被称为"最牛的专科生"。

说起这段创业历程，最初的想法源于一次失恋。2008 年，杨锐在校园里找到了自己的初恋，但是好景不长，几个月后两人因性格不合分手。自尊心受到打击的杨锐闭门苦恼了一个多星期，随后决心要做一个不平凡的光棍："不能在感情上成功，就要做一个事业上的成功者"。

恢复单身后的他为了填满空闲时间，在课余找了多份兼职，卖过微波炉，做过手机销售，还做过礼仪！投入到各种工作当中，杨锐的生活排得满满的。但不久，每年一度的情人节到来了。玫瑰花、情侣服、情侣套餐……市面上各种情人专用商品，让恢复单身的杨锐很窝火，"这种日子对于我们这些光棍同胞来说简直就是末日"，为了表现自己的不平凡，杨锐想寻找一种单身的标志物，"我当时就想，一定要向世界宣布我单身、我自由，向大家证明一个人也可以活得精彩。"商科出身的他头脑灵活，发现了一个有趣的商机——光棍 T 恤。

说干就干，杨锐立刻行动起来。2009 年 3 月，他在网上查到一组数据：虽然全国的剩男、剩女超过 6 000 万人，但目前市场上还没有一款为这个庞大的客户群量身定做的文化产品。同时，杨锐根据自己平时的调查发现，班上男生、女生比例是 3∶1，四川大学的男生、女生比例大约 6∶1，在成都，30 岁前还是光棍的人占了大多数。这些数据给了杨锐很大的信心。

创业不能盲目选择，需要有市场支撑。杨锐立马搞了个市场调查。"你愿意穿一件印有'单身'标志文字的 T 恤吗?""表达单身身份,你愿意接受张扬、含蓄还是怎样的字眼?"杨锐在西华大学校园里拿着厚厚一叠调查问卷向周围同学问着这些奇怪的问题。

"问卷摸底情况比我想象中的好,几百个人里几乎有一半同学愿意接受这种 T 恤,还有很多女同学。"杨锐说,由于 T 恤简单、便宜,大家乐于接受,他就将 T 恤作为了创业的首选。

不过,一个人的力量太小了,杨锐游说了 5 名志同道合的同学共同创业,"都是以前做兼职认识的,有些经济实力的朋友,我们集资了几千元钱,到成都附近一家小工厂代工,生产 500 件白色 T 恤。"

最初的设计工作由杨锐一个人担任,T 恤正面前胸用黑色草书书写 4 个字"天涯光棍",意为"光棍走天涯",象征自由的单身生活,左胸上方印有"单身派"的拼音缩写字母"dsp"标志,背面印有表示单身含义的英文"single","光棍 T 恤"由此诞生了,均价 25 元一件。

刚开始的时候,他们主要采取上门推销,"我确实怕卖不出去,刚开始很紧张。"团队的 8 个人,按高校集中位置分了 8 个区域,每人负责一个区域在校园或旅游景点推广。最初怕卖不动,他们还放了一些在别人的门店寄售。

然而,市场出乎意料地好。首批 T 恤上市后,立刻受到同学青睐,大家都觉得很新奇,价格也不贵,好多同学不仅自己穿,还买了送人,最奇怪的是一些情侣们竟然也来凑热闹,买来"光棍 T 恤"张扬自己的特别。首批 500 件"光棍 T 恤"上市两周,全部售罄。

初战告捷的杨锐看到了"光棍品牌"的生命力,马上到成都当地工商部门,注册了"单身派"商标。

"光棍是个大市场,要细分才有搞头。"为此,杨锐把光棍分为了四类:小鸟级——不是不想找,而是找不到的级别;菜鸟级——处于两场爱情的间歇期,纯属休息的那种;肉鸟级——因恋爱的伤害而不想再谈恋爱,但也期待真命天子的级别;骨灰级——万花丛中过进而看破红尘的级别。

杨锐还将光棍分成了八等,光棍中的"金领"当属才子佳人型,他们自封为单身贵族,很享受自由的现状;"白领光棍"表面心高气傲,实则凡心已动,在观望徘徊中;"蓝领光棍"则是在感情中比较弱势的,有的苦苦等待,有的为情所伤,还有的看破红尘,拒绝"脱光"。

杨锐一边念叨他的"光棍经",一边总结道:"不同心理的光棍,对 T 恤的需求是不同的,我们在产品中设计的文字也不尽相同。"对于非诚勿扰的执著型,适合"光棍之路有多远走多远"的字样;受过情伤,不敢主动出击的保守型,则有"无情却似有情"T 恤相配;至于顺其自然的乐天派,则非"我来自 1111 年 11 月 11 日"这种自嘲方式莫属。

"光棍 T 恤"越卖越火,杨锐最初找的小工厂逐渐承接不了越来越大的订单。于是,他就找到广东一家较大规模的制衣厂赶工,每单衣服都要上千件。同时,他利用网络寻找代理商,负责一个区域的销售。"我一般通过 QQ 联系代理,现在已经 500 多个了,除了青海、西藏外,其他各省市均有代理。"从 2009 年 4 月到 10 月半年期间,杨锐共卖出"光棍T恤"2万多件，销售额达到40多万元。

目前杨锐的团队设计的产品已有30多款，但还不涉及围巾、手套、帽子和冬装产品。同时他计划将设计团队从目前的20多人扩充至100人左右，这样才能负担多元化产品的设计工作；还要精简代理商，将目前的500多个代理精简至100多个，集中火力抢占最具消费潜力的市场；最后就是寻找企业合作。杨锐表示，现在团队的设计师都是高校的学生，能力毕竟有限，所以他一直在寻找成熟的专业团队加盟。

"我的目标是将'单身派'打造成中国'单身文化'领域的第一品牌"，杨锐对此胸有成竹，"经济学把成熟的市场称作红海，把未开发的市场称作蓝海，我要开发出社会当中潜藏的单身文化市场这片蓝海。"

资料来源：林建煌. 战略管理［M］. 中国人民大学出版社，2010.

思考题：

1. 这个故事中主人翁的成功，对你有哪些启示？

2. 结合案例，企业在战略管理中，应如何准确分析自己所面临的环境，从而做出正确的战略选择？

第十章 IT 行业

案例 1 Intuit 公司以弱胜强

1989 年，Intuit 和微软直接碰撞。力量对比是：Intuit 公司拥有 50 名雇员，年销售额 1 900 万美元；微软公司拥有 4 000 名雇员，同期收益 8 亿美元。挑起争端的原因是微软公司提出的兼并提议被 Intuit 否决后，微软执意进入 Intuit 赖以生存的财务软件市场，意图获取"领导性竞争地位"。对抗的结果是：直到 1993 年，Intuit 仍然保有 60% 的市场占有率而令微软束手无策。Intuit 的胜利似乎是不可思议的，因为从资金实力上看，微软放在银行里的现金储备就足够买下 4 个以上的 Intuit（1994 年，该公司的市价仅为 10 亿美元）；从智力储备上看，微软用诱人的股票期权网罗了很多顶尖的软件开发人员，在人员素质以及人员数量上都占有压倒性的优势；对 Intuit 更为不利的是，从时效性上看其开发的 Quicken 的 Windows 版也不如微软参与竞争的产品"Money"。但在这样的强弱对抗中，"小小的 Intuit 迫使强大的巨人哭着乞讨怜悯"，Intuit 的胜利昭示了一点：在企业的竞争中，强与弱并不是绝对的，一个有效的竞争策略加上公司资源的合理配置和使用，往往起到决定性的作用，因为巨人也并非无懈可击。

一、寻找市场以及营造局部优势

微软没有最先认识到家用软件潜在的商机，这给予了 Intuit 生存的机会。该公司把自身定位在为顾客提供解决财务难题方法的公司，除帮助他们开支票、结算支票簿和支付账单以外，还提供特别票据和表格等非软件形式的服务，而微软直到 1989 年才开始意识到自己的失误。在分析 Intuit 案例时，专家认为，Intuit 之所以能够成功，在客观上拥有其他许多软件公司所没有的优势：在发展初期，公司从事的领域与微软并无竞争，处于相互独立的态势；而这种优势并不是偶得的，来自于公司在制定局部优势战略过程中对市场的深刻分析。制定局部优势的竞争战略考虑的出发点是：

1. 在垄断者可容忍的范围内经营。当时微软更为关注的是操作系统的开发与推广，各种针对专门用户的软件开发公司多如牛毛，处于一种零散状态，根本无法对微软构成威胁，垄断者的忽略使 Intuit 公司有充分的时间修正自身错误、获取经验并赢得局部优势。到 1989 年，Intuit 羽翼开始丰满，虽然和微软相比不在一个数量级上，但是公司通过长时间建立的高质量产品声誉、稳固的市场营销网络以及顾客的忠诚构成了牢不可破的进入壁垒，因此 Intuit 对微软的兼并提议敢于说"不"，然后组织起卓有成效的反击。

2. 发现市场缝隙并抢先进入。1984 年家用软件市场的前景并未被大多数软件公司看好，办公软件市场一片混战，对 Intuit 这类几乎没有资金实力的小公司来说，抢先进入家用软件的风险相较强者众多的混战的风险还是小得多，虽然公司也为冒险付出了几近破产的代价。不过，回顾 Intuit 的历史，可以说没有抢先策略的冒险也就不会有今日的成功。值得一提的是，中小企业采用抢先进入策略、侧翼进攻策略以及差别化策略都能够减轻强势垄断者的敌意。

3. 追求在该领域顶尖位置。中小企业在产品声誉方面的比较劣势，需要以过硬的产品质量、良好的性能价格比以及服务作为补偿。Intuit 从创始阶段就不遗余力地将客户培育作为首要工作，以不断改进产品性能、给予分销商折让和产品降价等方式，有效地占据了 60%左右的市场份额，并成为抵御微软的最重要防线。

二、把营销优势视作立身之本

中小企业在竞争中能够确立比较优势的莫过于顾客的忠诚，而巩固的营销网络是其关键。从这点来看，Intuit 的营销策略值得称道：

1. 尽可能提高市场认可程度。1986 年，Intuit 孤注一掷地将全部财产押在一则广告上，寄希望于市场对此的反响。市场认知即意味着份额。对于中小企业来说，提高产品认知才有可能获得较高的资产回报率，品牌忠诚带来了价格敏感程度的下降，从而部分减弱了中小企业规模不经济的影响。

2. 挖掘市场潜力。在 Intuit 意识到利用银行营业厅展销软件的创意并不能奏效时，果断地改变了销售方式。公司分别尝试了多种方法，最终建立起传统的电脑和软件专卖店、零售商店、仓储俱乐部等多种销售渠道，并以零售商店作为主要的销售体系。Intuit 在建立销售体系时考虑到：尽管传统电脑和软件商店直接面对购买对象，但销售商占据的有力砍价位置将削减公司产品的利润；而零售商店出于增加产品门类的需求而减轻了供货方的不利。同时建立一种新型的营销方式往往等于创造了一个新的市场。可以说，正是 Intuit 首创的零售商店销售模式为公司在激烈的市场竞争中奠定了胜局。在零售市场中，其顾客群往往要比专业人士（电脑与软件商店的常客）在购买上更具有冲动、随机性。Intuit 在认识到该市场的潜力后，即将其定义为主要销售市场。中小企业寻找赖以生存的目标市场，应尽可能将着眼点更多地放在潜在的市场发现中，而不是在争夺公开市场的正面交锋中消耗有限的资源。

3. 将营销网络的利益与公司的利益一致起来。生产者与分销商松散的结盟会降低企业的竞争力。实力决定了中小企业无法通过自建广泛的营销网络获得尽可能大的市场份额，因此，将经销商的利益视作公司利益的一部分，才有可能使结盟关系变得更为坚固。1995 年，Intuit 的顾客感觉受到愚弄，因为公司提供的直接订购价格几乎两倍于零售商店的标价，Intuit 的意图在于：①顾客将因为价格而进入商店购买，客流将为零售商带来更多的利益；②因为零售商店的随处可得而使客户的抱怨仅仅停留在嘴上，不会造成客户流失的危险；③产品在商店的装卸和销售过程将是一个展示产品重要性的绝好机会。公司利益的让渡换来了经销商数量的上升，并且也成功地将库存转移到零售商店的仓库里，降低了产品的成本。

三、保持核心竞争力是取胜的关键

对不同的企业，核心竞争力的涵义是不同的。Intuit 在财务软件设计方面的经验和技术使微软在竞争中屡屡处于被动，更为可贵的是公司的经营管理层在先前就意识到保持核心竞争力对于获得市场份额的重要性。

1. 提高资源集中使用度。1989年，Intuit高层经理建议公司兼并一家生产个人财务组合程序逻辑补充的所得税软件，而当时公司已经从1985年濒临破产的境地发展到一个年销售收入1 900万美元的中型公司，并且主导产品Quicken在个人财务软件市场占有相当的优势。但提案被公司否决，理由是公司在现阶段应全力以赴保障Quicken地位的巩固。事实证明公司的决策是对的。对于资源有限的中小企业来说，快速发展过程中的通病是陶醉在市场乐观的销售现状中，然后将获取的收益冲动性地再投资，企图不断依靠产品线的扩张及早完成原始积累。而事实上，销售强势意味着竞争加剧的开始，初始的超常收益只不过是抵御日后市场竞争的应付成本。只有像Intuit一样能够清醒地认识到这一点的，才有可能通过不断对核心产品的投入在市场上持续发展壮大。

2. 核心能力必须成为最强。正如"田忌赛马"，客观上中小企业在大多数方面都无法与垄断者抗衡，因此营造相对强势对这些企业来说至关重要。从表面上来看，微软拥有编程队伍的"豪华阵容"，但就个人财务软件领域来看，Intuit却具有绝对的发言权：1994年，Intuit有1 000多名雇员专职于个人财务软件和相关软件研究，微软专门从事该领域的仅60人左右；而Intuit在个人财务软件开发方面多年积累的经验也是微软所不具备的。微软用于挑战的Money软件由于设计人员的经验不足导致设计周期过长，Intuit就利用经验的优势缩短升级产品的推出周期来打击微软。虽然Quicken从属于微软Windows更新版本的地位没有改变，但是产品与Money竞争获得胜利使这种从属性的不利影响降低到最小。

资料来源：http://articles.e-works.net.cn/manager/article6021.htm

思考题：

1. Intuit采用什么战略得以在与微软对抗中取得成功？这种战略有什么特点。
2. 微软公司拥有绝对的资金和人员优势，Intuit为何还能取得这样的成功？
3. 你认为Intuit下一步该如何操作，才能保持这一成功？

案例2 英特尔公司大幅改变公司使命

在某些情况下，公司所在的环境会发生巨大的变化，这些变化往往会改变公司的未来前景，要求公司对自己的发展方向和战略方向进行大幅度的修订，英特尔的总裁安德鲁·格罗夫把这种情况叫做"战略转折点"。格罗夫和英特尔在80年代中期遇到了一次这种战略转折点。

当时，计算机存储芯片是英特尔的主要业务，而日本的制造商想要占领存储芯片业务，因此将它们相对英特尔以及其他芯片生产商的价格降低了10%，每一次美国的生产商在日本生产商降价之后回应日本生产商的降价行为时，日本的生产商则又降低10%，为了对付日本竞争对手的这种挑衅性的定价策略，英特尔公司研究出了很多战略选择——建立巨大的存储芯片生产工厂，以克服日本生产商的成本优势；投资研究与开发，设计出更加高级的存储芯片；撤退到日本生产商的并不感兴趣的小市场上去。最后格罗夫认为，所有这些战略选择都不能为公司带来很好的前景，最好的长期解决方案是放弃存储芯片业务——尽管这块业务占英特尔公司收入的70%。

然后，格罗夫将英特尔的全部能力致力于为个人计算机开发出更强大的微处理器（英特尔早在70年代的早期就已经开发出来了一种微处理器，但是由于微处理器市场上的竞争很激烈，生产能力过剩，所以英特尔现在才将公司的资源集中在存储器芯片上）。从存储器芯片业务撤退，使英特尔公司在1986年承担了1.73亿美元的账面价值注销，并全力以赴参与微处理器业务——格罗夫所做的这项大胆的决策实际上给英特尔公司带来了一个新的战略使命：成为个人计算机行业微处理器最主要的供应商，使个人计算机成为公司和家庭应用的核心，成为推动个人计算机技术前进的一个无可争辩的领导者。今天，85%的个人电脑带有"Intel Inside"的标签，同时，英特尔公司是美国1996年盈利最大的五家公司之一，营业收入为208亿美元，税后利润为52亿美元。

资料来源：http://www.docin.com/p-523901247.html

思考题：

1. 英特尔公司为什么改变了企业的使命？企业使命与企业战略之间是什么关系？
2. 试用企业使命理论为英特尔编写企业使命书。
3. 英特尔公司的日本竞争对手降价是否是一个战略问题？

案例3 AOL 创业之路

12年前，27岁的Case还是企业界的无名小辈，他用Commodore计算机推出一项聊天服务。他深深沉迷在自己的电脑空间里。"我就像来自另一个星球。"他回忆道。今天，已成为美国在线公司CEO的Case，所做的努力就是如何将电脑爱好者的小社区推向大众市场，如何将计算机网络成功地变成娱乐和新闻的全新媒体。到1996年，他的AOL公司已拥有500万用户，每周有7.5万人加入，到1998年底已突破1200万人。AOL已经成为网络时空中最重要的潜在力量。

AOL的成功，使计算机和通信业最大的两巨头Microsoft和AT&T也垂涎不已，并开始启动各自的网络计划。AOL将微软的网络浏览器IE推向用户，而微软前所未有地作出承诺：将AOL软件与Windows95捆绑。AT&T则将AOL引入其8 000万用户的World Net服务中，使得当时的竞争对手Prodigy和CompuServe仓促应战。

许多年来，几乎所有的分析家都断定AOL必败无疑。但是AOL还是奇迹般地步步高升。即使到了1993年，公司仍出台强大的市场推广活动，以夺取市场份额，评论家们仍坚持说Case将遭遇挫折，AOL将失去控制。的确，有众多理由可支持这种观点。AOL寄出了大量的磁盘和免费试用账号，吸引了成千上万的用户，使公司网络常常超载，使AOL获得了"America On Hold"的绰号。这种侵略性的价格战使原有的用户受到冲击，对收入的刺激也未能达到预期目标。而且微软也准备涉足在线服务，直接威胁 AOL。当然最大的阴云还是互联网。通过万维网，内容提供商可直接获取千百万用户，谁还需要 AOL 呢？市场顾问公司 Forrester 曾预测，1995 年随着消费者转向万维网，AOL 的新订户将徘徊不前。但是 Forrester 错了。为了通过减少忙音吸引用户，Case 掏出 3 500 万美元建造了自己的数据网络，而且大胆地张开怀抱。AOL 的万维网业务也一举成功。每一个碰到他的人都会问："你是靠什么生存下来的？"其中的秘诀就是公司独特的定位。Case 始终认为 AOL 的发展过程中没有多少远见卓识，它的成功仅仅是因为贴近了消费群，而不像竞争对手那样一味沉迷于技术之中。Case 的公司几乎有所有大公司的投资，因此他们总会向 Case 献殷勤。这样做也有坏处：Case 个人的股份一再稀释，使其个人财富始终不高。无疑 AOL 是华尔街最热门也最具争议的游戏。

1992 年 AOL 公开上市，价格每股 1.84 美元，经过数次拆股和配股，1997 年达到50 美元以上。1996 年，AOL 市场价值达 50 亿美元，为 3 900 万美元利润的 132 倍，37岁的 Case，拥有了 1.65 亿美元的纸上财富。而到了 1998 年底，市场价值更是奇迹般地升到 710 亿美元。Case 1980 年毕业于 Williams 大学，在宝洁公司干过两年。这种经历使他能更接近普通消费者。"计算机业的博学者们完全脱离消费者，这是个巨大的错误。"Case 表示。"Case 的秘密就是他找到了办法，让消费者更喜欢计算机。"Novell 总裁 Eric Schmidt 说，"看看 AOL 的用户群，全是普通百姓，他们是真正的消费者。"他认为业内人士和竞争对手一再批评 AOL 的技术，这是高科技产业极端骄傲自大的表现。高科技、媒体和电信巨头们都进来插手这一全新的大众市场。

从微软、迪斯尼到默多克的新闻公司都渴望建立自己的在线帝国。A&T 和 MCI 等电话公司也开始介入互联网访问服务与千百家当地的 ISP 展开竞争。但 Case 深信，与芜杂和野蛮的互联网相比，大众会更青睐 AOL 的舒适。Case 继续加大赌注，准备建造全国性的互联网骨干网，规模超过 AT&T。而且他将继续增加内容，比如增加一系列网上出版物，旅游等项目也将大大扩充。"Case 从来不缺乏自信和商业头脑，他一直是个独立的思想家"，Case 的哥哥 Daniel Case 说。他是 Case 最早的商业伙伴，现在是旧金山 Hambrech & Quist 投资银行的总裁兼 CEO。他俩一起在檀香山长大，Daniel 比 Case大 13 个月，从小就相伴在一起。Case 6 岁那年，哥哥就用院子里长出的酸橙制成果汁，摆摊出售。每杯要价 2 美分，但许多人都给他们 5 分的硬币，不要找零钱。"我们很早就学到了高利润的价值"，Dan 说。几年以后，他们创办了"Case 企业"，Dan 说那是一家"国际邮购公司"，他们或是邮购，或是上门推销，从种子到贺卡几乎什么东西都卖。同时公司还成为一家瑞士手表公司在夏威夷的经销商，虽然他们一块手表也没卖出去，但他们一点也不感到沮丧。不久，兄弟俩又开了一家"Aloha 销售机构"，去卖广告信件。为了给信件起一个动听的名字，Case 曾在半夜把 Dan 叫醒。两人还一起发送报纸。为什么这两个有着舒适生活的孩子会早早就有经商的爱好？"这是一种挑战，是对观念的追求"，Case 回忆说。

后来，Case 开始为某报写邮评，报纸主要是面向青少年读者。大名一出，总能不断地收到免费邮票以及音乐会的票。Case 还爱好篮球和人体冲浪。在学校，他规规矩矩、有点腼腆，是位富有创造性的好学生。在 Williams 大学，Case 主修政治科学，虽然他唱歌的天分有限，但他是某乐队成员，还两次被聘出任领唱。毕业后 Case 进入宝洁，他说："那是一场灾难，管理一个成熟的业务不是我的本性。"因此两年后他就离开了。Case 就业的下一站是必胜客比萨店，负责开发新比萨饼。他花了好几个月时间，在各大城市穿梭，到处品尝，以寻找新的配方和口味。旅程使他沉湎于新的发现：PC。他买了一台 Kay pro 牌 PC，花了 100 美元订阅了"TheSource"的在线服务，常常花几个小时时间去聊天或细读 BBS。"当我坐在旅馆的房间里，将机器联上，就有一种神奇的感觉。"当然，这也花去了他数千美元。哥哥 Dan 是家中最早涉及高科技的先锋。这位普林斯顿大学的毕业生，还是获得罗乐奖学金的研究生。他成了 Ham brech&Quist 公司的助理，很快代表公司成为 Control Video 公司的董事，该公司是为 Atari 计算机用户开发游戏服务。

Case 的转折点出现在 1983 年，那一年他和哥哥一起去拉斯维加斯参加消费电子展。展会上 Dan 将他弟弟介绍给 Control Video 公司的创始人。他们给 Case 提供了一份市场部助理的工作，他接受了。但不久，公司没钱了。董事会解雇了领导层，让一位在公司兼职的企业家 JimKimsey 担任 CEO。此时，Dan 也进了董事会。1985 年，Case 帮助 Kimsey 一起搞到了风险投资，公司获得新生，改名 Quantum 计算机服务公司，为 Commodore 计算机用户提供在线服务。一开始，Kimsey 就给他一个极高的职位，但这位小兄弟喜欢一马当先，冲在最前面。1987 年，他签下了苹果公司的单子，纯粹是靠软磨硬泡，在苹果总部整整骚扰了四个月。"他们被我搞得筋疲力尽"，Case 说。攻下苹果，Case 又瞄准了 Tandy，并一举拿下。但是为了这些单子，他也将 500 万风险投资中的大部分当了"炮弹"。虽然这笔经费的回报是十分可观的，但对于手头很紧的 Quantum 来说，这样花钱实在太大方了。Kimsey 回忆说：几乎董事会中的每一位风险投资家都给我打电话，让我把他给炒了。我说："我在这小子身上投入了 500 万美元的教育费用，我怎么能把他扔掉呢？"十多年来，公司一直保持高速增长。

1991 年，公司改名为 AOL。1992 年公司股票上市，筹资 6 600 万美元。不久 Case 升任 CEO 一职，并与 AOL 市场"沙皇"Jan Brandt 通过直邮将软件送给千万用户，使用户数激增。用户数量从上市时的 15.5 万狂升至 1996 年初的 460 万，这场战役打得的确扣人心弦。1992 年公司收入达到 2 700 万美元，有 250 名员工，以 20 万订户紧随 CompuServe 和 Prodigy 之后。一上任，Case 就大刀阔斧。1993 年公司出台一个"以增长为目的，不惜一切代价"的策略，而且义无反顾，从未妥协。

到 1996 年，员工狂增至 4 000 人，每月增加 200 人，公司不得不另辟新地，如今员工已达万人。驾驭增长，是难题最大的挑战。Case 拿出 1 亿多美元发动疯狂的收购行动，以进一步扩充人力、物力。现在回过头来看，许多购并显然很草率。虽然 ANS 和 GNN 公司为 AOL 带来了急需的数据网和互联网访问能力，解了燃眉之急，但许多购并的软件公司，包括 Navisoft、Wais、Medior 等都是得不偿失。尤其是开发浏览器的 Booklink 公司，1994 年 Case 以 4 100 万美元把它买下，但明显是一败笔。最终 AOL 还是选用微软和网景的浏览器。由于 Netscape 条件太高，AOL 还是选择了微软，因为当时微软为急于追赶，答应针对 AOL 专门优化。这也迫使 Netscape 不得不跟上，使 Navigator 能与 AOL 无缝连接。Case 是个不折不扣的工作狂。为减轻负担，他招来了公司首位 COO，负责部分日常事务，但这一手太晚了，没能挽回他 11 年的婚姻。他和妻子在大学时相识，已有三个孩子。在繁忙的商务中 Case 克服了腼腆的弱点，成为一名出色的演说家，不论他到哪里，他都要争取将 AOL 成为首选的频道。"这是一场力量的游戏"，Case 很清醒，网络空间出现了一股比 AOL 更强大的力量：万维网。

由于成百上千的 ISP 以极低的费率招揽用户，而每天都有无数的内容站点推出，AOL 明显感到了压力。首当其冲的当然是价格。当时，AOL 的平均月资费已达 18 美元，AOL 又出台了每月 19.95 美元无限时使用的方案，这对于那些长时间泡网的用户极具吸引力。Case 明白自己无法与万维网抗衡，AOL 与它的界线必然要打破，双方可相互访问。如今，订户费用已占 AOL 收入的 90%。由于万维网的竞争压力，AOL 必须寻找新的利润来源，广告无疑是首选。Case 将其千万名用户，推销给其客户，同时也与媒体巨头广结良缘。名单中有 Capital Cities/ABC、时代华纳、Viacom 以及德国的 Bertlesmann。这些公司都有上网行动，但也都需要 AOL 的用户。商业网络服务和万维网的区别将日渐淡化，他们将最终实现共存。数字是最好的证据，AOL 开始实实在在地赢利了。AOL 也成了新时代的"蓝筹股"。

1998 年 4 月，AOL 将月费提升 2 美元，达到 21.95 美元，用户反而增加。而 2 个月前公司刚刚购并了 CompuServe，两个月后又以 2.87 亿美元购并了 ICQ。Case 已经 40 多岁了。十多年来，他一直在做一件事：为 AOL 拉来更多的用户。在这条路上，他已花费了 10 亿美元。如今可以开始从他的创造中榨挤每一美元。他将用户卖给广告客户。动员零售商花费在他的地盘上建立虚拟商场，还要设法让订户付出更多的钱。像 AOL 这样做买卖的在网络空间真是独此一家。Case 是位谦逊的 CEO，一个时刻处于忧虑的斗士，他从来没有承认过 AOL 的超级地位。"这仅仅是第二回合，局面可能在一夜间改变。"他知道电信公司、有线网以及微软都有可能将他淘汰出局。

在互联网中，规模一再构成优势。TCI 购并 Bell Athantic 要修建信息高速公路，时代华纳已在顶置盒上投入巨资，MCI 和 NEWS 公司已携起手来，AT&T 为长途用户提供每月 4.95 美元的网络访问服务，盖茨则与 NBC 一起推出了 MSNBC……在这场混战中，Case 凭什么能脱颖而出？换上别人，可能早就知趣地引身退出。但是对于 Case，从第一次起他就相信自己做的是一个大生意，而且从没退缩和动摇。"我相信奇迹会发生。"可以说 AOL 的成功基础就是 Case 的信念：在线服务必须方便试用，容易使用，但是现在过于复杂。"证据就是，为了提供更好的服务，AOL 有 5 500 人通过电话向用户解释那些我们认为很简单的事情。事实上，对他们来说，许多东西都变复杂了。"尽管业界精英们热衷于新技术新突破，他们将 AOL 讥笑为"火车轮子上的互联网"。当你见到 Case，你就会明白一切。因为 Case 本人就极其普通，一点也不像媒体大亨。他穿着卡其布敞领 T 恤衫，吃的是火鸡三明治，孩子气的脸庞。他聪明多智，但不属于天才。其实，Case 骨子里还是一名小贩。他早期为宝洁推销卷发器，然后在必胜客品尝新式比萨饼，去了解人们是喜欢番茄酱还是奶油。也许这就是 AOL 能够保持不败的秘密。AOL 不是互联网时代的暴发户，它以整整 10 年时间创造需求，吸引客户。但 AOL 是互联网时代的领头羊，先是稳稳站住脚跟，然后开始健康成长。这如履薄冰的 10 年实在令人后怕。由于 Case 从来没有运作过大公司的经营，这使 1995、1996 年公司也处于失控状态。1996 年 12 月，AOL 取消每小时 2.95 美元的计费方式，代之以统一的每月 19.95 美元的收费。结果造成系统超载，老用户都有一种上当背叛的感觉，怨声四起，然而，他在一夜之间使 AOL 成为美国人生活的一部分，使网络第一次开始真正影响人们的生活。另一位传奇人物 Bob Pittman 的加入，使 AOL 如虎添翼，而且开始极大地改善了公司财务。

Pittman 是个市场天才，为了电台的工作他不惜从大学退学，并且成了 NBC 著名的节目负责人。后来他与别人共同创办了 MTV，并发动了极其成功的"我需要 MTV"的广告宣传活动，1986 年离开 MTV 后，四处飘荡。Pittman 曾制作脱口秀，负责时代华纳的"主题公园"，又担任"20 世纪"的 CEO，为房地产商建立了在线服务。这些工作他干得都不错，但都在聚光灯之外。因此当 Case 拉他当 AOL 总裁时，这家伙兴奋得差点要跳起来。

"这是美国下一个魔怪般的行业"。Pittman 又有机会证明自己了。AOL 面临的问题其实很简单，这是打价格战的行业。越来越多的人花越来越多的时间泡在网上，这是一个大好消息，但你就得考虑成本的激增。1997 年，AOL 增加了 290 万用户，网络建设和用户服务的额外投资就需 7 亿美元。44 岁的 Pittman 首先向成本发动攻势，一举裁掉因购并而多余出来的人，其次与主干网 WouldCom 等供应商讨价还价，将 AOL 每小时的连接成本从 95 美分降至 50 美分。而且在他的长项——市场方面总能以更少的钱做更好的事，使 AOL 品牌进一步得以加强。近两年，AOLL 每争取一个订户的成本已从 375 美元，急骤下降到 90 美元。当然，节省不是真本事。Pittman 要从零售商、广告客户、出版商、节目制作公司以及每一个想利用 AOL 的人身上榨出更多的美元，而且都是大钱。当然将 AOL 和 Case 推向顶峰的还是购并网景。1998 年 11 月 24 日，AOL 宣布以 42 亿美元收购网景。现在，AOL 股票市值近 1 700 多亿美元，已超过 DEL LHP、Compaq，仅次于微软、Intel、Cisco，成为互联网时代无可争议的领头羊。如今，再也没有人会对 Case 说长论短，他是网络时代的真正天王。

资料来源：http://blog.sina.com.cn/s/blog_4b4c9b10010009xy.html

思考题：

1. IT 行业成功的关键要素是什么？
2. AOL 公司面临的行业竞争状况是什么？
3. AOL 公司在激烈的竞争中采用了哪些竞争战略？为什么采用这些战略？

第十一章 家电行业

案例1 索尼：为何你的品牌套路开始失效

没有任何一家公司有权利永远生存下去，而不需要通过不懈的奋斗来争取。这一原则同样适应于索尼，这个最有战略号召力的公司在众多的领域开始遭遇失败。在等离子彩电市场，先锋、日立的技术已经逐渐超越了索尼，先锋和索尼在日本国内的销售比达到了4：1。在液晶彩电领域，韩国三星已经在索尼的传统领地北美地区将索尼封住，索尼开始节节败退。

在手机领域诺基亚、摩托罗拉共同把持了市场；在中国，三星一直占据高端市场，在全球，更是挤进了全球手机五强之列；而索尼的手机则处于萎靡窒息状态。在中国，三星手机和液晶显示器等电子类产品的市场占有率逐年攀升，索尼爱立信手机一直在亏损。今年春季（1~3月份），索尼电子业务出现1 161亿日元巨额营业赤字，加上市场对索尼的前途感觉模糊，引发了日本股市的巨幅震荡。有舆论认为这象征着日本经济已经面临一个重大转折，实际上我们真正应该考虑的是，索尼这种标杆型的公司在新的竞争年代遇到了什么样的挑战，我们还应该不应该继续把它作为榜样，新的竞争年代组织到底需要什么样的新战略？索尼一直被理论界认为是独特的战略赢得了独特的胜利，尤其是在日本的公司大多匍匐在效率面的竞争而不能突围的时候，索尼的经验更加难能可贵。它的胜利在于它有独特的战略：针对不同顾客生产不同的电子产品然后高价销售，并用独特的方法进行市场营销，强调产品技术的原创性。

经营效率竞争要求把相同或者相似的活动做得比竞争对手更好，而战略竞争的本质是以区别于竞争对手的方法展开商业竞争活动。如果生产所有品种的产品满足所有市场的需求，占有所有顾客的最好的方法是相同的，那么经营效率决定公司的业绩效率，然而对经营活动进行取舍可以使公司能够在它选定的位置上取得独特的成本于顾客价值。索尼50年来的胜利其实就是这种战略的胜利，但是，在50年后索尼各条战线遇到了麻烦。是战略理论出现了问题，还是索尼出现了问题？实际上是索尼对待战略的方式上出现了问题。战略从来都不是静态的，因为市场是变化的。一种战略不可能保持一个静态企业的持续胜利吗？这个公司必须进行持续的、新的定位，以保持自己永久的战略差异性，这才是企业获得胜利的根本。索尼的战略已经遇到了挑战，它的战略已经开始模糊，这是因为在很多领域内它与其他很多公司已经没有什么两样，并且有很多公司已经超过索尼，索尼是重新进行战略定位的时候了。索尼在几十年前率先从日本大公司杂货铺式的经营模式中突围，获得了几十年的胜利，面对新的竞争必须进行新的产业取舍和原有产业的突破，也就是说必须进行新的战略定位，任何的修修补补都没有用。因为从现在看，索尼实际上在众多对手的围攻下掉进了效率面竞争的陷阱，在这样的环境中索尼是没有任何优势的，因为它的成本是最大障碍。

索尼的战略优势的衰退给信息时代的全球竞争提供了五点启示。第一是市场已经转变为"不间歇化的市场"。市场创新主体增多，具有技术优势的企业都不可能垄断技术，消费者接受新产品的速度加快。这个新的市场是一个速度的市场也是一个创新的市场，这样的市场不可能给一个企业更多的时间让你一劳永逸，进入这样一个新的市场就等于开始没有终点的速度与创新的比赛。第二是永远的有活力的新产品。成功的企业首先是产品的成功，失败的企业也就是产品的失败，索尼的衰落的实质就是其产品竞争力的衰落。优秀的品牌保证不了没有竞争力的产品的胜利，有竞争力的产品却能保证品牌的长盛不衰，一个企业要长盛不衰必须保证自己的产品永远有竞争力，永远不要期待自己的著名品牌会保佑自己的产品，品牌对产品的信用担保期限是零秒。因此，千万不要认为我们创造了一个好品牌，然后可以在产品创新上休息一下，这已经是历史的陈旧的观念了。第三是永远的低成本。设定好的战略，找到差异化的市场空间，并不意味着就找到了高成本的理由。即使你有独特的东西，品牌的溢价幅度正在变小，即使你独特，更独特与成本更低的产品已经在一边等着你了。新的市场要求更大的创新与更低的成本，即使是研发的成本难以缩减。但是，索尼以往的高成本高价格的模式肯定已经落后了。第四是最快的速度。光有创新和低成本是不够的，必须具有超前的速度。速度已经成为像技术、成本等物质要素一样或者说是更为重要的要素。在这样的时代，产品、成本有竞争力，但没有速度所有的活动也都是白搭。优秀的企业不是在市场上与竞争对手搞肉搏战，而是在你还没有反应的时候，我已经行动，在你行动的时候我已经收获了，速度保证了自己永远不跟竞争对手待在一起。索尼到现在为止仍然具有超常的创新能力，但是，这种能力并没有保证自己在很多产品上胜利，缺少的东西就是速度。第五品牌营销是持续的沟通流，而不是想起来就有忘记了就没有的散打战役。品牌的优势永远是在现在，现在有优势并不等于今后就有优势。索尼就犯了这样的毛病，创造出一个好的品牌，然后停下来期待这块金字招牌照耀未来，现在看是极大的错误。

资料来源：http://www.doc88.com/p-299203080687.html

思考题：

1. 索尼品牌套路失败的原因是什么？
2. 索尼品牌采用的独特战略是什么？
3. 从此案例可以看出索尼公司摆脱目前困境的重点是什么？应采取的具体措施？

案例 2 海尔集团的三部曲战略

青岛海尔集团是我国家电行业中规模最大、产品种类最多、规格最齐全的领航企业。从 1984 年两家濒临破产的集体小厂合并成立青岛冰箱总厂算起，海尔的成长用集团董事局主席张瑞敏的话来总结，是执行了三部曲战略，即由名牌战略到多样化战略到国际化经营战略。

一、1984—1991 年：名牌战略阶段

1984 年青岛冰箱总厂成立时，国内冰箱生产企业林立，国外产品蜂拥而入。张瑞敏经过仔细分析市场后，毅然提出"创名牌、高起点"的战略，在收集和比较国外 30 多家企业技术资料基础上，决定引进德国利勃海尔公司的现金技术和设备。为了培育职工严格的质量意识，张瑞敏到厂不久，就责令将厂里生产的 76 台不合格的冰箱砸毁，并宣布从他到所有的管理人员全部都受罚。从此，"质量是企业的生命力"、"质量高于利润"、"只有一等品，没有二等品、三等品"，就成了海尔人贯彻名牌战略的经营理念。经过建立健全严格的质量管理制度，1985 年，以"青岛—利勃海尔"命名的电冰箱正式投放市场，很快就以高质量、高技术赢得广大消费者的信任。1987 年，海尔被全国 48 家大型商场联合推荐位最受消费者欢迎产品冰箱类第一名，名牌战略初战告捷。1989 年，在其他冰箱因滞销而纷纷降价之际，海尔却给自己的冰箱提价 12%，其销量反而上升。从此，海尔的冰箱以及其他家电产品一直突出高质量、优服务，从不低价促销。

二、1991—1998 年：多样化战略阶段

在创出名牌、实力壮大之后，张瑞敏人为必须扩大企业规模，在市场竞争中，如有名牌而无规模，名牌将无法保持和发展。于是，海尔逐步采用兼并收购的办法执行多样化战略。1991 年 12 月，海尔兼并了青岛店冰箱总厂和空调器厂；1995 年 7 月，海尔兼并了青岛红星电器公司，进入洗衣机领域；1995 年 12 月，收购武汉希岛实业公司 60% 的股权，成立武汉海尔公司，实现首次跨地域扩张；1997 年 3 月，海尔出资 60% 与广东爱德集团合资组建顺德海尔公司；同年 8 月，合资成立莱阳海尔公司，进军小家电（如电熨斗）市场。1997 年 9 月，海尔正式宣布从"白色"家电领域跨入"黑色"家电领域，并向市场推出"探路者"系列大屏幕彩电。此后，海尔先后兼并了杭州西湖电视厂和黄山电视机厂，着力推出大屏幕、高清晰度、高附加值的彩电，并加快数字化彩电的开发步伐。1998 年，海尔又宣布进军"米色"家电——电脑。这就跨出了家电行业而进入高科技电子行业，既执行同心多样化战略，又执行复合多样化战略。

三、1999 年至今：国际化经营战略阶段

1990 年，海尔冰箱开始出口；1995 年，洗衣机开始出口；1996 年海尔莎保罗有限公司在印度尼西亚的雅加达正式成立。这些说明海尔的国际化经营战略起步较早，但由于当时公司实力有限，海尔的主要精力仍然放在国内。随着公司市里的增强，海尔集团从 1999 年起大举向国外扩展，在亚洲、欧洲、北美洲和南美洲等设立生产厂或销售网点。海尔在国际化经营上主要采取"先难后易"战略，即首先进入欧美的发达国家和地区，取得名牌地位后，在辐射到发展中国家。据报道，截止 2001 年底，海尔产品已出口到全球 160 多个国家和地区，并在 13 个国家设厂生产。海尔在美国南卡罗来纳州设厂生产的小型冰箱已占有同类产品 20% 的市场份额。海尔要实现国际化，做到

"3 个 1/3",即其销售额有 1/3 来自国外生产国外销售。海尔集团正满怀信心的向世界 500 强迈进。

资料来源：王德中. 企业战略管理 [M]. 成都：西南财经大学出版社，2002.

思考题：

1. 如何理解名牌战略、多样化战略和国际化经营战略？
2. 制定和执行发展战略对海尔集团的成长壮大起了什么样的作用？
3. 制定和执行发展战略，是否对一切企业都有必要？
4. 海尔的国际化之路与 TCL 的国际化之路有何异同？其困难是什么？

案例 3 四川长虹的战略之痛

2004 年，四川长虹电器股份有限公司（以下简称四川长虹，600839）将高悬账上的近 40 亿元应收账款一次性计提坏账，不仅导致了上市十年的首次巨亏，同时也将四川长虹神话彻底击碎。赵勇在多事之秋、危难之时重掌帅印，并开始全面清理倪润峰留下的危机四伏的四川长虹。其实，在那场著名的彩电价格战后四川长虹早已风光不再。多年来，四川长虹在苦苦支撑的同时也一直探寻自己的未来：低成本战略、多元化经营、差异化战略、进军海外市场……每一次战略调整都给四川长虹带来无限的憧憬和期待，而随后的现实却总带来或多或少的无奈。

一、长虹神话

四川长虹地处被誉为"中国西部科学城"的四川省绵阳市。其前身国营长虹机器厂创建于 1958 年，是我国第一个五年计划期间的 165 项工程之一。经过几十年的发展，长虹机器厂已成为我国研制生产军用、民用雷达和彩色电视机等电子产品的重要基地。

1988 年 6 月 7 日经绵阳市人民政府绵府发（1988）33 号文批准，由国营长虹机器厂独家发起并控股成立了股份制试点企业——四川长虹电器股份有限公司，并于 1988 年 7 月 29 日经中国人民银行绵阳市分行绵人行金（88）字第 47 号文批准向社会公开发行人民币普通股股票 3 600 万元。经过股份制改造后，四川长虹焕发了前所未有的活力，紧紧抓住彩电市场发展的巨大潜力，屡屡赢得市场竞争的主动权，逐步成长为彩电制造行业的领先者。到 1992 年公司彩电产销量已居全国首位，并成为我国彩电产销量首家突破百万的企业。

1993 年 3 月 24 日经国家体改委批准，四川长虹成为继续向社会公开发行股票的股份制试点企业。公司根据国家体改委体改的要求和程序，在认真总结过去试点工作的基础上，开展股份制的规范化工作。经过努力，四川长虹电器股份有限公司终于符合上市要求，1994 年 3 月 11 日在上海证券交易所挂牌交易。

上市之后，四川长虹的利润连年快速增长。1993—1997 年，净利润分别为 4.3 亿、7.1 亿、11.5 亿、16.7 亿、26.1 亿元，并连续几年保持每股收益居两市第一的霸主地位，取得了骄人的业绩。在彩电行业的巨大成功使四川长虹荣获了"中国最大彩电基地"、"中国彩电大王"等殊荣，连续四年获"金桥奖"，"长虹"品牌也成为全国驰名商标。与此同时，四川长虹在投资者心目中也留下了优质股的形象，成为沪市绩优蓝筹的典型代表。特别是在1997年市场掀起炒作业绩的浪潮中，四川长虹受到投资者的狂热追捧。股价从7元多起步，一路高歌猛进，在1997年5月创下了66元的历史天价，确立了它在证券市场上的龙头地位。一时间，四川长虹成了证券市场的神话，"深市看发展，沪市看长虹"，投资者判断大势唯四川长虹马首是瞻。许多投资者把它当作安身立命的基石倾囊相购，认为只要买了四川长虹就可以高枕无忧。更有甚者，把长虹股票作为留给子女的财产，希望它不断升值。

"长虹现象"被称为中国十大经济现象之一，而四川长虹也有了"中国民族工业的骄傲"的美誉。

二、艰难前行

然而好景不长，自1998年起四川长虹的业绩直线下滑，1998年、1999年、2000年、2001年、2002年、2003年、2004年的净利润分别是20亿、5.3亿、2.7亿、0.8亿、1.8亿、2.1亿、-36.8亿元。利润的下滑又直接导致了四川长虹股价的持续下跌。虽然沪深股市在1999年5月后进入了为期两年的大牛市，上证指数上涨了一倍，但同期四川长虹股价却下跌了30%。过去的"绩优蓝筹"已失去了往日耀眼的光环，四川长虹一路走来真是颇为艰难。

（一）彩电价格战

四川长虹第一次价格战是在1989年，降价幅度为600元，主要是让利给消费者，从而使彩电价格归于合理。这次价格战成为四川长虹的转折点，在以熊猫、黄河等为代表的十几个品牌的夹缝中，长虹的市场占有率迅速扩大到了8%，其利润总额也随之提高。第二次价格战是在1996年，其目的是挑战在关税由35%下降到23%以后蜂拥而入的洋货，维持国产品牌的地位。这次价格战，降价幅度为700~800元，使四川长虹的市场占有率达到了35%，成了名副其实的彩电第一品牌，虽然利润摊薄，但由于销量增加，总利润并未受到影响。然而，正是在这样的"正面效应"下，价格战被彩电生产厂家们作为抢占市场占有率的有效利器而屡屡使用，一轮又一轮的价格战使彩电业的利润很快被稀释，"牛奶"迅速变成了"水"。

1998年，市场上彩电已经出现了供大于求的局面，行业整体过剩200万台。四川长虹董事长倪润峰想到了囤积彩管，希望能够完全控制住彩电产业链的上游，从而掐住其他彩电厂家的"七寸"，待到自己降价时，别的彩电厂家便会因为成本问题而败下阵来。于是，四川长虹拿出了10亿元的6个月银行承兑控制了300万只彩管，放在彩管厂家手中。但是，人算不如天算，彩管厂家经不住其他彩电厂的高价，纷纷将四川长虹的彩管卖给了其他彩电厂，再加上大批的走私彩管蜂拥而入，囤积计划完全落空。这场由四川长虹挑起的"囤积彩管战"最终使其由盛至衰，并对整个行业产生了非常消极的影响。

1999年，彩电行业竞争更加激烈，国内彩电市场三次降价，四川长虹不得不被动应战，经营业绩急剧下降。1999年主营业务收入实现100.95亿元，与上年的116.03亿元下降不多，但净利润只实现5.3亿元，同比下降70%。价格战使四川长虹产品的毛利率迅速缩水，由 1998 年的 27% 下降到 1999 年的 15.5%。主营业务利润率近乎萎缩一半。而 1999 年末的存货却高达 70 多亿元，巨额的存货拖累了四川长虹的发展。

2000 年，彩电业在"限价"峰会破产后，更是迎来了全面价格战，其程度为彩电价格战有史以来最为惨烈的一次。在只见价格降不见销量涨的情况下，四川长虹主营收入与上年持平，但净利润只剩下 2.7 亿元，同比下降 48%，毛利率下滑至 14%。

（二）多元化经营

很多中国企业在自身核心业务受挫时，就会去走多元化的道路。四川长虹也未能独善其身，或许这本身就是企业的一种"生存反应"。1998—1999 年，四川长虹终于放弃其一直坚守的"独生子"政策，大刀阔斧地进行了多元化的尝试，目的是想改变本身单纯依靠彩电业微薄利润生存的状态，利用巨大的资金力量进入新领域，为自己寻找新的利润增长点。

但四川长虹初期的多元化战略多少显得有些盲目：其进军的第一个领域是 VCD，但这个领域进入的门槛低，技术水平要求不高，VCD 市场又趋向饱和，竞争异常激烈且处于无序状态，四川长虹作为新的进入者无法与老牌的 VCD 厂家抗衡。接着，四川长虹开始生产家用空调，1999 年在彩电行业已几乎没有利润的状况下，家用空调已成为四川长虹主营业务收入的来源之一。2000 年，四川长虹空调业务收入 16 亿元，占主营业务收入的 16.89%，当时其空调业务毛利率为 21.98%。但在随后的两三年中，四川长虹空调毛利率跌至 15% 左右，销售收入比重也下滑至 10% 以内。四川长虹空调没有显示出明显的竞争优势，市场占有率不及 1%，与第一方阵的差距甚远。一度被希望能再成霸业的空调产业并没有支撑起四川长虹的这个理想。

2002 年，四川长虹通过产业结构的调整，业务发展到 12 项：彩电、背投、空调、视听、器件、网络、电池、设备、游戏、液晶电视机、安防产品以及应用电视。可多元化成绩始终不理想，核心业务彩电之外，没有一个产业能进入行业前 3 名。以 DVD 为代表的视听产品长期以来储备在四川长虹库房里，电池产品一度作为销售人员的工资部分抵扣，而信息家电、医疗电器、冰洗产品等至今仍作为规划方案"躺在"规划部门的案头。

（三）背投彩电之战

或许是发现了很多产业并不比彩电行业容易赢利，四川长虹很快就又把注意力集中到了自己的老本行上。2002 年，四川长虹大力实施差异化背投彩电战略，停止生产第一、二代背投，全力进攻第三和第四代产品，错开与国内企业之间的同类竞争，并借此大作宣传。不但改变了背投在消费者心目中灰暗、闪烁的印象，而且使背投彩电销量有了很大的增长，成了四川长虹业绩的亮点。

不过，进入 2003 年，虽然四川长虹的背投彩电销量持续增长，但其对于四川长虹业绩的促进却越发有限。根据四川长虹发布的《2004 中国背投市场白皮书》称，其背投彩电的加权市场份额从 2002 年的 10.22% 提升到 2003 年的 14.89%，而全国背投的销量则由 2002 年的 65 万台左右提高至 2003 年的 110 万台。若以背投平均价格 2002 年 12 000 元，2003 年 10 000 元计，四川长虹在 2002 年与 2003 年的背投销售额为 8 亿元与 16 亿元，分别占全部彩电销售额的 8.4% 与 13.8%。但与此同时，四川长虹彩电业务的毛利率则由 2002 年的 15.5% 降至 14.6%。由此可以推断，2003 年四川长虹背投产品的毛利率有了较大降幅。这是由于四川长虹对背投大幅降价造成的。2003 年 4 月，四川长虹将其背投产品平均价格下调 25%，最大降幅高达 40%；而 2004 年 4 月，公司又将旗下主流背投产品下调 1 000~4 800 元。虽然技术升级及成本降低，降价是必然趋势，但四川长虹如此大的降幅无疑导致了毛利率的大幅下降，降低了公司的盈利能力。

在四川长虹大幅下调背投产品价格的背后，反映的是背投彩电作为一种过渡产品，迟早将被液晶与等离子彩电代替。液晶和等离子的价格迅速下降，已经逼近背投彩电所处的价格区间，在这一形势下，背投彩电别无选择，只有把自己的价格重心继续下移。但液晶与等离子价格的下降，缘于技术进步与规模经济所引起的成本降低，而背投彩电降价，则是迫于液晶与等离子的压力以及市场竞争所致，作为相对成熟的产品，背投成本的下降空间相对有限。由此看来，在背投彩电的市场份额被液晶与等离子取代之前，四川长虹不得不面对这一业务利润率的不断下降趋势。

三、国际化之痛

为遏制经营业绩的下滑，四川长虹高层内部曾出现两种意见：是继续追求规模效应带动发展，还是改为追求高技术含量、追求利润适当并控制规模？当时新任总经理的赵勇选择了后者。由于多方面原因，赵勇主政 8 个月后，他推行的战略没有收到明显效果。2001 年 2 月，"老帅"倪润峰再度出山。曾有消息透露，倪润峰向四川省有关部门立下了"军令状"，誓言"三年再造一个长虹"。因此，四川长虹必须寻找一个新的利润来源。以倪润峰为核心的四川长虹董事会确立了继续以规模取胜的战略思路，并选择走海外扩张之路，力争成为"全球彩电霸主"。

（一）遭遇 APEX 陷阱

2001 年起，为实现四川长虹的海外战略、提高销售额，重掌大权的倪润峰迫不及待地想打开美国市场的大门。在数度赴美考察之后，四川长虹与当时在美国市场有一定影响力的 APEX 公司进行了商谈。从 2001 年 7 月开始，一车车的长虹彩电便源源不断地发往美国，由 APEX 公司在美国直接提货。到了第二年，四川长虹通过 APEX 向美国市场出口彩电已达 320 万台，连同 DVD 销售额超过 7 亿美元，而这一年四川长虹的总出口额不过 7.6 亿美元。APEX 成为四川长虹在美国最大的合作伙伴。四川长虹为此专门成立了 APEX 项目组，分别由两位项目经理负责彩电和 DVD 业务。同时，四川长虹在美国设立了一个联络点，但这个联络点不负责 APEX 项目的监管，只负责接待。

奇怪的事情发生了：一车车的彩电运出去却没能为四川长虹换回大把的美元，APEX 总是以质量或货未收到为借口，拒付或拖欠货款。当时双方签订了规范的出口合同，接货后 90 天内 APEX 就应该付款，否则四川长虹方面就有权拒绝发货。但不知为什么，四川长虹一方面提出对账的要求，另一方面却继续发货，而 APEX 方面则总是故意搪塞或少量付款。对账毫无结果，欠款却持续增加。四川长虹海外营销部发现这其中的风险太大，也曾下令不准发货，公司还专门派出高管前去与 APEX 交涉，但神通广大的 APEX 总能说服四川长虹继续发货。直到 2004 年年初，四川长虹又发出了3 000 多万美元的货给 APEX。

APEX 公司长期拖欠货款导致四川长虹的应收账款年年创出新高。2001 年年初，四川长虹的应收账款为 18.2 亿元，到年末这一数字增加至 28.8 亿元，增幅达 58.2%。到 2002 年年末，应收账款加速上升为 42.2 亿元。四川长虹坦承："主要是本年度国外应收账款大幅上升所致"，而所谓的"国外应收账款"，正是 APEX 所欠下的 38.3 亿元的货款。2003 年末，四川长虹的应收账款已经高达 49.8 亿元，其中 APEX 所欠为 44.5 亿元，非但没有收回 2002 年对 APEX 的应收账款，反而更上一层楼。在 2004 年的中报中，四川长虹披露的应收账款为 43.5 亿元，较年初有所下降，但 APEX 仍欠着 40.1 亿元。查阅历年年报可知，2001—2003 年，APEX 公司所欠四川长虹货款占四川长虹出口收入比例分别为 44.63%、69.12% 和 88.27%。相应地，四川长虹出口收入占主营收入的比重分别为 7.89%、44.02% 和 35.65%。

其实，APEX 拖欠货款的问题早已暴露出极大的风险。但四川长虹方面却一直信奉"沉默是金"的原则，从未公告面临的巨大风险，还在各种场合表示与 APEX 的合作并不存在问题。2003 年 3 月 5 日，曾有媒体发表《传四川长虹在美国遭巨额诈骗》一文，指称四川长虹对 APEX 的高额欠款无法收回，公开向四川长虹敲响了警钟。但四川长虹随即在 3 月 7 日发布澄清公告。公告称该文"纯属造谣……公司各项业务蓬勃发展，应收账款情况正常"，并信誓旦旦地表示："保留追究法律责任的权利，采取有效措施维护本公司及本公司投资者的正当权益。"2004 年的 3 月，四川长虹的新闻发言人刘海中在面对投资者的质疑时回复说："（海外）回收账款是个动态的过程，四川长虹与 APEX 的合作状态良好……实际上，2004 年 3 月 23 日，四川长虹已经收回 APEX 公司 6 606 万美元，折合人民币 5 亿多元。增加的应收账款也显示我们双方一直都在合作。"虽然口头上表现得很有信心，但在实际的操作上，四川长虹却渐渐"收拢了口袋"：到 2003 年年末，四川长虹的可分配利润已经达到 20 亿元，可是公司却没有出台任何分红计划。从 2004 年 7 月开始实施的现款交易也暴露出公司在资金方面上的困境。

终于，在 2004 年 12 月 28 日，四川长虹发布了年度预亏提示性公告。在该公告中四川长虹首次承认，受应收账款计提和短期投资损失等因素影响，预计 2004 年度将会出现大的亏损。四川长虹同时还承认，全额收回美国经销商 APEX 公司的欠款存在较大困难。后据四川长虹公布的 2004 年度年报显示：四川长虹实现主营业务收入 115.39 亿元，同比降低 18.36%；全年亏损 36.81 亿元，每股收益-1.701 元。其中对 APEX 欠款的估计变更解释如下："因美国进口商 APEX 公司 2004 年经营不善、涉及专利费、美国对中国彩电反倾销等因素，其全额支付所欠本公司货款存在较大困难。因该项欠款数额较大，如继续按原账龄分析法计提坏账准备已不能反映款项可回收性的真实情况，亦不能公允反映本公司 2004 年年末的财务状况和 2004 年度的经营成果。经 2004 年 12 月 26 日本公司第 5 届董事会第 22 次会议审议通过，本公司决定在原对应收账款账龄分析法计提坏账准备的基础上增加对个别出现明显回收困难的应收账款项采用个别认定法计提坏账准备。截至 2004 年 12 月 31 日，APEX 公司对本公司的欠款为 463 814 980.60 美元。根据本公司与 APEX 公司签订的相关协议，本公司估计 APEX 公司欠本公司货款尚能收回 150 000 000 美元，按个别认定法计提坏账准备的金额为 313 814 980.60 美元，折合人民币 2 597 289 686.94 元。该项会计估计变更对 2004 年的利润总额的影响数为 270 235 192.39 美元，折合人民币 2 597 289 686.94 元。"

（二）求解 APEX 之劫

1. 季龙粉何许人也

作为四川长虹对美出口最大的经销商，季龙粉曾经辉煌一时，也由此引起中国企业界和媒体的关注。但事实上他此前的 DVD 销售早已让他成为美国业界的名人。季龙粉与徐安克共创的 APEX 品牌的 DVD 1999 年年底才在美国市场亮相，但仅用一年就超越了索尼和松下等知名品牌，成为美国 DVD 市场的新霸主。为此，美国《时代》杂志还将季龙粉评为全球 15 位"年度最具影响力企业家"之一。

然而，季龙粉掌控的 APEX 表面看似辉煌，经营上却存在着严重的问题。APEX 公司成立于 1997 年，由季龙粉任董事长，是一家主要从中国进口家电产品然后以低价进入美国市场的商家。"超低价"是 APEX 能迅速打入美国主流大型超市的"杀手锏"，既要推行"低价"市场策略，又要维持企业运转，这里面的损失怎么办？季龙粉只有在拖欠货款上动脑筋。在 APEX 的经营历史中，拖欠国内各电子厂商的货款已经成为其"恒久不变"的主题：拖欠新科集团 DVD 的货款，拖欠宏图高科的货款，拖欠天大天财的 DVD 货款，其他的受害者还包括四川电子进出口公司、上海电子进出口公司、武汉电子进出口公司以及季龙粉家乡常州的一家喇叭厂。由于拖欠货款，上述公司都渐渐淡化或退出了与 APEX 的合作。江苏新科 DVD 的出口代理商——中国五矿进出口公司还与 APEX 对簿公堂并于 2002 年底胜诉。

如果不是四川长虹在 2001 年后的高调入场，当时在国内败迹已露的季龙粉或许早就结束了他的黄金期。在四川长虹与 APEX 大规模合作前，倪润峰曾亲往美国，对 APEX 进行了两个星期的考察。此后长虹副总王朝凤也曾赴美调查了 58 天。可见四川长虹在犹豫，对 APEX 的名声好坏也并非一无所知，但最终四川长虹还是选择了 APEX。

2. 40 亿元欠款能否追回

有业内资深人士分析，APEX 拖欠企业的货款，一般三分之一到四分之一肯定已经亏损了，另有三分之一或四分之一被季龙粉转移或填补了前期超低价开拓市场的"窟窿"，剩余部分便是堆积或处于流通环节的尾货。四川长虹 2004 年的年报称 APEX 公司的欠款为 463 814 980.60 美元，估计尚能收回 150 000 000 美元。但有业界普遍认为，鉴于 APEX 公司现状，四川长虹想在短期内收回 1.5 亿美元并不乐观。

2004 年 12 月 15 日，沉默良久的四川长虹终于就美国 APEX 公司欠款一事向美国加州洛杉矶高等法院提交诉状，并以几项诉求要求 APEX 公司提供和开放财务账目，通过司法程序核实 APEX 公司的财务和经营状况，以利于 APEX 公司欠款问题的进一步解决。针对四川长虹的诉讼，APEX 公司于 2005 年 1 月 14 日在美国洛杉矶高等法院以四川长虹在美国 CES 展（美国消费电子展览）之前发布的预亏公告、媒体的报道毁损了其商业信誉等为由向四川长虹提出了反诉并要求予以赔偿。

当谈及这场诉讼时，四川长虹几位高层都不约而同地表示："它的确需要一段时间。"换句话说，四川长虹能否打赢这场官司，不确定因素太多，目前尚难下定论。通常来说，像四川长虹这样的跨国诉讼所需时间的确难以判断。美国法律没有对诉讼审理时限作出规定，案件审理的速度主要取决于诉讼双方对证据的认可程度。如果双方在证据收集、移送、交换等环节耗时较长，且不能相互认可，则诉讼时间至少要在一年以上。而且美国实行的是三审定审制，如果四川长虹诉 APEX 案中双方不服审理结果，有权向美国加州高等法院上诉。所以，四川长虹与 APEX 有可能会展开一场"马拉松"式的跨国诉讼。即使四川长虹最终胜诉，40 亿元货款的成功追回仍存在问题。2002 年底中国五矿进出口公司诉 APEX 公司欠款一案便是前车之鉴。虽然五矿进出口公司在仲裁中胜诉，并请求美国法院协助执行，但直到 2004 年底，此案仍在执行中。

3. 独立董事缘何姗姗来迟

在预告巨额亏损后，四川长虹 1 月 8 日召开的 2005 年第一次临时股东大会，通过了选聘四名独立董事（简称独董）的议案。至此四川长虹终于结束了没有独立董事的尴尬局面。

自从中国证监会 2001 年 8 月颁布《关于在上市公司建立独立董事制度的指导意见》以来，上市公司基本上按要求建立了这一制度。2005 年 1 月 8 日前，国内 1 300 多家上市公司中，仅有四川长虹和铜城集团等少数几家公司没有设立独立董事。2002 年 6 月 29 日，四川长虹曾在股东大会上通过决议，拟将董事会成员数量由 10 人增至 15 人，其中预设独立董事 5 人，并在公司章程第 92~99 条中对独立董事制度进行了明确。但此后据称是因为"没有物色到合适的人选"，设置独立董事便没有了下文。当时四川长虹高层内部对独立董事抱有这样一种看法："要请就请真正有用的，不能来了只当花瓶。"即使面对监管部门的责问，四川长虹也不改初衷。

从四川长虹与 APEX 公司打交道并且最终近 40 亿元难以收回的情况看，四川长虹的法人治理结构并不健全，经营决策程序也存在漏洞。有投资者质疑四川长虹："如果早日引入独董，APEX 事件还会不会发生呢？"对此，四川长虹有关负责人表示，过去的事情不便评说。现在公司新一届董事会确实有完善法人治理结构、规范经营的意愿，因此在赵勇上任不到半年的时间里，就决定尽快推进设立独董制度的进程并最终得到了落实。

四川长虹的公告显示，此次就任的四位独立董事分别是：中金公司投资银行部执行总经理黄朝晖、清华大学校长助理冯冠平、有国际法律师背景的张玉卿和中银国际公司执行董事、首席执行官助理李彤。从几位独立董事的背景来看，黄朝晖和李彤是资深投行专业人士，资本运营方面经验老到；冯冠平身兼清华大学校长助理、深圳清华大学研究院常务副院长等职，又是上市公司力合股份的董事长，在资本市场上更是长袖善舞；张玉卿的国际法背景、律师资历对于产品大量出口的四川长虹无疑也可以发挥把关的作用。

四、重整旗鼓

2004 年 7 月 9 日，四川长虹发布高管变更公告，董事会决议同意倪润峰辞去公司董事长、董事、总裁职务；8 月 12 日四川长虹五届十七次董事会正式审议通过选举赵勇为公司董事长。赵勇对四川长虹新的中长期发展战略的描述是：四川长虹将定位成一个面向个人或家庭的信息产品和服务提供商，以顺应传统家电信息化、信息产品家电化的大趋势；在管理模式上，核心业务会相对集权，战略业务相对分权，新兴业务则高度分权；通过提升每个产业的盈利能力，实现整个公司综合竞争实力的增强。

目前对四川长虹贡献最大的依旧是彩电业务，然而对于彩电这样一个高度竞争的产业，如何保持持续强劲的生命力，是四川长虹目前面临的一大困境。合资朝华、携手中远，加盟"闪联"，与松下、东芝华飞、英国光电子巨头等拥有最新电视技术的企业合作，赵勇希望这一系列的商业活动，能使四川长虹引跑 HDTV 潮流。

空调、电子产品、电池等战略业务是四川长虹较早涉足的，虽然现在四川长虹在行业里还不占优势，但由于竞争者实力不强，发展潜力较大，在未来一段时间里可能成为四川长虹的核心产业。对这块业务，赵勇下放权力，以模拟子公司的方式自主经营，希望提高各产业公司的自我生存能力。如果这块业务的销售收入能占三分天下，四川长虹"命系彩电"的风险就会得到释放。

个性化视听、网络、信息家电等产业正在成为四川长虹的新兴业务。由于商业模式尚未定型，风险较大。赵勇对这些新兴业务的拓展相对保守，力求稳健，在管理上高度分权，建立真正的子公司运行模式，其中某一产业如果受外部环境影响或看不到前景时，可以立即放弃，这样对公司的整体运作影响甚微，而对于前景可期的产业则加大投入，促其加快发展，力争使其成为公司的战略业务。

从 2004 年下半年开始，"3C（通信、计算机、消费电子）融合"概念在业内兴起。赵勇表示四川长虹将抓住 3C 融合的契机，通过传统家电业向信息家电业的转型，四川长虹未来的角色是 3C 解决方案提供商与内容提供商。2004 年 6 月 27 日，四川长虹和微软（中国）有限公司签署了合作协议书，双方愿意一起紧密合作，推广主流媒体电视解决方案，开拓新兴的网络电视市场。2005 年 1 月 10 日，四川长虹与中国电信签署战略合作备忘录，双方将在 3C 领域展开从终端到渠道的全方位合作。2005 年 5 月 25 日，四川长虹和上海盛大网络发展有限公司签署战略合作备忘录。双方建立全面而长期的战略合作关系，开拓 3C 融合新兴市场。

在产业调整的同时赵勇开始重构海外销售。除终止了与 APEX 的合作外，四川长虹还组织智囊团重新建立了一整套海外风险防御体系，如通过国内出口信用保险、通过第三方对国际市场进行调研等，从而避免在欧美等市场遭受重大损失。另外，赵勇调整了原来过于依靠美国市场的做法。目前，四川长虹海外市场已经遍布东南亚、中东、欧洲、澳洲、拉美等九十多个国家和地区。

四川长虹曾是上海股市的龙头绩优蓝筹股，长虹彩电称霸全国走向世界，然而 2004 年却惊爆 36.8 亿元的巨额亏损。兴衰之变，反差之大，值得深思。近十年来，为了应对市场环境的变化，四川长虹一直在寻求战略转型，或许是因为技术创新的不足和战略调整的匆忙，公司的发展始终缺乏商业动力。试水国际市场，APEX 的巨额欠款更使其大伤元气。赵勇重新执掌四川长虹，进行了四川长虹的战略重整。

资料来源：四川长虹主页：www.changhong.com

思考题：

1. 如何从交易费用经济学的角度分析四川长虹的"囤积彩管"之痛？

2. 试以四川长虹的空调和背投彩电为例评价其多元化战略。企业走向多元化是什么信号？

3. "规模战略"与"技术战略"，哪个更适合四川长虹？

4. 导致四川长虹国际化之痛的直接原因是什么？深层次的原因是什么？应该如何

防范?

5. 从赵勇的报告看,四川长虹的战略调整能够获得成功吗? 四川长虹应该制定怎样的战略?

6. 试评价赵勇提出的"核心业务相对集权,战略业务相对分权"的企业控制模式。

案例 4 格力专业化经营

珠海格力电器股份有限公司是全球最大的集研发、生产、销售、服务于一体的专业化空调企业。它是一家专注于空调产品的大型机器制造商。公司自 1991 成立以来,紧紧围绕"专业化"的核心发展战略,以"创新"精神促进企业发展壮大,以"诚信、务实"的经营理念赢取市场和回报社会,使企业在竞争异常激烈的家电市场中连续多年保持稳步健康发展,取得了良好的经济效益和社会效益。多年来,格力空调已经奠定了国内空调市场的领跑者地位,格力品牌已深入人心,并以"好空调,格力造"和"买品质,选格力"著称国内空调市场,在广大消费者中享有很高的声誉,先后多次荣获"中国驰名商标"、"中国名牌产品"、"国家免检产品"、海关总署"进出口企业红名单"、B. I. D "WQC 国际之星金奖"、B. I. D "杰出成就和商业声誉国际质量最高奖"等知名荣誉。2005 年 10 月,格力电器还被授予 2005 年度中国"节能贡献奖"称号,是空调品牌云集的广东省内唯一获得这一称号的空调企业。

格力电器在技术、营销、服务和管理等创新领域硕果累累

技术创新:至今已开发出包括家用空调、商用空调在内的 20 大类、400 个系列、7 000 多个品种规格的产品,申请注册国家专利 700 多项,成功研发出 GMV 数码多联一拖多、离心式中央空调等高端技术,并全球首创国际领先的超低温热泵中央空调,填补了国内空白,打破了美、日等制冷巨头的技术垄断,在国际制冷界赢得了广泛的知名度和影响力。

营销创新:1997 年,格力电器独创的以资产为纽带、以品牌为旗帜、以"三个代表"(代表厂家的利益、代表商家的利益、代表消费者的利益)为灵魂的区域性销售公司模式,树立了格力品牌的领跑地位,被经济界、理论界誉为"21 世纪经济领域的全新革命","格力模式"有力地促进了行业的可持续性健康发展。

服务创新:2005 年 1 月 1 日,格力电器率先在业内推出"整机 6 年免费包修"政策,彻底根除了消费者的后顾之忧,肃清了游离在行业边缘的"螺丝刀加工厂",保护了消费者的利益,使空调行业摆脱了"价格战"等恶性竞争,走向了新的发展方向。

管理创新:格力电器设有业内独一无二的筛选分厂,近 400 名员工凭借先进的检测设备,对所有外协外购的空调零部件进行 100% 的全检,这是一项不产生任何经济效益的工作,但就是这样的"笨办法"保证了每一台格力空调都能经受岁月的见证。

格力集团的专业化经营战略

格力集团的专业化经营战略主要包括以下几个方面:

1．市场开发战略

实施这一战略过程中，所运用的主要策略是重点经营专卖店，通过良好的售后服务保证顾客利益。格力企业在成立之初，采用的主要战略是"农村包围城市"，集中在"春兰"、"华宝"等著名空调厂家销售薄弱地区扩大到销售网络。他们在皖、浙、赣、湘、桂、豫、冀等省树立品牌形象，建立巩固的市场阵地。在实施这一策略中，他们重点经营专卖店，通过良好的售后服务保证消费者的利益。90年代中期，格力的市场开发重心有所变化，他们在巩固原有市场的同时，进一步扩大国内有影响的大城市北京、上海、南京等地，同时进军海外市场。根据有关资料，在1998年全国主要城市各种品牌主要空调器的市场占有率中，格力13.5%，春兰11.2%，三菱8.5%，格力的产品出口量也居全国同行第一。

2．产品开发战略

格力产品开发的最大特点是一切以市场为导向，适应市场需要，同时又根据未来发展潮流创造市场。在适应市场需求方面，格力"思消费者之所思"，先后开发出："空调王"——制冷效果最好的空调器；"冷静王"——噪声最低的空调器；三匹窗机——最便宜的空调器。在创造市场方面，格力开发出：灯箱柜式空调——适用于酒吧饭店广告兼制冷；家用灯箱柜机——适用于三室一厅的家庭之用；三匹壁挂机、分体吊顶式空调、分体式天井空调等，适用于黄金地段的商店之用。这些产品的开发，各有自己的特色和目标市场，又形成了较为完整的产品系列，充分显示出专业化经营战略的优势。

3．市场渗透战略

格力市场渗透的主要方式：①扩大生产规模、降低产品成本，扩大市场份额。②广告宣传。格力的广告主题侧重于信誉与品牌，"好空调、格力造"，以实实在在的质量与服务来赢得顾客。③建立以专卖店和机电安装公司为主的销售渠道，形成销售、安装、维修的一条龙服务活动，并与经销商互惠互利，长期合作。④科学管理，严格保证产品的质量，使之在市场选择中得到顾客的信任。格力集团采用了一系列的措施进行市场渗透。他们在扩大生产规模、降低成本的同时，降低价格，扩大市场份额。同时，格力集团加大广告宣传力度。"好空调，格力造"这一以质量和服务取胜、突出品牌的广告语已深入人心。格力集团建立了以专卖店和机电安装公司为主的销售渠道，形成销售、安装、维修为一体的一条龙服务。

格力空调的专业化道路是一个成功的典范，它在空调行业后来居上，迅速成为可以与春兰、海尔、科龙等品牌相抗衡的著名企业，值得许多企业借鉴与学习。从最初的仅是将产品买到其他国家，到自主研发核心技术生产高附加值产品，再到利用核心技术确定世界领先地位，提升企业的国际影响力是必不可少的润滑剂。一个企业如果仅是具有技术，能够将产品出口到国外，然而却一直不能得到权威的认可，在一些大型的公众活动中公开亮相是不能够让消费者信服的，也完全称不上国际知名企业。然而格力空调在战略调整上充分体现了一个企业的领导层的前瞻性，有效地利用对于大型体育赛事提供服务的时机，一举将格力空调推上世界领先的地位。

然而格力空调的成功看似容易，却需要企业全体人员付出巨大的努力。不是所有的企业都能够取得赛事组委会的认可，同时，即使取得了认可不也一定能够在世界的舞台上立足，而格力能够成为世界领先企业的基础是拥有世界领先的核心技术优势。如果没有技术，不要说世界领先企业了，国际奥委会和国际足联这一关都过不去。同时还要面对来自众多世界优秀空调企业的竞争。所以说格力空调在自主研发核心技术方面取得了巨大成就是其成为世界空调领域领先企业的重要基础。包括本次广州亚运会中标的大型离心机组、螺杆机组和 GMV 多联机组，都代表了中央空调领域的最高水准，一直以来都备受市场青睐。其中，格力自主研发的 GMV 多联机组入选首批"国家自主创新产品"，并中标被誉为"奥运中央空调项目第一大单"的 2008 北京奥运媒体村，以"零维修"、"零投诉"的完美成绩受到了北京奥组委的嘉奖。

核心技术

核心技术是空调企业发展的基础和根本，当有了良好的基础时，才能向更高的舞台奋进。格力空调正是拥有这样基础的企业，加上企业领导者的高瞻远瞩，适当调整企业的发展战略，一举将格力空调推上空调领域世界领先的地位。

格力集团的专业化经营战略主要通过内部发展的方式，即密集型成长战略加以实施。

制造工艺

格力既注重技术，同时通过先进的设备和工装，以及不断提高的工艺水平，始终保持着制造方面的优势；格力不仅有适应多种工质（R22、R407C、R134A、R410A）的智能总装生产线，而且通过室外机管路的充氮焊接工艺、高效精确的冷媒灌注工艺、系统双向过滤杂质工艺、带模拟工况自动商检系统和自动打包、套包工艺的配合，形成了一套高质量、高效率的整机生产流程。

"好空调，格力造"，一流的生产环境，一流的生产线，一流的生产工艺。在不断地进取开拓中始终贯彻"一流"的原则，格力的生产工艺将始终走在国际前列。

家用空调行业与中央空调行业两期叠加快速增长，公司销量增速快于行业。家用空调行业进入城镇集中更新期以及农村快速普及期，两期叠加有力支撑行业快速增长。随着集中度的进一步上升，公司的销量增速将快于行业增速。消费结构的上升，使家用空调综合价格的上升更具延续性。在空调进入城市集中更新期以及龙头企业的推动下变频空调在 2010 年迅速普及。变频空调的迅速普及，将带动空调内销综合价格的进一步上升。

中央空调不仅仅是新的利润增长点，公司有望成长为龙头，行业空间巨大。公司在中央空调领域坚持自主研发，目前已经突破了日美企业分别垄断的多联机和离心机核心技术，具备了将龙头地位从家用空调领域复制到竞争格局更为国际化的中央空调领域的条件。公司的净利率在稳定的市场格局中不断上升。空调行业竞争格局稳定，作为优势地位确立的行业龙头，公司净利率水平保持稳定的上升趋势。

战略发展状况

公司的发展战略清晰，不做美的这样横向扩张的综合家电企业，而是做专业的制冷龙头。这一战略，在国内制冷行业巨大发展空间的情况下，能保证公司在较高利润率水平下实现较快且确定性较高的增长。从成长空间而言，公司专注于制冷行业的战略，随着近年中央空调业务的突破正不断获得收获，未来公司的发展空间将不局限于家用电器领域；从盈利能力而言，公司已经处于行业龙头地位，表现为对上下游极强的议价能力。公司的销售净利率表现出明显的上升趋势。

1996 年 5 月，公司在江苏丹阳合资组建的生产基地正式投产，年产规模达 20 万台，目前已经成为当地数一数二的纳税大户；为支持国家西部大开发，并为企业自身的持续发展寻找新的增长点，2001 年 5 月，公司挥师西进，在重庆投资建厂，目前重庆生产基地的产能已突破 350 万台（套），总产值超过 50 亿元，是中国西部地区规模最大、生产线最先进的家用空调生产基地；2001 年，格力电器在巴西投资建厂，开创了中国空调企业向国际市场输出技术的先河，经过多年的发展，格力节能技术连续两年获得巴西政府的最高嘉奖——被授予"A 级能源标签证书"和"节能之星"奖杯，2004 年格力电器巴西工厂赢利近 2 500 万元，成为中国企业"走出去"的典范。为进一步提升格力空调在国际舞台上的综合竞争力和维护"格力"品牌的形象，2004 年 9 月，格力电器成功收购了珠海凌达压缩机有限公司、珠海格力电工有限公司、珠海格力新元电子有限公司和珠海格力小家电有限公司四家企业，开始整合上游资源，完善空调产业链，充实营销网络，为企业进一步做精、做强、做大奠定良好的基础。2007 年全国首家格力电器"4S+1"专业店于山东济南正式成立，标志着空调行业有专卖向专业的步伐正是迈出。"4S"是指销售、售后服务、信息化服务和配件供应的一体化。格力人深知，格力电器的发展壮大离不开政府和社会的大力支持。多年来，格力寄情万民，以博爱之心、赤子之情回报社会，公益性捐款捐物累计已超过 3 000 多万元。

资料来源: http://doc.mbalib.com/view/d1a8e2bc020d12998fdc069741c8d478.html

思考题:

1. 结合案例理解什么是核心竞争力？总结格力的核心竞争力？
2. 格力电器的专业化之路为什么会成功？有哪些潜在的风险？
3. 格力电器的成功对我国电器企业有哪些启示？

案例 5 日本松下：战略转移，走为上计

在市场竞争中，若对手过于强大，或者市场发生了不利的变化，而自己没有取胜的把握，就可作战略转移，保存实力，以图东山再起。从企业的经营管理以及行销的观点来看，"走"这一计，在企业经营方面新产品的开发，固然是企业生存发展不可缺少的一个环节；而旧产品的维护，有时更关系到企业立足的基础。不过，却有少数企业以高瞻远瞩的眼光和魄力，割舍"无利可图"甚至构成企业包袱或负担的旧产品。蓝契斯特法则中，有一则重要的战略，即"剪刀"、"石头"和"布"的战略。它们分别应用于产品寿命循环的导入期、成长期与成熟期。刚上市的新产品，为了要开发市场，必须用"石头"去攻击，以锐不可当之势建立市场的据点。当产品步入成长期，就要用"布"的战略去包围市场，才能保证尽可能地扩大市场占有率。等到产品迈入成熟

期，则该采取"剪刀"的战略，割舍该产品，退出市场竞争，以免因舍不得"走"或"走"得太慢而丧失其他新的行销机会。然而，大多数企业都擅长"石头"和"布"的战略，而舍不得用"剪刀"剪断情丝，一走了之。其结果，就很可能会造成"剪不断，理还乱"的结局。

事实上，"走"的目的，是要把用于没有希望的商品的人力、物力，用来从事新产品的开发。所以，"走"的意义是积极地攻占新领域，而不是消极地退出市场。1964年，日本松下通信工业公司突然宣布不再做大型电子计算机。对这项决定的发表，大家都感到震惊。松下已花5年时间去研究开发，投入10亿多元巨额研究费用，眼看着就要进入最后阶段，却突然全盘放弃。松下通讯工业公司的经营也很顺利，不可能会发生财政上的困难，所以令人费解。松下幸之助所以会这样断然地作出决定，是有其考虑的。他认为当时松下公司生产的大型电脑的市场竞争相当激烈，万一不慎而有差错，将对松下通信工业公司产生不利影响，到那时再退，就为时已晚了，不如趁眼下一切都尚可时撤退，赶紧一"走"为好。

事实上，像西门子、RCA这种世界性的公司，都陆续放弃大型电脑的生产，广大的美国市场，几乎全被IBM独占。像这样，有一个强而有力的公司独占市场就绰绰有余了，更何况在日本这样一个小市场？富士通、日立、日立电器等7个公司都急着抢滩，他们也都投入了相当多的资金，等于赌下整个公司的命运。在这场竞争中，松下也许会胜，也许就此消退下去。松下衡量得失后，终于决定撤退。交战时，撤退是最难的，如果无法勇敢地喊撤退，或许就会受到致命打击。松下勇敢地实行一般人都无法理解的撤退，将"走为上策"之计如此运用，足见其人眼光高人一等，不愧为日本商界首屈一指的人物。

在中国台湾，录像机市场两大系统之一的Beta，就曾因面子问题不肯放弃，而造成极大的损失。Beta系统是善于开发电子新技术的新力公司所发明，与其竞争的对手均是JVC公司的VHS系统。Beta系统虽然是录像机产品商品化的开创者，在生产的品质上和技术上领先VHS，可是它在一开始就犯了行销战略上的错误，它想垄断全部录像机的市场，而不肯将技术与其他公司分享。由于新力公司的固执，迫使其他电子产品公司与JVC分公司协力开发新的规格系统——VHS。由于JVC公司以公开技术的方式与各大电子公司合作，分享开发成果，因此，在世界各地采用VHS系统的牌号较多，新力公司在初期虽然鹤立鸡群，一枝独秀，但在市场上却陷于孤军奋战的境地。采用VHS系统的牌号，联合众家之力围攻原为新力所独占的市场，先是蚕食，最后则是鲸吞。新力公司Beta系统的市场占有率逐渐萎缩。VHS由于人多势众，声势越来越大，市场占有率后来居上。新力公司虽然了解这种趋势对它不利，但却不甘心在这场世纪大战中认输，它极力地抗拒。由于不肯割舍或放弃早已无利可图且无力挽回的市场劣势，新力公司反而投入大量资金，用于改良技术和加强广告攻势。事实上，这样做违反了行销的原则，想要以公司的声誉来和消费者的需求对抗，这不但是吃力不讨好的工作，而且是注定要失败的。新力公司的坚持，固然是为了商业声誉，也是其一贯的做法。然而，市场是残酷的，消费者是现实的，它的努力终于无法再坚持下去。1988年春天，新力公司首次正式公开承认Beta不如VHS系统，并决定开始投入VHS系统的生产系列。从1980年到1988年，将近10年的时间，新力公司不知耗费了多少人力和财力，从事这一场没有希望的战争。这 10 年中所投入的一切若用于开发新的产品，以新力擅长开发的优异技术，那又不知将是一番何等光景呢？

松下大跃进——3 年增长 400 亿

对于 20 世纪 70 年代末就进入中国的松下来说，现在它似乎真的急了。2003 年之初，松下提出了一个"疯狂"的目标：到 2005 年，在中国的销售额达到 700 亿元。而 2002 年，松下在中国的销售额约为 300 亿元。换句话说，松下要用 3 年的时间，让用了 20 多年时间完成的销售额翻 1.33 倍！

这是一个"大跃进"式的计划吗？

1 月 10 日，松下社长中村邦夫宣布，松下经过一系列的"破坏"，现在已经进入了一个新的阶段——"创造"时期。中村邦夫还提出了"建立一个轻盈快捷的新松下"的目标（2001 年中村提出了著名的"破坏与创造——创生 21 计划"）。

1 月 14 日，松下电器（中国）有限公司（简称 MC）董事长杉浦敏男、副董事长张仲文、总经理浅田隆司等在北京举行的"独资化说明会"上，结合中国市场诠释了松下的新战略。根据此战略，松下对中国市场的目标是，到 2005 年销售额达 1 万亿日元（约 700 亿元人民币）。而 2002 年，松下在中国的销售额约为 300 亿元。换句话说，松下要用 3 年的时间，让用了 20 多年时间完成的销售额增长 400 亿元，或者说翻 1.33 倍！为了这个"大跃进"式的目标，松下中国出台了一系列措施。

强化"前线"

首先是摆脱"笨重迟缓"，追求"轻盈快捷"。浅田隆司认为，迟缓的重要原因是松下金字塔式的组织体系。"在这种组织体系下，前线人员没有多大的决定权。"张仲文说，"比如上海下雨了，通过层层关系传到日本，而决策者会说，日本并没下雨，你干吗要打伞？或者说再研究研究。等要打伞的决策下来后，上海早天晴了，市场机会也失去了。"

中村宣布，在 2003 年度，松下将把原来集中在总公司的权力大幅度下放给各业务部门，总公司只保留战略制定、与其他公司之间的合作及企业收购、各业务领域间的调整等职能。松下总部将不再向各业务部门和各分公司下达业务计划指标，而是让各业务部门自行制订计划；同时，修改使用过程指标和结果指标，采用资金成本管理（CCM）和现金流等两种指标对业绩进行评估。

"金字塔的组织结构已经被扁平化的矩阵式管理所替代，1 个报告现在最多只能经过 3 层。"浅田透露，"前线化的管理方式使现场负责人员有权直接作出决定，以最快的方式解决问题。"

对"前线"的强化，也暗示着松下战略上的改变。在 1 月 10 日的讲话中，中村曾告诫松下全球 20 多万员工，"在全球经济领域，松下已经不是领导者，而是挑战者。"

从营销战略的角度来说，市场领导者一般采取防御战，注重的是后方的筹划；而挑战者则会采取进攻的战略，注重的是前线的主动。浅田隆司透露，松下的进攻策略是"针对不同的产品设定不同的挑战目标，通过一步一步的推进来确保目标的实现。"产品是进攻的武器。松下寄厚望予"V 产品"，并在 2003 年将其扩大到了 90 种。而为了尽快占领市场，新产品将采取全球同步发售的计划。张仲文举例，松下推出的具有摄像功能的 GD88 手机，在中国市场也同时推出。"其实在中国市场，由于网络的原因，功能的应用并不普及。同步推出，主要是更快地抢占市场。"

为了保证产品的进攻性，除了进行现代化研发外，松下也正加大对中国技术转移的力度，去年便在中国申请技术专利 800 多件，张仲文称"在所有在华跨国公司中应该排在前 3 位"。

当然，要中国市场内部完全消化 700 亿元很难做到。松下计划在中国生产的产品中超过 50% 将用于出口，其中整机约占 25%，其余的则为元器件和工业产品。

对于 2005 年的销售目标，张仲文也表示了一种紧迫感。"2002 年预计销售额是 300 亿元，3 年时间要提高 400 亿的销售的确是个艰巨的任务。"而松下中国在出口方面的比例，目前还不到 40%。

为了更快提高在中国的销售规模，除了加大在中国投资和提升已有企业的规模外，松下将进一步"将海外（包括台湾）的产业更多地迁进中国"。

由于在元器件方面的优势，国内外许多厂家都在用松下的产品。据张仲文透露，"松下在中国销售的产品一半是供给竞争对手，以后还将继续加大向其他合作厂商在元器件方面的供应。"这也意味着，松下在中国的销售和出口目标很大程度上将通过这种事实上的"捆绑销售"的方式实现。

紧迫的任务促使松下采取了"攘外必先安内"之策。独资后，松下面临的一个当务之急就是理顺与合资企业在产权上的关系。松下在华有 42 家制造公司，其中 33 家便是合资。松下中国公司转变为独资后，原来分散的投资要全部收归旗下，同时对股权进行部分转让。"这在一定程度上遭到了中方的抗拒，必须一家一家地去谈，工作量非常大。"

张仲文透露，最困难的是几家原来中日双方股权各占一半的合资公司。松下的想法是获得控股权，但遭到了中方的反对。不过据说工作已有进展，并已经成功对其中 1 家控股。"最重要的是，通过改制后带来效益的转变，能使双方都获利。"

不过，在人事体制方面松下不会做大的改变。杉浦强调，"现代化也包括人才的现代化，松下会更加强调中方管理人员尤其是中高层管理人员的作用。"

资料来源：

http://www.21cbh.com/HTML/2003-1-23/7982.html

思考题：

1. 结合材料理解什么是放弃战略？1964 年松下采取放弃战略的动因是什么？

2. 谈谈松下为了实现"大跃进"战略目标，采取了哪些措施，这些措施的实施是如何保证战略目标的实现？

3. 松下在中国的发展对我国企业有何启示？

案例 6　格兰仕发展战略

如果买微波炉，用户的第一选择是什么品牌？答案是：格兰仕。到目前为止，格兰仕生产的微波炉排成一列，可以绕地球 3 圈。将微波炉做到世界第一的格兰仕，无疑可以作为中国制造业的典型代表。

从 1995 年开始，格兰仕微波炉成为中国"第一"，1998 年之后，格兰仕微波炉成为世界冠军。然而，"第一"和"冠军"似乎并没有带来相应的荣耀。20 多年来，秉持"总成本领先、摧毁产业投资价值"理念的格兰仕已经伤痕累累、身心俱疲。竭泽而渔的价格战无以为继，从价格到价值的战略转型却又步履蹒跚。始于 2005 年前后的战略转型和组织变革，目前仍阻碍重重。特别是在全球原材料上涨、人民币升值的前提下，格兰仕如何保持高速增长，已经成为其发展道路上的最大难题。格兰仕变革，路在何方？

低价取胜

1992 年，广东顺德桂洲镇（现在的容桂镇），时年 55 岁的梁庆德毅然关闭了效益良好的桂洲羽绒厂，他要做一件更有前途的产品——微波炉。鸡毛掸子起家的格兰仕做家电，在当时是个天大的笑话，但是梁庆德力排众议、决意为之。

当时，中国本土微波炉市场的厂商数量很少，并且规模都不大。1992 年，中国微波炉行业主要有蚬华、松下、飞跃、水仙 4 个品牌。1993 年，国内市场份额最大的是蚬华，约占 50%，但其在国内的年销量也不过 12 万台。1993 年，松下是中国市场最大的外资微波炉品牌，产品价格多高于 3 000 元。1994 年，松下、日立相继在中国投资设立微波炉工厂，但设计产能均仅为 30 万台。1995 年，LG 在中国天津投资设立微波炉工厂，其 70% 左右的产能都用来满足国外需求。

1995 年是中国微波炉市场的一个分水岭。此前格兰仕并无任何优势可言，基本上跟着蚬华这样的知名品牌亦步亦趋，小心跟进、大胆模仿。

格兰仕这个时候选择的是做代工（OEM）。和其他 OEM 不同的是，它将国外的生产线直接搬了回来，没有花钱，跟国际公司按照比例分成，在价值链的低端参与竞争。

1995 年 5 月，俞尧昌与格兰仕董事长兼总裁梁庆德会面。双方一见如故。俞尧昌是营销策划的好手，他提出了"价格驱动、引导消费"的概念，提倡文化营销。共同的理想、共同的语言很快使两人走到了一起。

当时，市场中常见的营销方式仍是电视广告，但这需要很高的资金投入。格兰仕一方面积极与报刊合作，采取宣传微波炉使用知识的"知识营销"手段；另一方面，中国家电企业的"价格战"已经显露端倪，在"供过于求、产品过剩"的现实下，格兰仕通过大幅降价引起媒体广泛关注，以制造轰动效应。资料显示，一些年销售额与格兰仕相当的家电企业投入广告上亿元，而格兰仕早期每年的广告费用仅 1 000 多万元。格兰仕"取胜"的秘诀，就是"价格战"。

按照梁庆德的思路，格兰仕要做到微波炉产品的全球市场垄断："做绝、做穿、做烂，在单一产品上形成不可超越的绝对优势，这叫做铆足力气一个拳头打人。"而格兰仕副总裁俞尧昌则这样定位价格战："为什么我们要这样做？就是要使这个产业没有投资价值。"

1996年8月，格兰仕微波炉第一次降价，平均降幅达40%，当年实现产销65万台，市场占有率一举超过35%。格兰仕的"价格战"有两大特点：一是降价的频率高，每年至少降一次，1996年至2003年的7年间，共进行了9次大规模降价；二是降价的幅度大，每次降价最低降幅为25%，一般都在30%~40%。从1993年格兰仕进入微波炉行业至今，微波炉的价格由每台3 000元以上降到每台300元左右。

格兰仕的多次大规模降价，的确使微波炉利润迅速下降，规模较小的企业根本无法支撑。据三星经济研究院的研究资料，格兰仕在当生产规模达到125万台时，就把出厂价定在规模为80万台的企业的成本价以下；当规模达到300万台时，又把出厂价调到规模为200万台的企业的成本线以下。1997年、1998年，格兰仕微波炉的利润率分别为11%、9%。1999年，格兰仕主动将利润率调低到6%，此时，中国市场的微波炉企业从100家减少到了不足30家，格兰仕的市场份额达70%以上。

转型阵痛

2000年是格兰仕的一个拐点。当年6月，梁庆德交棒，梁昭贤成为格兰仕集团执行总裁，开始全面掌管格兰仕。

那时格兰仕微波炉已经快触到了天花板。微波炉的市场空间难以支撑格兰仕的快速发展，格兰仕也因此迎来了一个发展瓶颈，要么死守微波炉大王的荣誉慢慢走向衰落，要么开辟新的领域进行转型，以实现二次跨越发展。

当时的空调领域被誉为家电行业里的"最后一块肥肉"，空调产品的利润率达20%~30%，且当时的空调业还处于群龙无首的状态。

2000年，格兰仕宣布全面进军空调领域，并宣称要做"全球最大空调专业化制造中心"，2001年，格兰仕就实现产销量50万台。格兰仕想复制微波炉的成功模式，用价格战与规模化生产的模式切入空调领域。

但是意外发生了。2001年，空调业一下子挤进来大量的新生力量，乐华、新飞、奥克斯等。接着，长虹、TCL、小鸭三大家电企业分别收购三荣、卓越、汇丰三家空调企业。资本的大举进入使空调业迅速由暴利转入微利，而这对格兰仕无疑是迎头一击。

尽管格兰仕实现了空调的快速投产，但是其在空调领域的跑马圈地变得越来越无力。与微波炉这种小家电相比，作为大家电之一的空调产品却有着截然不同的技术、工艺、运营、销售等需求，尤其是空调领域需要的投资巨大。

格兰仕副总裁、冰洗产业群总裁陈曙明透露："微波炉的微利模式当时在空调业根本无法施展。空调不一样，我们的成本优势不明显，虽然我们的成本控制能力很强，但是由于我们的规模没有别人大，这种微弱优势很容易就被抵消了。"

2005年格兰仕向世界宣言："我们要将空调产品做成格兰仕的第二个'世界第一'。"这句话再次掀起巨浪。

与微波炉业不同的是，2005年，空调业巨头林立，行业产品的价格和利润已经很低了，格兰仕是在这种情况下起步，去挤占别人的市场，如何能够创造性地颠覆现有空调企业的运作模式，同时又不能破坏行业的健康发展，这是个问题。

格兰仕的老对手美的电器，同在顺德，与格兰仕相距不过 15 千米，却选择了一条与格兰仕完全相反的路。与梁庆德的排斥上市不同，美的创始人何享健认为，股份制改造能使企业更加规范，通过上市可以获得融资，有了资金，有了好的机制，企业何愁不能发展？

所以，在梁庆德忙着打价格战圈地之时，何享健则不断通过资本运作并购白电领域的企业，比如华凌、荣事达、小天鹅，拥有了洗衣机、冰箱、空调多品牌的全线白电产品品线。

如今格兰仕从微波炉领域跨到空调领域已经 10 年了，梁昭贤多次坦言，在空调市场曾经走过不少弯路，对国内市场的复杂程度估计不足。截至目前，格兰仕空调仍旧在国内第四、第五的名次上徘徊。

一年新政

2004 年 7 月，梁庆德与曾和平在美国邂逅。在梁三顾茅庐的诚意邀请下，曾和平"空降"格兰仕担任副总裁兼新闻发言人。2006 年，以"价格屠夫"著称的俞尧昌以休假的名义暂时退出格兰仕的管理层。

曾和平曾是广东省外贸集团总经理，与梁庆德邂逅时，他刚刚结束在美国的 MBA 学习。记者与他有多年的交往，总结其人的特点为：对企业管理非常在行，对经济学理论也深知其道，然而其为人耿直，言语经常一针见血。

在此之前，格兰仕的经营出现了困难：2004 年 9 月，格兰仕出口亏损 2.19 亿元。在曾和平看来，格兰仕遭遇的困难表面看是外部环境的恶化，实质上是企业多年粗放式管理弊端的总爆发；过去十多年格兰仕实行的是一种高度中央集权的管理模式。随着企业组织规模的不断扩大和经营品种的不断增多，这种高度集权的管理模式使得集团高层领导天天忙于事务性工作，无暇考虑企业的发展战略，问题就来了。

曾和平"空降"后做的第一件事就是提价。在他看来，低价策略意味着自杀，他希望通过"技术创新与价值提升"让格兰仕告别"价格屠夫"的形象，这被认为是格兰仕从价格战向价值战的转型。

"当时格兰仕的体系一直停留在以 OEM 和 ODM 为主的生产经营方式，一直处于低端参与国际的分工合作。"曾和平说，"基于这些考虑，整个集团痛定思痛，开始了一系列的大刀阔斧改革创新。"格兰仕终于做出从"世界工厂"向"世界品牌"转型的决定。同时为了防止仅靠微波炉市场的薄利无以为继，决定成立中国的空调基地，并大力发展小家电，以平衡只有一条腿的桌子，用微波炉、空调和小家电形成"三个支点的一个面"。

格兰仕的战略转型收获了成果。2005~2006 年，在原材料价格上涨和人民币升值的双重压力下，格兰仕没有重蹈 2004 年的覆辙：2005 年销售额同比增长了 30.95%，利税总额同比增长了 67.88%；2006 年销售额同比增长了 12%，利税总额同比增长了 37.5%，并创下了格兰仕 29 年来最好的经营业绩。

被迫上市

2007 年 9 月 7 日，时任格兰仕副总裁的曾和平在央视《对话》栏目"对话格兰仕谋变"中，指出了格兰仕的诸多危机，包括价格摧毁政策增加销量却迎来亏损；企业内部管理混乱；员工酝酿大逃亡，现金流管理也一塌糊涂。曾和平其实是想传递"新的格兰仕正在破茧而出"的信息，以期在谋划上市之际赢得资本市场的信心。然而，曾和平无意中道出了格兰仕的家丑。

颇具意味的是，"对话事件"不久，曾和平意外离开格兰仕，俞尧昌重新回来。在实施变革一年多之后，此举是否意味着格兰仕将重回"价格屠夫"的轨道？俞尧昌回归之后，对此予以了否认："格兰仕不会进行简单的价格战，而是向高附加值的价值领域挺进。"

而接下来的时间，格兰仕坚持逐步转型，开始走多元化道路。2010年3月28日，格兰仕2010年中国市场年会上，之前历年年会中的"微波炉"三个字已经不见了，由此，格兰仕开始向世人宣布：格兰仕涉足多元化的时代真正来临了，生活电器、日用电器和厨房电器等品类都成了格兰仕意欲瓜分的蛋糕。

一个注解是，2009年9月，格兰仕在逆境中扩建白电新厂区，增加冰箱、洗衣机、洗碗机的配套、研发、制造能力，"这个新厂区建成之后，将成为亚洲最具规模的单体冰箱、洗衣机制造基地。目前，格兰仕基本上实现了以微波炉、生活电器、空调、日用电器为支柱的白电产业布局。"梁庆德在年会上说。这被看做格兰仕的又一次转型。

然而，在微波炉领域"不差钱"的格兰仕，在转型到空调领域10年后，开始家电产业多元化，它的资金也开始捉襟见肘。

"近年来虽然空调的销售市场良好，但尚未给公司带来明显的利润支持。此外，这两年公司仍在小家电方面持续加大投入，这两大业务板块都需要强大的现金流支持。"格兰仕一位内部人士称。

某投行资深投资经理分析："格兰仕作为一家民营家族企业，在与银行接触时，不如上市公司信用高，这给格兰仕圈到巨额资金设置了一个障碍。"

"格兰仕要想持续发展、更大规模地增长，就需要借助资本的力量。"梁昭贤表示，欧、美、日、韩的家电企业已经完成洗牌，只剩下了几个巨头企业。在资本力量的推动下，中国未来也会有这样一个大洗牌的过程。最终能在这个洗牌中继续立足的企业，其规模将会达到千亿元之巨，少于千亿元的企业将很难生存。届时，中国大型家电企业可能只有五六家。格兰仕不成为胜利者就沦为失败者，不做洗牌者就会成为被洗牌的对象。

"我们正在全力推动公司上市。"梁昭贤2011年1月公开表示，"目前还没有清晰的时间表，不过有一点可以肯定，那就是我们会选择合适的时机尽快上市。"

"格兰仕很可能将微波炉等优质资产提前上市，一来可以缓解资金压力，二来可以助力格兰仕向白电多元化转型。"中国家电网CEO吕盛华分析。

格兰仕助理总裁、新闻发言人陆骥烈也公开表示，未来5年格兰仕会在资本运营上有充分表现，争取能够上市。"对于上市，格兰仕关注的不是简单的融资方法，而是坚持低负债高增长的方式，让更多的投资者看到稳健发展的格兰仕。"

把微波炉产业做到没有投资价值的格兰仕，迷茫中最终选择了走多元化的道路。在这条路上，上市则成了其必然要走的一步棋，这步棋早走比晚走好，晚走比不走好。

资料来源：http://tech.hexun.com/2011-09-21/133621728.html

思考题：

1. 格兰仕在总体发展战略上采用了哪些？这些战略对于格兰仕来说，适应性如何？

2. 格兰仕在竞争战略上主要采用了何种？这种竞争战略要求企业应具备什么条件？格兰仕是否具备？

3. "上市是必然要走的一步棋"你认为呢？为什么？

案例 7　LG 电子公司在中国的发展

LG02 年的战略调整

LG 电子（中国）高层管理层 2002 年初做了较大调整，在华的众多跨国公司也选择了这个年度换帅易人，而紧随人事变动的是在华策略的调整，比如西门子、日立等等。LG 电子在中国发展的大方向不会变，只是加快速度，加强力度。

速度调整：首先体现在产品上，以微波炉为例，去年年产 300 万台，今年可能就是 400 万-500 万台，这体现了速度的变化。另外，LG 并非将在韩国制造的产品拿到中国来卖，而是将在中国制造的产品销往全世界，天津生产的微波炉 80% 出口，惠州产的 CDROM 出口比例达到 90%。因此 LG 电子的战略是，并不仅在中国争做第一，而是在全世界争做第一，利用中国的优势做到世界第一。

此外，速度还体现于产品研发上，以前 LG 在中国的众多工厂有各自的研发中心，现在 LG 电子要成立统管各个工厂的整体研发中心；人才本土化方面也有速度的变化，负责营业方面的分公司长已基本实现本土化，而 LG 电子当初的计划是，到 2003 年才会出现一个本土化的分公司负责人。

LG 电子的策略是，鱼和熊掌兼得。新的高端产品，取信少部分高收入者，普及性产品为普通百姓服务。LG 电子双管齐下，新品快速研发、快速入市；已普及的产品快速降低本，把降低成本做到世界第一，就可以将产品做到世界第一了。

相比于日本企业，韩国晚进入中国，而日本没有成功与它在中国没有全身心地投入做市场有关。有一点需要强调，LG 进入中国从未将中国作为国外市场来做，而是对其重视度远远超过了对国内市场的重视。不这样，大概也不会取得今天的成功。

此外，LG 电子当初是"全身心投入"的。企业经营最关键的三大因素是人、技术、资本。LG 进入中国市场时，将最优秀人才派遣到中国；资金上，只要对在中国今后的发展有利的，都毫不犹豫地投入；技术领域，将国内前端技术以最短的时间投入中国，等离子彩电就是个例子，目前在中国市场大批量销售的，LG 是跨国公司第一家。

LG 家电高端战略在中国市场的"迷失"

作为全球消费电子行业的巨头，LG 电子的一举一动备受关注。这家在中国市场上被誉为"本土化"战略最成功外资企业，在遭遇 2004 年中国业绩低谷后，力推"蓝海"战略试图转型高端，在一系列品牌战略和产品策略的推进中，又进展如何？

2004 年，LG 电子全球的销售收入为 24.659 万亿韩元（约合 238.5 亿美元），同比增长了 22.2%；一直被 LG 看作无法替代的最重要的海外市场的 LG 电子中国，2004 年仅实现了 5% 的年增长率。这家韩国电子巨头在中国市场遭遇"滑铁卢"，这与 LG 电子近些年在全球树立的"黑马"形象极不匹配。在中国市场连续多年的高速增长无疑遇到了一个"增长的瓶颈"。

当时有市场分析家们对 LG 的中国市场策略提出了批评，"LG 刚进入中国时还很有特色的设计和技术优势已经在越来越多本土对手的追赶下日渐消弭，却没有及时反应。"

韩国企业是善于学习和变化的，"我们不能总甘当二流厂商，而应该争当顶级企业。" 2005 年时任 LG 电子 CEO 的金双秀面对市场的变化发出这样的豪言。

从 2005 年开始，LG 电子相继中国推出了"蓝海战略"、"一等战略"，LG 希望告别过去的大众化路线，转向高端挺进，以帮助 LG 摆脱和本土低价格的家电产品的正面交锋，获得更高的利润，同时，借助高端产品可以在消费者心中确立 LG 的品牌地位。

在战略层面调整的同时，在产品策略上，LG 也积极加强了"高端"产品的投放，2006 年 4 月，LG 推出数千元的"巧克力"手机；8 月，推出具有"左右时间"功能的平板电视，平均售价要比一般功能的平板电视高出 2 000 元以上；9 月，"气质"洗衣机上市，系列产品售价在 1.2 万至 1.8 万元；11 月推出的 2in1 空调，售价范围也在 1.2 万至 2 万元之间。2007 年 3 月，LG 电子在上海召开年冰箱新品发布会，推出一款售价高达 4.6 万元豪门对开门冰箱，昂贵的价格令人望尘莫及。

华丽的外观、考究的工业设计成了 LG 电子"高端"战略的发力点，高昂的价格是其"高端"品牌的价值体现，市场对这个"最像中国品牌的洋品牌"的高端转型是否认可？

据国家信息中心零售监测数据显示，我国高端冰箱（多门、对开门）销售呈现大幅增长趋势，2008 年 1~5 月份，对开门冰箱销量同比增长 69.4%，而 LG 对开门冰箱的市场份额出现了大幅下滑，由去年同期的 31.1% 降到 22.9%，让海尔和三星反超而跌至第三位。在畅销的 10 款高端产品中也由过去的三款缩减至两款。

在空调零售市场，1~5 月份，LG 空调的市场份额由去年同期的 3.05% 下降到 1.90%，其中柜机的市场份额下降得更多，5 000 元以上柜机的份额降到了 4.4%。LG 冰箱、空调市场销售量份额下降的同时，其市场销售额的比重也基本在同幅度或更大幅度的下降，可以看出产品的销售单价并未得到提升，高端产品的销售并不理想。

对于这种企业品牌战略与市场表现的背离，业内分析人士认为，LG 自从进入中国以来，一直采取大众化策略，通过收购、与国产品牌合作等方式快速适应市场，取抢占了不少的市场份额，但同时，LG 产品也给消费者留下了"最像中国品牌的洋品牌"的大众印象。LG 电子也被认为是在中国市场本土化最成功的外资企业之一。而在实际市场运作中，LG 的"一等战略"与"中国本土化"战略之间缺乏有机的衔接和整合，出现了两个战略目标间的差异，一边是只求利润不求规模，一边是追求规模背后的利增，两者之间的差异，造成了企业在市场营销、网络布局、推广手段等方面缺乏融合，转型所要耗费的时间和资源投入相当大，最终使得 LG 在中国市场上的转型尴尬。

国家信息中心市场处处长蔡莹认为，近两年，国内本土企业随着实力的增强，也纷纷加大高端产品的研发和推广，进一步增加 LG 电子向高端转型的难度。

"LG 这两年的高端转型战略有所气色，但不明显，其品牌地位依然尴尬，不高不低。"某知名连锁企业的一位不愿透露姓名的人士也表示。"要真正实现战略转型，LG 电子需要更长时间，也需要真功夫。"

LG 战略失误，索尼或迎来发展良机

虽然已经投入了数十亿美元开发新型显示技术，但由于产品开发进度缓慢，加之单价接近 1 万美元，迫使三星电子和 LG 电子相继调整高端电视机战略。

这两家韩国企业的失误为日本的索尼、夏普以及中国的创维创造了难得的机遇。这些公司都在推出采用传统液晶面板的电视机，并以大约一半的价格提供足以与新技术媲美的分辨率。

作为全球最大的两家电视机制造商，三星和 LG 迟迟未能通过 OLED 电视盈利。相比于多数采用液晶面板的电视机，这种技术的亮度更高，画面也更加锐利。虽然这两家公司去年就曾表示将量产 OLED 电视，但 LG 的首款机型直到今年才正式在韩国上架，而且售价高达 1 100 万韩元（约合 9 900 美元），而三星的产品仍未上市。

三星和 LG 正在调整战略，计划加大液晶电视机的出货量，以保持行业领导地位。与此同时，索尼却准备通过扩大液晶电视产品范围，在超高清电视机市场夺取更大的份额，并预计到 2015 的份额可以增长 7 倍。

"三星和 LG 都误判了超高清市场。"美国证券公司 E＊Trade 驻韩国分析师 Joen Byung Ki 说，"他们现在认为，可能仍要坚持发展一段时间的液晶技术。"三星和 LG 发言人均表示，他们的公司将继续开发 OLED 产品，但也会扩大超高清液晶电视的产量。

据美国市场研究公司 DisplaySearch 测算，全球超高清液晶电视面板（4K）出货量可能会从去年的 6.3 万片增长到今年的 260 万片。

索尼正在凭借所谓的 4K 技术拓展介于传统液晶技术和 OLED 技术之间的领域。这家全球第三大电视机制造商上月宣布以 5 000 美元的价格出售一台 55 英寸电视机，今年 11 月还推出售价 2.5 万美元的 84 英寸机型。

索尼的电视机业务过去 9 年一直处于亏损状态。该公司 CEO 平井一夫今年 1 月表示，超高清电视机是为了取悦消费者，并给他们带来惊喜。

索尼董事会正在讨论美国对冲基金经理丹尼尔·勒布（Daniel Loeb）的一份提案。勒布建议索尼出售 20% 娱乐业务并专注于电子产品。平井一夫曾经承诺，将在截至 2014 年 3 月的财年内带领电视机业务扭亏为盈，并出售 1 600 万台电视机。三星 2012 年的全球平板电视机销量为 5 100 万台，LG 约为 3 000 万台。

凭借着娱乐业务的支持，索尼将为该公司的电视机买家提供电影。该公司正在转换《阿拉伯的劳伦斯》和《出租车司机》等老电影，并将从今年开始为 4K Bravia 电视机用户提供下载。

"索尼正在刺激 4K 电视机的需求。"DisplaySearch 驻日本分析师 Hisakazu Torii 说，"这两家韩国厂商也必须推出 4K 电视机来利用这一趋势，他们可能还要快速行动。"

创维也面临着相同的机遇。该公司去年 11 月发布了 4 款机型，屏幕尺寸最大为 84 英寸，售价高达 10 万元人民币（约合 1.63 万美元）。上月，创维又新增了一款售价约

7 000 元人民币的 39 英寸电视机。而日本第三大电视机制造商夏普昨天也以 Aquos 品牌推出了新的 4K 机型。

DisplaySearch 的数据显示，三星和 LG 合计占到全球电视机销量的半壁江山，三星去年的行业收入占比为 28%，LG 为 15%。然而，今年第一季度全球电视机总出货量却出现了首次萎缩，同比减少 1%。

这两家韩国公司各自只有一款超高清液晶电视在售，LG 去年 7 月在 100 个国家和地区推出了 84 英寸的机型，售价约 2.2 万美元。该公司称，今年晚些时候还有可能推出 65 和 55 英寸的产品。三星则在韩国和欧洲出售 85 英寸的机型，售价高达 3.6 万美元，下月还将新增两款尺寸略小的型号。

三星和 LG 都将赌注压在 OLED 技术上，原因是这种屏幕耗电更少，比传统液晶面板更薄，且画质更加优秀。这两家公司都在 2012 拉斯维加斯国际消费电子展（CES）上展示了 55 英寸的 OLED 电视原型机，机身甚至比苹果 iPad 还薄。

但这两家公司却未能提升足够的产能来实现与液晶面板相同的规模效益。这也意味着销量的增加也将十分缓慢。美国市场研究公司 iSuppli 去年估计，OLED 电视机销量将从 2012 年的 3.4 万台，增长到 2015 年的 210 万台。

美证券公司 E * Trade 预计，OLED 将占 2016 年全球电视机出货量的 10%。

索尼 2007 年推出了全球首款 OLED 电视机，但由于尺寸仅为 11 英寸，但售价高达 2 500 美元，导致需求受阻。索尼和松下去年宣布合作生产更多 OLED 电视机。

三星早在 2006 年就开始投资 OLED 生产设施，主要用于该公司旗下的 Galaxy 系列智能手机。三星过去两个财年已经投入 7.9 万亿韩元开发 OLED 技术，针对的目标包括电视机和移动设备。LG 去年和今年也投入了 1.1 万亿韩元开发 OLED 电视机面板。

投资公司 HI Investment & Securities 分析师 Chung Won Suk 表示，这两家韩国公司之所以逐步放弃液晶技术，是因为这种产品的利润自 2004 年便开始萎缩，而且他们需要寻找新的增长领域。

今年第一财季，电视机所在的三星消费电子部门利润已经萎缩过半，至 2 300 亿韩元。LG 今年 4 月称，该公司的电视机业务利润也已经从一年前的 1 640 亿韩元骤降至 300 亿韩元。

"OLED 在价格和分辨率上并不具备太大优势，仍然有待进步。" Chung Won Suk 说，"现在商业化可能还为时尚早，所以这两家韩国公司才需要超高清电视机。"（书聿）

资料来源：
1. http://info. 1688.com/detail/1002343447.html
2. http://www.people.com.cn/GB/it/49/151/20020621/758330.html
3. http://tech.sina.com.cn/e/2013-05-23/10308370507.shtml

思考题：

1. 从 02 年开始至今，LG 的战略调整路线是怎样的？
2. 从案例中总结 LG 战略的得与失
3. 韩国与日本的家电企业进入我国后在战略管理上有何异同？这对我国家电企业的发展有何借鉴之处？

案例 8　国美电器

国美电器事件

国美电器集团作为中国最大的家电零售连锁企业，成立于 1987 年 1 月 1 日，是一家以经营电器及消费电子产品零售为主的全国性连锁企业。2009 年底，贝恩投资入股国美电器。在入股国美电器 8 个多月后，在国美电器正在走出危机恢复正增长的情况下，拥有 31.6% 股权的国美电器大股东在 5 月 11 日的年度股东大会上突然发难，向贝恩投资提出的三位非执行董事投出了反对票。以董事局主席陈晓为首的国美电器董事会随后以"投票结果并没有真正反映大部分股东的意愿"为由，在当晚董事局召开的紧急会议上一致否决了股东投票，重新委任贝恩的三名前任董事加入国美董事会。

大股东的反对票让国美电器重新陷入了新一轮的危机，因为根据去年 6 月 22 日国美电器发布的公告，贝恩投资在入股后有权提名三位非执行董事进入国美电器的董事会，如果贝恩的股权减少，其委任的董事人数也相应减少；但如果发生特定事件或违约事件后，贝恩有权提前赎回 2016 可转股债并要求国美支付巨额罚金。

2009 年 1 月，陈晓接任黄光裕董事局主席一职，开始掌舵国美。2010 年 8 月 4 日收到黄光裕代表公司的信函，要求召开临时股东大会撤销陈晓董事局主席职务，撤销国美现任副总裁孙一丁执行董事职务。至此，黄光裕与国美现任管理层的矛盾大白天下。8 月 5 日国美电器在港交所发布公告，宣布将对公司间接持股股东及前任执行董事黄光裕进行法律诉讼，针对其于 2008 年 1 月 2 日前后回购公司股份中被指称的违反公司董事的信托责任及信任的行为寻求赔偿。国美事件逐渐越演越烈。

国美大争主要原因之一便是国美董事局责权利严重不均势，作为大股东的黄光裕，虽然持有约 32% 的股权即出资最多，但在董事局中代言董事席位为零；而与之形成显明对比的是，在贝恩债转股之后，拥有约 10% 股份的贝恩与陈晓合作，却在 11 个董事局中直接控制了至少 5 个董事席位。不能掌控董事局，就不能掌控整个国美，董事局话语权的旁落，使得黄光裕方对自己的利益是否能够得到保障产生忧虑，因此黄光裕在五项提议中有四项是事关董事人选。

国美大争原因之二是国美董事局决定增发 20% 的股份，在此之前，黄光裕方作为大股东，其持股比例达到 32%，倘若进行股权增发，大股东股权比例有被摊薄之风险，与之对应的是大股东的影响力和控制力也势必减弱。股权的重要性在国美大争中已表现得淋漓尽致，一方面，由于黄光裕方股权比例达 32% 之多，才有权要求召开股东大会，对自己的提议进行表决；另一方面，由于黄光裕一方股权比例不足，才导致五项动议四项被否，这侧面证明了黄光裕方对股权增发的担忧不无道理。

国美电器转型

面对日益复杂的家电零售渠道竞争格局，上市 8 年首度出现亏损的国美电器酝酿战略转型已是必然。继不久前强势整合旗下库巴网和国美网上商城、中标中央电视台黄金时段广告后，2012 年 12 月 25 日，国美电器发布新三年规划，以及以"信"为核心的品牌理念和企业文化。

2012 年外部大环境使整个家电行业陷入前所未有的低迷,对国美电器的影响似乎更为严重。黄光裕入狱后愈发低调的国美电器,2012 年出现了上市 8 年来的首度亏损。国美电器控股有限公司公告显示,公司 2012 年前三季度营业收入为 360.57 亿元,同比下降 18.02%;亏损 6.87 亿元,而 2011 年同期盈利为 17.91 亿元。该公告称,集团销售收入下滑、人力成本及租金费用上升、电子商务业务亏损是造成亏损的主要原因。

事实上,在新战略发布前,国美电器已经开始调整组织架构。12 月 21 日,国美电器宣布,为适应线上线下同步发展的新战略,对采购业务体系和营运体系进行全面调整,由高级副总裁李俊涛主管采购业务体系工作、高级副总裁何阳青主管营运体系工作。此次调整已获得董事会和大股东黄光裕认可。

获得黄光裕认可的还有此次发布的新三年规划和以"信"为核心的企业文化。国美电器表示,未来三年发展战略、品牌理念、企业文化都将以满足消费者和客户需求为导向,以多方共赢为基础,以推进线上线下协同发展为核心战略。

国美电器总裁王俊洲表示,国美电器目前遇到的问题是传统家电连锁模式共同面临的难题。家电连锁长期以北京、上海、广州、深圳等一线城市为主要根据地。统计数据显示,2012 年,中国家电市场规模达到 8 700 亿元,其中 3 600 亿元来自一线市场,其余 5 100 亿元都由二三线市场贡献,而二三线市场正是包括国美在内的家电连锁的弱项。同时,电子商务的快速增长,已经给实体店经营带来巨大压力。"因此,国美电器确定了以地面店和电子商务为核心的多渠道协同发展战略。"

据了解,国美电器未来三年在不同级别市场的经营规划各有侧重。在一级市场,国美电器将优化升级体验店、旗舰店,完善网络布局,丰富产品种类,通过系列改造动作,在 2013 年实现一级市场单店效益提升 5% 的目标;在二三级市场,国美电器将重点打通一二级市场供应链,加快支撑二级市场的物流中心和售后服务网点建设,以中心大店带动卫星小店的连片开发模式,推动二级市场的快速增长,提高市场占有率,并计划 2013 年在二级市场新开门店 200 家;在电子商务业务方面,国美电器已经完成对旗下国美网上商城和库巴网两大平台的后台整合,将在此基础上继续整合现有线上、线下业务平台,拓展新业务模式,实现业务体系后台的统一管理和资源共享,2013 年力争实现电子商务业务盈利。

在供应链方面,国美电器将优化与合作供应商的业务模式和业务关系,降低和供应商来往过程中的成本损耗。具体措施包括:实现库存从区域共享到全国共享的转变,以"周订单"模式加快商品库存周转;建立协同型战略合作,降低交易成本;搭建城市与区域物流网络,以物流共享提升产业链效率;开放信息系统与供应商实现网上对账与结算,并采取单品采购单品经营模式。对此,王俊洲表示,这种以采购、物流、售后、信息为核心的低成本、高效率供应链平台建设,将对国美电器线上线下的竞争和盈利起到强大的支撑作用,持续提升商品竞争力,提升公司综合毛利率。

资料来源:
1. 于昊. 国美电器战略转型 [J]. 电器, 2013 (1).
2. 黄旭. 战略管理 [M]. 北京:机械工业出版社, 2013.

思考题:

1. 结合案例简要概括国美的新战略?
2. 结合案例说明国美可以从哪些方面入手来降低成本?

第十二章　手机行业

案例1　金立手机的崛起之路

从2002年创立，到2003年就完成了研发建院、销售建网、品牌推广和占领市场等5件基础工作。再到2011年全球出货量超过2 500万台，成为国内开放市场和海外ODM市场份额最大的中国自主品牌手机制造商。这家根植于深圳特区的企业，正是中国改革开放中"深圳速度"的模板和草根型创业公司的典型。

对常与围棋九段对弈并互有胜负的金立通信设备有限公司创始人、董事长刘立荣来说，他形容金立通信现在"中盘刚刚开始"。某种意义上，对大局、时局、格局的观察、谋划与抢先布局，是这位思考与行动力俱佳的青年与他的团队成功的关键。

"一盘棋通常由布局、中盘和收官三阶段构成，对企业经营来说，抢占市场的前期准备工作是'布局'，开始投入生产是'中盘'，产品销售和品牌维护则是'收官'。金立一路走来正如一盘棋局，品牌的塑造与维护就如棋局里面的收官，事关成败。和我下过棋的人都知道，我的'收官'下得很漂亮。"他说。在诸侯争霸的国内手机市场上，刘立荣形容自己"没有对手，只有榜样"。

榜样的力量是无穷的，但在通信这个每隔几年便"城头变幻大王旗"的领域，榜样也是随时变化的。比如，刘立荣本人头几年非常看重诺基亚，而现在虽然也在看《乔布斯传》，但他表示，现在主要学习的榜样是三星。

无论是三星还是诺基亚，一个共性是：都是当时全球出货量最大的手机厂商，都是综合性、全覆盖产品线。这也是已经成为国产手机销售量第一的金立公司，与之类似之处。

比如金立在2010年推出的"荷塘"系列手机以及2011年推出的智能手机，就是这种定位的反映。

在接受本刊专访中，刘立荣如此解释了公司的产品线覆盖策略。"前期的产品比较男性化、商务型，缺乏年轻、时尚因素。荷塘系列就是希望覆盖的人群面更广一些，所以就带有年轻、时尚、音乐、娱乐的特点，定位更偏向女性。这个系列的推广在全国的影响不错，对品牌也有蛮好的提升。"

但"荷塘"系列还是定位在传统的2G产品。2011年，金立开始全面布局智能手机。在2011年12月份推出了三款智能手机，销售供不应求。2012年1月马上会再推四款智能手机。智能手机产品线从针对商务人群的"天鉴"系列到针对年轻人群的"e-life"系列，会覆盖从入门级到旗舰型的全系列。

这种基于创新的适应能力，是刘立荣认为的金立在国产手机厂商中能脱颖而出、迅速从挑战者成为领导者的关键因素之一。在他看来，这种基因正与苹果公司类似，更是向早期的诺基亚、现在的三星学习的重要因素。

在采访过程中，兴起的刘立荣拿出自用的金立天鉴手机和记者用的苹果 iPhone4 手机开始做比较。"拍照效果显示，我们的更好。"刘立荣说，"苹果开创了多点触控技术，把它应用到手机上，结合 3G 让手机体验互联网，通过手机这种社交很方便很舒服，但是现在，苹果已经落伍了。"

作为行业竞争的参与者与观察者，刘立荣注意到，在苹果风光一时的同时，诺基亚、三星、摩托罗拉等也竞相追赶。到现在，像三星现在的产品可以说是全面超越了苹果。为什么？就是三星以后来者的身份，快速适应了市场的变化并不断高效率推出新产品，迅速抢占了市场。

背后的原因是什么？刘立荣认为，首先在手机屏幕、内存、电池、摄像头等领域，三星集团都是世界第一的供应商。在做供应商的同时，三星手机在产业链上的垂直整合做得很好，推出来的手机类型是全面覆盖，产品从 200 多块钱到一万多块钱都有。

"如果不做制造，尤其是核心制造，就很难管理好 OEM 产业以及产品的核心质量，也不会很好地去进行产业链上的资源整合，进而降低成本。也会影响企业的集成创新以及公司对市场的敏感度把握。"刘立荣如此解释全产业链布局的重要性。

而苹果一两年也就一款机器，只适合一类人群："果粉"。苹果相当于发明了火药，发明了多点触控的技术，把手机完全改变了，在别人没跟上来之前赚了那么多钱也是应该的。但现在苹果还保持这种策略也许并不适当。

虽然"妄言"苹果公司落伍于全球手机厂商发展的风潮，即使将全球手机出货量老大三星公司作为学习的榜样，但刘立荣深知，自己领导的金立手机仍不具备在全球范围内挑战这些国际巨头的实力与基础，而这也不影响他们在中国本土市场的雄心以及与某类产品正面竞争的可能。

这就是他总结的另外两点成功的关键。"是否能够保持全员的激情？是否具备超越竞争对手的效率？"刘立荣一直强调公司内部运行上要像小公司的形式，保持初创公司的激情和灵活。但这样的文化与运营方式，也被许多人认为仍未摆脱山寨厂商的原色。

刘立荣表示，如果说山寨是一个名词，我定性"山寨"就是效率，这一点我们一直保持得比较好。但是山寨那类公司毕竟规模小，金立却是一个挺庞大的公司。管理一万人的公司跟几十个人的公司是完全不一样的。

而如何让上万人的大公司，还始终保持创业公司的心态和行为方式？刘立荣觉得只能靠企业文化，再加上适当的机制、制度引导，"这样才能保持并成为长期的竞争力。三星的规模这么大，但三星也还是一个效率很高的企业。"

资料来源：http://kaoshi.china.com/qy/Learn/3786.htm

思考题：

1. 案例中，金立的战略主要体现有哪些？

2. 结合案例，你认为创业公司的心态和行为方式是指哪些？为什么？

3. 刘立荣为什么希望让上万人的大公司，还始终保持创业公司的心态和行为方式？你认为可能吗？为什么？

4. 结合案例，分析企业如何才能保持全员的激情？如何才能具备超越竞争对手的效率？

5. 在刘立荣看来三星在哪些方面比苹果更有优势？你的看法是

案例 2 解析小米的经营战略

呱呱坠地，小米便身陷各种争议，销售工程机、质量门、掉漆事件，小米从不缺新闻。2011 年 12 月 18 日，小米正式公开发售，仅仅 3 小时，10 万部手机抢购一空。12 月 20 日，小米携手联通，推出合约机，年供货协议过百万。从万众瞩目，到千夫所指，从备受期待，到骂声不断，小米在质疑声中完成了第三轮 9 000 万美元的融资……

饥饿营销 or 无米可炊？

远在小米还是概念的时候，它便创造了 30 万订单的美丽神话，之后新闻不断的雷军和他的小米就一直在风口浪尖上。

自 10 月 20 日开始发货，小米一直疲于消化 30 万的预定，终于，12 月 18 日，小米手机正式面向个人及企业用户发售。3 小时，10 万部，2.5 亿元——这是小米官方给出的数据。登陆小米手机官方网站，最醒目的是"抱歉"二字："下一轮开放购买，请关注小米论坛和官方微博的通知。"

恰恰是这个销售数字，让网民一片哗然。根据一项网络调查显示，在参与投票的 23 707 人中，认为小米手机 3 小时卖出 10 万部不真实的有 55.8%，仅有 24.2% 的用户认为真实；另外，有 71.1% 的用户认为小米存在饥饿营销的嫌疑。

记者任意进入一个小米手机的 QQ 群，发现群里最多最醒目的消息就是发货信息，"大家的出库了吗？""还要等多久啊？""我快急疯了！"群里满眼都是这些问题。记者跟一位福建网友随意聊了两句小米的话题，他马上追问："你的到货了吗？"

在拨打了几次小米官网上的服务电话未果之后，记者拨通了联通的客服电话。联通客服工作人员确认："小米手机已经正式加入联通预存话费送手机合约计划，定价为 2 699 元。但目前，暂时要到联通各营业网点进行预订。"当记者问及预订之后几天可以拿到手机，工作人员也称不确定。

通讯行业观察家、飞象网 CEO 项立刚表示，小米手机出现目前的局面，第一种可能是真的产能不足，供应吃紧；第二就有可能是饥饿营销。他还指出："如果小米再不及时大量供货，消费者就会对小米失去兴趣。"

缺货呼声一片，小米又有怎样的回应呢？"我是真的没有货。没有任何一家厂商被用户骂成这个样子还不赶紧供货的。"小米手机 CEO 雷军否认了饥饿营销的说法。那么就是小米的产能有问题？雷军又否认了。他说目前自己关注的不是产能问题，最重要的是保证每一台的质量。

没有产能，何来用户规模，何来用户认知呢？不知雷总避重就轻的回答能不能让尚在期待中的消费者满意。

黄粱一梦 or 心想事成

小米之所以从出生之初就赚尽眼球，还因为它赶上了一个好时代——移动互联网高速发展的年代。智能手机颠覆了传统手机的功能作用，也改变着用户体验和用户习惯。1.5G 双核 CPU，MIUI 原生 Android 系统，1 999 元的超低定价让米粉们充满遐想和期待。

正因为过高的期望值，在小米成熟面世的几个月里，有无创新也成了它饱受争议的原因。关于小米的使用体验，网上真真假假，虚虚实实，谁也不知该如何选择性相信。

业内一位专业人士曾试用小米手机，他告诉记者："单从用户体验上，小米手机还是不错的，很多细节化的功能特别贴心，甚至比 iphone 更好。这与安卓系统的开放性有关系，第三方能够做更多的优化开发。"

"一个没有做过手机的互联网企业能做成这样的产品已经不易了，应该褒奖。但是反过来讲，他也没什么创新，配件都是上游厂商提供，小米只是个平台。"一位专跑通信口的记者如此评价。

而瑞思集团副总裁李旦在聊起小米时却表示："电子商务卖手机，本身就是小米的创新。小米手机代表的是一种为用户考虑、让用户选择的一种理念。以后，每个月为手机花多少钱、用什么操作系统、用什么方向的产品都应该是用户说了算。"

究竟有无创新？雷军有自己的解释："小米手机开始规划的时候，它是有很多创新在里面的。"雷军觉得小米的第一个创新就是在物联网上做一款手机的品牌，并且全部在互联网上零售，小米作为一个先行者，已经走出了第一步。

小小的米 大大的梦

2011 年 8 月，小米发布会。雷军高调宣布"国内首款双核 1.5G、1G 大内存的高端硬件配置"手机面世，仅售 1 999 元！现场热度绝不亚于烈日炎炎的酷暑。自此，这个 40 多岁的男人带着小米、带着狂热与梦想，迅速席卷整个移动互联网。小米加步枪，噱头也好，炒作也罢，姑且不论，但看中国制造、民族产业的标签，就足以带给十几亿中国人巨大的期望与梦想。

爱之深，责之切。所以，当小米问题接踵而至的时候，呐喊助威加上原本等着看热闹的人都不够淡定。质量门如此，掉漆事件也是如此，至今我们仍能在论坛和贴吧里看到各种抱怨、各种担忧。

因为小米手机，怀揣的是国人一个关于创新和超越的美好愿望。没有洋苹果，我们是不是也能靠土生土长的小米活下去，甚至活得更滋润？这是我们最想知道的。如果一切都能往好的方向发展，我们没有理由不往好处想象。

未来，不管是昙花一现，还是梦想成真，雷军和小米都应该记入互联网的历史中。

资料来源：http://kaoshi.china.com/qy/Learn/8379.htm

思考题：

1. 案例中小米采用了哪些战略？
2. 试结合案例，你认为小米成功吗？为什么？
3. 你如何看待小米现象？你如何看待小米的梦想？

案例3　三星的中国化营销

在中国本土的手机市场上，多年来处于前列的一直是诺基亚和摩托罗拉，三星暂列两者之后。2007 年，三星公司共卖出 1.61 亿部手机，销售额达 18.37 万亿韩元（约合 221 亿美元），比前年增长 22%，而摩托罗拉公司同期售出 1.59 亿部手机，销售额为 190 亿美元，三星跃升为全球第二大手机生产商。同样的排名，在全球最大的市场中国也成立。一时间，对于三星的营销魔法，人们开始更加细致的研究。

早在 2003 年 10 月，《哈佛商业评论》英文版就发表了《优化营销》（Optimal Marketing）一文，首次详细披露了三星品牌成长的秘诀。三星在营销和营销的效率方面有着很精确的对应："把环境（各种因素的组合）造成的影响抽象成一个黑匣子，并假设每一块钱营销费用流过这个黑匣子都会对销售产生一种特定的影响，输入一连串历史数据，计算机就可以模拟出营销费用和销售收入之间特定的函数关系。"

"三星公司面对 14 类产品在 200 多个国家和地区的销售，实现了这 476 种产品——国家的组合之间营销预算的最优划分：三星在处理这一问题时靠的是确凿的数据，而不是直觉，这使得三星在每个地区的营销预算和效果取得了合理的对应。"在中国，三星抓住了不同用户的消费心理，将科技披上了时尚、人性化的外衣：从划时代的功能全面的"彩蛋"T108 到具有宽带机身、可旋转的显示屏和摄像头的 P408，从历史上第一款蓝牙百万像素滑盖手机 D508 吸引到年轻女性群体的瞩目，三星手机更像是一件象征品位的时尚奢侈品。

在三星的很多产品中，专为中国用户设计的产品不在少数：三星 SGH-i718 是一款商用的智能手机。三星发现，中国的用户对移动通信有很高的需求，三星与微软合作，将具有 Direct Push 技术的 Windows Mobile5.0 操作系统组装成了商业人士的移动办公系统；三星于去年 10 月全球发布的 70 英寸采用 LED 光源的液晶电视，将中国的祥云图案设计在电视边框上，中国风浓郁。

除了成功的传统媒体的推广，三星还在网络营销方面取得了佳绩：以三星较少推出的直板手机为例，F308 这款高端娱乐手机，通过为期一周的社区论坛口碑营销，品牌关注度指数由投放之前的 7 随升到推广期内的 500 左右，推广结束后，论坛关注度指数持续稳定在 30 左右，可以说是投入较小而回报较大的一次营销。

三星集团最大的分支三星电子中，除了手机，显示器的销售也是三星中国市场的一颗闪耀的明星。其曾在中国市场连续八年销售第一的成绩确实说明了三星一以贯之的精确、细致的营销和技术支持下的优秀品质。

借力奥运品牌的推广

在三星的品牌推广之路中，借力奥运的体育营销无疑是其相当重要的章节，而作为三星最大的海外市场——中国，2008 年奥运会也必将是三星品牌宣传中的重要一步。

1988 年的汉城奥运会，将已经是韩国国内优秀企业的三星推到了国际的大舞台，此后，奥运的体育营销战略就一直伴随三星的品牌成长之路。1997 年，三星成为国际奥委会 TOP 赞助商，正式开始了三星的奥运之旅。从 1988 年汉城奥运会开始，作为奥运的全球合作伙伴，三星先后赞助了 2 届奥运会和 3 届冬奥会，并且三星还将参加 2010 年在上海举办的世博会，而三星的奥运赞助商身份也会持续到 2016 年奥运会。每一次赞助活动的结束，都给三星带来了影响深远的品牌提升。从 2001—2005 年，三星的品牌价值从 64 亿美元上升至 149 亿美元，实现了 186% 的增长，排名从第 42 位上升至第 20 位。

尽管三星是北京奥运会的全球合作伙伴，但是此次这家公司将营销重点几乎全部聚焦在了中国市场，其火炬营销亦遵循这一原则："境内火炬传递的启动，意味着北京奥运会的开始。"三星电子全球体育及公共关系副总裁权桂贤这样说道。除了在奥运到来之前赞助中国本土的体育赛事，结合北京奥运会"绿色奥运"的理念，三星在火炬传递的丽江一站——这个风景秀美、颇具"绿色"气质的西南城市——主持召开了一场环境论坛，来对应 2008 年三星绿色经营元年的主题。在三星火炬手的选择上，我们看到了《可可西里》的导演陆川，也是三星借力奥运火炬传递进行营销的方式之一。

作为赞助商中电子类产品生产商，奥运手机的发布也成为外界关注的焦点。曾经希腊奥运会的 E700、都灵冬奥会的 D600 都成为了三星手机中的经典。为北京奥运会推出的 U308 和纪念版金色 P318+分别以超薄和镀金的奢侈品风格亮相。

与以往奥运会不同的是，作为三星在国际的最大市场，对北京奥运会，三星的投资达到了历届奥运会的最高。"如果在中国赢，三星就会赢；如果在中国输，三星就会输。"三星的相关人员表示。

在奥运会的整体宣传上，也体现了三星一贯的本土化风格，契合了中国用户在奥运年参与奥运的希望：在奥运的明星代言方面，三星没有单纯考虑世界级明星，而是青睐中国本土优秀运动员；除了在奥运赛事举办城市的宣传，三星更是将奥运带到了西安、成都、深圳、桂林、广州、杭州等城市。三星负责人表示："奥运会应该是每一个人的奥运会，那些没能举办奥运会的城市依然是中国的一部分，需要有人点燃那里的气氛，建立一种良好的氛围，这样才能推动奥运会真正成功。"

借力奥运的品牌推广的效果是显著的：三星集团内部的一份文件显示，长野冬奥会时，三星的品牌总价值仅 32 亿美元；到悉尼奥运会时已经突破 52 亿美元。此后，更是以每一届奥运会递进 50%的速度增长，到 2006 年都灵冬奥会时已经突破 162 亿美元，超越日本索尼的品牌价值。三星成功的中国化营销成为很多跨国公司进军中国的样板，同时也为国内企业走出中国提供了启示。

资料来源：

1. 三星的中国化营销–搜狐 IT http://it.sohu.com/20080725/n258378306.shtml
2. 刘琦琳. 三星的中国化营销 [J]. 互联网周刊，2008（14）.

思考题：

1. 结合案例分析三星在中国采取了哪些成功的营销策略？为国内企业走出中国提供了哪些启示？
2. 三星为什么要借力奥运的体育营销？其成功的关键点有哪些？

案例 4　诺基亚公司的沉浮

还是在上 20 世纪的 1865 年，在北欧芬兰南部诞生了一家普普通通的造纸厂，它以当地的一条河流的名字命名，叫"诺基亚"。

100 年后，诺基亚仍稳稳当当地经营着，并在 1967 年组建成了为芬兰人提供包括纸尿布、高统皮套靴、轮胎、电话电缆等多元化产品的集团公司。

进入 80 年代，随着世界电子时代的到来，诺基亚集团也开始大量投资电信。由于它适应了芬兰国家地势崎岖，人烟稀少，架线不便，无线通信业出现很早的客观情形，把简陋的步话机发展成了一种成熟的移动通讯系统。与此同时，诺基亚也有了家用电器、计算机、传呼机等系列产品。

然而不久，诺基亚的事业陷入了危机。这个名不见经传的北欧企业，所拥有的市场终归有限，尤其是 80 年代末近邻贸易伙伴苏联的衰败；加之国内综合工业基础不如其他大牌国家，尤其像摩托罗拉在技术研发、批量生产和广阔市场等方面的优势，都不是诺基亚一时可以比拟的。诺基亚的总裁凯雷莫承受不住了，这位对诺基亚发展功不可没的技术型人物以一颗子弹结束了自己的生命，那是 1988 年的冬天。

1991 年，诺基亚在爱立信的嗤鼻声中，并购失败。

把握机遇的奥利拉

1992 年，诺基亚手机分部负责人、42 岁的奥利拉临危受命，担当起诺基亚集团 CEO 的重任。奥利拉，这位伦敦经济学院的 MBA，曾是花旗银行伦敦分公司负责诺基亚客户的主管，1985 年加盟诺基亚，先后担任国际事业部副总裁和总财务长，被誉为"很有国际眼光"的人。

奥利拉的机遇要比凯雷莫好。此时，柏林墙已被推倒，冷战结束，全球市场正在走向开放。奥利拉敏锐地看到了前景，兴奋地说："要永远记住这一天。"他进行了大量而周密的可行性调查，从较早的北欧移动电话市场，意识到了它将会在全球掀起热潮。他吸取了前任的教训，在几年中拍卖掉了诺基亚所有的枝节公司，甚至是赚钱的公司，将业务重点放到了电信上来，全力以赴地推动着诺基亚移动通讯业的发展。

诺基亚在寻找突破口。奥利拉果断地把科技新生代的年轻人推上了关键岗位；奥利拉在手机研发项目档案中发现了 GSM 标准，直觉告诉他，这个尚未成熟的数字化手机通讯标准极有可能取代摩托罗拉的第一代模糊式手机，成为第二代的标准制式；奥利拉与同僚们在技术领域夜以继日地奋战着，他们很快确定了以手机和手机网络设备为公司的战略发展方向；谙熟财务运作的奥利拉，避开了欧洲人对诺基亚带有偏见的眼光，飞奔美国，一次次地向那里的投资人描绘着诺基亚的美好前景："我们将全身心地投入到全球电讯行业这一高科技领域，我们正在开发的产品含有很高的附加值。"

打败摩托罗拉

1994 年，诺基亚公司股票在纽约上市，诺基亚迈出的第一步成功了。源源不断的资金激活了诺基亚的造血功能，使它焕发出了无比的生命力，而它也使美国人手中股票的含金量不断地攀升。

与此同时，欧洲各国已开始采用 GSM 数字手机通讯标准，首先问世的就是诺基亚的"2100"。清晰的音质，灵巧的外形，大比例显示屏面和滚动式文字菜单，2 000 万只的销售量使全世界第一次认同了这个名字：诺基亚。

1996 年以后，诺基亚在移动通信领域取得了飞速的发展。"6110"系列第一次实现了长时间电源供应的功能；为开辟全球市场，诺基亚推出了分别能适应欧洲大陆 GSM 制式、美国 TDMA 制式和日本、韩国 PDS 制式的三种数字通讯标准的手机。

到 1998 年，诺基亚直追摩托罗拉，生产出第一亿部移动电话，成为了世界上最大的移动电话生产商。而此时的摩托罗拉还沉浸在"决不会犯错误"的行业老大的心态中。1998 年、1999 年，直到 2000 年，诺基亚在全球的手机市场份额，连续三年处于三巨头中的领先地位，市场份额为 22.5%、26.9%……一路攀升。

1999年，"7110"系列诞生，这是世界上第一款支持WAP（无线上网协议）的手机。诺基亚取得了巨大成功，诺基亚已成为移动信息时代的跨国企业巨子。

诺基亚成功了，诺基亚不失时机地把握住了成功！

坚守诺基亚性格

人们不禁要问：成功，为什么属于诺基亚？

诺基亚也时刻在问自己：诺基亚为什么成功？

诺基亚人在苦苦地追求中找到了自己的信条，并在后来的良性运作中坚守着自己的信条：第一，致力于创新，首要准则就是应用最新的先进技术；第二，始终不渝地遵循诺基亚人自己的方式做事。这两条恰恰是摩托罗拉在一段时期里所丧失的。

我们先来认识诺基亚技术创新的窍门。

诺基亚每个时期的奋斗目标都非常明确，从以手机通讯为发展方向，追求全球高附加值的产品；到创造移动信息社会的名牌；再到提出"把互联网放在每个人的口袋里"，至今诺基亚始终处在全球技术领先的前沿地带。

诺基亚目前的主营业务有三块：手机，网络，与英特尔联合研发信息集成。人们现在刚开始认识"蓝牙"无线通讯技术，诺基亚则早已瞄向了无线通讯的第三代——无线互联网技术。

要想始终保持技术领先的地位，就不能片刻地停下脚步，稍示歇息。由此形成了诺基亚的企业性格：敏捷的反应速度，快速地作出决策，永远创新。诺基亚一贯认为：要在高科技领域、在激烈的市场竞争中生存下去，唯一途径，就是永远走在别人前面。

诺基亚公司有员工5万多人，其中1/3的员工在从事技术开发工作，他们分布在包括中国在内的全球12个国家的44个研究与开发中心，这些研发中心形成了一个全球合作网络，从而保证了诺基亚对技术发展的快速反应，保证了诺基亚公司在技术上的领先地位。

诺基亚公司极舍得在研发方面花钱。1998年时，诺基亚用于研发的经费就占全年销售额的8.6%，即13.5亿美元；1999年又以50%的比率递增。从1996年起，这些研发中心就已在开发2005年的产品了。

资料来源：企业管理案例-精品资料网：http://www.cnshu.cn/qygl/280057.html

思考题：

1. 结合案例分析诺基亚成功和失败的原因所在，有什么启示？
2. 案例中，诺基亚采用了哪些战略？

案例5 华为手机——抢跑者的逻辑

"草原上的狮子，当羚羊和斑马减少，能活下来的也是少数。"

当地时间2月27日上午，在2012年巴塞罗那世界移动通信大会（以下简称MWC）的华为展馆里，华为终端有限公司董事长余承东说，智能手机市场的玩家太多。

正对面，是三星的展馆，左边是LG。在竞争日益残酷的android手机市场，它们都是华为手机的劲敌。

余承东很看重抢先一步的意义。2月26日下午，MWC还未开幕，华为就抢在所有厂商前面，发布了一款号称"全球最快"的四核智能手机Ascend D quad。当天晚上和第二天一大早，HTC和中兴也先后发布了四核智能手机。

事实上，经过2011年的搏杀，华为已然冲到了智能手机阵营的前列。2011年，华为智能手机全球销量为2 000万部，而2010年这个数字不过500万部。

战得正酣的余承东看上去斗志昂扬却又危机感重重。

"苹果拿走了整个市场70%多的利润，三星拿走了20%多，其他厂商只能分剩下5%的利润。"余承东毫不讳言地告诉记者，华为智能手机去年的利润低得可怜。

"iPhone4一年能卖1亿多部，据估计，物料成本不会超过125美金。"余承东说，一千万和一亿的智能手机采购成本甚至能相差几十倍。在这个残酷的智能机市场，"没有规模经济，你活不下去"。

尽管华为已经成为中国最大的智能手机供应商，但在余承东眼里看来，全球前三至四名才是华为手机的安全线。在他看来，"智能手机行业在整合，未来三到四年，全球只有三到四家厂商能活下来。"

面对这个既肥美又血腥的市场，余承东既兴奋又急切。

产品抢跑

"我们的品牌不是最强的，但希望我们的产品是最强的。"2月26日发布"最快手机"Ascend D quad时，余承东对台下来自全球各地的记者说。

MWC展馆外的广场上，用3 500个Ascend D quad机模拼成的飞马雕像凌空飞起，吸引了很多人合影留念。飞马是Ascend的标志，就在一个多月前，华为在拉斯维加斯的2012消费电子展上发布了号称"全球最薄"的双核智能机Ascend P1 S。

华为，这家全球第二大设备制造商，此前徘徊于低端定制市场的手机公司，正急切地以高端、精品的姿态，挤到智能手机这个大竞技场的中央。

Ascend D quad采用华为公司旗下海思的应用芯片。余承东告诉记者，海思在芯片领域已积累多年，其四核芯片早已应用于WCDMA基站和无线设备，但因功耗高的挑战，一直没敢用在手机终端上。去年九月份，余承东拍板将其用于手机，而此时高通的四核芯片延期上市。"我们要在四核上领先。"他说。

Ascend D quad预计今年第二季度上市，当记者问及定价，余承东反问"你们认为定多少合适？""我们宁愿少赚点，就当广告促销费了。"余承东称，华为不论哪个档次的产品，都要做同档次产品中的精品，先赢得用户和口碑。

余承东总是习惯于如数家珍地搬出各类技术指标，以证明华为手机"最好"。他说，去年11月推出Honor时，欧洲一个运营商负责手机业务的高管不相信Honor的电池可以用两天，余承东便和他打赌，结果对方输了一箱香槟酒。据华为公司统计，Honor手机至今销量已经达50万台。

"认为智能手机将PC化的观点是错误的。"余承东拿起一部手机对记者说："这里浑身布满天线，涉及的频段多达十几个，有的频段还分级，这对射频技术的要求非常高，不是PC厂商随随便便能做到的。"余承东认为，而这些技术恰恰是华为的特长。

上任才两个月的华为终端手机产品线总裁何刚也认为，华为对系统设备和网络运营的经验给其手机业务带来更强的竞争力。由于智能手机上消息、邮件及各类服务的推送增多，人们即使不用手机，网络也处于交互状态，这便导致了所谓的"信令风暴"，令运营商网络压力急剧大增，英国、日本和美国都出现了智能手机信令管理的问题。何刚告诉记者，华为已经成立了联合工作组，优化信令的传输方式，让手机更节电并能缓解网络的流量。

除了软硬件的设计，余承东告诉记者，华为正努力将简单应用和强大的功能相结合。华为手机提供享受免费而大容量的网盘服务，应用商店"智汇云"提供几千种免费软件的下载。该公司声称，智汇云是下载量仅次于 Google Market 的 android 应用商店。类似苹果 icloud、imessgae、itunes、facetime 的功能，华为也将免费提供给用户。

渠道反超

但余承东也不得不承认，华为手机还有一块不容忽视的短板——公开渠道。2011年销售的手机中，运营商定制占了大部分的比例。公开渠道铺货太慢，令华为一些性价比颇高的新品错失了市场销售的良机。

"从运营商定制市场到公开市场，华为还在路上。"余承东坦言："我们必须做出一些改变。"

余承东曾在微博上夸奖小米手机网络订购火爆，而电子商务则是他选择反超公开渠道的一条路径。余承东透露，华为手机正在和京东等电子商务网站谈判，而华为直营的电子渠道也将于今年中上线。

"华为提供电子结算的支撑平台，我们不会自己去做物流之类的。"余承东说，希望今年能把运营商渠道和公开渠道控制在一个"相对平衡"的比例。

而另一边，华为将仍然依靠运营商，尤其在欧美市场。"事实上，苹果也靠运营商。"余承东说。

"我们很了解欧美运营商对华为的诉求是什么。"华为终端首席营销官邵洋认为："运营商非常需要一个友好的合作伙伴，既推动它的业务，又不威胁它对用户的控制欲。"

法国电信、Telefonica 这些欧洲运营商对一些强势手机商"掠夺式"的合作已颇有微词。以苹果为例，和运营商合作时，不仅其套餐协议带给运营商的话费收入不多，而且还将用户带走，用户购买 iPhone 后都用苹果提供的应用，而非运营商的业务。而三星对用户的控制欲没有苹果强，但它对运营商网络运营方面的需求又了解得不够。

"运营商非常需要一个全心全意为它着想的手机合作伙伴。"邵洋告诉记者，在欧洲，运营商一年的开支中，买设备占8%，运营费用占12%，手机补贴却占了39%，是前二者之和的两倍，但手机合作伙伴却往往是竞争的态度。

"我们了解运营商的困难，帮助他们解决问题。"邵洋说，智能手机现在的发展趋势已经不能满足网络发展的需要。目前手机最大的能耗，一来自屏幕，二来自网络交互，而华为懂得如何通过产品的设计更好地节省电池，降低运营商的压力。

而华为提出的"端管云（终端+网络+服务）"战略也给运营商描绘了一个全新的图景。"我们有全套的解决方案——终端+网络+服务。"邵洋说。未来的华为还将实施"四屏合一"，即手机、平板、PC、TV 的互联互通。一个鲜为人知的事实是，华为在机顶盒市场至少占50%以上的市场份额，为这一战略打下了很好的基础。

但在朝这一远大理想进发之前，华为手机先要强大起来。邵洋称，欧洲的运营商对华为手机的产品已没有疑问，但对华为品牌还有很大的疑问："有个运营商对我说，我们很想扶持你，但你们的品牌影响力的确还不够。"

全新改造品牌

公开市场上的弱势，加上运营定制市场的低端形象，迫使华为痛下决心全新改造品牌。

以飞马为形象的 Ascend 是华为塑造品牌的一个全新开端。2 月 26 日记者一下飞机，便发现巴塞罗那机场布满了 Ascend 的广告。而 MWC 广场上那只巨大的 Ascend 机模飞马雕塑，是华为在伦敦精心打造的。据邵洋透露，从制造到运输，一共花了数万英镑。"我们只是为了让人们记住 Ascend。"他说。

但 Ascend 不过是华为某一系列手机的标识，现在摆在华为面前的是，如何从一个 B2C 品牌转型为能与苹果、三星竞争的全球消费电子品牌？

邵洋告诉记者，过去一年，华为一直在努力思考和推敲一个问题：华为品牌的 DNA 是什么？因为这是华为品牌转型的重点，也是其手机全新品牌形象的灵魂所在。

作为设备制造商，华为一直奉行"客户是我们存在的唯一理由"这一信条。邵洋举例告诉记者，沃达丰曾经把一个创意告诉所有的电信设备商，大家一听都发现，要实现这个想法就要把自己的平台改了，于是都不干。而华为却对沃达丰说："你真的想要吗？我帮你实现！"华为花了两年功夫把产品改了，这便是所谓的 singal ran（一种服务解决方案），它后来帮助华为拿下了西欧 35% 的无线设备市场。

"客户至上便是华为品牌的 DNA。"邵洋说。而手机的客户是个人消费者，华为如何打动他们？邵洋告诉记者，2 月 16 日，华为在千挑万选之后终于选择了全球顶尖的广告公司 BBH，3 月份，BBH 为华为打造的全新品牌形象将闪亮登场，而华为今年将投入 2 亿美元来打造这一品牌形象。他说，欧洲的电信运营商听到华为的品牌创意，都非常兴奋。

今年，华为还将在全球开设上百家体验店，此前已在中国开了五家，华为试图以此来触摸到手机的用户，了解他们的需求和喜好。

2012 年，余承东的目标是华为智能手机全球销售量 6 000 万台，中国市场占 30%-40%。他说虽然华为手机利润现在很低，但只是现在。

资料来源：http://tech.sina.com.cn/t/2012-03-03/02036796617.shtml

思考题：

1. 怎么看待华为的手机产品定位？请尝试对华为手机做 SWOT 分析。
2. 结合案例简要分析华为"端管云（终端＋网络＋服务）"战略实施的基础和障碍。
3. 华为品牌的 DNA 是什么？

案例 6　酷派推出酷云战略，抢智能手机制高点

2011 年 6 月 16 日，宇龙酷派在广州举行"酷智能　云未来"为主题的新品发布会，正式推出国内首家手机云计算服务平台——酷云，并将酷云提升为战略重点，作为酷派发力移动互联网的重要举措。同时，基于酷云云计算服务应用平台的首批两款

产品，酷派大观 9930 和 N950 将于 6 月内全面上市。

易观资讯分析师路礼彬表示，苹果在刚刚召开的全球开发者大会（WWDC）上正式发布了在线云存储服务 iCloud，同时，中国电信已正式启动"星云计划"，终端厂家与运营商都已开始发力云计算服务平台的打造，智能手机的竞争焦点由硬件转变为软件服务的趋势进一步加快。

智能手机的快速发展推动了云计算服务平台在手机上的实际应用。酷派常务副总裁李旺表示，2011 年酷派全面发力 Android 系统，将推出近 30 款不同定位的 Android 智能手机，同时，酷派的移动互联网战略是率先整合云计算技术，资讯与数据的云端存储与共享将是智能手机下一阶段的核心应用，此次正式发布的"酷云"正是酷派移动互联网规划的核心战略平台。

据了解，宇龙酷派早在 2006 年就开始布局基于移动互联网的数据信息管理与协同分享，以"专注无线数据一体化解决方案，终端、互联网与 PC 三位一体"的发展策略，并于 2007 年推出了"酷派通"与"无线小秘"应用平台，就是云计算平台的雏形产品。酷派常务副总裁李旺介绍，酷派酷云平台是指基于酷派终端的无线数据一体化（终端和后台的一体化）的解决方案和应用平台服务，内容包括日历、通讯录、通话记录、短信、备忘录、照片、文件、浏览器书签等应用的即时同步与分享，为用户提供随时随地无缝访问各种内容和应用程序，是酷派对无线数据一体化在云计算时代的最新理解，也是酷派无线数据一体化终端战略的成熟平台。

李旺进一步表示，酷派在智能手机领域的大规模布局，为酷云战略的推出创造了成熟的条件，酷派在前期已进行长期的尝试与探索，积累了大量的云计算技术应用基础。因此，对酷派而言，云计算不是一个新事物，它是酷派前期"无线数据一体化终端"研发成果的提升，"酷云战略"将提升酷派在移动互联网时代的核心竞争力。

在本次发布会上，酷派正式发布了酷派平台 1.0 的五大类应用，与苹果发布 icloud 服务平台相比，酷派的酷云具备自己的特色和优点。据酷派酷云平台负责人介绍，此次发布的是酷云 1.0，最核心的应用是数据同步与备份，酷云可以将各类数据，包括联系人、日历、短信、通话记录等通过个人账号上传至云计算服务器，实现"云"同步和备份；令人惊喜的是，酷云具有强大的文件存储功能，包括文件存储、照片存储、其他多媒体数据存储等形式；同时，基于酷派多年的安全技术积累，酷云在个人信息安全方面独具优势，酷云率先采用了先进的云端认证技术，确保用户账号安全，也保证云端存储与备份的安全；此外，酷云还具备协同与设备安全管理的功能，云端查找设备位置、云端销毁设备数据/锁定设备，还能通过发布短信指令，远程销毁数据信息。年底将推出酷云平台 2.0 版本，酷云的功能将会更加强大和完善。

据了解，酷云平台 1.0 的首批产品共有两款，分别是酷派大观 9930、N950。大观 9930 是全球首创 5 寸大屏双网双待 Android 产品，突破目前市面上 4.3 英寸主流屏幕的极限，开创 5 寸大屏的全新时代，同时应用了大量的创新科技和创新工艺。N950 是一款创新设计的折叠双屏智能手机，采用双 3.0 寸触控屏幕，应用 CNC、机身锻压一次成型等加工工艺，采用了 Android2.2 智能操作系统，强大的安全管理，配备酷派独有的私密模式，支持远程防盗、远程数据销毁等商务安全应。酷派大观 9930 和 N950 两款产品将于本月内上市，由国代商天音通信包销，这也是中国电信深度定制的明星产品交由国代商运作销售的创新模式。

资料来源：http://mobile.163.com/11/0617/12/76OJD20P00112K8E.html

思考题：

1. 酷云战略是什么？酷派为何要展开酷云战略？
2. 与苹果发布 icloud 服务平台相比，酷派的酷云具备哪些特色和优点？

案例7　摩托罗拉的人才本土化战略

摩托罗拉产品和技术的更新速度非常快，为了巩固自己在研发等领域的领先地位，就需要不断扩充具备创新与团队合作精神的人才队伍。为此，摩托罗拉非常看重对优秀大学毕业生的吸引。

摩托罗拉认为，只有构建雇主品牌，才能吸引并留住优秀人才；而校园招聘不仅是补充人才的重要方式，更是构建雇主品牌、吸引潜在客户的重要途径。因此摩托罗拉强调，每个员工都是雇主品牌的代言人，而人力资源部和公关部则是雇主品牌的宣传者和维护者。为了办好每一场校园宣讲会，以便更好地将摩托罗拉最新的业务进展、最好的产品以及人力资源政策等有效地传达给校园人才，摩托罗拉专门成立了"校园品牌委员会"，由人力资源部组织、协调公关部、市场部、研发部等各部门代表，在校园招聘的各项活动中整合公司内部资源，保证校园活动的统一性和持续性。

从2003年起，摩托罗拉还在全国范围内开展了实习生计划——摩托营，给优秀毕业生提供了发展自我、了解企业的机会。此外，摩托罗拉还在多所大学设立了奖学金或开展了战略合作项目，也在一定程度上将校园招聘的触角伸向校园深处。

摩托罗拉的 LOGO 是蝙蝠的两只翅膀，寄寓着这里是一个可以让员工自由飞翔的地方。而真正为员工插上翅膀的，正是摩托罗拉历经多年建立起来的健全而高效的培训体系。在中国，摩托罗拉也一如既往地将这一体系移植了过来，并在实践中结合战略要求赋予了许多"中国特色"。

摩托罗拉的培训体系包括新员工入职培训、企业文化培训、部门培训、海外培训以及本地强化管理培训等。摩托罗拉总公司规定，公司每年支出相当于员工薪金总额3%的费用用于员工培训，每个员工每年必须接受不少于40小时的培训。1993年7月，摩托罗拉投巨资设立了摩托罗拉大学，是专门为各事业部、客户、员工及合作伙伴设立的教育培训机构。同年，摩托罗拉大学中国区成立。在此后的近十年间，作为公司战略的支持者和实施者，摩托罗拉大学中国区将重点放在培养具备丰富专业知识和出色竞争能力的中国员工队伍上，每年提供1万人次的培训，有效推动了企业战略的顺利实现。

近年来，随着公司内外部环境的变化，中国的培训体系也在不断地灵活调整与发展。比如，原来摩托罗拉对每位员工每年接受培训的小时数要求很严，但如今，在培训实施过程中这一规定却可以因岗位而不同。刘扬介绍说，这是因为与过去那种机械的、强制性的培训不同，摩托罗拉现在更强调的是"区别性的培训"，更侧重于让业绩突出的优秀员工得到更多、更优秀的培训。

为了有效支持公司的战略发展要求，中国公司有意识地将培训与业务目标结合起来。例如，公司组织每个员工参加 TCS（让顾客完全满意）小组活动。在这里，"顾客"的内涵是广义的，除了产品的用户之外，还包括公司内部下一道工序的操作者，其目标是以最完善的工作质量，赢得下一道工序的满意。小组成员利用业余时间，针对工作中的某一难题，通过集思广益来选择方案、采取行动、评价结果，最终找出解决问题的办法。这样，摩托罗拉便不是为了培训而培训，而是将培训和业务发展需要有机结合起来，从而为公司战略的顺利实现提供可能。

与此同时，为了促进管理人员本地化的进程，摩托罗拉实施了多种培训计划，帮助本地员工掌握国际化的管理能力。早在1994年，摩托罗拉公司专门为中国员工设计了一项特殊的"中国强化培训计划"（CAMP），选拔有潜力的优秀本土员工参加1到1年半的管理培训。课程主要包括管理、财务、人力资源、市场营销等，这就类似于小型的MBA培训。同时，还会选派本地员工去国外的摩托罗拉公司工作一段时间。该培训计划推出当年就有近20人接受了培训，而且参与人数逐年递增。通过CAMP计划，许许多多的中国员工成长为摩托罗拉的中流砥柱，其比例由1994年的11%上升到目前的90%，为摩托罗拉中国战略的顺利实现立下了汗马功劳。

总之，持续不断的人力资本投资，使摩托罗拉的人才本土化程度走在了全球500强公司的前面，也使得每一名员工在知识和技能不断增长的同时，都能找到发挥自我的舞台。

经历了多次战略调整和业务整合后的摩托罗拉认识到，为了确保企业变革后的基业长青，唯有靠知识管理不断改造、创新与学习，才能将个人与组织知识的价值实现最大化，保持并发挥自己在研发领域的竞争优势，同时培养更多符合摩托罗拉自身需要的本土人才。为此，摩托罗拉将对"人"的管理拓展为对人才所掌握的知识进行管理，其具体措施主要包括以下几个方面：

首先，制订完善的知识管理流程。

例如，摩托罗拉明确规定，外出培训的员工必须在部门会议或研讨会上，报告并分享所学的技术或知识；所有员工都要将自己擅长的技能加以整理，以演示文稿、演讲、撰写书面文件方式上传到内部网，让其他同事随时可以学习和分享，并将分享效果纳入绩效考核制度；鼓励再进修及教育训练，让员工接受新观念、创造新思维，并将其自然地应用到工作中以实践知识更新等等。这便使员工在接受培训的过程中产生出知识分享的意识，也让员工的个人知识有机会转化为团体的知识。

其次，创造乐于分享的企业氛围，改变员工的思维模式并培养知识分享的行为习惯。

知识管理只有落实到企业文化层面，才有持久的生命力。据刘扬介绍，摩托罗拉在每季度的各种推广活动中，都会有意识地让员工了解知识管理所推动的共享及创新对企业的重要性，也会重奖那些提出合理化建议的员工。而且，每个管理者对这类知识分享活动都会给予高度的支持，并鼓励大家应用知识和技能不断创新，借以改变员工的心态与行为。摩托罗拉还依据员工的兴趣创办了"读书会"等知识性团体，让大家针对共同感兴趣的话题，分享自己特殊的经验、感受和观点，并在知识分享和讨论中，激发出更多创新的想法和观念。

最后，利用现场操作或实习，促进"外显知识"向"内隐知识"的转化。

外在的知识只有转化为员工内在的技能才能产生价值，但这种转化往往需要通过不断的实践操作才能完成，对此，摩托罗拉不遗余力地为员工创造了实践操作的条件。例如，为了用一种精密的芯片开发新产品，他们为研发和技术人员提供了成千上万个价值 100~150 美元的芯片，使大家在不断试验中了解了芯片的性能，这也使得这个项目仅用 18 个月就完成了，而其他公司则需要 3~4 年才能完成。

通过科学高效的知识管理，摩托罗拉将员工个人的知识有效转化为组织的知识资源，在知识分享过程中也培养和强化了本土人才的能力，促进了公司整体研发实力和管理能力的提升。

资料来源：

1. http://www.chinadxscy.com/news/html/20120215222248.html
2. 王子立. 聚焦摩托罗拉人才本土化［J］. 国际人才交流，2006（7）.

思考题：

1. 结合案例简要分析摩托罗拉的人才战略是如何实现的。
2. 简要评价摩托罗拉的知识管理。

案例 8　苹果的发展战略

2010 年 5 月 26 日，苹果公司以 2 213.6 亿美元的市值，一举超越微软公司，成为全球最具价值的科技公司。截至 7 月 30 日，苹果公司的市值又上涨了 5%，达到 2 350 亿美元，和微软公司的市值差距进一步拉大。过去十年，苹果公司为股东提供的总投资回报率超过 3000%！乔布斯从根本上改变了三大行业的秩序：音乐、电影和手机，而在他改变的行业中并不包括他最初涉足的行业——计算机。

苹果的成功与它极具特色的文化品牌营销策略是密不可分的。2001 年诞生的 iPod，在 2007 年的销量已经过亿，成功击败 Sony 的"walkman"，成为 21 世纪最受欢迎的数码播放器；iPhone 作为一款世界为之惊叹的手机，仅依附一款产品就转变了智能手机的市场格局，成为 2007 年手机市场的一个奇迹；而苹果新推出的平板电脑 iPad，又一个让竞争对手胆怯的杀手级产品。苹果的胜利不仅归功于优良的产品，其中文化品牌营销策略起了很大作用，而其中拿手好戏就是"饥饿营销"和"病毒营销"。

所谓"饥饿营销"是指商品供给者有意下降产量，以期达到调控供求关系、制作供不应求的假象、保持商品较高的售价和利润率的目标。在 iPhone 手机上，苹果把其在 iMac 电脑和 iPod 音乐播放器上修炼已久的"饥饿营销"推向一个新的高度。首先，苹果公司制定了周密的保密制度，这样就把持了饥饿的强度。苹果让消费者和媒体对其信息极度盼望——从对于新产品外观工业设计的臆想和料想到其商业模式的实行。随即，用户的饥饿感被引爆，iPhone 在开端销售的一周内已启用了 100 万部，这是苹果公司年度内的销售打算，实际上只用 6 天时间就实现了这个目标。另外，在销售渠道上也"饥饿"不堪，而用户一次次上演排队等候的盛况。长期以来，还很少有哪一个品牌、哪一个型号的电子产品会得到如此高密度的关注。

"病毒营销"是另一种有效的营销策略。它是通过用户的口碑宣扬网络，将品牌信息像病毒一样扩散，应用快速复制的方法传向数以千计、数以万计的受众。在互联网上，这种"口碑营销"就更为便利。而且由于是在用户之间自发进行的口碑传播，因此几乎是不需要费用的网络营销手段。苹果很好应用了其忠实的"苹果迷"对其新产品的强烈需求，带动潜在消费者的关注热忱。iPhone 推出是这样的，iPad 的呈现也同样如此。

在以人为本的广义虚拟经济时代，"人气"成为前所未有的重要资源。随着 iPod/iTunes、iPhone 以及 iPad 相继推向市场，乔布斯成功打造了苹果文化的品牌形象：设计、科技、创造力和高端的时尚文化，成为全球业界、消费者关注的热点。通过"口碑营销"、"饥饿式营销"策略和紧凑的供应链，让充满神秘感的苹果产品诱惑无限，引导消费者先夺为快。苹果虽然每年只开发出一二款产品，但几乎每款都力求将各种科技发挥到极致，既能让人们吃惊、兴奋，又能轻松地使用它，这是口碑营销成功的最强基石。苹果的商业保密工作做得非常出色，但是总裁乔布斯也很会利用 Mac-world 年度大会为媒体和消费者创造谈资，在每个新产品发布前引发各界对苹果的强烈热议。

苹果公司成功实现了文化、产品、品牌和口碑之间的良性循环，赢得大批忠实的"苹果迷"。苹果品牌已经塑造成公众心中恒久的快乐体验，苹果产品因象征时尚、潮流而备受热捧。2010 年福布斯最新的品牌价值排行榜，苹果排名第一，其品牌价值为 574 亿美元；随后是微软，价值 566 亿美元。

此外，苹果关注个人，它在用户体验方面苛求人性化的极致。苹果创造了一种生活，让顾客找到一种情感归属。苹果产品的设计基于这样一种思路：不管任何一种技术，如何通过设计传递更多的情感体验。为了尽可能贴近更多的消费者，扩大"苹果迷"以外消费者对苹果产品的认知，苹果公司倾力打造产品与用户之间的纽带——用户体验，并将此渗透在公司文化中，从而创造出具有强大影响力的品牌营销。

苹果零售店（Apple Store）精心设计了呈现"数字生活中枢"的用户体验场，到目前为止，全球共有 285 家 Apple Store。Apple Store 打造的是数字生活全面体验的空间，店内区域都以"方案解决区域"为中心设计，创造可以找到解决问题的"整体方案"，以方便顾客。为了实现产品与顾客生活体验的契合，店里没有晃眼的灯光、嘈杂的音乐或者推销产品的售货员，顾客可以摆弄各种机器。店里设有一对一的零售店会籍方式，包括面对面地培训 Mac 使用的基础知识、从旧电脑到苹果电脑的转换，或者指导其他高级别的项目。

"天才吧"是苹果店的另一个创新，让顾客可以与维修人员面对面地进行问题检修。另外，消费者还可以参加 Apple Store 零售店举办的讲座，从 Mac 入门到数码摄影、音乐和影片制作，以及每年夏天针对儿童人群举行的夏令营。随着对公司零配件供应渠道的简化，加上数字化供应链管理，苹果公司的运行越来越紧凑。早在 1997 年，苹果公司便开始运营网上商店，方便消费者直接在网上定购产品。2008 年，苹果公司被美国权威市场预测研究机构 AMR research 公司评为全球供应链管理和绩效公司第一位，超过了诺基亚；2009 年、2010 年，苹果公司再次位居榜首。

资料来源：刘清洁. 从苹果公司发展战略看广义虚拟经济市场特征［J］. 广义虚拟经济研究，2010（4）.

思考题：

1. 结合案例简要分析苹果公司使用了哪些战略。你如何评价？
2. 苹果公司为何如此注重用户体验？

参考文献

[1] 王方华，吕巍. 战略管理 [M]. 2版. 北京：机械工业出版社，2012.

[2] 希尔，琼斯，周长辉. 战略管理 [M]. 7版. 北京：中国市场出版社，2007.

[3] 揭筱纹. 战略管理——概论、案例与分析 [M]. 北京：清华大学出版社，2009.

[4] 张翠荟. 河北钢铁集团经济运行状况 SWOT 分析及对策研究 [J]. 河北企业，2012（12）.

[5] 蔡祥仕. 沙钢集团发展与并购历程 [J]. 冶金财会，2010（5）.

[6] 吴香宇. 莱钢创建学习型组织研究 [D]. 山东大学硕士学位论文，2008：23-27

[7] 车宏卿，葛梅伟. 积极对接健康起步——首钢长钢企业文化建设调研报告 [J]. 企业改革与管理，2011（6）.

[8] 中国指数研究院，中国房地产 TOP10 研究组. 中国房地产品牌价值研究：理论与实践 [M]. 北京：经济管理出版社，2006.

[9] 中国注册会计师协会. 公司战略与风险管理：考点串联、答疑精华及历年真题新解 [M]. 北京：经济科学出版社，2010.

[10] 何倩茵. 物流案例与实训 [M]. 北京：机械工业出版社，2004.

[11] 王玮. 马士基的全球物流经营战略 [J]. 市场周刊，2006（8）

[12] 吴志华. 供应链管理：战略、决策与实施 [M]. 重庆：重庆大学出版社，2009.

[13] 胡军. 供应链管理案例精选 [M]. 杭州：浙江大学出版社，2010.

[14] 夏文汇. 物流战略管理 [M]. 成都：西南财经大学出版社，2006.

[15] 费冬冬. 德州建行竞争战略研究 [D]. 山东大学硕士学位论文，2012.

[16] 朱海莎，钟永红. 英国四大银行经营战略的变革与启示 [J]. 金融论坛，2005（7）.

[17] 陈海淼. 温州银行发展战略研究 [D]. 南昌大学硕士学位论文，2010.

[18] 杨超. 上海银行碳金融战略发展研究 [D]. 华东师范大学硕士学位论文，2010.

[19] 程晓兰，罗林. 中国建设银行国际化经营现状、存在问题及对策 [J]. 商情，2009（27）.

[20] 魏江. 企业战略管理：理念、方法与案例 [M]. 杭州：浙江大学出版社，2003.

[21] 许晓明. 企业战略管理教学案例精选 [M]. 上海：复旦大学出版社，2001.

[22] 李维安. 企业战略管理案例点评 [M]. 北京：对外经济贸易大学出版社，

2008.

[23] 谭忠富，侯建朝，等. 企业战略管理：理论与案例 [M]. 北京：经济管理出版社，2008.

[24] 陈国生. 现代企业管理案例精析 [M]. 北京：对外经济贸易大学出版社，2006.

[25] 北京大学职业经理人通用能力课程系列教材编委会. 管理案例分析 [M]. 北京：北京大学出版社，2011.

[26] 李晨松，顾慈阳. 运筹商战先机：企业战略管理技巧与案例 [M]. 北京：中国经济出版社，2003.

[27] 王德中. 企业战略管理 [M]. 成都：西南财经大学出版社，2002.

[28] 于昊. 国美电器战略转型 [J]. 电器，2013（1）.

[29] 黄旭. 战略管理 [M]. 北京：机械工业出版社，2013.

[30] 刘琦琳. 三星的中国化营销 [J]. 互联网周刊，2008（14）.

[31] 王子立. 聚焦摩托罗拉人才本土化 [J]. 国际人才交流，2006（7）.

[32] 刘清洁. 从苹果公司发展战略看广义虚拟经济市场特征 [J]. 广义虚拟经济研究，2010（4）.

[33] 温韬. 打广告从打造情调开始——步步高音乐手机情调营销攻略的探讨 [J]. 江苏商论，2011（8）.